中国史学要籍丛刊

〔战国〕左丘明 撰 〔三国吴〕韦 昭 注

上海古籍出版社

图书在版编目(CIP)数据

国语 / (战国)左丘明撰;(三国吴)韦昭注. —上海:
上海古籍出版社,2015.7(2023.8重印)
(中国史学要籍丛刊)
ISBN 978-7-5325-7602-9

Ⅰ.①国… Ⅱ.①左… ②韦… Ⅲ.①中国历史—
春秋时代—史籍 Ⅳ.①K225.04

中国版本图书馆CIP数据核字(2015)第081042号

中国史学要籍丛刊
国　语
[战国]左丘明　撰
[三国吴]韦昭　注
上海古籍出版社出版发行
(上海市闵行区号景路159弄1-5号A座5F　邮政编码201101)
(1)网址:www.guji.com.cn
(2)E-mail:gujil@guji.com.cn
(3)易文网网址:www.ewen.co
江阴市机关印刷服务有限公司印刷
开本890×1240　1/32　印张14　插页2　字数390,000
2015年7月第1版　2023年8月第3次印刷
印数:1,851—2,350
ISBN 978-7-5325-7602-9
K·2023　定价:48.00元
如有质量问题,请与承印公司联系

目　录

卷九 晋语三

卷十 晋语四

卷十一 晋语五

卷十二 晋语六

卷十五 晋语九

卷十九 吴语

卷二十 越语上

卷二十一 越语下

卷一

周语上

祭公谏穆王征犬戎

穆王将征犬戎，[①]祭公谋父谏曰：[②]“不可。先王耀德不观兵。[③]夫兵戢而时动，动则威，[④]观则玩，玩则无震。[⑤]是故周文公之《颂》曰：[⑥]‘载戢干戈，载櫜弓矢。[⑦]我求懿德，肆于时夏，[⑧]允王保之。[⑨]’先王之于民也，懋正其德而厚其性，[⑩]阜其财求[⑪]而利其器用，[⑫]明利害之乡，[⑬]以文修之，[⑭]使务利而避害，怀德而畏威，故能保世以滋大。[⑮]昔我先王世后稷，[⑯]以服事虞、夏。[⑰]及夏之衰也，弃稷不务，[⑱]我先王不窋用失其官，[⑲]而自窜于戎、狄之间，[⑳]不敢怠业，时序其德，纂修其绪，[㉑]修其训典，[㉒]朝夕恪勤，守以敦笃，奉以忠信，弈世载德，不忝前人。[㉓]至于武王，昭前之光明而加之以慈和，事神保民，[㉔]莫弗欣喜。商王帝辛，大恶于民。[㉕]庶民不忍，欣戴武王，以致戎于商牧。[㉖]是先王非务武也，勤恤民隐而除其害也。[㉗]夫先王之制：邦内甸服，[㉘]邦外侯服，[㉙]侯、卫宾服，[㉚]蛮、夷要服，[㉛]戎、狄荒服。[㉜]甸服者祭，[㉝]侯服者祀，[㉞]宾服者享，[㉟]要服者贡，[㊱]荒服者王。[㊲]日祭、[㊳]月祀、[㊴]时享、[㊵]岁贡、[㊶]终王，[㊷]先王之训也。有不祭则修意，[㊸]有不祀则修言，[㊹]有不享则修文，[㊺]有不贡则修名，[㊻]有不王则修德，[㊼]序成而有不至则修刑。[48]于是乎有刑不祭，伐不祀，征不享，让不贡，[49]告不王。[50]于是乎有刑罚之辟，[51]有攻伐之兵，[52]有征讨之备，[53]有威让之令，[54]有文告之辞。[55]布令陈辞而又不至，则增修于德而无勤民于远，[56]是以近无不听，远无不服。今自大毕、伯士之终也，[57]犬戎氏以其职来王，[58]天子曰：'予必以不享征之，且观之兵。'[59]其无乃废先王之训而王几顿乎！[60]吾闻夫犬戎树惇，[61]帅旧德而守终纯固，[62]其有以御我矣。[63]"

王不听，遂征之，得四白狼、四白鹿以归。[64]自是荒服者不至。[65]

① 穆王，周康王之孙、昭王之子穆王满也。征，正也，上讨下之称。犬戎，西戎之别名也，在荒服之中。

② 祭，畿内之国，周公之后也，为王卿士。谋父，字也。《传》曰："凡、蒋、邢、茅、胙、祭，周公之胤矣。"

③ 耀，明也。观，示也。明德，尚道化也。不示兵者，有大罪恶然后致诛，不以小小示威武也。

④ 戢，聚也。威，畏也。时动，谓三时务农，一时讲武，守则有财，征则有威。

⑤ 玩，黩也。震，惧也。

⑥ 文公，周公旦之谥也。《颂》，《时迈》之诗也。武王既伐纣，周公为作此诗，巡守、告祭之乐歌也。

⑦ 载，则也。干，楯也。戈，戟也。櫜，韬也。言天下已定，聚敛其干戈，韬藏其弓矢，示不复用也。

⑧ 懿，美也。肆，陈也。于，於也。时，是也。夏，大也。言武王常求美德，故陈其功德，于是夏而歌之。乐章大者曰夏。

⑨ 允，信也。信武王能保此时夏之美。

⑩ 懋，勉也。性，情性也。

⑪ 阜，大也。大其财求，不障壅也。

⑫ 器，兵甲也。用，耒耜之属也。

⑬ 示之以好恶也。乡，方也。

⑭ 文，礼法也。

⑮ 保，守也。滋，益也。

⑯ 后，君也。稷，官也。父子相继曰世，谓弃与不窋也。

⑰ 谓弃为舜后稷，不窋继之于夏启也。

⑱ 衰，谓启子太康废稷之官，不复务农也。弃，废也。夏《书序》曰："太康失邦，昆弟五人须于洛汭。"

⑲ 失稷官也。不窋，弃之子也。周之禘祫文、武，必先不窋，故通谓之王，《商颂》亦以契为玄王也。

⑳ 窜，匿也。尧封弃于邰，至不窋失官，去夏而迁于邠，邠西接戎、北近狄也。

㉑ 纂，继也。绪，事也。

㉒ 训，教也。典，法也。

㉓ 弈，弈前人也。载，成也。忝，辱也。

㉔ 保，养也。

㉕ 商，殷之本号也。帝辛，纣名。大恶，大为民所恶也。

㉖ 戴，奉也。戎，兵也。牧，商郊牧野。

㉗ 恤，忧也。隐，痛也。

㉘ 邦内谓天子畿内千里之地。《商颂》曰："邦畿千里，维民所止。"《王制》曰："千里之内曰甸。"京邑在其中央，故《夏书》曰"五百里甸服"，则古今同矣。甸，王田也。服，服其职业也。自商以前，并畿内为五服。武王克殷，周公致太平，因禹所弼，除畿内更制天下为九服。千里之内谓之王畿，王畿之外曰侯服，侯服之外曰甸服。今谋父谏穆王，称先王之制犹以王畿为甸服者，甸，古名，世俗所习也。故周襄王谓晋文公曰"昔我先王之有天下也，规方千里，以为甸服"是也。《周礼》亦以蛮服为要服，足以相况也。

㉙ 邦外，邦畿之外也。方五百里之地谓之侯服。侯服，侯圻也。言诸侯之近者，岁一来见也。

㉚ 此总言之也。侯，侯圻也。卫，卫圻也。言自侯圻至卫圻，其间凡五圻，圻五百里，五五二千五百里，中国之界也。谓之宾服，常以服贡宾见于王也。五圻者，侯圻之外曰甸圻，甸圻之外曰男圻，男圻之外曰采圻，采圻之外曰卫圻，《周书·康诰》曰"侯、甸、男、采、卫"是也。凡此服数，诸家之说皆纷错不同，唯贾君近之。

㉛ 蛮，蛮圻。夷，夷圻也。《周礼》，卫圻之外曰蛮圻，去王城三千五百里，九州之界也。夷圻去王城四千里。《周礼》行人职，卫圻之外谓之要服，此言夷、蛮要服，则夷圻朝贡或与蛮圻同也。要者，要结好信而服从也。

㉜ 戎、狄，去王城四千五百里至五千里也。四千五百里为镇圻，五千里为蕃圻，在九州之外荒裔之地，与戎、狄同俗，故谓之荒，荒忽无常之言也。

㉝ 供日祭也。此采地之君，其见无数。

㉞ 供月祀也。尧、舜及周，侯服皆岁见也。

㉟ 供时享也。享，献也。《周礼》，甸圻二岁而见，男圻三岁而见，采圻四岁而见，卫圻五岁而见。其见也，必以所贡助祭于庙，《孝经》所谓"四海之内，各以其职来祭"者也。

㊱ 供岁贡也。要服六岁一见也。

㊲ 王，王事天子也。《周礼》，九州之外谓之蕃国，世一见，各以其所贵宝为贽，故《诗》云："自彼氐、羌，莫敢不来王。"

㊳ 日祭，祭于祖考谓上食也。近汉亦然。

㊴ 月祀于曾、高也。

㊵ 时享于二祧也。

㊶ 岁贡于坛、墠也。

㊷ 终谓终世也。朝嗣王及即位而来见。

㊸ 意，志意也。谓邦国之内有违阙不供日祭者，先修志意以自责也。畿内近，知王意。

㊹ 言，号令也。

㊺ 文，典法也。

㊻ 名谓尊卑职贡之名号也。《晋语》曰："信于名则上下不干也。"

㊼ 远人不服，则修文德以来之。

㊽ 序成谓上五者次序已成，而有不至，则有刑诛。

㊾ 让，谴责也。

㊿ 谓以文辞告晓之也。地远者罪轻。

51 刑不祭也。

52 伐不祀也。

53 征不享也。

54 让不贡也。

55 告不王也。

56 勤，劳也。

57 大毕、伯士，犬戎氏之二君也。终，卒也。

58 以其职谓其嗣子以其贵宝来见王。

59 享，宾服之礼。以责犬戎，而示之兵法也。

60 几，危也。顿，败也。

61 树，立也。言犬戎立性惇朴。

62 帅，循也。纯，专也。固，一也。言犬戎循先王之旧德，奉其常职，天性专一，终身不移，不听穆王责其不享也。

63 御犹距也。

64 白狼、白鹿，犬戎所贡。

65 穆王责犬戎以非礼，暴兵露师，伤威毁信，故荒服者不至。

密康公母论小丑备物终必亡

恭王游于泾上，密康公从，[1]有三女奔之。[2]其母曰："必致之于王。[3]夫兽三为群，[4]人三为众，女三为粲。[5]王田不取群，[6]公行下众，[7]王御不参一族。[8]夫粲，美之物也。众以美物归女，而何德以堪之。[9]王犹不堪，况尔小丑乎？[10]小丑备物，终必亡。”[11]康公不献。一年，王灭密。[12]

① 恭王，穆王之子恭王伊扈也。泾，水名。康公，密国之君，姬姓也。

② 奔，不由媒氏也。三女同姓也。

③ 康公之母欲使进于王。

④ 自三以上为群。

⑤ 粲，美貌也。

⑥ 不尽群也。《易》曰：“王用三驱，失前禽也。”

⑦ 公，诸侯也。下众，不敢诬众也。《礼》，国君下卿位，遇众则式礼也。

⑧ 御，妇官也。参，三也。一族，父子也。故取异姓以备三，不参一族也。

⑨ 堪，任也。

⑩ 丑，类也。王者至尊犹且不堪，况尔小人之类乎？

⑪ 言德小而物备，终取之必以亡。

⑫ 密，今安定阴密县是也，近泾。

邵公谏厉王弭谤

厉王虐，国人谤王。[1]邵公告曰：“民不堪命矣。”[2]王怒，得卫巫，使监谤者，[3]以告，则杀之。[4]国人莫敢言，道路以目。[5]王喜，告邵公曰：“吾能弭谤矣，乃不敢言。”[6]邵公曰：“是障之也。[7]防民之口，甚于防川。[8]川壅而溃，伤人必多，[9]民亦如之。[10]是故为川者，决之使导；[11]为民者，宣之使言。[12]故天子听政，使公卿至于列士献诗，[13]瞽献曲，[14]史献书，[15]师箴，[16]瞍赋，[17]矇诵，[18]百工谏，[19]庶人传语，[20]近臣尽规，[21]亲戚补察，[22]瞽史教诲，[23]耆艾修之，[24]而后王斟酌焉。[25]是以事行而不悖。[26]民之有口，犹土之有山川也，财用于是乎出；[27]犹其原隰之有衍沃也，衣食于是乎生。[28]口之宣言也，善败于是乎兴。行善而备败，[29]其所以阜财用衣食者也。[30]夫民虑之于心而宣之于口，成而行之，胡可壅也？若壅其口，其与能几何？”[31]

王不听，于是国莫敢出言。三年，乃流王于彘。[32]

① 厉王，恭王之曾孙、夷王之子厉王胡也。谤，诽也。

② 邵公，邵康公之孙穆公虎也，为王卿士。言民不堪暴虐之政令。

③ 卫巫，卫国之巫也。监，察也。巫人有神灵，有谤必知之。

④ 巫言谤王，王则杀之。

⑤ 不敢发言，以目相眄而已。

⑥ 弭，止也。

⑦ 障，防也。

⑧ 流者曰川。言川不可防，而口又甚也。

⑨ 川之溃决，害于人也。

⑩ 民之败乱，害于上也。

⑪ 为，治也。导，通也。

⑫ 宣犹放也。观民所言，以知得失。

⑬ 献诗以风也。列士，上士也。

⑭ 无目曰瞽。瞽，乐师。曲，乐曲也。

⑮ 史，外史也。《周礼》，外史掌三皇五帝之书。

⑯ 师，少师也。箴，箴刺王阙，以正得失也。

⑰ 无眸子曰瞍。赋，公卿、列士所献诗也。

⑱ 有眸子而无见曰矇。《周礼》，矇主弦歌、讽诵。诵谓箴谏之语也。

⑲ 百工，执技以事上者也。谏者执艺事以谏，谓若匠师庆谏鲁庄公丹楹刻桷也。

⑳ 庶人卑贱，见时得失不得达，传以语王也。

㉑ 近臣谓骖仆之属也。尽规,尽其规计以告王也。

㉒ 补,补过。察,察政也。《传》曰:“自王以下,各有父兄子弟,以补察其过也。”

㉓ 瞽,乐太师。史,太史也。掌阴阳、天时、礼法之书,以相教诲者。单襄公曰:“吾非瞽史,焉知天道?”

㉔ 耆艾,师傅也。师傅修理瞽史之教,以闻于王也。

㉕ 斟,取也。酌,行也。

㉖ 悖,逆也。

㉗ 犹,若也。山川所以宣地气而出财用,口亦宣人心而言善败也。

㉘ 广平曰原,下湿曰隰,下平曰衍,有溉曰沃。

㉙ 民所善者行之,民所败者备之。

㉚ 阜,厚也。

㉛ 与,辞也。能几何,言不久也。

㉜ 流,放也。彘,晋地,汉为县,属河东,今曰永安。

芮良夫论荣夷公专利

厉王说荣夷公,[①]芮良夫曰:[②]“王室其将卑乎?[③]夫荣夷公好专利而不知大难。[④]夫利,百物之所生也,[⑤]天地之所载也,[⑥]而或专之,其害多矣。[⑦]天地百物皆将取焉,胡可专也?[⑧]所怒甚多而不备大难,以是教王,王能久乎?夫王人者,将导利而布之上下者也。[⑨]使神人百物无不得其极,[⑩]犹日怵惕,惧怨之来也。[⑪]故《颂》曰:‘思文后稷,克配彼天。立我蒸民,莫匪尔极。’[⑫]《大雅》曰:‘陈锡载周。’[⑬]是不布利而惧难乎?[⑭]故能载周,以至于今。今王学专利,其可乎?[⑮]匹夫专利,犹谓之盗,王而行之,其归鲜矣。[⑯]荣公若用,周必败。”

既，荣公为卿士，[17]诸侯不享，[18]王流于彘。

① 说，好也。荣，国名。夷，谥也。

② 芮良夫，周大夫芮伯也。

③ 卑，微也。

④ 专，擅也。

⑤ 利，生于物也。专利，是专百物也。

⑥ 载，成也。地受天气以成百物也。

⑦ 害谓恶害荣公者多也。孔子曰："放于利而行，多怨。"

⑧ 天地成百物，民皆将取用之，何可专其利也。

⑨ 导，开也。布，赋也。上谓天神，下谓人物也。

⑩ 极，中也。

⑪ 怵惕，恐惧也。

⑫《颂》，《周颂·思文》也，谓郊祀后稷以配天之乐歌也。经纬天地曰文。克，能也。蒸，众也。莫，无也。匪，不也。尔，女也。极，中也。言周公思有文德者后稷，其功乃能配于天。谓尧时洪水，稷播百谷，立我众民之道，无不于女时得其中者，功至大也。

⑬《大雅·文王》之二章也。陈，布也。锡，赐也。言文王布赐施利以载成周道也。

⑭ 言后稷、文王既布利，又惧难也。

⑮ 言不可也。

⑯ 鲜，寡也。归附周者鲜也。

⑰ 既，已也。卿士，卿之有事者。

⑱ 享，献也。

邵公以其子代宣王死

彘之乱，宣王在邵公之宫，[1]国人围之。邵公曰："昔吾骤谏王，王不从，是以及此难。[②]今杀王子，王其以我为怼[③]而怒乎。[④]夫事君者险而不怼，[⑤]怨而不怒，[⑥]况事王乎！”乃以其子代宣王，宣王长而立之。[⑦]

① 宣王，厉王之子宣王靖也。在邵公之宫者，避难奔邵公也。

② 及，至也。

③ 怼，音坠。

④ 杀王子，命国人得杀之也。

⑤ 君，诸侯也。在险之中不当怼。怼谓若晋庆郑怨惠公愎谏违卜，弃而不载。

⑥ 怨，心望也。怒，作气也。

⑦ 彘之乱，公卿相与和而修政事，号曰“共和”，凡十四年而宣王立。

虢文公谏宣王不籍千亩

宣王即位，不籍千亩。[①]虢文公谏曰：[②]“不可。夫民之大事在农，[③]上帝之粢盛于是乎出，[④]民之蕃庶于是乎生，[⑤]事之供给于是乎在，[⑥]和协辑睦于是乎兴，[⑦]财用蕃殖于是乎始，[⑧]敦庬纯固于是乎成，[⑨]是故稷为大官。[⑩]古者，太史顺时覛[⑪]土，阳瘅[⑫]愤盈，土气震发，[⑬]农祥晨正，[⑭]日月底于天庙，[⑮]土乃脉发。[⑯]先时九日，[⑰]太史告稷曰：‘自今至于初吉，[⑱]阳气俱蒸，土膏其动。[⑲]弗震弗渝，脉其满眚，谷乃不殖。’[⑳]稷以告王[㉑]曰：‘史帅阳官以命我司事[㉒]曰：“距今九日，土其俱动，[㉓]王其祗祓，监农不易。”’[㉔]王乃使司徒咸戒公卿、百吏、庶民，[㉕]司空除坛于籍，[㉖]命农大夫咸戒农用。[㉗]先时五日，[㉘]瞽告有协风至，[㉙]王即斋宫，[㉚]百官御事，[㉛]各即其斋三日。王乃淳[32]濯飨醴，[33]及期，[34]郁人荐鬯，[35]牺人荐醴，[36]王祼鬯，飨醴乃行，[37]百吏、庶民毕从。及籍，后稷监之，[38]膳夫、农正陈籍礼，[39]太史赞王，[40]王敬从之。王耕一坺，[41]班三之，[42]庶民终于千亩。[43]其后稷省[44]功，太史监之。司徒省民，太师监之。毕，宰夫陈飨，膳宰监之。[45]膳夫赞王，王歆大牢，[46]班尝之，[47]庶人终食。[48]

"是日也，瞽帅、音官以风土。[49]廪于籍东南，钟而藏之，[50]而时布之于农。[51]稷则遍诫百姓，纪农协功，[52]曰：'阴阳分布，震雷出滞。'[53]土不备垦，辟在司寇。[54]乃命其旅曰：'徇，[55]农师一之，[56]农正再之，[57]后稷三之，[58]司空四之，[59]司徒五之，[60]太保六之，太师七之，[61]太史八之，[62]宗伯九之，[63]王则大徇。[64]耨获亦如之。'[65]民用莫不震动，恪恭于农，[66]修其疆畔，日服其镈，不解于时，[67]财用不乏，民用和同。是时也，王事唯农是务，无有求利于其官，以干农功，[68]三时务农而一时讲武，[69]故征则有威，守则有财。若是，乃能媚于神[70]而和于民矣，则享祀时至而布施优裕也。[71]今天子欲修先王之绪而弃其大功，匮神乏祀而困民之财，[72]将何以求福用民？"

王不听。三十九年，战于千亩，王师败绩于姜氏之戎。[73]

① 籍，借也，借民力以为之。天子田籍千亩，诸侯百亩。自厉王之流，籍田礼废。宣王即位，不复古也。

② 贾侍中云："文公，文王母弟虢仲之后，为王卿士。"昭谓：虢叔之后，西虢也。及宣王都镐，在畿内也。

③ 谷，民之命，故农为大事也。

④ 出于农也。器实曰粢，在器曰盛。

⑤ 蕃,息也。庶,众也。

⑥ 供,具也。给,足也。

⑦ 协,合也。辑,聚也。睦,亲也。

⑧ 殖,长也。

⑨ 敦,厚也。庬,大也。

⑩ 民之大事在农,故稷之职为大官也。

⑪ 覛,音脉。

⑫ 丁佐反。

⑬ 覛,视也。瘅,厚也。愤,积也。盈,满也。震,动也。发,起也。

⑭ 农祥,房星也。晨正谓立春之日,晨中于午也。农事之候,故曰农祥也。

⑮ 底,至也。天庙,营室也。孟春之月,日月皆在营室也。

⑯ 脉,理也。《农书》曰:“春土长冒橛,陈根可拔,耕者急发。”

⑰ 先,先立春日也。

⑱ 初吉,二月朔日也。《诗》云:“二月初吉。”

⑲ 烝,升也。膏,润也。其动,润泽欲行也。

⑳ 震,动也。渝,变也。眚,灾也。言阳气俱升,土膏欲动,当即发动,变写其气。不然,则脉满气结,更为灾疫,谷乃不殖也。

㉑ 以太史之言告王。

㉒ 史,太史。阳官,春官。司事,主农事也。

㉓ 距,去也。

㉔ 祇,敬也。祓,斋戒、祓除也。不易,不易物土之宜也。

㉕ 百吏,百官。庶民,甸师氏所掌之民也,主耕耨王之籍田者。

㉖ 司空,掌地也。

㉗ 农大夫,田畯也。农用,田器也。

㉘ 先耕时也。

㉙ 瞽,乐太师,知风声者也。协,和也,风气和、时候至也,立春日融风也。

㉚ 所斋之宫也。

㉛ 御，治也。

㉜ 之纯反。

㉝ 淳，沃也。濯，溉也。飨，饮也。谓王沐浴饮醴酒也。

㉞ 期，耕日也。

㉟ 郁，郁金香草，宜以和鬯酒也。《周礼》："郁人掌裸器，凡祭祀宾客，和郁鬯以实彝而陈之。"共王之斋鬯也。

㊱ 牺人司樽，掌共酒醴。

㊲ 裸，灌也。灌鬯，饮醴，皆所以自香洁也。

㊳ 监，察也。

㊴ 膳夫，上士也，掌王之饮食膳羞之馈食。农正，田大夫也，主敷陈籍礼而祭其神，为农祈也。

㊵ 赞，导也。

㊶ 坺，钵、伐二音。

㊷ 班，次也。王耕一坺，一耦之发也。耜广五寸，二耜为耦，一耦之发，广尺深尺。三之，下各三其上也。王一坺、公三、卿九、大夫二十七也。

㊸ 终，尽耕之也。

㊹ 息井反。

㊺ 宰夫，下大夫。膳宰，膳夫也。

㊻ 歆，飨也。

㊼ 公卿大夫也。

㊽ 终，毕也。

㊾ 音官，乐官。风土，以音律省土风，风气和则土气养也。

㊿ 廪，御廪也，一名神仓。东南，生长之处。钟，聚也。谓为廪以藏王所籍田，以奉粢盛也。

51 布，赋也。

52 纪谓综理也。协，同也。

53 阴阳分布，日夜同也。滞，蛰虫也。明堂《月令》曰："日夜分，雷乃发声。始震雷，蛰虫咸动，启户而出也。”

(54) 垦，发也。辟，罪也。在司寇，司寇行其罪也。

(55) 旅，众也。徇，行也。

(56) 农师，上士也。一之，先往也。

(57) 农正，后稷之佐，田畯也，故次农师。

(58) 后稷，农官之君也，故次农正。

(59) 司空，主道路沟洫，故次后稷也。

(60) 司徒，省民，故次司空也。

(61) 太保、太师，天子三公，佐王论道，泛监众官，不特掌事，故次司徒也。

(62) 太史，掌达官府之治，故次太师也。

(63) 宗伯，卿官，掌相王之大礼，若王不与祭，则摄位，故次太史也。

(64) 大徇，帅公、卿、大夫亲行农也。

(65) 如之，如耕时也。

(66) 用谓田器也。

(67) 疆，境也。畔，界也。镈，锄属。

(68) 求利谓变易使役，干乱农功。

(69) 三时，春、夏、秋。一时，冬也。讲，习也。

(70) 媚，说也。

(71) 优，饶也。裕，缓也。

(72) 匮神乏祀，不耕籍也。困民之财，取于民也。

(73) 姜氏之戎，西戎之别种，四岳之后也。《传》曰：“我诸戎，四岳之裔胄。”言宣王不纳谏务农，无以事神使民，以致弱败之咎也。

仲山父谏宣王立戏

鲁武公以括与戏见王，① 王立戏。② 樊仲山父谏曰：“不可立也。③ 不顺必犯，④ 犯王命必诛，故出令不可不顺也。令之不行，政之不立，⑤ 行而不顺，民将弃上。⑥ 夫下事上，少事长，所以为顺也。今天子立诸侯而建其少，是教逆也。若鲁从之，而诸侯效之，王命将有所壅，[7]若不从而诛之，是自诛王命也。[8]是事也，诛亦失，不诛亦失，[9]天子其图之。”王卒立之。

鲁侯归而卒，及鲁人杀懿公[10]而立伯御。[11]

① 武公，伯禽之玄孙、献公之子武公敖也。括，武公长子伯御也。戏，括弟懿公也。

② 以为太子。

③ 仲山父，王卿士，食采于樊。

④ 不顺，立少也。犯，鲁必犯王命而不从也。

⑤ 令不行，即政不立也。

⑥ 使长事少，故民必弃上也。

⑦ 言先王立长之命，将壅塞不行也。

⑧ 诛王命者，先王之命立长，今鲁亦立长，若诛之，是自诛王命也。

⑨ 诛之，诛王命；不诛，则废命也。

⑩ 懿公，戏也。

⑪ 伯御，括也。

穆仲论鲁侯孝

三十二年春，宣王伐鲁，立孝公，[1]诸侯从是而不睦。[2]宣王欲得国子之能导训诸侯者，[3]樊穆仲曰：“鲁侯孝。”[4]王曰：“何以知之？”对曰：“肃恭明神而敬事耇老。[5]赋事行刑，必问于遗训[6]而咨于故实。[7]不干所问，不犯所咨。”王曰：“然则能训治其民矣。”乃命鲁孝公于夷宫。[8]

① 孝公，懿公之弟称也。

② 从是而不相亲睦于王也。

③ 贾侍中云："国子，诸侯之嗣子。"或云："国子，诸侯之子，欲使训导诸侯之子。"唐尚书云："国子谓诸侯能治国、子养百姓者。"昭谓：国子，同姓诸姬也。凡王子弟谓之国子。导训诸侯谓为州伯者也。

④ 穆仲，仲山父之谥，犹鲁叔孙穆子谓之穆叔。

⑤ 耇，冻梨也。

⑥ 遗训，先王之教也。

⑦ 咨，谋也。故实，故事之是者。

⑧ 命为侯伯也。夷宫者，宣王祖父夷王之庙。古者，爵命必于祖庙。

仲山父谏宣王料民

宣王既丧南国之师，[①]乃料民于太原。[②]仲山父谏曰："民不可料也。夫古者不料民而知其少多，司民协孤终，[③]司商协民姓，[④]司徒协旅，[⑤]司寇协奸，[⑥]牧协职，[⑦]工协革，[⑧]场协入，[⑨]廪协出，[⑩]是则少多、死生、出入、往来者皆可知也。于是乎又审之以事，[⑪]王治农于籍，[⑫]蒐于农隙，[⑬]耨获亦于籍，[⑭]狝于既烝，[⑮]狩于毕时，[⑯]是皆习民数者也，又何料焉？[⑰]不谓其少而大料之，是示少而恶事也。[⑱]临政示少，诸侯避之。[⑲]治民恶事，无以赋令。[⑳]且无故而料民，天之所恶也，[㉑]害于政而妨于后嗣。"[㉒]王卒料之，及幽王乃废灭。[㉓]

① 丧，亡也，败于姜戎氏时所亡也。南国，江、汉之间也，故《诗》云："滔滔江、汉，南国之纪。"

② 料，数也。太原，地名也。

③ 司民，掌登万民之数，自生齿已上皆书于版。协，合也。无父曰孤。

终,死也。合其名籍,以登于王也。

④ 司商,掌赐族受姓之官。商,金声清。谓人始生,吹律合之,定其姓也。

⑤ 司徒,掌合师旅之众也。

⑥ 司寇,刑官,掌合奸民,以知死刑之数也。

⑦《周礼》,牧人掌养牺牲,合其物色之数也。

⑧ 工,百工之官。革,更也,更制度者合其数。

⑨ 场人掌场圃,委积珍物,敛而藏之也。

⑩ 廪人掌九谷出用之数也。

⑪ 事,谓因籍田与搜狩以简知其数也。

⑫ 籍,籍于千亩田也。

⑬ 春田曰蒐。蒐,择也。禽兽怀妊未著,蒐而取之也。农隙,仲春既耕之后。隙,闲也。

⑭ 言王亦至,于籍考课之。

⑮ 秋田曰狝。狝,杀也,顺时始杀也。烝,升也。《月令》:“孟秋乃升谷,天子尝新。”既升谓仲秋也。

⑯ 冬田曰狩。狩,围守而取之。毕时,时务毕也。

⑰ 习,简习也。

⑱ 言王不谓其众少而大料数之,是示以寡少,又厌恶政事,不能修之意也。

⑲ 示天下以寡弱,诸侯将避远王室,不亲附也。

⑳ 言厌恶政事,无以赋令也。

㉑ 故,事也,天道清净也。

㉒ 害政,败为政之道也。妨后嗣,为将有祸乱也。

㉓ 幽王,宣王之子幽王宫涅也。灭谓灭西周也。

西周三川皆震伯阳父论周将亡

幽王二年,西周三川皆震。[①]伯阳父曰:“周将亡矣![②]夫天地之气，不失其序，[3]若过其序，民乱之也。[4]阳伏而不能出，阴迫而不能烝，[5]于是有地震。[6]今三川实震，是阳失其所而镇阴也。[7]阳失而在阴，[8]川源必塞，[9]源塞国必亡。[10]夫水土演而民用也，[11]水土无所演，民乏财用，不亡何待。[12]昔伊、洛竭而夏亡，[13]河竭而商亡。[14]今周德若二代之季矣，[15]其川源又塞，塞必竭。夫国必依山川，[16]山崩川竭，亡之征也。川竭，山必崩。[17]若国亡不过十年，数之纪也。[18]夫天之所弃，不过其纪。"

是岁也，三川竭，岐山崩。十一年，幽王乃灭，周乃东迁。[19]

① 西周谓镐京也，幽王在焉，邠、岐之所近也。三川，泾、渭、洛，出于岐山也。震，动也。地震，故三川亦动也，川竭也。

② 伯阳父，周大夫也。

③ 序，次也。

④ 过，失也。言民者不敢斥王也。

⑤ 烝，升也。阳气在下，阴气迫之，使不能升也。

⑥ 阴阳相迫，气动于下，故地震也。

⑦ 镇，为阴所镇笮也。笮，庄百反。

⑧ 在阴，在阴下也。

⑨ 地动则泉源塞。

⑩ 国依山川，今源塞，故国将亡也。

⑪ 水土气通为演，演犹润也。演则生物，民得用之。

⑫ 水气不润，土枯不养，故乏财用。

⑬ 竭，尽也。伊出熊耳，洛出冢岭。禹都阳城，伊、洛所近。

⑭ 商人都卫，河水所经。

⑮ 二代之季谓桀、纣也。

⑯ 依其精气利泽也。

⑰ 水泉不润，枯朽而崩。

⑱ 数起于一，终于十，十则更，故曰纪也。

⑲ 东迁谓平王迁于洛邑也。

郑厉公与虢叔杀子颓纳惠王

惠王三年，[①]边伯、石速、蒍国出王而立子颓。[②]王处于郑三年。王子颓饮三大夫酒，子国为客，[③]乐及遍儛。[④]郑厉公见虢叔，[⑤]曰："吾闻之，司寇行戮，君为之不举，[⑥]而况敢乐祸乎。今吾闻子颓歌舞不息，乐祸也。夫出王而代其位，祸孰大焉。临祸忘忧，是谓乐祸，祸必及之，盍纳王乎?"虢叔许诺。

郑伯将王自圉门入，虢叔自北门入，[⑦]杀子颓及三大夫，王乃入也。

① 惠王，周庄王之孙、釐王之子惠王凉也。三年，鲁庄公十九年也。

② 三子，周大夫。子颓，庄王之少子王姚之子。王姚嬖于庄王，生子颓。子颓有宠，蒍国为之师。及惠王即位，取蒍国之圃及边伯之宫，又收石速之秩，故三子出王而立子颓。

③ 子国，蒍国也。客，上客也。

④ 遍儛，六代之乐，谓黄帝曰《云门》、尧曰《咸池》、舜曰《箫韶》、禹曰《大夏》、殷曰《大濩》、周曰《大武》也。一曰："诸侯、大夫徧儛。"

⑤ 厉公，郑庄公之子厉公突也。虢叔，王卿士，虢公林父也。

⑥ 不举乐也。

⑦ 圉门，南门也。二门王城门也。

内史过论神

十五年，有神降于莘，[①]王问于内史过[②]曰："是何故，固有之乎？"[③]对曰："有之。国之将兴，其君齐明衷正，[④]精洁惠和，其德足以昭其馨香，[⑤]其惠足以同其民人。[⑥]神飨而民听，民神无怨，故明神降之，观其政德而均布福焉。国之将亡，其君贪冒辟邪，[⑦]淫佚荒怠，粗秽暴虐；其政腥臊，馨香不登；[⑧]其刑矫诬，[⑨]百姓携贰。[⑩]明神不蠲[⑪]而民有远志，[⑫]民神怨痛，无所依怀，[⑬]故神亦往焉，观其苛慝而降之祸。[⑭]是以或见神以兴，亦或以亡。昔夏之兴也，融降于崇山，[⑮]其亡也，回禄信于聆[⑯]隧；[⑰]商之兴也，梼杌次于丕山，[⑱]其亡也，夷羊在牧；[⑲]周之兴也，鸑鷟鸣于岐山，[⑳]其衰也，杜伯射王于鄗。[㉑]是皆明神之志者也。"[㉒]

王曰："今是何神也？"对曰："昔昭王娶于房，曰房后，[㉓]实有爽德，协于丹朱，[㉔]丹朱凭身以仪之，生穆王焉。[㉕]是实临照周之子孙而祸福之。夫神一不远徙迁，[㉖]若由是观之，其丹朱之神乎？"王曰："其谁受之？"对曰："在虢土。"[㉗]王曰："然则何为？"[㉘]对曰："臣闻之：道而得神，是谓逢福；[㉙]淫而得神，是谓贪祸。[㉚]今虢少荒，其亡乎！"王曰："吾其若之何？"对曰："使太宰以祝、史帅狸姓，奉牺牲、粢盛、玉帛往献焉，[㉛]无有祈也。"[㉜]王曰："虢其几何？"对曰："昔尧临民以五，[㉝]今其胄见，[㉞]神之见也，不过其物。[㉟]若由是观之，不过五年。"

王使太宰忌父[㊱]帅傅氏及祝、史[㊲]奉牺牲、玉鬯往献焉。[㊳]内史过从至虢，[㊴]虢公亦使祝、史请土焉。[㊵]内史过归，以告王曰："虢必亡矣。不禋于神而求福焉，[㊶]神必祸之；不亲于民而求用焉，人必违之。[42]精意以享，禋也；[43]慈保庶民，亲也。[44]今虢公动匮百姓以逞其违，[45]离民怒神而求利焉，不亦难乎！”[46]十九年，晋取虢。[47]

① 惠王十五年，鲁庄公三十二年也。降谓下也，言自上而下，有声象以接人也。莘，虢地也。

② 内史，周大夫；过，其名也。掌爵禄废置及策命诸侯、孤、卿、大夫也。

③ 故，事也。固犹尝也。

④ 齐，一也。衷，中也。

⑤ 惠，爱也。馨香，芳馨之升闻者也。

⑥ 同犹一也。

⑦ 冒，抵冒也。

⑧ 腥臊，臭恶也。登，上也。芳馨不上闻于神，神不飨也。《传》曰：“黍稷非馨，明德惟馨。”

⑨ 以诈用法曰矫，加谋无罪曰诬。

⑩ 携，离。贰，二心也。

⑪ 蠲，洁也。

⑫ 欲叛也。

⑬ 怀，归也。

⑭ 苛，烦也。慝，恶也。

⑮ 融，祝融也。崇，崇高山也。夏居阳城，崇高所近。

⑯ 聆，音禽。

⑰ 回禄，火神。再宿为信。聆隧，地名也。

⑱ 梼杌，鲧也。过信曰次。丕，大。邳山在河东。

⑲ 夷羊，神兽。牧，商郊牧野也。

⑳ 三君云：“鸑鷟，凤之别名也。《诗》云：‘凤皇鸣矣，于彼高冈。’其在岐山之脊乎？”

㉑ 鄗，鄗京也。杜国，伯爵，陶唐氏之后也。《周春秋》曰："宣王杀杜伯而不辜。后三年，宣王会诸侯田于圃，日中，杜伯起于道左，衣朱衣，冠朱冠，操朱弓、朱矢射宣王，中心折脊而死也。"

㉒ 志，记也。见记录在史籍者也。

㉓ 昭王，周成王之孙、康王之子昭王瑕也。房，国名。

㉔ 爽，贰也。协，合也。丹朱，尧子也。

㉕ 凭，依也。仪，匹也。《诗》云："实维我仪。"言房后之行有似丹朱，丹朱凭依其身而匹偶焉，生穆王也。

㉖ 言神一心依凭于人，不远迁也。

㉗ 言神在虢，虢其受之也。

㉘ 何为在虢？

㉙ 逢，迎也。

㉚ 以贪取祸也。

㉛ 太宰，王卿也，掌祭祀之式、玉币之事。祝，太祝也，掌祈福祥。史，太史，掌次主位。狸姓，丹朱之后也。神不歆非类，故帅以往也。纯色曰牺。

㉜ 祈，求也。勿有求请，礼之而已。

㉝ 五，五年一巡守也。

㉞ 胄，后也，谓丹朱之神也。

㉟ 物，数也。

㊱ 周公忌父。

㊲ 傅氏，狸姓也，在周为傅氏。

㊳ 玉鬯，鬯酒之圭，长尺二寸，有瓒，所以灌地降神之器也。

㊴ 从，从太宰而往也。内史不掌祭祀，王以其贤，使以听之也。

㊵ 祝、史，虢之祝、史，祝应、史嚚。

㊶ 洁祀曰禋。

㊷ 用，用其财力也。

㊸ 享，献也。

㊹ 慈，爱也。保，养也。

㊺ 逞，快也。违，邪也。

㊻ 求利谓请土也。

㊼ 惠王十九年，鲁僖之五年也。

内史过论晋惠公必无后

襄王使邵公过及内史过赐晋惠公命，[①] 吕甥，郤芮相晋侯不敬，[②] 晋侯执玉卑，拜不稽首。[③]

内史过归，以告王曰："晋不亡，其君必无后。[④] 且吕、郤将不免。"王曰："何故？"对曰："《夏书》有之曰：'众非元后，何戴？[⑤] 后非众，无与守邦。'[⑥] 在《汤誓》曰：'余一人有罪，无以万夫；[⑦] 万夫有罪，在余一人。'[⑧] 在《盘庚》曰：'国之臧，则惟女众。[⑨] 国之不臧，则惟余一人，是有逸罚。'[⑩] 如是则长众使民，不可不慎也。民之所急在大事，[⑪] 先王知大事之必以济众也，是故祓除其心，以和惠民。[⑫] 考中度衷以莅之，[⑬] 昭明物则以训之，[⑭] 制义庶孚以行之。[⑮] 祓除其心，精也；[⑯] 考中度衷，忠也；[⑰] 昭明物则，礼也；制义庶孚，信也。然则长众使民之道，非精不和，非忠不立，非礼不顺，非信不行。今晋侯即位而背外内之赂，[⑱] 虐其处者，弃其信也；[⑲] 不敬王命，弃其礼也；施其所恶，弃其忠也；[⑳] 以恶实心，弃其精也。[㉑] 四者皆弃，则远不至而近不和矣，[㉒] 将何以守国？

"古者，先王既有天下，又崇立于上帝、明神而敬事之，[㉓] 于是乎有朝日、夕月以教民事君。[㉔] 诸侯春秋受职于王，以临其民；[㉕] 大夫、士日恪位著，[㉖] 以儆其官；[㉗] 庶人、工、商各守其业，以共其上。犹恐其有坠失也，故为车服、旗章以旌之，[㉘] 为贽币、瑞节以镇之，[㉙] 为班爵、贵贱以列之，[㉚] 为令闻嘉誉以声之。[31]犹有散、迁、懈慢而著在刑辟，流在裔土，[32]于是乎有蛮、夷之国，[33]有斧钺、刀墨之民，[34]而况可以淫纵其身乎？夫晋侯非嗣也，而得其位，[35]亹亹怵惕，保任戒惧，犹曰未也。[36]若将广其心[37]而远其邻，[38]陵其民[39]而卑其上，[40]将何以固守？[41]夫执玉卑，替其贽也。[42]拜不稽首，诬其王也。[43]替贽无镇，[44]诬王无民。夫天事恒象，[45]任重享大者必速及，[46]故晋侯诬王，人亦将诬之；欲替其镇，人亦将替之。大臣享其禄，弗谏而阿之，亦必及焉。"[47]

襄王三年而立晋侯，[48]八年而陨于韩，[49]十六年而晋人杀怀公。怀公无胄，[50]秦人杀子金、子公。[51]

① 襄王，周僖王之孙、惠王之子襄王郑也。邵公过，邵穆公之后邵武公也。惠公，晋献公之庶子惠公夷吾也。命，瑞命也。诸侯即位，天子赐之命圭以为瑞节也。

② 吕甥，瑕吕饴甥也。郤芮，冀芮。皆晋大夫。相，诏相礼仪也。不敬，慢惰也。

③ 玉，信圭，侯所执，长七寸。卑，下也。《礼》："执天子器则尚衡。"稽首，首至地也。

④ 后，后嗣也。

⑤《夏书》，逸《书》也。元，善也。后，君也。戴，奉也。

⑥ 邦，国也。

⑦《汤誓》，《商书》伐桀之誓也。今《汤誓》无此言，则散亡矣。天子自称曰余一人。余一人有罪，无罪万夫。

⑧ 在余一人，乃我教导之过也。

⑨ 盘庚，殷王祖乙之子，今《商书·盘庚》是也。臧，善也。国俗之善，则惟女众，归功于下也。

⑩ 逸，过也。罚，犹罪也。国俗之不善，则惟余一人，是我有过也。言其罪当在我也。

⑪ 大事，戎、祀也。

⑫ 祓，犹拂也。

⑬ 莅，临也。考中，省己之中心以度人之衷心，恕以临之也。

⑭ 物，事也。则，法也。

⑮ 义，宜也。庶，众也。孚，信也。当制立事宜，为众所信而行之也。

⑯ 精，洁也。

⑰ 忠，恕也。

⑱ 背外不与秦地，背内不与里、丕之田。

⑲ 虐其处者，杀里、丕之党也。

⑳ 己所不欲，勿施于人。所恶于下，故不以事上。今晋侯皆施之于人，故曰弃其忠也。

㉑ 实，满也。

㉒ 四者，精、忠、礼、信也。

㉓ 崇，尊也。立，立其祀也。上帝，天也。明神，日月也。

㉔ 礼，天子搢大圭、执镇圭，缫藉五采五就，以春分朝日、秋分夕月，拜日于东门之外。然则夕月在西门之外也。

㉕ 言不敢专也。

㉖ 著，音宁。

㉗ 中廷之左右曰位，门屏之间曰著也。

㉘ 旌，表也。车服、旗章，上下有等，所以章别贵贱，为之表识也。

㉙ 镇，重也。贽，六贽也，谓孤执皮帛，卿执羔，大夫执雁，士执雉，庶人执鹜，工商执鸡。币，六币也，圭以马，璋以皮，璧以帛，琮以锦，琥以绣，璜以黼也。瑞，六瑞：王执镇圭，尺二寸；公执桓圭，九寸；侯执信圭，七寸；伯执躬圭，亦七寸；子执谷璧，男执蒲璧，皆五寸。节，六节：山国用虎节，土国用人节，泽国用龙节，皆以金为之；道路用旌节，门关用符节，都鄙用管节，皆以竹为之。

㉚ 班，次也。

㉛ 谓有功德者，则以策命述其功美，进爵加锡以声之也。

㉜ 言为之法制，备悉如此，尚有放散、转移、懈慢，于事不奉职业者也，故加之刑辟、流之裔土也。

㉝ 遂为夷、蛮之国民也。

㉞ 斧钺，大刑也。刀墨，谓以刀刻其额而墨涅之。

㉟ 嗣，嫡嗣也。

㊱ 亹亹，勉勉也。保，守也。任，职也。居非其位，虽守职戒惧，犹未足也。

㊲ 广其心，放情欲也。

㊳ 背秦赂也。

㊴ 虐其处也。

㊵ 不敬王命也。

㊶ 守，守位也。

㊷ 替，废也，废执贽之礼也。

㊸ 诬，罔也。诬民，民亦将诬之。

㊹ 镇，重也，无以自重也。

㊺ 恒，常也。事善象吉，事恶象凶也。

㊻ 速及于祸也。

㊼ 大臣，吕、郤也。享之言食也。阿，随也。

㊽ 襄王三年，鲁僖之十年也。赐瑞命在十一年也。

㊾ 八年，鲁僖之十五年也。秦怨惠公背施忘德，举兵伐之，战于韩原，获晋侯以归，陨其师徒，三月而复之也。

㊿ 胄，后也。襄王十六年，鲁僖二十四年也。怀公，惠公之子子圉也。惠公卒，子圉嗣立，秦穆公纳公子重耳，晋人刺怀公于高梁也。

51 子金，吕甥。子公，郤芮之字也。二子悔纳重耳，欲焚公宫而杀公，寺人披以告，公潜会秦伯于王城。二子焚公宫，求公不获，遂如河上，秦伯诱而杀之。

内史兴论晋文公必霸

襄王使太宰文公及内史兴赐晋文公命,[①]上卿逆于境,[②]晋侯郊劳,[③]馆诸宗庙,[④]馈九牢,[⑤]设庭燎。[⑥]及期,命于武宫,[⑦]设桑主,布几筵,[⑧]太宰莅之,晋侯端委以入。[⑨]太宰以王命命冕服,[⑩]内史赞之,三命而后即冕服。[⑪]既毕,宾、飨、赠、饯如公命侯伯之礼,而加之以宴好。[⑫]

内史兴归,以告王曰:"晋不可不善也。其君必霸,逆王命敬,[⑬]奉礼义成。[⑭]敬王命,顺之道也;成礼义,德之则也。则德以导诸侯,诸侯必归之。[⑮]且礼所以观忠、信、仁、义也,[⑯]忠所以分也,[⑰]仁所以行也,[⑱]信所以守也,[⑲]义所以节也。[⑳]忠分则均,仁行则报,信守则固,义节则度。[㉑]分均无怨,行报无匮,守固不偷,[㉒]节度不携。[㉓]若民不怨而财不匮,令不偷而动不携,其何事不济。中能应外,忠也;施三服义,仁也;[㉔]守节不淫,信也;行礼不疚,义也。[㉕]臣入晋境,四者不失,[㉖]臣故曰晋侯其能礼矣,王其善之。树于有礼,艾[㉗]人必丰。"[㉘]王从之,使于晋者,道相逮也。[㉙]

及惠后之难,王出在郑,[㉚]晋侯纳之。[㉛]襄王十六年,立晋文公。[㉜]二十一年,以诸侯朝王于衡雍,且献楚捷,遂为践土之盟,[㉝]于是乎始霸也。

① 太宰文公,王卿士王子虎也。内史兴,周内史叔兴父也。晋文公,献公之子、惠公异母兄重耳也。命,命服也。诸侯七命,冕服七章。

② 逆,迎也。

③ 郊迎用辞劳也。

④ 馆,舍也。舍于宗庙,尊王命也。

⑤ 牛、羊、豕为一牢，上公饔饩九牢。

⑥ 设大烛于庭，谓之庭燎也。

⑦ 期，将事之日也。武宫，文公之祖武公庙也。命，受王命。

⑧ 主，献公之主也。练主用栗，虞主用桑。礼：既葬而虞，虞而作主，天子于是爵命，世子即位，受命服也。献公死已久，于此设之者，文公不欲继惠、怀也。故立献公之主，目以子继父之位，行未逾年之礼也。筵，席也。

⑨ 说云："衣玄端，冠委皃，诸侯祭服也。"昭谓：此士服也。诸侯之子未受爵命，服士服也。

⑩ 冕，大冠。服，鷩衣。

⑪ 三以王命命文公，文公三让而后就也。

⑫ 宾者，主人所以接宾、致餐饔之属也。飨，飨食之礼也。赠，致赠之礼也。饯，谓郊送饮酒之礼也。如公命侯伯之礼者，如公受王命，以侯伯待之之礼，而又加之以宴好也。太宰，上卿也，而言公者，兼之也。

⑬ 谓上卿逆于境，晋侯郊劳也。

⑭ 谓三让、宾、飨之属皆如礼也。

⑮ 导，训也。

⑯ 言能行礼，则有此四者也。

⑰ 心忠则不偏也。

⑱ 仁行则有恩也。

⑲ 信守则不贰也。

⑳ 制义之节也。

㉑ 得其度也。

㉒ 偷，苟且也。

㉓ 携，离也。

㉔ 贾侍中云："三，谓忠、信、仁也。"昭谓：施三，谓三让也。服义，义，宜也，服得其宜，谓端委也。

㉕ 疚，病也。

㉖ 四者，忠、信、仁、义也。

㉗ 音刈。

㉘ 树，种也。艾，报也。丰，厚也。

㉙ 逮，及也。

㉚ 惠后，周惠王之后、襄王继母陈妫。陈妫有宠，生子带，将立之，未及而卒。子带奔齐，复之，又通于襄王之后隗氏。王废隗氏，周大夫颓叔、桃子奉子带以狄师伐周，王出适郑，处于汜。事在鲁僖二十四年。

㉛ 纳王于周而杀子带，在鲁僖二十四年。

㉜ 襄王十六年，鲁僖二十四年也。

㉝ 襄王二十一年，鲁僖二十八年也。衡雍、践土皆郑地，在今河内温也。捷，胜也，胜楚所获兵众也。文公以僖二十八年夏四月败楚于城濮。城濮，卫也。旋至衡雍，天子临之，晋侯以诸侯朝王，且献所得楚兵驷介百乘，徒兵千也。王命尹氏及王子虎、内史叔兴父策命晋侯为伯，赐晋侯大辂、戎辂之服，彤弓一，彤矢百，玈弓十，玈矢千，秬鬯一卣，虎贲三百人也。

卷二

周语中

富辰谏襄王以狄伐郑及以狄女为后

襄王十三年，[①]郑人伐滑。[②]王使游孙伯请滑，[③]郑人执之。[④]王怒，将以狄伐郑。[⑤]富辰谏曰："不可。[⑥]古人有言曰：'兄弟谗阋，侮人百里。'[⑦]周文公之诗曰：'兄弟阋于墙，外御其侮。'[⑧]若是则阋乃内侮，而虽阋不败亲也。[⑨]郑在天子，兄弟也。[⑩]郑武、庄有大勋力于平、桓，[⑪]我周之东迁，晋、郑是依，[⑫]子颓之乱，又郑之繇定。[⑬]今以小忿弃之，是以小怨置大德也，无乃不可乎？[⑭]且夫兄弟之怨不征于他，[⑮]征于他，利乃外矣。[⑯]章怨外利不义，[⑰]弃亲即狄不祥，[⑱]以怨报德不仁。[⑲]夫义所以生利也，祥所以事神也，仁所以保民也。[⑳]不义则利不阜，[㉑]不祥则福不降，不仁则民不至。古之明王不失此三德者，[㉒]故能光有天下[㉓]而和宁百姓，令闻不忘。[㉔]王其不可以弃之。"王不听。十七年，王降狄师以伐郑。[㉕]

王德狄人，将以其女为后，富辰谏曰："不可。夫婚姻，祸福之阶也。[㉖]由之利内则福，[㉗]利外则取祸。今王外利矣，[㉘]其无乃阶祸乎？[㉙]昔挚、畴之国也由大任，[㉚]杞、缯由大姒，[㉛]齐、许、申、吕由大姜，[㉜]陈由大姬，[㉝]是皆能内利亲亲者也。[㉞]昔隅之亡也由仲任，[㉟]密须由伯姞，[㊱]郐由叔妘，[㊲]聃由郑姬，[38]息由陈妫，[39]邓由楚曼，[40]罗由季姬，[41]卢由荆妫，[42]是皆外利离亲者也。”[43]

王曰：“利何如而内，何如而外？”对曰：“尊贵，明贤，庸勋，长老，[44]爱亲，[45]，礼新，[46]亲旧。[47]然则民莫不审固其心力以役上令，[48]官不易方，[49]而财不匮竭，[50]求无不至，动无不济。百姓兆民，[51]夫人奉利而归诸上，是利之内也。[52]若七德离判，民乃携贰，[53]各以利退，[54]上求不暨，是其外利也。[55]夫狄无列于王室，[56]郑伯南也，王而卑之，是不尊贵也。[57]狄，豺狼之德也，郑未失周典，王而蔑之，是不明贤也。[58]平、桓、庄、惠皆受郑劳，王而弃之，是不庸勋也。[59]郑伯捷之齿长矣，王而弱之，是不长老也。[60]狄，隗姓也，[61]郑出自宣王，王而虐之，是不爱亲也。[62]夫礼，新不间旧，[63]王以狄女间姜、任，非礼且弃旧也。[64]王一举而弃七德，臣故曰利外矣。《书》有之曰：‘必有忍也，若能有济也。’[65]王不忍小忿而弃郑，又登叔隗以阶狄。[66]狄，封豕豺狼也，不可猒也。”[67]王不听。

十八年，王黜狄后。[68]狄人来诛杀谭伯。[69]富辰曰：“昔吾骤谏王，王弗从，以及此难。若我不出，主其以我为怼乎！”乃以其属死之。[70]

① 襄王十三年，鲁僖之二十年也。下事见二十四年。

② 滑，姬姓小国也。先是，郑伐滑，滑人听命，师还，又叛即卫，故郑公子士、泄堵寇帅师伐滑也。

③ 游孙伯，周大夫伯爵也。

④ 郑人，文公捷也。郑怨惠王之入而不与厉公爵，又怨襄王之与卫、滑，故不听王命而执王使也。

⑤ 狄，隗姓之国也。

⑥ 富辰，周大夫也。

⑦ 阋，佷也。兄弟虽以谗言相违佷，犹以禁御他人侵侮己者。百里，谕远也。

⑧ 文公之诗者，周公旦之所作《棠棣》之诗是也，所以闵管、蔡而亲兄弟。此二句，其四章也。御，禁也，言虽相与佷于墙室之内，犹能外御异族侮害己者。其后周衰，厉王无道，骨肉恩阙，亲亲礼废，宴兄弟之乐绝，故邵穆公思周德之不类，而合其宗族于成周，复循《棠棣》之歌以亲之。郑、唐二君以为《棠棣》穆公所作，失之，唯贾君得之。穆公，邵康公之后穆公虎也，去周公历九王矣。

⑨ 虽内相佷，外御他人，故不败亲也。

⑩ 言与襄王有兄弟之亲也。

⑪ 武，郑桓公之子武公滑突也。庄，武公之子庄公寤生也。王功曰勋。平，幽王之子平王宜咎。桓，平王之孙、文太子泄父之子桓王林也。幽王既灭，郑武公以卿士夹辅周室。平王东迁洛邑，桓王即位，郑庄公为之卿士，以王命讨不庭，伐宋，在鲁隐十年。唐尚书云："王夺郑伯政，伯不朝，王伐郑，郑祝聃射王中肩，岂得为功？'桓'当为'惠'，《传》曰：郑有平、惠之勋。"昭谓：郑世有功，而桓王不赏，又夺其政，聃虽射王，非庄公意。又《诗叙》云："桓王失信，诸侯背叛。"明桓王之非也。下富辰又曰："平、桓、庄、惠皆受郑劳。"明各异人，不为误也。

⑫ 东迁，谓平王也。《晋语》曰"郑先君武公与晋文侯戮力同心，股肱周室，夹辅平王"也。

⑬ 子颓，周庄王之子、惠王之叔父也，篡惠王而立。惠王出居郑，郑厉公杀子颓而纳之。事在《周语》上也。

⑭ 置，废也。《诗》云"忘我大德，思我小怨"也。

⑮ 征，召也。他，谓狄人。

⑯ 外，利在狄也。

⑰ 章，明也。

⑱ 祥，善也。弃亲，出狄师以伐郑也。

⑲ 言郑有德于王，王怨而伐之，是为不仁也。

⑳ 保，养也。

㉑ 阜，厚也。

㉒ 三德，仁、义、祥也。

㉓ 光，大也。

㉔ 不忘，言德及后代也。

㉕ 降，下也。

㉖ 阶，梯也。

㉗ 利内，娶得偶而有福也。

㉘ 树利于狄也。

㉙ 为祸阶也。

㉚ 挚、畴二国任姓，奚仲仲虺之后，大任之家也。大任，王季之妃、文王之母也。《诗》云："挚仲氏任。"

㉛ 杞、缯二国姒姓，夏禹之后、大姒之家也。大姒，文王之妃、武王之母也。

㉜ 四国皆姜姓也，四岳之后、大姜之家也。大姜，大王之妃、王季之母也。

㉝ 陈，妫姓，舜后。大姬，周武王之元女、成王之姊。《传》曰"以元女大姬配虞胡公，而封之于陈"也。

㉞ 内利，内行七德，亲亲以申固其家也。

㉟ 隔，妘姓之国，取仲任氏之女为隔夫人。唐尚书曰："隔为郑武公所灭，非取任氏而亡也。"昭谓：幽王为西戎所杀，而《诗》言"褒姒灭之"，明祸有所由也。

㊱ 伯姞，密须之女也。《传》曰"密须之鼓"、"阙巩之甲"，此则文王所灭而获鼓甲也。《大雅》云："密人不恭，敢距大邦。"不由嫁女而亡。《世本》云："密须，姞姓。"

㊲ 郐，妘姓之国。叔妘，同姓之女为郐夫人。唐尚书云："亦郑武公灭

之，不由女亡也。”昭谓：《公羊传》曰：“先郑伯有善乎郐公者，通于夫人以取其国。”此之谓也。

㊳ 聃，姬姓，文王之子聃季之国。郑姬，郑女，为聃夫人，同姓相娶，犹鲁昭公娶于吴，亦其媟姓，所以亡也。

㊴ 息，姬姓之国。陈妫，陈女，为息侯夫人。蔡哀侯亦娶于陈，息妫将归，过蔡，蔡哀侯止而见之，弗宾。妫以告息侯，导楚伐蔡。蔡侯怨，因称息妫之美于楚子，楚子遂灭息，以息妫归。

㊵ 邓，曼姓。楚曼，邓女，为楚武王夫人，生文王。文王过邓而利其国，遂灭邓而兼之也。

㊶ 罗，熊姓之国。季姬，姬氏女，为罗夫人而亡其国也。

㊷ 卢，妫姓之国。荆妫，卢女，为荆夫人。荆，楚也。

㊸ 外利，行淫僻，求利于外，不能亲亲，以亡其国也。

㊹ 明，显也。庸，用也。勋，功也。长老，尚齿也。

㊺ 六亲也。

㊻ 新来过宾也。

㊼ 君之故旧也。

㊽ 役，为也。

㊾ 方，道也。

㊿ 贡赋有品，财用有节，不乏尽也。

51 百姓，百官也，官有世功受氏姓也。十亿曰兆。

52 夫人，犹人人也。

53 判，分也。携，离也。七德，谓尊贵至亲旧也。

54 以利，利其身而去也。

55 暨，至也。

56 列，位次也。

57 贾侍中云：“南者，在南服之侯伯也。”或云：“南，南面君也。”郑司农云：“南谓子男。郑，今新郑。新郑之于王城在畿内，畿内之诸侯虽爵有侯伯，周之旧法皆食子男之地。”昭案：《内传》，子产争贡，曰：“卑而贡重者，甸服也。郑，伯男也，而使从公侯之贡，惧弗给也。”以此言之，郑在南服，明矣。周公虽制土，中设九服，至康王而西都鄗京，其后衰微，土地损减，车服改易，故郑在南服。《礼》：畿外之侯，伯也。世谓其见待重于采地之君，故曰“是不尊贵也”。

(58) 蔑，小也。

(59) 平王东迁，依郑武公。桓王即位，郑庄公佐之。庄，桓王之子庄王佗也。惠，庄王之孙、僖王之子惠王凉也，为子颓所篡，出居于郑，郑厉公纳之。自平王以来，郑世有功，故曰“皆受郑劳”。劳，功也。

(60) 捷，郑文公之名也。弱，犹稚也。

(61) 隗姓，赤狄也。

(62) 郑桓公友，宣王之母弟。出者，郑国之封出于宣王之世也。

(63) 间，代也。

(64) 姜氏、任氏之女世为王妃嫔也，今以狄女代之，为弃旧也。

(65)《书》，《逸书》也。若，犹乃也。济，成也。言能有所忍乃能有成功也。

(66) 阶，阶狄祸也。

(67) 封，大。猒，足也。

(68) 十八年，鲁僖公二十四年。黜，废也。狄后既立而通王子带，故王废之也。

(69) 诛，责也。狄人奉子带攻王而杀谭伯。谭伯，周大夫原伯毛也。

(70) 帅其徒属以死狄师。

襄王拒晋文公请隧

初，惠后欲立王子带，故以其党启狄人。[①]狄人遂入，周王乃出居于郑，晋文公纳之。[②]

晋文公既定襄王于郏，[③]王劳之以地，[④]辞，[⑤]请隧焉。[⑥]王不许，曰：“昔我先王之有天下也，规方千里以为甸服，[⑦]以供上帝、山川、百神之祀，[8]以备百姓兆民之用，以待不庭不虞之患。[9]其余以均分公、侯、伯、子、男，[10]使各有宁宇，[11]以顺及天地，无逢其灾害，[12]先王岂有赖焉。[13]内官不过九御，[14]外官不过九品，[15]足以供给神祇而已，[16]岂敢厭纵其耳目心腹，以乱百度。[17]亦唯是死生之服物采章，[18]以临长百姓而轻重布之，王何异之有。[19]今天降祸灾于周室，余一人仅亦守府，[20]又不佞以勤叔父，[21]而班先王之大物以赏私德，[22]其叔父实应且憎，以非余一人，余一人岂敢有爱？[23]先民有言曰：'改玉改行。'[24]叔父若能光裕大德，更姓改物，以创制天下，自显庸也，[25]而缩取备物以镇抚百姓，[26]余一人其流辟旅于裔土，何辞之有与？[27]若由是姬姓也，[28]尚将列为公侯，以复先王之职，大物其未可改也。[29]叔父其懋昭明德，物将自至，[30]余何敢以私劳变前之大章，以忝天下，[31]其若先王与百姓何？[32]何政令之为也。[33]若不然，叔父有地而隧焉，[34]余安能知之？"[35]文公遂不敢请，受地而还。

① 言初者，惠后已死。以其党者，谓颓叔、桃子缘惠后欲立子带，故以子带为党，开狄人伐周也。

② 王出适郑，居于氾也。文公纳之，杀子带。在鲁僖公二十五年。

③ 郏，洛邑王城之地也。

④ 王以其勤劳，赏之以地，谓阳樊、温、原、欑茅之田也。

⑤ 辞，不受也。

⑥ 贾侍中云："隧，王之葬礼，开地通路曰隧。"昭谓：隧，六隧也。《周礼》：天子远郊之地有六乡，则六军之士也。外有六隧，掌供王之贡赋。唯天子有隧，诸侯则无也。

⑦ 规，规画而有之也。

⑧ 以其职贡供王祭也。上帝，天神五帝也。山川，五岳河海也。百神，丘陵坟衍之神也。

⑨ 百姓，百官有世功者。用，财用也。庭，直也。虞，度也。不直，犹不道也。不度，不意度而至之患也。

⑩ 其余，甸服之外地。均，平也。《周礼》：公之地方五百里，侯四百里，伯三百里，子二百里，男一百里。

⑪ 宁，安。宇，居也。

⑫ 顺，顺天地尊卑之义也，若相侵犯，则有灾害也。

⑬ 赖，利也。言无所利，皆均分诸侯也。

⑭ 九御，九嫔也。

⑮ 九品，九卿。《周礼》："内有九室，九嫔居之；外有九室，九卿朝焉。"

⑯ 言嫔与卿主祭祀，《鲁语》曰"日入监九御，使洁奉禘郊之粢盛"也。

⑰ 猒，足也。耳目，声色。心腹，嗜欲也。

⑱ 采章，采色之文章也。死之服，谓六隧之民引王柩辂也。

⑲ 轻重布之，贵贱各有等也。王何异之有，帝王皆然也。

⑳ 仅，犹劣也。府，先王之府藏。

㉑ 勤，劳也。天子称九州之长同姓曰叔父也。

㉒ 班，分也。大物，谓隧也。

㉓ 应，犹受憎恶也。言晋文虽当私赏，犹非我一人也。

㉔ 玉，佩玉，所以节行步也。君臣尊卑，迟速有节，言服其服则行其礼，以言晋侯尚在臣位，不宜有隧也。

㉕ 光，广也。裕，宽也。更姓，易姓也。改物，改正朔、易服色也。创，造也。庸，用也。谓为天子创制度，自显用于天下。

㉖ 缩，引也。备物，隧之属也。

㉗ 流，放也。言将放辟于荒裔，何复陈辞之有也。

㉘ 谓文公未更姓而王也。

㉙ 言文公若尚在公侯之位，将成霸业，以兴王室，复先王之职，则六隧未可改也。

㉚ 懋，勉也。言有天下则隧自至也。

㉛ 章，表也，所以表明天子与诸侯异物。

㉜ 言无以奉先王镇抚百姓也。

㉝ 何以复临百姓而为政令乎？

㉞ 自制以为隧也。

㉟ 所不敢禁也。

阳人不服晋侯

王至自郑，[①]以阳樊赐晋文公。[②]阳人不服，[③]晋侯围之。仓葛呼曰：[④]"王以晋君为能德，[⑤]故劳之以阳樊。阳樊怀我王德，是以未从于晋。[⑥]谓君其何德之布以怀柔之，[⑦]使无有远志。[⑧]今将大泯其宗祊，[⑨]而蔑杀其民人，[⑩]宜吾不敢服也。夫三军之所寻，[⑪]将蛮、夷、戎、狄之骄逸不虔，于是乎致武。[⑫]此羸者阳也，未狎君政，[⑬]故未承命。君若惠及之，唯官是征，其敢逆命，[⑭]何足以辱师。君之武震，无乃玩而顿乎？[⑮]臣闻之曰：'武不可觌，文不可匿。[⑯]觌武无烈，[⑰]匿文不昭。'阳不承获甸，而只以觌武，臣是以惧。不然，其敢自爱也，[⑱]且夫阳岂有裔民哉？[⑲]夫亦皆天子之父兄甥舅也，[⑳]若之何其虐之也？"晋侯闻之，曰："是君子之言也。"乃出阳民。[㉑]

① 襄王从郑至王城，鲁僖二十五年也。

② 阳樊，二邑在畿内也。

③ 不肯属晋。

④ 仓葛，阳人也。

⑤ 为能布德行。

⑥ 怀，思也。

⑦ 怀，来也。柔，安也。

⑧ 远志，离叛也。

⑨ 泯，灭也。庙门谓之祊。宗祊，犹宗庙也。

⑩ 蔑，犹灭也。

⑪ 寻，讨也。

⑫ 谓诸夏之国为蛮、夷之行，王于是致武以伐之。

⑬ 羸，弱也。狎，习也。

⑭ 官，晋有司也。征，召也。

⑮ 震，威也。玩，黩也。言举非义兵，诛罚失当，故君之武威将见慢黩顿弊也。

⑯ 觌，见也。匿，隐也。言不当尚武隐文也。

⑰ 烈，威也。

⑱ 只，适也。言阳人既不得承王室为甸服，又惧晋不惠恤其民，适以震威耀武而见残破，不然，岂敢自爱而不服乎！

⑲ 裔民，谓凶恶之民放在荒裔者也。

⑳ 谓吾舅者，吾谓之甥。

㉑ 放令去也。

襄王拒杀卫成公

温之会，晋人执卫成公，归之于周。[①]晋侯请杀之，王曰："不可。夫政自上下者也，[②]上作政而下行之不逆，故上下无怨。[③]今叔父作政而不行，无乃不可乎？[④]夫君臣无狱，[⑤]今元咺虽直，不可听也。君臣皆狱，父子将狱，是无上下也。而叔父听之，一逆矣。又为臣杀其君，其安庸刑？[⑥]布刑而不庸，再逆矣。一合诸侯，而有再逆政，余惧其无后。[⑦]不然，余何私于卫侯？"晋人乃归卫侯。[⑧]

① 温，晋之河阳。成公，卫文公之子成公郑也。晋文公讨不服，卫成公恃楚而不从，闻楚师败于城濮，惧，出奔楚，使元咺奉弟叔武以受盟于践土。或诉元咺曰："立叔武矣。"卫侯杀其子角，咺不废命，奉叔武以守国。晋人复卫侯，卫侯先期入。叔武将沐，闻君至，喜，捉发走出，前驱射而杀之，元咺出奔晋。会于温，讨不服。卫侯与元咺讼，不胜，故晋侯执之，归之于京师。在鲁僖公二十八年也。

② 当从王出也。

③ 言君臣不相怨。

④ 不行谓不顺也。言晋侯不行德政，而听元咺之诉，欲杀卫侯也。

⑤ 狱，讼也。无是非曲直，狱讼之义也。

⑥ 庸，用也。刑，法也。

⑦ 无后，无以复合诸侯也。

⑧ 在鲁僖三十年也。晋侯使醫衍酖卫侯，不死，鲁僖为请于王及晋侯，皆纳玉十瑴，于是归之也。

王孙满观秦师

二十四年，秦师将袭郑，过周北门。[①]左右皆免胄而下拜，超乘者三百乘。[②]王孙满观之，言于王曰："秦师必有谪。"[③]王曰："何故？"对曰："师轻而骄，[④]轻则寡谋，骄则无礼。无礼则脱，[⑤]寡谋自陷。入险而脱，能无败乎？[⑥]秦师无谪，是道废也。"[⑦]是行也，秦师还，[⑧]晋人败诸崤，获其三帅丙、术、视。[⑨]

① 襄王二十四年，鲁僖之三十三年也。秦师，秦大夫孟明视之师也。轻曰袭。周北门，王城北门也。

② 左，车左也。右，车右也。言免胄则不解甲而拜矣。超乘，跳跃上车，无威仪，所以败也。

③ 满，周大夫王孙之名也。谪，犹咎也。

④ 轻，谓超乘也。骄，谓士卒不肃也。

⑤ 脱，简脱也，谓不敦旅整阵也。

⑥ 险，谓崤也。

⑦ 是古道废。

⑧ 郑商觉之，矫以郑伯之命犒之，故还也。

⑨ 崤，晋地名，在今弘农。三帅，秦三将，谓白乙丙、西乞术、孟明视也。

定王论不用全烝之故

晋侯使随会聘于周，[①]定王享之肴烝，[②]原公相礼。[③]范子私于原公，[④]曰："吾闻王室之礼无毁折，今此何礼也？"王见其语，召原公而问之，原公以告。[⑤]

王召士季，[⑥]曰："子弗闻乎：禘郊之事，则有全烝；[⑦]王公立饫，则有房烝；[⑧]亲戚宴飨，则有肴烝。[⑨]今女非他也，而叔父使士季实来修旧德，以奖王室。[⑩]唯是先王之宴礼，欲以贻女。[⑪]余一人敢设饫禘焉，[⑫]忠非亲礼，而干旧职，以乱前好？[⑬]且唯戎、狄则有体荐。[⑭]夫戎、狄冒没轻儳，贪而不让，[⑮]其血气不治，若禽兽焉。其适来班贡，不俟馨香嘉味，[⑯]故坐诸门外，而使舌人体委与之。[⑰]女今我王室之一二兄弟，以时相见，[⑱]将和协典礼，以示民训则，[⑲]无亦择其柔嘉，[⑳]选其馨香，洁其酒醴，品其百笾，[㉑]修其簠簋，[㉒]奉其牺象，[㉓]出其樽彝，[㉔]陈其鼎俎，[㉕]净其巾幂，[㉖]敬其祓除，[㉗]体解节折而共饮食之。于是乎有折俎加豆，[㉘]酬币宴货，[㉙]以示容合好，[㉚]胡有孑然其效戎、狄也？[㉛]夫王公诸侯之有饫也，将以讲事成章，[㉜]建大德，昭大物也，[㉝]故立成礼烝而已。[㉞]饫以显物，宴以合好，[35]故岁饫不倦，[36]时宴不淫，[37]月会[38]旬修，[39]日完不忘。[40]服物昭庸，采饰显明，[41]文章比象，[42]周旋序顺，[43]容貌有崇，[44]威仪有则，[45]五味实气，[46]五色精心，[47]五声昭德，[48]五义纪宜，[49]饮食可飨，和同可观，[50]财用可嘉，[51]则顺而德建。[52]古之善礼者，将焉用全烝？”

武子遂不敢对而退。[53]归乃讲聚三代之典礼，[54]于是乎修执秩以为晋法。[55]

① 晋侯，晋文公之孙、成公之子景公獳也。随会，晋正卿，士芳之孙、成伯之子士季武子也。

② 定王，襄王之孙、顷王之子定王榆也。烝，升也。升折俎之肴也。

③ 原公，周卿士原襄公。相，佐也。

④ 范子，随会也。食采于随、范，故或曰随会、范会也。

⑤ 以士季之言告王也。

⑥ 季，范武子字也。

⑦ 全烝，全其牲体而升之。凡郊禘皆血腥。

⑧ 王，天子。公，诸侯。礼之立成者为饫。房，大俎也。《诗》云："笾豆大房。"谓半解其体，升之房也。

⑨ 肴烝，升体解节折之俎也，谓之折俎。

⑩ 奖，成也。

⑪ 贻，遗也。

⑫ 饫，半体也。禘，全体也。

⑬ 忠，厚也。亲礼，亲戚宴飨之礼。旧职，故事。前好，先王之好也。

⑭ 体，委与之也。

⑮ 冒，抵触也。没，入也。傀，进退上下无列也。

⑯ 适，往也。班，赋也。

⑰ 舌人，能达异方之志，象胥之官。

⑱ 兄弟，晋也。

⑲ 协，合也。典，常也。

⑳ 无亦，不亦也。柔，脆也。嘉，美也。

㉑ 笾，竹器，容四升，其实枣栗糗饵之属也。

㉒ 修，备也。簠簋，黍稷之器也。

㉓ 牺，牺樽，饰以牺牛。象，象樽，以象骨为饰也。

㉔ 樽、彝皆受酒之器也。

㉕ 俎设于左，牛豕为一列，鱼腊肠胃为一列，肤特于东。

㉖ 净，洁也。巾幂，所以覆樽、彝也。

㉗ 犹扫除也。

㉘ 加豆，谓既食之后所加之豆也。其实芹菹兔醢之属。

㉙ 酬，报也。聘有酬宾束帛之礼。其宴束帛为好，谓之宴货也。

㉚ 示容仪，合和好也。

㉛ 孑然，全体之貌也。

㉜ 讲，讲军旅，议大事。章，章程也。

㉝ 大德，大功也。大物，大器也。

㉞ 立成，不坐也。烝，升也。升其备物而已也。

㉟ 显物，示物备也。

㊱ 岁行饫礼，不至于懈倦也。

㊲ 一时之间必有宴礼，不至于淫湎也。

㊳ 会，计也。计一月之经用也。

㊴ 旬，十日之内所成为也。

㊵ 日完，一日之所为。不忘，不忘其礼也。

㊶ 庸，功也。冕服旗章所以昭其功，五采之饰所以显明德也。

㊷ 黼黻，绘绣之文章也。比象，比文以象山龙华虫之属也。

㊸ 周旋，容止也。序，次也。各以次比顺于礼也。

㊹ 崇，饰也。容止可观也。

㊺ 则，法也。其威可畏，其仪可度也。

㊻ 味以实气，气以行志。

㊼ 五色之章所以异贤、不肖，精其心也。

㊽ 昭德，谓政平者其乐和也，亦谓见其乐知其德也。

㊾ 五义，谓父义、母慈、兄友、弟恭、子孝也。

㊿ 肴烝故可飨。以可去否曰和，一心不二曰同。和同之道行，则德义可观也。

51 酬币宴货以将厚意，故可嘉也。

52 则，法也。建，立也。

53 武子，随会也。

54 三代，夏、殷、周也。

55 秩，常也。可奉执以为常也。晋文公搜于被庐，作执秩之法。自灵公以来，阙而不用，故武子修之，以为晋国之法也。

单襄公论陈必亡

定王使单襄公聘于宋，[1]遂假道于陈，以聘于楚。[2]火朝觌矣，道茀不可行，[3]候不在疆，[4]司空不视涂，[5]泽不陂，[6]川不梁，[7]野有庾积，[8]场功未毕，[9]道无列树，[10]垦田若蓺，[11]膳宰不致饩，[12]司里不授馆，[13]国无寄寓，[14]县无施舍，[15]民将筑台于夏氏。[16]及陈，陈灵公与孔宁、仪行父南冠以如夏氏，留宾不见。[17]

单子归，告王曰："陈侯不有大咎，国必亡。"[18]王曰："何故？"对曰："夫辰角见而雨毕，[19]天根见而水涸，[20]本见而草木节解，[21]驷见而陨霜，[22]火见而清风戒寒。[23]故先王之教曰：'雨毕而除道，水涸而成梁，[24]草木节解而备藏，[25]陨霜而冬裘具，[26]清风至而修城郭宫室。'[27]故《夏令》曰：'九月除道，十月成梁。'[28]其时儆曰：'收而场功，偫而畚梮，[29]营室之中，土功其始。[30]火之初见，期于司里。'[31]此先王所以不用财贿而广施德于天下者也。[32]今陈国火朝觌矣，而道路若塞，野场若弃，泽不陂障，川无舟梁，[33]是废先王之教也。周制有之曰：'列树以表道，立鄙食以守路。[34]国有郊牧，[35]疆有寓望，[36]薮有圃草，[37]囿有林池，[38]所以御灾也。[39]其余无非谷土，民无悬耜，[40]野无奥草。[41]不夺民时，不蔑民功。[42]有优无匮，有逸无罢。国有班事，[43]县有序民。'[44]今陈国道路不可知，田在草间，[45]功成而不收，[46]民罢于逸乐，[47]是弃先王之法制也。周之《秩官》有之[48]曰：'敌国宾至，关尹以告，[49]行理以节逆之，[50]候人为导，[51]卿出郊劳，[52]门尹除门，[53]宗祝执祀，[54]司里授馆，[55]司徒具徒，[56]司空视涂，[57]司寇诘奸，[58]虞人入材，[59]甸人积薪，[60]火师监燎，[61]水师监濯，[62]膳宰致饔，[63]廪人献饩，[64]司马陈刍，[65]工人展车，[66]百官以物至，[67]宾入如归。是故小大莫不怀爱。[68]其贵国之宾至，则以班加一等，益虔。[69]至于王吏，则皆官正莅事，[70]上卿监之。[71]若王巡守，则君亲监之。'[72]今虽朝也不才，有分族于周，[73]承王命以为过宾于陈，[74]而司事莫至，是蔑先王之官也。[75]先王之令有之曰：[76]'天道赏善而罚淫，故凡我造国，无从非彝，[77]无即慆淫，[78]各守尔典，以承天休。'[79]今陈侯不念胤续之常，弃其伉俪妃嫔，[80]而帅其卿佐以淫于夏氏，不亦嬻姓矣乎！[81]陈，我大姬之后也。[82]弃衮冕而南冠以出，不亦简彝乎！[83]是又犯先王之令也。[84]昔先王之教，懋帅其德也，犹恐殒越。[85]若废其教而弃其制，蔑其官而犯其令，将何以守国。[86]居大国之间，[87]而无此四者，其能久乎？"[88]

六年，单子如楚。[89] 八年，陈侯杀于夏氏。[90] 九年，楚子入陈。[91]

① 单襄公，王卿士单朝也。聘，问也。问者，王之所以抚万国，存省之也。

② 假道，自宋适楚，经陈也。是时，天子微弱，故以诸侯相聘之礼假道也。聘礼，若过国至于境，使次介假道，束帛将命于庙也。

③ 火，心星也。觌，见也。草秽塞路为茀。朝见，谓夏正十月，晨见于辰也。

④ 候，候人，掌送迎宾客者。疆，境也。

⑤ 司空，掌道路者。

⑥ 陂，障也。古不窦泽，故障之也。

⑦ 流曰川。梁，渠梁也。古不防川，故渠之也。

⑧ 唐尚书云："十六斗曰庾。"昭谓：此庾露积谷也。《诗》云"曾孙之庾，如坻如京"是也。

⑨ 治场未毕。《诗》云："九月筑场圃。"

⑩ 列树以表道，且为城守之用也。

⑪ 发田曰垦。蓺犹莳。言其稀少若蓺物也。

⑫ 膳宰，膳夫也，掌宾客之牢。《礼》：生曰饩。

⑬ 司里，里宰也，掌授客馆。

⑭ 寓亦寄也。无寄寓，不为庐舍，可以寄寓羁旅之客也。

⑮ 四甸为县，县方十六里。施舍，宾客负任之处也。

⑯ 民，陈国之人也。台，观台也。夏氏，陈大夫夏徵舒家也。

⑰ 及，至也。陈灵公，舜后，恭公之子灵公平国也。孔宁、仪行父，陈之二卿。南冠，楚冠也。如，往也，往徵舒之家淫夏姬也。宾，单襄公也。

⑱ 单子，襄公也。卿大夫称子，于其私士称公也。

⑲ 辰角，大辰苍龙之角。角，星名也。见者，朝见东方建戌之初，寒露节也。雨毕者，杀气日至而雨气尽也。

⑳ 天根，亢、氐之间。涸，竭也。谓寒露雨毕之后五日，天根朝见，水潦尽竭也。《月令》："仲秋，水始涸。"天根见，乃尽竭也。

㉑ 本，氐也。谓寒露之后十日，阳气尽，草木之枝节皆理解也。

㉒ 驷，天驷，房星也。陨，落也。谓建戌之中，霜始降也。

㉓ 谓霜降之后，清风先至，所以戒人为寒备也。

㉔ 教谓《月令》之属也。九月雨毕，十月水涸也。

㉕ 备，收藏也。《月令》："季秋，农事毕收。"

㉖ 孟冬，天子始裘，故九月可以具。

㉗ 谓火见之后，建亥之初也。

㉘《夏令》，夏后氏之令，周所因也。除道所以便行旅，成梁所以便民，使不涉也。

㉙ 时儆，时以儆告其民也。收而场功，使人修囷仓也。偫，具也。畚，器名，土笼也。梮，举土之器。具尔畚梮，将以筑作也。

㉚ 定，谓之营室也。建亥小雪中，定星昏正于午，土功可以始也。《诗》云"定之方中，作于楚宫"也。

㉛ 期，会也。致其筑作之具，会于司里之官也。

㉜ 施德，谓因时警戒，谨盖藏，成筑功也。

㉝ 舟梁，以舟为梁也。

㉞ 制，法也。表，识也。鄙，四鄙也。十里有庐，庐有饮食也。

㉟ 国外曰郊。牧，放牧之地也。

㊱ 疆，境也。境界之上有寄寓之舍、候望之人也。

㊲ 泽无水曰薮。圃，大也。必有茂大之草以备财用也。

㊳ 囿，苑也。林，积木也。池，积水也。

㊴ 御，备也。灾，饥兵也。

㊵ 言常用也。入土曰耜，耜柄曰耒。

㊶ 皆垦辟也。奥，深也。

㊷ 蔑，求也。

㊸ 国，城邑也。班，次也。执事者有次也。

㊹ 县鄙之民，从事有序也。

㊺ 不垦者多。

㊻ 野场若弃也。

㊼ 罢于为国君作逸乐之事也。

㊽《秩官》，周常官，篇名。

㊾ 敌国，位敌也。关尹，司关，掌四方之宾客，叩关则为之告。《聘礼》曰："及境，谒关人，关人问从者几人。"遂以入境告也。

㊿ 理，吏也。逆，迎也。执瑞节为信而迎之。行理，小行人也。

51 导宾至于朝，出送之于境也。

52《聘礼》曰："宾至于近郊，使卿朝服，用束帛劳之。"

53 门尹，司门也。除门，扫除门庭也。

54 宗，宗伯。祝，太祝也。执祀，宾将有事于庙，则宗祝执祭祀之礼也。

55 司里授客之馆，所当馆次于卿也。《聘礼》："卿致馆。"

56 具徒役，修道路之委积也。

57 视涂险易。

58 禁诘奸盗。

59 虞人，掌山泽之官。祭祀、宾客，供其材也。

60 甸人，掌薪蒸之事也。

61 火师，司火。燎，庭燎也。

62 水师，掌水，监涤濯之事也。

63 熟食曰饔。

64 生曰饩，禾米也。

65 司马，掌帅圉人养马，故陈刍。圉人职属司马也。

66 展省客车，补伤败也。

67 物，事也。

68 小大，谓宾介也。

69 贵国，大国也。班，次也。

⑩ 正，长也。莅，临也。

⑪ 监，视也。

⑫《周礼》，王十二岁一巡守也。

⑬ 朝，单子之名也。有分族，王之族亲也。

⑭ 假道为过宾也。

⑮ 蔑，欺也。

⑯ 文、武之教也。

⑰ 造，为也。彝，常也。

⑱ 即，就也。慆，慢也。

⑲ 典，常也。休，庆也。

⑳ 伉，对也。俪，偶也。

㉑ 卿佐，孔、仪也。贾、唐二君云："姓，命也。"一曰："夏氏，姬姓，郑女亦姬姓，故谓之婞姓。"昭谓：夏徵舒之父御叔，即陈公子夏之子、灵公之从祖父，妫姓也，而灵公淫其妻，是为媟婞其姓也。

㉒ 大姬，周武王之女，虞胡公之妃，陈之祖妣也。

㉓ 衮，衮龙之衣也。冕，大冠也。公之盛服也。简，略也。彝，常也。言弃其礼，简略常服。

㉔ 先王之令，无从非彝。

㉕ 言勉帅其德，犹恐落坠也。

㉖ 无礼则危也。

㉗ 大国，晋、楚也。

㉘ 四者，谓教、制、官、令也。

㉙ 定王六年，鲁宣之八年也。

㉚ 八年，鲁宣之十年也。陈灵公与孔宁、仪行父饮酒于夏氏。公谓行父曰："徵舒似女。"对曰："亦似君。"徵舒病之，公出，自其厩射而杀之。

㉛ 楚庄王入陈，讨夏氏杀君之罪也。既灭陈而复封之，故曰入也。唐尚书云："遂取陈以为县。"误也。

刘康公论鲁大夫俭与侈

定王八年，使刘康公聘于鲁，[①]发币于大夫。[②]季文子、孟献子皆俭，[③]叔孙宣子、东门子家皆侈。[④]

归，王问鲁大夫孰贤，对曰："季、孟其长处鲁乎！[⑤]叔孙、东门其亡乎！[⑥]若家不亡，身必不免。"王曰："何故？"对曰："臣闻之：为臣必臣，为君必君。[⑦]宽肃宣惠，君也；[⑧]敬恪恭俭，臣也。宽所以保本也，[⑨]肃所以济时也，[⑩]宣所以教施也，[⑪]惠所以和民也。本有保则必固，时动而济则无败功，[⑫]教施而宣则遍，惠以和民则阜。[⑬]若本固而功成，施遍而民阜，乃可以长保民矣，其何事不彻！[⑭]敬所以承命也，恪所以守业也，恭所以给事也，俭所以足用也。[⑮]以敬承命则不违，以恪守业则不懈，以恭给事则宽于死，[⑯]以俭足用则远于忧。[⑰]若承命不违，守业不懈，宽于死而远于忧，则可以上下无隙矣，[⑱]其何任不堪！上任事而彻，下能堪其任，所以为令闻长世也。[⑲]今夫二子者俭，其能足用矣，[⑳]用足则族可以庇。[㉑]二子者侈，侈则不恤匮，匮而不恤，忧必及之，[㉒]若是则必广其身。[㉓]且夫人臣而侈，国家弗堪，亡之道也。"王曰："几何？"对曰："东门之位不若叔孙，而泰侈焉，不可以事二君。[㉔]叔孙之位不若季、孟，而亦泰侈焉，不可以事三君。[㉕]若皆蚤世犹可，[㉖]若登年以载其毒，必亡。"[㉗]

十六年，鲁宣公卒。[㉘]赴者未及，东门氏来告乱，子家奔齐。[㉙]简王十一年，鲁叔孙宣伯亦奔齐，成公未殁二年。[㉚]

① 刘，畿内之国。康公，王卿士王季子也。

② 发其礼币于鲁大夫。

③ 二子鲁卿。季文子，季友之孙、齐仲无佚之子季孙行父。孟献子，仲庆父之曾孙、公孙敖之孙、孟文伯歜之子仲孙蔑。俭，居处节俭也。

④ 二子鲁大夫。叔孙宣子，叔牙之曾孙、庄叔得臣之子叔孙侨如也。东门子家，庄公之孙、东门襄仲之子公孙归父也。

⑤ 言俭也。

⑥ 言其侈也。

⑦ 臣尚敬，君尚惠也。

⑧ 肃，整也。宣，遍也。惠，爱也。

⑨ 本，谓宽则得众，故可以守也。

⑩ 济，成也。

⑪ 施遍则人不怨。

⑫ 不干时而动，则无败功也。

⑬ 阜，厚也。

⑭ 彻，达也。

⑮ 俭则有余，故所以足用也。

⑯ 宽，犹远也。

⑰ 无乏绝之忧，且远骄僭之罪也。

⑱ 上下，君臣也。隙，瑕衅也。

⑲ 长世，多历年也。

⑳ 二子，季、孟，言二人其能以俭足用也。

㉑ 庇，覆也。恭俭节用，无取于民，国人说之，故其宗族可以覆荫也。

㉒ 志在奢侈，不恤人之穷匮，故忧患必及之也。

㉓ 广，大也。务自大，不顾其上也。

㉔ 东门，大夫。叔孙，卿也。位在人下而侈其上，重而无基，故不可以事二君也。

㉕ 叔孙，下卿。季、孟，上卿。

㉖ 蚤世，蚤即亡也，其家犹可以免也。

㉗ 登年，多历年也。载，行也。毒，害也。必亡，家必亡也。

㉘ 定王十六年，鲁宣之十八年也。

㉙ 来告，告周大夫也。东门子家谋去三桓，使如晋，未及，宣公薨，三桓逐子家，遂奔齐也。诸侯大夫以君命使出，出必有礼贽私觌之事，以通情结好，吉凶相告，子家尝使于周，故以乱告也。告在鲁宣十八年。赴者未及，明不及二君也。

㉚ 简王，定王之子简王夷也。十一年，鲁成十六年也。宣伯，侨如也，通于宣公夫人穆姜，欲去季、孟而专公室，国民逐之，故出奔齐。言成公未殁二年，明不及三君也。

王孙说请勿赐叔孙侨如

简王八年，鲁成公来朝，①使叔孙侨如先聘且告。②见王孙说，与之语。③说言于王曰："鲁叔孙之来也，必有异焉。其享觐之币薄而言谄，殆请之也。若请之，必欲赐也。鲁执政唯强，故不欢焉，而后遣之。④且其状方上而锐下，宜触冒人。王其勿赐。若贪陵之人来而盈其愿，是不赏善也，且财不给。⑤故圣人之施舍也议之，⑥其喜怒取与亦议之。是以不主宽惠，亦不主猛毅，⑦主德义而已。"⑧王曰："诺。"使私问诸鲁，请之也。王遂不赐，礼如行人。⑨及鲁侯至，仲孙蔑为介，⑩王孙说与之语，说让。⑪说以语王，王厚贿之。

① 简王八年，鲁成十三年也。成公将与周、晋伐秦而朝也。

② 使侨如先修聘礼，且告周以成公将朝也。

③ 说，周大夫也。

④ 鲁执政之人唯畏其强御，难距其欲，故不欢悦，而后遣之。

⑤ 给，共也。

⑥ 施，予也。舍，不予。

⑦ 主，犹名也。

⑧ 赏得其人，罚当其罪，是为德义。

⑨ 如使人之礼，无加赐也。

⑩ 在宾为介。介，上介，所以佐仪也。

⑪ 说，好也。言蔑好让。

单襄公论郤至佻天之功

晋既克楚于鄢，[①]使郤至告庆于周。[②]未将事，[③]王叔简公饮之酒，[④]交酬好货皆厚，[⑤]饮酒宴语相说也。

明日，王叔子誉诸朝。郤至见邵桓公，与之语。[⑥]邵公以告单襄公曰："王叔子誉温季，以为必相晋国。相晋国，必大得诸侯，劝二三君子必先导焉，可以树。[⑦]今夫子见我，以晋国之克也，为己实谋之，[⑧]曰：'微我，晋不战矣！[⑨]楚有五败，晋不知乘，我则强之。[⑩]背宋之盟，一也；[⑪]德薄而以地赂诸侯，二也；[⑫]弃壮之良而用幼弱，三也；[⑬]建立卿士而不用其言，四也；[⑭]夷、郑从之，三陈而不整，五也。[⑮]罪不由晋，晋得其民，[⑯]四军之帅，旅力方刚；[⑰]卒伍治整，诸侯与之。[⑱]是有五胜也：有辞，一也；[⑲]得民，二也；军帅强御，三也；行列治整，四也；诸侯辑睦，五也。有一胜犹足用也，有五胜以伐五败，而避之者，非人也。不可以不战。栾、范不欲，我则强之。[⑳]战而胜，是吾力也。[㉑]且夫战也微谋，[㉒]吾有三伐。[㉓]勇而有礼，反之以仁。吾三逐楚军之卒，勇也；见其君必下而趋，礼也；[㉔]能获郑伯而赦之，仁也。[㉕]若是而知晋国之政，楚、越必朝。'[㉖]吾曰：'子则贤矣。[㉗]抑晋国之举也，不失其次，吾惧政之未及子也。'[㉘]谓我曰：'夫何次之有？昔先大夫荀伯自下军之佐以政,[29]赵宣子未有军行而以政,[30]今栾伯自下军往。[31]是三子也,吾又过于四之无不及。[32]若佐新军而升为政,不亦可乎？将必求之。'是其言也,君以为奚若？"[33]

襄公曰:"人有言曰:'兵在其颈。'其郤至之谓乎！君子不自称也,[34]非以让也,恶其盖人也。[35]夫人性,陵上者也,[36]不可盖也。[37]求盖人,其抑下滋甚,[38]故圣人贵让。且谚曰:'兽恶其网,民恶其上。'[39]《书》曰:'民可近也,而不可上也。'[40]《诗》曰:'恺悌君子,求福不回。'[41]在礼,敌必三让,[42]是则圣人知民之不可加也。[43]故王天下者必先诸民,然后庇焉,则能长利。[44]今郤至在七人之下而欲上之,是求盖七人也,其亦有七怨。怨在小丑,犹不可堪,而况在侈卿乎！其何以待之？[45]晋之克也,天有恶于楚也,故儆之以晋。而郤至佻天之功以为己力,不亦难乎？[46]佻天不祥,乘人不义,[47]不祥则天弃之,不义则民叛之。且郤至何三伐之有？夫仁、礼、勇,皆民之为也。[48]以义死用谓之勇,[49]奉义顺则谓之礼,[50]畜义丰功谓之仁。[51]奸仁为佻,[52]奸礼为羞,[53]奸勇为贼。[54]夫战,尽敌为上,守和同顺义为上。[55]故制戎以果毅,[56]制朝以序成。[57]叛战而擅舍郑君,贼也;弃毅行容,羞也;[58]叛国即仇,佻也。[59]有三奸以求替其上,远于得政矣。[60]以吾观之,兵在其颈,不可久也。虽吾王叔,未能违难。在《太誓》曰:'民之所欲,天必从之。'王叔欲郤至,能勿从乎？"[61]

郤至归,明年死难。[62]及伯舆之狱,王叔陈生奔晋。[63]

① 克,胜也。晋厉公伐郑,楚人救之,战于鄢。在鲁成十六年也。

② 郤至,晋卿步扬之孙、蒲城鹊居之子温季也。告庆,以胜楚之福告

王也。

③ 将，行也，未行告庆之礼。

④ 简公，周大夫王叔陈生也。

⑤ 交酬，相酬之币。好货，宴饮以货为好。厚者，币物多也。

⑥ 邵桓公，王卿士也。

⑦ 二三君子，在朝公卿也。导者，导晋侯使升郤至以为上卿，可以树党于晋也。

⑧ 言战胜楚，吾之谋也。

⑨ 微，无也。

⑩ 乘，陵也。

⑪ 宋盟，宋华元所合晋、楚之成也。华元善楚令尹子重，又善晋栾武子，故遂合二国之好。盟在鲁成十二年。至十六年，楚、郑背盟伐宋也。

⑫ 楚王薄德，郑人不从楚，以汝阴之田赂郑，郑叛晋从楚也。

⑬ 壮之良，谓申叔时也。幼弱，谓司马子反也。

⑭ 卿士，子囊。子囊不欲背晋，楚王不听也。

⑮ 夷，楚东之夷也。《晋语》曰："楚恭王帅东夷救郑。"三陈，夷、郑、楚也。

⑯ 言楚叛盟，非晋之罪也。得民，得民心也。

⑰ 时晋立四军，四军之帅，晋八卿也。栾书将中军，士燮佐之；郤锜将上军，荀偃佐之；韩厥将下军，智罃佐之；赵旃将新军，郤至佐之。旅，众也。刚，强也。

⑱ 晋有信，故诸侯与之。

⑲ 楚背盟，故晋有辞也。

⑳ 栾，栾书也。范，士燮也。

㉑ 谓郤至曰"楚有六间，不可失也"。

㉒ 微，无也，言军无计谋也。

㉓ 伐，功也。三伐，勇、礼、仁也。

㉔ 下，下车也。

㉕ 郤至从郑伯，其右茀翰胡曰："余从之乘，而俘以下。"郤至曰："伤国君有刑。"乃止也。

㉖ 知政，谓为政也。

㉗ 吾，邵桓公自谓也。

㉘ 郤至位在七人下，故恐政未及也。

㉙ 荀伯，荀林父也，从下军之佐第六卿升为正卿也。

㉚ 宣子，赵盾也，为中军佐，此第二卿，未有军行，升为正卿也。

㉛ 栾伯，栾书也，将下军，第五卿而为正卿也。

㉜ 三子，荀、赵、栾也，得郤至四人。言己之材优于彼三人也，三人之中无有所不及也。

㉝ 言如是，君以为何如也。

㉞ 称，举也。

㉟ 盖，掩也。

㊱ 如能在人上者，人欲胜陵之也，故君子上礼让而天下莫敢陵也。

㊲ 言人之美不可掩也。

㊳ 滋，益也。求掩盖人以自高大，则其抑退而下益甚也。

㊴ 兽恶其网，为其害己。民恶其上，为其病己。

㊵《书》，《逸书》。民可近，可以恩意近也。不可上，不可高上。上，陵也。

㊶ 回，邪也。求福以礼，不以邪也。

㊷ 敌，体敌也。

㊸ 加，犹上也。

㊹ 先诸民，先求民志也。庇，犹荫也。言王者先安民，然后自庇荫也。长利，长有福利也。

㊺ 待，犹备也。

㊻ 佻，偷也，偷天之功以为己力也。

㊼ 乘，陵也。

㊽ 民力所为也。

㊾ 若富辰也。

㊿ 谓若管仲责楚包茅也。

51 丰，大也。谓若狐偃辅晋文也。

52 以奸伪行仁为偷仁，谓获郑伯而赦之也。

53 羞，耻也。谓见楚君而趋也。

54 还贼国也。奸勇，谓逐楚卒也。

55 守和同，谓不相与战而平和也。顺义，顺王义也。

56 戎，兵也。杀敌为果，致果为毅也。

57 序，次也。朝不越爵则政成也。

58 容，容仪也。谓下趋也。

59 叛其国而即仇人，谓赦郑伯欲以偷仁也。

60 替，废也。

61 违，避也。今《周书·太誓》无此言，其散亡乎？

62 明年，鲁成十七年也。死，为厉公所杀也。

63 伯舆，周大夫也。狱，讼也。王叔陈生与伯舆争政，王佐伯舆，王叔不胜，遂出奔晋，在鲁襄十年也。

卷三

周语下

单襄公论晋将有乱

柯陵之会，[①]单襄公见晋厉公，视远步高。[②]晋郤锜见，其语犯；[③]郤犨见，其语迂；[④]郤至见，其语伐。[⑤]齐国佐见，其语尽。[⑥]鲁成公见，言及晋难及郤犨之谮。[⑦]

单子曰："君何患焉！晋将有乱，其君与三郤其当之乎！"鲁侯曰："寡人惧不免于晋，今君曰将有乱，敢问天道乎，抑人故也？"[⑧]对曰："吾非瞽史，焉知天道？[⑨]吾见晋君之容，而听三郤之语矣，殆必祸者也。夫君子目以定体，足以从之，[⑩]是以观其容而知其心矣。[⑪]目以处义，[⑫]足以步目。今晋侯视远而足高，目不在体，[⑬]而足不步目，其心必异矣。目体不相从，何以能久？夫合诸侯，民之大事也，于是乎观存亡。故国将无咎，其君在会，步言视听，必皆无谪，则可以知德矣。视远，日绝其义；[⑭]足高，日弃其德；[⑮]言爽，日反其信，[⑯]听淫，日离其名。[⑰]夫目以处义，足以践德，[⑱]口以庇信，[⑲]耳以听名者也，[⑳]故不可不慎也。偏丧有咎，[㉑]既丧则国从之。[㉒]晋侯爽二，吾是以云。[㉓]夫郤氏，晋之宠人也，三卿而五大夫，可以戒惧矣。[㉔]高位实疾颠，[㉕]厚味实腊毒。[㉖]今郤伯之语犯，叔迂，季伐。[㉗]犯则陵人，迂则诬人，伐则掩人。[㉘]

有是宠也，而益之以三怨，其谁能忍之。[29] 虽齐国子亦将与焉。[30] 立于淫乱之国，而好尽言，以招人过，怨之本也。[31] 唯善人能受尽言，[32] 齐其有乎？[33] 吾闻之，国德而邻于不修，必受其福。[34] 今君逼于晋而邻于齐，齐、晋有祸，可以取伯，无德之患，何忧于晋？且夫长翟之人利而不义，[35] 其利淫矣，流之若何？[36]"

鲁侯归，乃逐叔孙侨如。简王十一年，诸侯会于柯陵。[37] 十二年，晋杀三郤。十三年，晋侯弑，[38] 于翼东门葬，以车一乘。[39] 齐人杀国武子。[40]

① 柯陵，郑西地名也。《经》书："公会尹子、单子、晋侯、齐侯、宋公、卫侯、曹伯、邾人伐郑。六月乙酉，同盟于柯陵。"在鲁成十七年。

② 襄公，王卿士，单朝之谥也。时命事而不与会，故不书。厉公，晋成公之孙、景公之子厉公州蒲也。视远，望视远。步高，举足高也。

③ 郤锜，晋卿，郤克之子驹伯也。犯，陵犯人也。

④ 郤犨，晋卿，郤锜之族父、步扬之子苦成叔也。迂，迂回，加诬于人也。

⑤ 郤至，晋卿，犨之弟子温季昭子也。伐，好伐其功也。

⑥ 国佐，齐卿，国归父之子国武子也。尽者，尽其心意，善恶褒贬无所讳也。

⑦ 成公，鲁宣公之子成公黑肱也。言及晋难，语次及晋将罪己之难，及为郤犨所诬也。晋将伐郑，使栾黡乞师于鲁，成公将如会。叔孙侨如通于成公之母穆姜，欲去季、孟氏而取其室。穆姜送公，使逐季、孟，公以晋难告，请反而听命。姜怒，公子偃、公子鉏趋过，指之曰："女不可，是皆君也。"公惧，待于坏隤，儆守而后行，故不及战。郤犨受侨如之赂，为之谮鲁于晋侯，曰："鲁侯后至者，待于坏隤，将以待胜者。"晋侯怒，不见公。故成公为

单子言之也。

⑧ 故，事也。将以天道占之乎，以人事知之乎？

⑨ 瞽，乐太师，掌知音乐风气，执同律以听军声，而诏吉凶。史，太史，掌抱天时，与太师同车。皆知天道也。

⑩ 体，手足也。《论语》曰“四体不勤”也。

⑪ 心不固则容不正也。

⑫ 义，宜也。

⑬ 在，存也。

⑭ 谪，谴也。言日日绝其宜也。

⑮ 人君容止，佩玉有节。今步高失宜，弃其德也。

⑯ 爽，贰也。反，违也。

⑰ 淫，滥也。离，失也。名，声也。失所名也。

⑱ 践，履也。动履，德行也。

⑲ 庇，覆也。言行相覆为信也。

⑳ 耳所以听，别万事之名声也。

㉑ 丧，亡也。步、言、视、听四者而亡其二，为偏丧。偏丧者有咎，咎及身也。

㉒ 既，尽也。四者尽丧，国从而亡也。

㉓ “爽”当为“丧”字之误也。丧二，视与步也，是为偏丧，故言晋君当之。

㉔ 三卿，锜、犨、至也。复有五人为五大夫，故号八郤也。

㉕ 高者近危。疾，速也。颠，陨也。

㉖ 厚味喻重禄也。腊，亟也，读若“广”。昔酒焉，味厚者其毒亟也。

㉗ 伯，锜也。叔，犨也。季，至也。

㉘ 掩人之美。

㉙ 益犹加也。三怨，犯、诬、掩也。

㉚ 与，与于祸也。

㉛ 招，举也。

㉜ 思闻过以自改。

㉝ 言无也。

㉞ 国德，己国有德也。邻于不修，与不修德者为邻也。

㉟ 长翟之人谓叔孙侨如也。侨如之父得臣败翟于咸，获长翟侨如，因名其子为侨如。利而不义者，好利而不义。通于穆姜，欲逐季孟而专鲁国也。

㊱ 言其所利骄淫之事耳。流，放也，放之者若何也。

㊲ 简王十一年，鲁成十(七)[六]年也。

㊳ 厉公既杀三郤，栾书、中行偃惧诛，执厉公而杀之于匠郦氏也。

㊴ 翼，晋别都也。《传》曰："葬之于翼东门之外。"不得同于先君也。礼，诸侯七命，遣车七乘。以车一乘，不成丧也。

㊵ 是年，齐人又杀国佐也。齐庆克通于灵公之母声孟子。国佐召庆克而谓之，庆克以告夫人，夫人诉之于灵公，灵公杀之。杀在鲁成十八年也。

单襄公论晋周将得晋国

晋孙谈之子周适周，事单襄公，[①]立无跛，[②]视无还，[③]听无聳，[④]言无远。[⑤]言敬必及天，[⑥]言忠必及意，[⑦]言信必及身，[⑧]言仁必及人，[⑨]言义必及利，[⑩]言智必及事，[⑪]言勇必及制[⑫]，言教必及辩，[⑬]言孝必及神，[⑭]言惠必及和，[⑮]言让必及敌。[⑯]晋国有忧未尝不戚，[⑰]有庆未尝不怡。[⑱]

襄公有疾，召顷公而告之，[⑲]曰："必善晋周，将得晋国。其行也文，[⑳]能文则得天地。天地所祚，小而后国。[㉑]夫敬，文之恭也；[㉒]忠，文之实也；[㉓]信，文之孚也；[㉔]仁，文之爱也；[㉕]义，文之制也；[㉖]智，文之舆也；[㉗]勇，文之帅也；[㉘]教，文之施也；[㉙]孝，文之本也；[㉚]惠，文之慈也；[㉛]让，文之材也。[㉜]象天能敬，[㉝]帅意能忠，[㉞]思身能信，[㉟]爱人能仁，[㊱]利制能义，[㊲]事建能智，㊳帅义能勇，㊴施辩能教，㊵昭神能孝，㊶慈和能惠，㊷推敌能让。㊸此十一者，夫子皆有焉。㊹天六地五，数之常也。㊺经之以天，纬之以地。㊻经纬不爽，文之象也。㊼文王质文，故天祚之以天下。夫子被之矣，㊽其昭穆又近，可以得国。㊾且夫立无跛，正也；视无还，端也；听无耸，成也；㊿言无远，慎也。夫正，德之道也；[51]端，德之信也；[52]成，德之终也；[53]慎，德之守也。[54]守终纯固，道正事信，明令德矣。[55]慎成端正，德之相也。[56]为晋休戚，不背本也。[57]被文相德，非国何取！[58]成公之归也，吾闻晋之筮之也，[59]遇乾之否，曰：'配而不终，君三出焉。'[60]一既往矣，后之不知，其次必此。[61]且吾闻成公之生也，其母梦神规其臀以墨，曰：'使有晋国，[62]三而畀驩之孙。'[63]故名之曰'黑臀'，于今再矣。[64]襄公曰驩，此其孙也。[65]而令德孝恭，非此其谁？且其梦曰：'必驩之孙，实有晋国。'其卦曰：'必三取君于周。'其德又可以君国，三袭焉。[66]吾闻之《大誓》，故曰：'朕梦协朕卜，袭于休祥，戎商必克。'[67]以三袭也。[68]晋仍无道而鲜胄，其将失之矣。[69]必早善晋子，其当之也。"[70]

顷公许诺。及厉公之乱，召周子而立之，是为悼公。[71]

① 谈，晋襄公之孙惠伯谈也。周者，谈之子晋悼公之名也。晋自献公用骊姬之谗诅，不畜群公子，故周适周事单襄公。

② 跛，偏任也。

③ 睛转复反为还也。

④ 不耸耳而听也。

⑤ 远谓非耳目所及也。

⑥ 象天之敬，乾乾不息。

⑦ 出自心意为忠。

⑧ 先信于身，而后及人。

⑨ 博爱于人为仁。

⑩ 能利人物，然后为义。《易》曰："利物足以和义。"

⑪ 能处事物为智。

⑫ 以义为制也，勇而不义非勇也。

⑬ 辩，别也。能分别是非，乃可以教。

⑭ 孝于鬼神，则孝者信矣。

⑮ 惠，爱也。和，睦也。言致和睦，乃为亲爱也。

⑯ 虽在匹敌，犹以礼让也。

⑰ 急其宗也。

⑱ 庆，福也。怡，悦也。

⑲ 顷公，单襄公之子也。

⑳ 经纬天地曰文。

㉑ 祚，福也。天之所福，小则得国，大得天下也。

㉒ 文者，德之总名也。恭者，其别行也。十一义皆如之。

㉓ 忠自中出，故为文之实诚也。

㉔ 孚，覆也。

㉕ 仁者，文之慈爱。

㉖ 义所以制断事宜也。

㉗ 智所以载行文德。

㉘ 谓以勇帅行，其心义。

㉙ 所以施布德化。

㉚ 言人始于事亲，故孝为文本也。

㉛ 慈，爱也。

㉜ 材，用也。

㉝ 言能则天，是能敬也。

㉞ 帅,循也。循己之意,恕而行之为忠也。

㉟ 思诚其身,乃为信也。《易》曰"体信,足以长人"也。

㊱ 言爱人乃为仁也。

㊲ 以利为制,故能义也。

㊳ 能处立百事为智也。

㊴ 修义而行,故能勇。君子有勇而无义,为乱。

㊵ 施其道化而行,能辩明之,故能教。

㊶ 昭,显也。尊而显之,若周公然。

㊷ 慈爱和睦,故能惠也。

㊸ 与己体敌,犹推先之,故能让。

㊹ 夫子,晋周也。

㊺ 天有六气,谓阴、阳、风、雨、晦、明也。地有五行,金、木、水、火、土也。

㊻ 以天之六气为经,以地之五行为纬,而成之也。

㊼ 爽,差也。

㊽ 质文,其质性有文德也。被,被服之也。言文王质性有文德,故能得天下。晋周则被服之,可以得国也。

㊾ 父昭子穆,孙复为昭,一昭一穆,相次而下。近者,言周子之亲与晋最近。

㊿ 成,定也。

51 德之道路。

52 端悫故信。

53 志定故能终也。

54 守,守德也。.

55 言周子明于善德也。

56 相,助也。慎成端正,覆述上事,为下出也。

57 休,喜也。

58 被服文德,又以四行辅助之。非国何取,言必得国也。

(59) 成公，晋文公之庶子成公黑臀也。归者，自周归晋也。赵穿弑灵公，赵盾逆公子黑臀于周而立之。蓍曰筮，筮立成公也。

(60) 乾下乾上，乾也。坤下乾上，否也。乾初九、九二、九三，变而之否也。乾，天也，君也，故曰配，配先君也。不终，子孙不终为君也。乾下变而为坤。坤，地也，臣也。天地不交曰否，变有臣象。三爻，故三世而终。上有乾，乾，天子也。五体不变，周天子国也。三爻有三变，故君三出于周也。

(61) 一，谓成公已往为晋君。后之不知，不知最后者在谁也。其次必此，次成公而往者，必周子也。

(62) 规，画也。臀，尻也。

(63) 畀，予也。三世为晋君，而更予驩之孙也。驩，晋襄公之名也。孙，曾孙周子也。自孙已下皆称孙，《诗》曰："周公之孙。"谓僖公也。

(64) 贾侍中云："于今，单襄公时也。晋厉公即黑臀之孙，二世为君，与黑臀满三世矣。"唐尚书云："时晋景公在位，成公生景公，故言再。"昭谓：鲁成十七年，单襄公与晋厉公会于柯陵，后三年而单襄公卒。其岁厉公弑，则襄公将死时，非景公明矣。贾君得之。

(65) 此周子者，晋襄公之孙也。

(66) 袭，合也。三合，德、梦、卦也。

(67)《大誓》，伐纣之誓也。故，故事也。朕，武王自谓也。协，合也。休，美也。祥，福之先者也。戎，兵也。言武王梦与卜合，又合美善之祥，以兵伐殷，必克之也。

(68) 言武王梦、卜、祥三合，故遂克商有天下。今晋周德、梦、卦亦三合，将必得国也。

(69) 仍，数也。鲜，寡也。胄，后也。晋厉公数行无道，晋公族之后又寡少，将失国也。

(70) 晋子，周子也。

(71) 乱，谓弑也。

太子晋谏灵王壅谷水

灵王二十二年,[①]榖、洛斗,将毁王宫。[②]王欲壅之,[③]太子晋谏曰:“不可。[④]晋闻古之长民者,[⑤]不堕山,[⑥]不崇薮,[⑦]不防川,[⑧]不窦泽。[⑨]夫山,土之聚也;薮,物之归也;[⑩]川,气之导也,[⑪]泽,水之钟也。[⑫]夫天地成而聚于高,归物于下。[⑬]疏为川谷,以导其气;[⑭]陂塘污庳,以钟其美。[⑮]是故聚不阤崩,而物有所归;[⑯]气不沉滞,而亦不散越。[⑰]是以民生有财用而死有所葬。[⑱]然则无夭、昏、札、瘥之忧,而无饥、寒、乏、匮之患,[⑲]故上下能相固,以待不虞,[⑳]古之圣王唯此之慎。[㉑]昔共工弃此道也,[㉒]虞于湛乐,[㉓]淫失其身,欲壅防百川,堕高堙庳,以害天下。[㉔]皇天弗福,庶民弗助,祸乱并兴,共工用灭。其在有虞,有崇伯鲧,[㉕]播其淫心,称遂共工之过,[㉖]尧用殛之于羽山。[㉗]其后伯禹念前之非度,[㉘]厘改制量,[㉙]象物天地,[㉚]比类百则,[㉛]仪之于民,[㉜]而度之于群生,[㉝]共之从孙四岳佐之,[㉞]高高下下,疏川导滞[㉟],钟水丰物,[㊱]封崇九山,[㊲]决汩九川,[㊳]陂鄣九泽,[㊴]丰殖九薮,[㊵]汩越九原,[㊶],宅居九隩,[㊷]合通四海。[㊸]故天无伏阴,[㊹]地无散阳,[㊺]水无沉气,[㊻]火无灾燀,[㊼]神无闲行,[㊽]民无淫心,[㊾]时无逆数,[㊿]物无害生。[51]帅象禹之功,度之于轨仪,[52]莫非嘉绩,克厌帝心。[53]皇天嘉之,祚以天下,[54]赐姓曰‘姒’,氏曰‘有夏’,[55]谓其能以嘉祉殷富生物也。[56]祚四岳国,命以侯伯,[57]赐姓曰‘姜’,[58]氏曰‘有吕’,[59]谓其能为禹股肱心膂,以养物丰民人也。[60]此一王四伯,岂緊多宠,皆亡王之后也。[61]唯能厘举嘉义,[62]以有胤在下,守祀不替其典。[63]有夏虽衰,杞、鄫犹在;[64]申、吕虽衰,齐、许犹在。[65]唯有嘉功，以命姓受祀，迄于天下。[66]及其失之也，必有慆淫之心间之。[67]故亡其氏姓，踣毙不振；[68]绝后无主，[69]湮替隶圉。[70]夫亡者岂繄无宠，皆黄、炎之后也。[71]唯不帅天地之度，不顺四时之序，不度民神之义，[72]不仪生物之则，[73]以殄灭无胤，至于今不祀。及其得之也，必有忠信之心间之。[74]度于天地而顺于时动，[75]和于民神而仪于物则，故高朗令终，显融昭明，[76]命姓受氏，而附之以令名。[77]若启先王之遗训，[78]省其典图刑法，[79]而观其废兴者，皆可知也。其兴者，必有夏、吕之功焉，其废者必有共、鲧之败焉。今吾执政，无乃实有所避，[80]而滑夫二川之神，[81]使至于争明，以妨王宫，[82]王而饰之，无乃不可乎！

"人有言曰：'无过乱人之门。'[83]又曰：'佐雝者尝焉，[84]佐斗者伤焉。'又曰：'祸不好，不能为祸。'[85]《诗》曰：'四牡骙骙，旟旐有翩，乱生不夷，靡国不泯。'[86]又曰：'民之贪乱，宁为荼毒。'[87]夫见乱而不惕，所残必多，其饰弥章。[88]民有怨乱，犹不可遏，而况神乎？王将防斗川以饰宫，是饰乱而佐斗也，其无乃章祸且遇伤乎？自我先王厉、宣、幽、平而贪天祸，至于今未弭。[89]我又章之，惧长及子孙，王室其愈卑乎，其若之何？自后稷以来宁乱，[90]及文、武、成、康而仅克安民。自后稷之始基靖民，十五王而文始平之，[91]十八王而康克安之，[92]其难也如是厉始革典，十四王矣。[93]基德十五而始平，基祸十五其不济乎！[94]吾朝夕儆惧，曰：'其何德之修，而少光王室，以逆天休？'[95]王又章辅祸乱，将何以堪之。[96]王无亦鉴于黎、苗之王，下及夏、商之季，[97]上不象天而下不仪地，中不和民而方不顺时，不共神祇，[98]而蔑弃五则。[99]是以人夷其宗庙而火焚其彝器，[100]子孙为隶，下夷于民，[101]而亦未观夫前哲令德之则。则此五者而受天之丰福，飨民之勋力，子孙丰厚，令闻不忘，是皆天子之所知也。天所崇之子孙，或在畎亩，由欲乱民也。[102]畎亩之人，或在社稷，由欲靖民也。[103]无有异焉。[104]《诗》云：'殷鉴不远，在夏后之世。'[105]将焉用饰宫？其以徼乱也。度之天神，则非祥也；比之地物，则非义也；类之民则，则非仁也；方之时动，则非顺也；咨之前训，则非正也；[106]观之诗书与民之宪言，[107]则皆亡王之为也。上下议之，无所比度，王其图之！夫事大不从象，小不从文，[108]上非天刑，下非地德，[109]中非民则，方非时动，而作之者，必不节矣。作又不节，害之道也。"

王卒壅之。及景王多宠人，乱于是乎始生。[110]景王崩，王室大乱。[111]及定王，王室遂卑。[112]

① 灵王，周简王之子灵王大心也。二十二年，鲁襄公二十四年也。是岁，齐人城郏。

② 穀、洛，二水名也。洛在王城之南，穀在王城之北，东入于瀍。斗者，两水激，有似于斗也。至灵王时，穀水盛，出于王城之西，而南流合于洛水，毁王城西南，将及王宫，故齐人城郏也。

③ 欲壅防穀水，使北出也。

④ 晋，灵王太子也，早卒不立。

⑤ 长，犹君也。

⑥ 堕，毁也。

⑦ 崇，高也。泽无水曰薮。

⑧ 防，障也。流曰川。

⑨ 泽，居水也。窦，决也。不为此四者，为反天性也。

⑩ 物所生归也。

⑪ 导，达也。《易》曰："山泽通气。"

⑫ 钟，聚也。

⑬ 聚，聚物也。高，山陵也。下，薮泽也。

⑭ 疏，通也。

⑮ 畜水曰陂，塘，隄也。美，谓滋润也。

⑯ 大曰崩，小曰阤。

⑰ 沉，伏也。滞，积也。越，远也。

⑱ 物有所归，故生有财用；山陵不崩，故死有所葬。《齐语》曰："陵为之终。"

⑲ 短折曰夭。狂惑曰昏。疫死曰札。瘥，病也。

⑳ 虞，度也。

㉑ 慎逆天地之性也。

㉒ 贾侍中云："共工，诸侯，炎帝之后，姜姓也。颛顼氏衰，共工氏侵陵诸侯，与高辛氏争而王也。"或云："共工，尧时诸侯，为高辛所灭。"昭谓：言为高辛所灭，安得为尧诸侯？又尧时共工，与此异也。

㉓ 虞，安也。湛，淫也。

㉔ 堙，塞也。高，谓山陵。庳，谓池泽。

㉕ 有虞，舜也。鲧，禹父。崇，鲧国。伯，爵也。尧时在位，而言有虞者，鲧之诛，舜之为也。

㉖ 播，放也。称，举也。举遂共工之过者，谓鄣洪水也。

㉗ 殛，诛也。舜臣尧，殛鲧于羽山。羽山在今东海祝其南也。

㉘ 度，法也。

㉙ 厘，理也。量，度也。

㉚ 取法天地之物象也。在天成象，在地成形也。

㉛ 类亦象也。

㉜ 仪，准也。

㉝ 度之,谓不伤害也。

㉞ 共,共工也。从孙,昆季之孙也。四岳,官名,主四岳之祭,为诸侯伯。佐,助也。言共工从孙为四岳之官,掌帅诸侯,助禹治水也。

㉟ 高高,封崇九山也。下下,陂障九泽也。疏川,决江疏河。导滞,凿龙门、辟伊阙也。

㊱ 钟,聚畜水潦,所以丰殖百物也。

㊲ 封,大。崇,高也。除其壅塞之害,通其水泉,使不堕坏,是谓封崇。凡此诸言九者,皆谓九州之中,山川薮泽也。

㊳ 汩,通也。

㊴ 鄣,防也。

㊵ 丰,茂也。殖,长也。

㊶ 越,扬也。

㊷ 隩,内也。九州之内皆可宅居也。

㊸ 使之同轨也。

㊹ 伏阴,夏有霜雹也。

㊺ 散阳,李梅冬实也。

㊻ 沉,伏也。无伏积之气也。

㊼ 焯,焱起貌也。天曰灾,人曰火。

㊽ 闲行,奸神淫厉之类也。

㊾ 阴阳调,财用足,故无淫滥之心也。

㊿ 逆数,四时寒暑反逆也。

(51) 蝗螟之属不害嘉谷也。

(52) 帅,循也。轨,道也。仪,法也。

(53) 谓禹与四岳也。嘉,善也。绩,功也。克,能也。厌,合也。帝,天也。

(54) 祚,禄也。《论语》曰"帝臣不蔽,简在帝心"是也。

(55) 尧赐禹姓曰姒,封之于夏。

(56) 祉,福也。殷,盛也。赐姓曰"姒",氏曰"有夏"者,以其能以善福殷富天下,生育万物也。姒,犹祉也。夏,大也。以善福殷富天下为大也。

⑰ 尧以四岳佐禹有功,封之于吕,命为侯伯,使长诸侯也。

⑱ 姜,四岳之先,炎帝之姓也。炎帝世衰,其后变易,至四岳有德,帝复赐之祖姓,使绍炎帝之后。

⑲ 以国为氏也。

⑳ 肱,臂也。丰,厚也。氏曰"有吕"者,以四岳能辅成禹功,比于股肱心膂也。吕之为言膂也。

㉑ 一王谓禹。四伯谓四岳也,为四岳伯,故称四伯。繄,是也。言禹与四岳岂是多宠之人,乃亡王之后。禹,鲧之子,禹郊鲧而追王之也。四岳,共工从孙,共工侵陵诸侯以自王。言皆无道而亡,非伯王所起,明禹、岳之兴非因之也。

㉒ 举,用也。

㉓ 下,后也。典,常也。

㉔ 杞、鄫二国,夏后也。犹在,在灵王之世也。

㉕ 申、吕,四岳之后,商、周之世或封于申,齐、许亦其族也。

㉖ 受祀,谓封国受命,祀社稷、山川也。讫,至也。至于有天下,谓禹也。祀,或为氏。

㉗ 慆,慢。闲,代也。以慢淫之心代其嘉功,谓若桀也。

㉘ 踣,僵也。振,救也。

㉙ 无祭主也。

㉚ 湮,没也。替,废也。隶,役也。圉,养马者。

㉛ 鲧,黄帝之后也。共工,炎帝之后也。

㉜ 义,宜也。

㉝ 仪,准也。

㉞ 以忠信之心代其慆淫也。

㉟ 顺四时之令而动也。

㊱ 朗,明也。终,成也。融,长也。

㊲ 附,随也。

⑱ 启，开也。训，教也。

⑲ 典，礼也。图，象也。

⑳ 避，违也。

㉑ 滑，乱也。

㉒ 明，精气也。

㉓ 乱人，狂悖怨乱之人也。过其门，干其怒也。

㉔ 饔，烹煎之官也。

㉕ 犹财色之祸，生于好也。

㉖《诗·大雅·桑柔》之二章。骙骙，行貌。鸟隼曰旟。龟蛇曰旐。翩翩，动摇不休止之意。夷，平也。靡，无也。泯，灭也。疾厉王好征伐，用兵不得其所，祸乱不平，无国不见灭之。

㉗《桑柔》之十一章也。宁，安也。荼，苦也。言民疾王之虐，贪乐祸乱，安为苦毒之行也。

㉘ 惕，惕然恐惧也。弥，终也。章，著也。言见祸乱之戒，不恐惧循省，以消灾咎，而壅饰之，祸败终将章著也。

㉙ 弭，止也。此四王父子相继，厉暴虐而流，宣不务农而料民，幽昏乱以灭西周，平不能修政，至于微弱，皆己行所致，故曰贪天祸，祸败至今未止也。

㉚ 宁，安也。尧时洪水，黎民阻饥，稷播百谷，民用乂安也。

㉛ 基，始也。靖，安也。自后稷播百谷，以始安民，凡十五王，世循其德，至文王乃平民受命也。十五王谓后稷、不窋、鞠、公刘、庆节、皇仆、差弗、毁隃、公非、高圉、亚圉、公叔祖类、太王、王季、文王。

㉜ 十八者，加武王、成、康，并上十五。

㉝ 革，更也。典，法也。厉王无道，变更周法，至今灵王，十四王也，谓厉、宣、幽、平、桓、严、僖、惠、襄、顷、匡、定、简、灵也。

㉞ 至景王十五世。

㉟ 少，犹裁也。光，明也。逆，迎也。休，庆也。

㊱ 章，明也。辅，助也。

⑰ 鉴，镜也。黎，九黎。苗，三苗。少皞氏衰，九黎乱德，颛顼灭之。高辛氏衰，三苗又乱，尧诛之。夏、商之季，谓桀、纣，汤、武灭之也。

⑱ 方，四方也。谓逆四时之令也。

⑲ 蔑，灭也。则，法也。谓象天、仪地、和民、顺时、共神也。

⑳ 夷，灭也。彝，尊彝，宗庙之器也。

㉑ 隶，役也。

㉒ 崇，高也。贾侍中云：“一耦之发，广尺深尺为甽，百步为亩。”昭谓：下曰甽，高曰亩。亩，垄也。《书》曰：“异亩同颖。”

㉓ 靖，治也。

㉔ 唯所行也。

㉕ 谓汤伐桀也。

㉖ 咨，议也。

㉗ 诗书，上“乱生不夷”之属。民之宪言，“无过乱人之门”也。

㉘ 象，天象也。文，诗书也。

㉙ 刑，法也。德犹利也。

㉚ 景王，周灵王之子、太子晋之弟也。宠人，子朝及其臣宾孟之属也。

㉛ 景王无適子，既立子猛，又许宾孟立子朝，未立而王崩，单子、刘子立子猛，而攻子朝，王室大乱。

㉜ 定王，顷王之子、灵王祖父。而言“及定王，王室遂卑”，非也。定王当为贞王，名介，敬王子也。是时大臣专政，诸侯无伯，故王室遂卑。

晋羊舌肸聘周论单靖公敬俭让咨

晋羊舌肸聘于周，[1]发币于大夫及单靖公。[2]靖公享之，俭而敬，[3]宾礼赠饯，视其上而从之，[4]燕无私，[5]送不过郊，[6]语说《昊天有成命》。[7]

单之老送叔向，[8]叔向告之曰：“异哉！吾闻之曰：‘一姓不再兴。’今周其兴乎？其有单子也。[9]昔史佚有言，[10]曰：

‘动莫若敬,[11]居莫若俭,[12]德莫若让,[13]事莫若咨。’[14]单子之贶我,礼也,皆有焉。夫宫室不崇,[15]器无彤镂,俭也;[16]身耸除洁,[17]外内齐给,敬也;[18]宴好享赐,不逾其上,让也;[19]宾之礼事,放上而动,咨也。[20]如是而加之以无私,重之以不淆,[21]能避怨矣。居俭动敬,德让事咨,而能避怨,以为卿佐,其有不兴乎!且其语说《昊天有成命》,颂之盛德也。[22]其诗曰:‘昊天有成命,二后受之,成王不敢康。[23]夙夜基命宥密,[24]於,缉熙。亶厥心肆其靖之。’[25]是道成王之德也,[26]成王能明文昭、能定武烈者也。[27]夫道成命者,而称昊天,翼其上也。[28]二后受之,让于德也。[29]成王不敢康,敬百姓也。[30]夙夜,恭也。[31]基,始也。命,信也。宥,宽也。密,宁也。缉,明也。熙,广也。[32]亶,厚也。肆,固也。靖,和也。其始也,翼上德让,而敬百姓。[33]其中也,恭俭信宽,帅归于宁。[34]其终也,广厚其心,以固和之。[35]始于德让,中于信宽,终于固和,故曰成。[36]单子俭敬让咨,以应成德。[37]单若不兴,子孙必蕃,后世不忘。《诗》曰:‘其类维何?室家之壸。[38]君子万年,永锡祚胤。’[39]类也者,不忝前哲之谓也。[40]壸也者,广裕民人之谓也。万年也者,令闻不忘之谓也。胤也者,子孙蕃育之谓也。[41]单子朝夕不忘成王之德,可谓不忝前哲矣。膺保明德,[42]以佐王室,可谓广裕民人矣。若能类善物,以混厚民人者,必有章誉蕃育之祚,[43]则单子必当之矣。单若有阙,必兹君之子孙实续之,不出于他矣。”[44]

① 肸,晋大夫,羊舌职之子叔向之名也。

② 发其礼币于周大夫,次及靖公。靖公,王卿士、单襄公之孙、顷公之

子也。

③ 飨礼薄而身敬也。

④ 宾礼所以宾待叔向之礼也。送之以物曰赠，以饮食曰饯。饯，郊礼。上，位在靖公上也。视，不敢逾也。

⑤ 无私好货及笾豆之加也。

⑥ 至郊而反，亦言无私也。

⑦ 语，宴语所及也。说，乐也。《昊天有成命》，《周颂》篇名也。

⑧ 老，家臣室老也。礼，卿大夫之贵臣为室老。

⑨ 一姓，一代也。

⑩ 史佚，周文、武时太史尹佚也。

⑪ 敬，可久也。

⑫ 俭，易容也。

⑬ 让，远怨也。

⑭ 咨，寡失也。

⑮ 崇，高也。

⑯ 彤，丹也。镂，刻金饰也。

⑰ 耸，惧也。除，治也。

⑱ 外，在朝廷。内，治家事。齐，整也。给，备也。

⑲ 宴好，所以通情结好也。享赐，所以酬宾赐下也。

⑳ 放，依也。咨，言必与上咨也。

㉑ 淆，杂也。众人过郊，单子独否，所以不杂也。

㉒ 盛德，二后也，谓成王即位而郊见，推文、武受命之功，以郊祀天地而歌之也。

㉓ 昊天，天大号也。二后，文、武也。康，安也。言昊天有所成之命，文、武则能受之。谓修己自劝，以成其王功，非谓周成王身也。贾、郑、唐说皆然。

㉔ 夙，蚤也。夜，暮也。基，始也。命，信也。宥，宽也。密，宁也。言二后蚤起夜寐，始行信命，以宽仁宁静为务。

㉕ 缉，明也。熙，光大也。亶，厚也。厥，其也。肆，固也。靖，和也。言二君能光明其德，厚其心，以固和天下也。

㉖ 是诗道文、武能成其王德也。

㉗ 烈，威也。言能明其文，使之昭；定其武，使之威也。

㉘ 称，举也。翼，敬也。

㉙ 推功曰让。《书》曰："允恭克让。"贾、唐二君云："二后所以受天命者，能让有德也。"谓询于八虞，访于辛、尹之类。

㉚ 言不敢自安逸者，是其敬百姓也。百姓，百官也。

㉛ 夙夜敬事曰恭，《书》曰："文王至于日昃，不遑暇食。"

㉜ 郑司农云："广，当为光。"虞亦如之。

㉝ 其始，篇之首句也。言以敬让为始也。

㉞ 其中，篇之中句也。帅，循也。言其恭俭信宽，循而行之，归于安民也。

㉟ 其终，篇之终句也。广厚其心，美其教化，而固和之也。

㊱ 成，成其王命也。

㊲ 应，当也。

㊳《诗·大雅·既醉》之六章也。类，族也。壸，梱也。言孝子之行，先于室家族类以相致，乃及于天下也。

㊴ 祚，福也。胤，嗣也。

㊵ 言能以孝道施于族类，故不辱前哲之人也。

㊶ 蕃，息也。育，长也。

㊷ 膺，抱也。保，持也。

㊸ 物，事也。混，同也。章，明也。

㊹ 单，单氏世也。阙，缺也。兹，此也。此君，靖公也。他，他族也。

单穆公谏景王铸大钱

景王二十一年，将铸大钱。[①]单穆公曰："不可。[②]古者，天灾降戾，[③]于是乎量资币，权轻重，以振救民。[④]民患轻，则为作重币以行之，[⑤]于是乎有母权子而行，民皆得焉。[⑥]若不堪重，则多作轻而行之，亦不废重，于是乎有子权母而行，小大利之。[⑦]今王废轻而作重，民失其资，能无匮乎？[⑧]若匮，王用将有所乏，[⑨]乏则将厚取于民。[⑩]民不给，将有远志，是离民也。[⑪]且夫备有未至而设之，[⑫]有至而后救之，[⑬]是不相入也。[⑭]可先而不备，谓之怠；[⑮]可后而先之，谓之召灾。[⑯]周固羸国也，天未厌祸焉，而又离民以佐灾，无乃不可乎？[⑰]将民之与处而离之，将灾是备御而召之，则何以经国？[⑱]国无经，何以出令？令之不从，上之患也，故圣人树德于民以除之。[⑲]《夏书》有之曰：'关石、和钧，王府则有。'[⑳]《诗》亦有之曰：'瞻彼旱麓，榛楛济济。[㉑]恺悌君子，干禄恺悌。'[㉒]夫旱麓之榛楛殖，[㉓]故君子得以易乐干禄焉。若夫山林匮竭，林麓散亡，薮泽肆既，[㉔]民力雕尽，田畴荒芜，资用乏匮，[㉕]君子将险哀之不暇，而何易乐之有焉？[㉖]且绝民用以实王府，[㉗]犹塞川原而为潢污也，其竭也无日矣。[㉘]若民离而财匮，灾至而备亡，王其若之何？[㉙]吾周官之于灾备也，其所怠弃者多矣，[㉚]而又夺之资，以益其灾，是去其藏而翳其人也。王其图之！"[㉛]

王弗听，卒铸大钱。

① 景王，周灵王之子景王贵也。二十一年，鲁昭之十八年也。钱者，金币之名，所以贸买物、通财用者也，古曰泉，后转曰钱。贾侍中曰："虞、夏、商、周金币三等，或赤，或白，或黄。黄为上币，铜、铁为下币。大钱者，大于旧，其价重也。"唐尚书曰："大钱重十二铢，文曰'大泉五十'。"郑司农说《周

礼》,云:"钱始盖一品也。周景王铸大钱而有二品,后数变易,不识本制。至汉,唯五铢久行。至王莽时,钱乃有十品,今存于民多者,有货布、大泉、货泉。径寸二分,重十二铢,文曰'大泉五十'。"则唐所谓大泉者,乃莽时泉,非景王所铸明矣。又景王至赧王十三世,而周亡,后有战国、秦、汉,币物易改,转不相因,先时所不能纪。或云大钱文曰"宝货",皆非事实。又单穆公云:"古者,有母平子、子权母而行。"则二品之来,古而然矣。郑君云"钱始一品,至景王而有二品",省之不熟也。

② 穆公,王卿士,单靖公之曾孙也。

③ 降,下也。戾,至也。灾,谓水旱、蝗螟之属。

④ 量,度也。资,财也。权,称也。振,拯也。

⑤ 民患币轻而物贵,则作重币,以行其轻也。

⑥ 重曰母,轻曰子,以子贸物。物轻则子独行,物重则以母权而行之也。子母相通,民皆得其欲也。

⑦ 堪,任也。不任之者,币重物轻,妨其用也,故作轻币,杂而用之,以重者贸其贵,以轻者贸其贱也。子权母者,母不足则以子平而行之,故钱小大,民皆以为利也。

⑧ 废轻而作重,则本竭而末宽也,故民失其资也。

⑨ 民财匮,无以供上,故王用将乏。

⑩ 厚取,厚敛也。

⑪ 给,共也。远志,逋逃也。

⑫ 备,国备也。未至而设之,谓备预不虞,安不忘危也。

⑬ 谓若救火疗疫,量资币平轻重之属也。

⑭ 二者先后各有宜。不相入,不相为用也。

⑮ 怠,缓也。

⑯ 谓民未患轻而重之,离民匮财,是为召灾也。

⑰ 言周固已为羸病之国,天降祸灾,未厌已也。

⑱ 君以善政为经,臣奉而成之为纬。

⑲ 树,立也。除,除令不从之患也。

⑳《夏书》,《逸书》也。关,门关之征也。石,今之斛也。言征赋调钧,则王之府藏常有也。一曰:关,衡也。

㉑《诗·大雅·旱麓》之首章也。旱,山名。山足曰麓。榛,似栗而小。楛,木名。济济,盛貌也。盛者言王者之德被及也。

㉒ 恺,乐也。悌,易也。干,求也。君子,谓君长也。言阴阳调,草木盛,故君子求禄,其心乐易也。

㉓ 殖,长也。

㉔ 肆,极也。既,尽也。散亡,谓无山林衡虞之政也。

㉕ 雕,伤也。谷地为田,麻地为畴。荒,虚也。芜,秽也。

㉖ 险,危也。

㉗ 绝民用,谓废小钱而铸大钱也。

㉘ 大曰潢,小曰污。竭,尽也。无日,无日数也。

㉙ 备亡,无救灾之备也。

㉚ 周官,周六官。灾备,备灾之法令也。

㉛ 善政藏于民。翳,犹屏也。人,民也。夺其资,民离叛,是远屏其民也。一曰:翳,灭也。

单穆公谏景王铸大钟

二十三年,王将铸无射,而为之大林。[①] 单穆公曰:"不可。作重币以绝民资,又铸大钟以鲜其继。[②] 若积聚既丧,又鲜其继,生何以殖?[③] 且夫钟不过以动声,[④] 若无射有林,耳弗及也。[⑤] 夫钟声以为耳也,耳所不及,非钟声也。[⑥] 犹目所不见,不可以为目也。[⑦] 夫目之察度也,不过步武尺寸之闲;[⑧] 其察色也,不过墨丈寻常之间。[⑨] 耳之察和也,在清浊之间;[⑩] 其察清浊也,不过一人之所胜。[⑪] 是故先王之制钟也,大不出钧,重不过石。[⑫] 律、度、量、衡于是乎生,[⑬] 小大器用于是乎出，[14]故圣人慎之。今王作钟也，听之弗及，[15]比之不度，[16]钟声不可以知和，[17]制度不可以出节，[18]无益于乐，而鲜民财，将焉用之！夫乐不过以听耳，而美不过以观目。若听乐而震，观美而眩，患莫甚焉。夫耳目，心之枢机也，[19]故必听和而视正。听和则聪，视正则明。[20]聪则言听，明则德昭。听言昭德，则能思虑纯固。以言德于民，民歆而德之，则归心焉。[21]上得民心，以殖义方，[22]是以作无不济，求无不获，然则能乐。夫耳内和声，而口出美言，[23]以为宪令，[24]而布诸民，正之以度量，民以心力，从之不倦。成事不贰，乐之至也。[25]口内味而耳内声，声味生气。[26]气在口为言，在目为明。言以信名，[27]明以时动。[28]名以成政，[29]动以殖生。[30]政成生殖，乐之至也。若视听不和，而有震眩，则味入不精，不精则气佚，气佚则不和。[31]于是乎有狂悖之言，有眩惑之明，有转易之名，有过慝之度。[32]出令不信，[33]刑政放纷，动不顺时，民无据依，不知所力，各有离心。[34]上失其民，作则不济，求则不获，其何以能乐？三年之中，而有离民之器二焉，[35]国其危哉！”

王弗听，问之伶州鸠。[36]对曰：“臣之守官弗及也。[37]臣闻之，琴瑟尚宫，[38]钟尚羽，[39]石尚角，[40]匏竹利制，[41]大不逾宫，细不过羽。夫宫，音之主也，第以及羽，[42]圣人保乐而爱财，财以备器，乐以殖财。[43]故乐器重者从细，[44]轻者从大。[45]是以金尚羽，石尚角，瓦丝尚宫，匏竹尚议，[46]革木一声。[47]夫政象乐，乐从和，和从平。[48]声以和乐，律以平声。[49]金石以动之，[50]丝竹以行之，[51]诗以道之，[52]歌以咏之，[53]匏以宣之，[54]瓦以赞之，[55]革木以节之。物得其常曰乐极，[56]极之所集曰声，[57]声应相保曰和，[58]细大不逾曰平。[59]如是而铸之金，[60]磨之石，[61]系之丝木，[62]越之匏竹，[63]节之鼓[64]而行之，以遂八风。[65]于是乎气无滞阴，亦无散阳，[66]阴阳序次，风雨时至，嘉生繁祉，人民和利，物备而乐成，上下不罢，[67]故曰乐正。今细过其主妨于正，[68]用物过度妨于财，[69]正害财匮妨于乐。[70]细抑大陵，不容于耳，非和也；[71]听声越远，非平也。[72]妨正匮财，声不和平，非宗官之所司也。[73]夫有和平之声，则有蕃殖之财。[74]于是乎道之以中德，咏之以中音，[75]德音不愆，以合神人，[76]神是以宁，民是以听。若夫匮财用，罢民力，以逞淫心，[77]听之不和，比之不度，无益于教而离民怒神，非臣之所闻也。”

王不听，卒铸大钟。[78]二十四年，钟成，伶人告和。[79]王谓伶州鸠曰：“钟果和矣。”对曰：“未可知也。”[80]王曰：“何故？”对曰：“上作器，民备乐之，则为和。[81]今财亡民罢，莫不怨恨，臣不知其和也。[82]且民所曹好，鲜其不济也。[83]其所曹恶，鲜其不废也。故谚曰‘众心成城，[84]众口铄金。’[85]三年之中，而害金再兴焉，[86]惧一之废也。”[87]王曰：“尔老耄矣，何知！”[88]二十五年，王崩，钟不和。[89]

① 景王二十三年，鲁昭二十年也。贾侍中云：“无射，钟名，律中无射也。大林，无射之覆也。作无射，为大林以覆之，其律中林钟也。”或说云：“铸无射，而以林钟之数益之。”昭谓：下言“细抑大陵”，又曰“听声越远”，如此则贾言无射有覆，近之矣。唐尚书从贾也。

② 鲜，寡也。寡其继者，用物过度，妨于财也。

③ 积聚既丧，谓废小钱也。生，财也。殖，长也。

④ 动声,谓合乐以金奏,而八音从之也。

⑤ 若无射复有大林以覆之。无射,阳声之细者也。林钟,阴声之大者也。细抑大陵,故耳不能听及也。

⑥ 非法钟之声也。

⑦ 若目之精明,所不能见,亦不可施以目也。耳目所不能及而强之,则有眩惑之失,以生疾也。

⑧ 六尺为步,贾君以半步为武。

⑨ 五尺为墨,倍墨为丈,八尺为寻,倍寻为常。

⑩ 清浊,律吕之变。黄钟为宫则浊,大吕为角则清也。

⑪ 胜,举也。

⑫ 钧,所以钧音之法也。以木长七尺者弦系之以为钧法。百二十斤为石。

⑬ 律,五声阴阳之法也。度,丈尺也。量,斗斛也。衡有斤两之数,生于黄钟。黄钟之管容秬黍千二百粒。粒百为铢,是为一龠。龠二为合,合重一两。故曰"律、度、量、衡于是乎生"也。

⑭ 出于钟也。《易》曰:"制器者尚其象。"小,谓锱铢分寸。大,谓斤两丈尺也。

⑮ 耳不及知其清浊也。

⑯ 不度,不中钧石之数也。

⑰ 耳不能听,故不可以知和也。

⑱ 节谓法度、量、衡之节也。

⑲ 枢机,发动也。心有所欲,耳目为之发动。

⑳ 习于和正则不眩惑也。

㉑ 歆犹嘉服也。言德,以言发德教也。

㉒ 殖,立也。方,道也。

㉓ 耳闻和声则口有美言,此感于物也。

㉔ 宪,法也。

㉕ 贰,变也。

㉖ 口内五味则耳乐五声，耳乐五声则志气生也。

㉗ 信，审也。名，号令也。

㉘ 视明则动，得其时也。

㉙ 号令所以成政也。

㉚ 殖，长也。动得其时，所以财长生也。

㉛ 不和，无射、大林也。若听乐而震，视色而眩，则味入不精美。味入不精美，则气放佚，不行于身体。

㉜ 慝，恶也。此四者，气失之所生也。狂悖眩惑，说子朝、宠宾孟也。转易过恶，嬖子配适，将杀大臣也。

㉝ 有转易也。

㉞ 不知所为尽力也。

㉟ 二，谓作大钱、铸大钟也。

㊱ 伶，司乐官。州鸠，名也。

㊲ 守官，所守之官。弗及知也。

㊳ 凡乐轻者从大，重者从细，故琴瑟尚宫也。

㊴ 钟声大，故尚羽也。

㊵ 石，磬也。轻于钟，故尚角。角，清浊之中也。

㊶ 匏，笙也。竹，箫管也。利制，以声音调利为制，无所尚也。

㊷ 宫声大，故为主。第，次第也。

㊸ 保，安也。备，具也。殖，长也。古者以乐省土风而纪农事，故曰“乐以殖财”。

㊹ 重，谓金石也。从细，尚细声也。谓钟尚羽，石尚角也。

㊺ 轻，瓦丝也。从大，谓瓦丝尚宫也。

㊻ 议，从其调利也。

㊼ 革，鼗鼓也。木，柷敔也。一声，无清浊之变也。

㊽ 和，八音克谐也。平，细大不逾也，故可以平民。乐和则谐，政和则平也。

㊾ 声，五声也，以成八音而调乐也。贾侍中云：“律，黄钟为宫，林钟为

徵，大蔟为商，南吕为羽，姑洗为角，所以平五声也。”

㊿ 钟磬所以发动五声也。

51 弦管所以行之也。

52 道己志也。《书》曰：“诗言志。”

53 咏，咏诗也。《书》曰：“歌永言，声依永。”

54 宣，发扬也。

55 赞，助也。

56 物，事也。极，中也。

57 集，会也。言中和之所会集曰正声也。

58 保，安也。

59 细大之声不相逾越曰平，今无射有大林，是不平也。

60 铸金以为钟也。

61 磨石以为磬也。

62 系丝木以为琴瑟也。

63 越匏竹以为笙管也。越，谓为之孔也。《乐记》曰：“朱弦而疏越。”

64 节其长短大小也。

65 遂，顺也。《传》曰“所以节八音而行八风”也。正西曰兑，为金，为阊阖风；西北曰乾，为石，为不周；正北曰坎，为革，为广莫；东北曰艮，为匏，为融风；正东曰震，为竹，为明庶；东南曰巽，为木，为清明；正南曰离，为丝，为景风；西南曰坤，为瓦，为凉风。

66 滞，积也。积阴而发，则夏有霜雹。散阳，阳不藏，冬无冰、李梅实之类是也。

67 罢，劳也。

68 细，谓无射也。主，正也。言无射有大林，是作细而大过其律，妨于正声也。

69 过度，用金多也。

70 乐从和，今正害财匮，故妨于乐也。

71 细，无射也。大，大林也。言大声陵之，细声抑而不闻。不容于耳，不能容别也。

⑫ 越，迂也。言无射之声为大林所陵，听之微细迂远，非平也。

⑬ 宗官，宗伯，乐官属也。

⑭ 乐以殖财也。

⑮ 中德，中庸之德声也。中音，中和之音也。

⑯ 合神人谓祭祀飨宴也。

⑰ 逞，快也。

⑱ 财匮，故民离。乐不和，故神怒也。

⑲ 伶人，乐人也。景王二十四年，鲁昭二十一年也。

⑳ 州鸠以为钟实不和，伶人媚王，谓之和耳，故曰："未可知也。"

㉑ 言声音之道与政通也。

㉒ 乱世之音怨以怒，故曰："不知其和也。"

㉓ 曹，群也。

㉔ 众心所好，莫之能败，其固如城也。

㉕ 铄，销也。众口所毁，虽金石犹可销也。

㉖ 害金，害民之金，谓钱、钟也。

㉗ 二金之中，其一必废也。

㉘ 八十曰耄。耄，昏惑也。

㉙ 崩而言钟不和，明乐人之谀也。

景王问钟律于伶州鸠

王将铸无射，[1]问律于伶州鸠。[2]对曰："律所以立均出度也。[3]古之神瞽考中声而量之以制，[4]度律均钟，百官轨仪，[5]纪之以三，[6]平之以六，[7]成于十二，[8]天之道也。[9]夫六，中之色也，故名之曰黄钟，[10]所以宣养六气、九德也。[11]由是第之，[12]二曰大蔟，[13]所以金奏赞阳出滞也。[14]三曰姑洗，所以修洁百物，考神纳宾也。[15]四曰蕤宾，所以安靖神人，献酬交酢也。[16]五曰夷则，所以咏歌九则，平民无贰也。[17]六曰无射，所以宣布哲人之令德，示民轨仪也。[18]为之六间，以扬沈伏，而黜散越也。[19]元间大吕，助宣物也；[20]二间夹钟，出四隙之细也；[21]三间仲吕，宣中气也；[22]四间林钟，和展百事，俾莫不任肃纯恪也；[23]五间南吕，赞阳秀也；[24]六间应钟，均利器用，俾应复也。[25]律吕不易，无奸物也。[26]细钧有钟无镈，昭其大也。[27]大钧有镈无钟，[28]甚大无镈，鸣其细也。[29]大昭小鸣，和之道也。[30]和平则久，[31]久固则纯，[32]纯明则终，[33]终复则乐，[34]所以成政也，[35]故先王贵之。"[36]

王曰："七律者何？"[37]对曰："昔武王伐殷，岁在鹑火，[38]月在天驷，[39]日在析木之津，[40]辰在斗柄，[41]星在天鼋。[42]星与日辰之位，皆在北维。[43]颛顼之所建也，帝喾受之。[44]我姬氏出自天鼋，[45]及析木者，有建星及牵牛焉，[46]则我皇妣大姜之侄伯陵之后，逄公之所凭神也。[47]岁之所在，则我有周之分野也。[48]月之所在，辰马农祥也。[49]我太祖后稷之所经纬也，[50]王欲合是五位三所而用之。[51]自鹑及驷七列，[52]南北之揆七同，[53]凡人神以数合之，以声昭之。[54]数合声和，然后可同也。[55]故以七同其数，而以律和其声，于是乎有七律。[56]王以二月癸亥夜陈，未毕而雨。[57]以夷则之上宫毕，[58]当辰。辰在戌上，故长夷则之上宫，名之曰羽，[59]所以藩屏民则也。[60]王以黄钟之下宫，布戎于牧之野，[61]故谓之厉，所以厉六师也。[62]以太蔟之下宫布令于商，昭显文德，底纣之多罪，[63]故谓之宣，所以宣三王之德也。[64]反及嬴内，以无射之上宫，布宪施舍于百姓，[65]故谓之嬴乱，所以优柔容民也。"[66]

① 王，景王也。

② 律，钟律也。

③ 律，谓六律、六吕也。阳为律，阴为吕。六律，黄钟、大蔟、姑洗、蕤宾、夷则、无射也。六吕，林钟、仲吕、夹钟、大吕、应钟、南吕也。均者，均钟木，长七尺，有弦系之以均钟者，度钟大小清浊也。汉大予乐官有之。

④ 神瞽，古乐正，知天道者也。死以为乐祖，祭于瞽宗，谓之神瞽。考，合也。谓合中和之声而量度之，以制乐者。

⑤ 均，平也。轨，道也。仪，法也。度律，度律吕之长短，以平其钟，和其声，以立百事之道法也，故曰"律、度、量、衡于是乎生"。

⑥ 三，天、地、人也。古纪声合乐以舞天神、地祇、人鬼，故能人神以和。

⑦ 平之以六律也。上章曰："律以平声。"

⑧ 十二，律吕也。阴阳相扶，律取妻而吕生子，上下相生之数备也。

⑨ 天之大数不过十二。

⑩ 十一月，黄钟，乾初九也。六者，天地之中。天有六气，降生五味。天有六甲，地有五子，十一而天地毕矣。而六为中，故六律、六吕而成天道。黄钟初九，六律之首，故六律正色为黄钟之名，重元正始之义也。黄钟，阳之变也，管长九寸，径三分，围九分，律长九寸，因而九之，九九八十一，故黄钟之数立焉，为宫。法云：九寸之一得林钟初六，六吕之首，阴之变，管长六寸。六月，律之始也，故九六，阴阳、夫妇、子母之道。是以初九为黄钟。黄，中之色也。钟，言阳气聚钟于下也。

⑪ 宣，遍也。六气，阴、阳、风、雨、晦、明也。九德，九功之德，水、火、金、木、土、谷、正德、利用、厚生。十一月阳伏于下，物始萌，于五声为宫，含元处中，所以遍养六气、九德之本也。

⑫ 由，从也。第，次也，次奇月也。

⑬ 正月，太蔟，乾九二也。管长八寸。法云：九分之八。太蔟，言阳气大蔟达于上也。

⑭ 赞，佐也。贾、唐云："太蔟正声为商，故为金奏，所以佐阳发、出滞伏也。"明堂《月令》：正月，"蛰虫始震。"

⑮ 三月，姑洗，乾九三也。管长七寸一分，律长七寸九分寸之一。姑，洁也。洗，濯也。考，合也。言阳气养生，洗濯姑秽，改柯易叶也。于正声为角。是月，百物修洁，故用之宗庙，合致神人，用之乡宴，可以纳宾也。

⑯ 五月，蕤宾，乾九四也。管长六寸三分，律长六寸八十一分寸之二十六。蕤，委柔貌也。言阴气为主，委柔于下，阳气盛长于上，有似于宾主，故可用之宗庙、宾客，以安静神人，行酬酢也。酬，劝。酢，报也。

⑰ 七月，夷则，乾九五也。管长五寸六分，律长五寸七百二十九分寸之四百五十一。夷，平也。则，法也。言万物既成，可法则也，故可以咏歌九功之则，成民之志，使无疑贰也。

⑱ 九月，无射，乾上九也。管长四寸九分，律长四寸六千五百六十一分寸之六千五百二十四。宣，遍也。轨，道也。仪，法也。九月阳气上升，阴气收藏，万物无射见者，故可以遍布前哲之令德，示民道法也。

⑲ 六间，六吕在阳律之间。沈，滞也。黜，去也。越，扬也。吕，阴律，所以侣间阳，成其功，发扬滞伏之气，而去散越者也。伏则不宣，散则不和。阴阳序次，风雨时至，所以生物也。

⑳ 十二月，大吕，坤六四也。管长八寸八分。法云：三分之二，四寸二百四十三分寸之五十二，倍之为八寸分寸之一百四。下生律，元一也。阴系于阳，以黄钟为主，故曰元间。以阳为首，不名其物，臣归功于上之义也。大吕助阳宣散物也。天气始于黄钟，萌而赤，地受之于大吕，牙而白，成黄钟之功也。

㉑ 二月，夹钟，坤六五也。管长七寸四分，律长三寸二千一百八十七分寸之一千六百三十二，倍之为七寸分寸之一千七十五。隙，间也。夹钟助阳。钟，聚也。四隙，四时之间气微细者，春为阳中，万物始生，四时之微气皆始于春。春发而出之，三时奉而成之，故夹钟出四时之微气也。

㉒ 四月，仲吕，坤上六也。管长六寸六分，律长三寸万九千六百八十三分寸之六千四百八十七，倍之为六寸分寸之万二千九百七十四。阳气越于中，至四月宣散于外，纯乾用事，阴闭藏于内，所以助阳成功也，故曰正月，正阳之月也。

㉓ 六月，林钟，坤初六也。管长六寸，律长六寸。林，众盛也。钟，聚也。于正声为徵。展，审也。俾，使也。肃，速也。纯，大也。恪，敬也。言时务和审，百事无有伪诈，使莫不任其职事，速其功，大敬其职也。

㉔ 八月，南吕，坤六二也。管长五寸三分，律长五寸三分寸之一。荣而不实，曰秀。南，任也。阴任阳事，助成万物。赞，佐也。

㉕ 十月，应钟，坤六三也。管长四寸七分，律长四寸二十七分寸之二十。言阴应阳用事，万物钟聚，百器具备，时务均利，百官器用、程度庶品使皆应其礼，复其常也。《月令》"孟冬命工师效功，陈祭器，按程度，毋作淫巧以荡上心，必功致为上"也。

㉖ 律吕不变易其正，各顺其时，则神无奸行，物无害生也。

㉗ 细，细声，谓角、徵、羽也。钧，调也。钟，大钟。镈，小钟也。昭，明也。有钟无镈，谓两细不相和，故以钟为之节。明其大者，以大平细也。

㉘ 大谓宫商也。举宫商而但有镈无钟，谓两大不相和，故云"去钟而用镈，以小平大"也。

㉙ 甚大谓宫商大声也，则又去镈，独鸣其细。细谓丝竹革木。

㉚ 大声昭，小声鸣，和平之道也。

㉛ 久，可久乐也。

㉜ 固，安也。可久则安，安则纯也。孔子曰："从之，纯如也。"

㉝ 终，成也。《书》曰："《箫韶》九成。"

㉞ 终复，终则复奏故乐也。

㉟ 言政象乐也。

㊱ 贵其和平，可以移风易俗也。

㊲ 周有七音，王问七音之律，意谓七律为音器，用黄钟为宫，大蔟为商，姑洗为角，林钟为徵，南吕为羽，应钟变宫，蕤宾变徵也。

㊳ 岁，岁星也。鹑火，次名，周分野也，从柳九度至张十六度为鹑火。谓武王始发师东行，时殷十一月二十八日戊子，于夏为十月。是时岁星在张十三度。张，鹑火也。

㊴ 天驷，房星也。谓戊子日，月宿房五度。

㊵ 津，天汉也。析木，次名，从尾十度至南斗十一度为析木，其间为汉津。谓戊子日，宿箕七度也。

㊶ 辰，日月之会。斗柄，斗前也。谓戊子后三日，得周正月辛卯朔，于殷为十二月，夏为十一月。是日，月合辰斗前一度也。

㊷ 星，辰星也。天鼋，次名，一曰玄枵。从须女八度至危十五度为天鼋。谓周正月辛卯朔。二日壬辰，辰星始见。三日癸巳，武王发行。二十八日戊午，度孟津，距戊子三十一日。二十九日己未晦，冬至，辰星与须女伏天鼋之首也。

㊸ 星，辰星也。辰星在须女，日在析木之津，辰在斗柄，故皆在北维。北维，北方水位也。

㊹ 建，立也。颛顼，帝喾所代也。帝喾，周之先祖，后稷所出。《礼·祭法》曰："周人禘喾而郊稷。"颛顼，水德之王，立于北方。帝喾，木德，故受之于水。今周亦木德，当受殷之水，犹帝喾之受颛顼也。

㊺ 姬氏，周姓。天鼋，即玄枵，齐之分野。周之皇妣王季母太姜者，逢伯陵之后，齐女也，故言出于天鼋。《传》曰："有逢伯陵因之，蒲姑氏因之，而后太公因之。"又曰："有星出于须女，姜氏、任氏实守其祀。"

㊻ 从斗一度至十一度，分属析木，日辰所在也。建星在牵牛间，谓从辰星所在。须女，天鼋之首。析木之分，历建星及牵牛，皆水宿，言得水类也。

㊼ 皇，君也。生曰母，死曰妣。大姜，大王之妃，王季之母，姜女也。女子谓昆弟之子，男女皆曰侄。伯陵，大姜之祖有逢伯陵也。逢公，伯陵之后，大姜之侄，殷之诸侯，封于齐地。齐地属天鼋，故祀天鼋。死而配食，为其神主，故云凭。凭，依也。言天鼋乃皇妣家之所凭依也，非但合于水木相承而已。又我实出于水家，周道起于大王，故本于大姜也。

㊽ 岁星在鹑火。鹑火，周分野也。岁星所在，利以伐之也。

㊾ 辰马，谓房、心星也。心星，所在大辰之次，为天驷。驷，马也，故曰辰马。言月在房，合于农祥。祥，犹象也。房星晨正，而农事起焉，故谓之农祥。

㊿ 稷播百谷，故农祥，后稷之所经纬也。《晋语》："辰以成善，后稷

是相。”

㊿ 王,武王也。五位,岁、月、日、星、辰也。三所,逢公所凭神,周分野所在,后稷所经纬也。

52 鹑火之分,张十六度。驷,天驷。房五度,岁月之所在。从张至房七列,合七宿,谓张、翼、轸、角、亢、氐、房也。

53 七同,合七律也。揆,度也。岁在鹑火午,辰星在天鼋子。鹑火,周分野。天鼋及辰水星,周所出。自午至子,其度七同也。

54 凡,凡合神人之乐也。以数合之,谓取其七也。以声昭之,谓用律调音也。

55 同,谓神人相应也。

56 七同其数,谓七列、七律也。律和其声,律有阴阳正变之声也。

57 二月,周二月四日癸亥,至牧野之日夜陈,陈师未毕而雨,天、地、神、人协同之应也。

58 夷,平。则,法也。夷则,所以平民无贰也。上宫,以夷则为宫声。夷则,上宫也,故以毕陈。《周礼》:“太师执同律以听军声,而诏吉凶。”一曰:阳气在上,故曰上宫也。

59 长谓先用之也。辰,时也。辰,日月之会,斗柄也。当初陈之时,周二月,昏斗建丑,而斗柄在戌,上下临其时,名其乐为羽,羽翼其众也。

60 屏,蔽也。羽之义,以其能藩蔽民,使中法则也。

61 布戎,陈兵,谓夜陈之。晨旦,甲子昧爽,左仗黄钺,右秉白旄时也。黄钟所以宣养气德,使皆自勉,尚桓桓也。黄钟在下,故曰下宫也。

62 名此乐为厉者,所以厉六军之众也。

63 商,纣都也。文,文王也。底,致也。既杀纣入商之都,发号施令,以昭明文王之德,致纣之多罪。大族所以赞阳出滞,盖谓释箕子之囚,散鹿台之财,发巨桥之粟也。大蔟在下,故曰下宫也。

64 三王,大王、王季、文王也。

65 嬴内,地名。宪,法也。施,施惠。舍,舍罪也。无射所以宣布哲人之令德,示民轨仪。无射在上,故曰上宫也。

⑯ 乱，治也。柔，安也。

宾孟见雄鸡自断其尾

景王既杀下门子。[1]宾孟适郊，见雄鸡自断其尾，[2]问之，侍者曰："惮其牺也。"[3]遽归告王，[4]曰："吾见雄鸡自断其尾，而人曰'惮其牺也'，吾以为信畜矣。[5]人牺实难，己牺何害？[6]抑其恶为人用也乎，则可也，[7]人异于是。[8]牺者，实用人也。"[9]王弗应，[10]田于巩，[11]使公卿皆从，将杀单子，未克而崩。[12]

① 下门子，周大夫，王子猛之傅也。景王无適子，既立子猛，又欲立王子朝，故先杀子猛傅下门子也。

② 宾孟，周大夫，子朝之傅宾起也。

③ 侍者，孟之从臣也。惮，惧也。纯美为牺，祭祀所用也。言鸡自断其尾者，惧为宗庙所用也。

④ 遽犹疾也。宾孟有宠于王，欲立子朝，王将许之，故先杀下门子。宾孟知意，故感牺之美，念及子朝，疾归，语王劝立之也。

⑤ 信，诚也。鸡畏为宗庙之用，故自断其尾，此诚六畜之情，不与人同也。

⑥ 人牺谓鸡也。为人作牺实难，言将见杀也。己，子朝。己自为牺，当何害乎？人君冕服，有似于牺，故以喻也。

⑦ 言鸡恶为人所用，故自断其尾。可也，自可尔也。

⑧ 异于鸡也。人之美则宜君人，事宗庙也。

⑨ 用人犹治人也。自作牺则能治人也。

⑩ 弗应者，晓其意，畏大臣也。

⑪ 巩，北山，今河南县也。

⑫ 单子，单穆公也。克，能也。王欲废子猛，更立子朝，恐其不从，故欲

杀之，遇心疾而崩，故未能。在鲁昭二十二年。

刘文公与苌弘欲城周

敬王十年，刘文公与苌弘欲城周，为之告晋。[①]魏献子为政，[②]说苌弘而与之。[③]将合诸侯。[④]

卫彪傒适周，闻之，[⑤]见单穆公曰："苌、刘其不殁乎？[⑥]周诗有之曰：'天之所支，不可坏也。[⑦]其所坏，亦不可支也。'昔武王克殷而作此诗也，以为饫歌，名之曰'支'，以遗后之人，使永监焉。[⑧]夫礼之立成者为饫，[⑨]昭明大节而已，少典与焉。[⑩]是以为之日惕，其欲教民戒也。[⑪]然则夫支之所道者，必尽知天地之为也，[⑫]不然，不足以遗后之人。今苌、刘欲支天之所坏，不亦难乎？自幽王而天夺之明，使迷乱弃德而即慆淫，[⑬]以亡其百姓，其坏之也久矣。而又将补之，殆不可矣。[⑭]水火之所犯，[⑮]犹不可救，而况天乎？谚曰：'从善如登，从恶如崩。'[⑯]昔孔甲乱夏，四世而陨。[⑰]玄王勤商，十有四世而兴；[⑱]帝甲乱之，七世而陨。[⑲]后稷勤周，十有五世而兴；[⑳]幽王乱之，十有四世矣。[㉑]守府之谓多，胡可兴也？[㉒]夫周，高山、广川、大薮也，故能生是良材，[㉓]而幽王荡以为魁陵、粪土、沟渎，其有悛乎？"[㉔]

单子曰："其咎孰多？"[㉕]曰："苌叔必速及，将天以道补者也。[㉖]夫天道导可而省否，[㉗]苌叔反是，以诳刘子，[㉘]必有三殃：违天一也，[㉙]反道二也，[㉚]诳人三也。[㉛]周若无咎，苌叔必为戮。虽晋魏子[㉜]亦将及焉。[㉝]若得天福，其当身乎？[㉞]若刘氏，则必子孙实有祸。[㉟]夫子而弃常法，以从其私欲，[㊱]用巧变以崇天灾，[㊲]勤百姓以为己名，其殃大矣。"[㊳]

是岁也，魏献子合诸侯之大夫于狄泉，[39]遂田于大陆，焚而死。[40]及范、中行之难，苌弘与之，晋人以为讨。二十八年，杀苌弘。[41]及定王，刘氏亡。[42]

① 敬王，景王子、悼王弟匄也。十年，鲁昭三十二年。刘文公，王卿士，刘挚之子文公卷也。苌弘，周大夫苌叔也。欲城周者，欲城成周也。成周在瀍水东，王城在瀍水西。初，王子朝作乱，于鲁昭二十三年夏，王子朝入于王城，敬王如刘。秋，敬王居于狄泉。狄泉，成周之城，周墓所在也。鲁昭二十六年四月，敬王师败，出居于滑。十月，晋人救之，王入于成周，子朝奔楚，其余党儋扁之徒多在王城，敬王畏之。于是晋征诸侯戍周，用役烦劳，故苌弘欲城成周，使富辛、石张为主，如晋请城成周。

② 献子，晋正卿，魏绛之子舒也。

③ 说苌弘，从其求也。

④ 合诸侯，以城成周也。

⑤ 彪傒，卫大夫。

⑥ 言将殁也。

⑦ 周诗，饫时所歌也。支，柱也。

⑧ 监，观也。

⑨ 立成，立行礼，不坐也。

⑩ 节，体也。典，章也。与，类也。言饫礼所以教民敬式，昭明大体而已，故其诗乐少，章典威仪少，皆比类也。

⑪ 惕，惧也。以是日自恐惧，欲民知戒慎也。

⑫ 知天地之为，谓所支坏也。

⑬ 即，就也。慆，慢也。

⑭ 殆，近也。

⑮ 犯，害也。

⑯ 如登，喻难。如崩，喻易。

⑰ 孔甲，禹后十四世。乱夏，乱禹之法也。四世，孔甲至桀四世而亡也。

⑱ 玄王，契也。殷祖契由玄鸟而生，汤亦水德，故曰玄王。勤者，勤身修德，以兴其国。自契至汤，十四世而有天下，言其难也。

⑲ 帝甲，汤后二十五世也。乱，汤之法至纣七世而亡也。

⑳ 自后稷至文王，十五世也。

㉑ 自幽王至今敬王，十四世也。

㉒ 胡，何也。夏、殷之乱，或四世，或七世而亡。今周十有四世，无德以救之，虽未亡，得守府藏，天禄已多矣，又何可兴也。

㉓ 言周之道德礼法所以长育贤材，犹天之有山川、大薮，良材之所生也。

㉔ 荡，坏也。小阜曰魁。悛，止也。言幽王败乱周之法度，犹毁高山以为魁陵、粪土，残绝川薮以为沟渎，无有悛止之时也。

㉕ 谓苌、刘也。

㉖ 苌叔，苌弘字也。速及，速及于咎也。以道补者，欲以天道补人事也。

㉗ 导，达也。省，去也。

㉘ 诳，惑也。

㉙ 支所坏也。

㉚ 以天道补人事。

㉛ 惑刘子也。

㉜ 魏献子也。

㉝ 咎及也。

㉞ 当其身祸尚微，后有继，故为天福也。

㉟ 殃及子孙也。

㊱ 弃常法，不修周法也。从私欲，欲城成周也。

㊲ 巧变者，见周灭于西都，平王东迁以获久长，故今欲复迁也。崇，犹益也。

㊳ 勤，劳也。名，功也。

㊴ 是岁，敬王十一年，鲁定公之元年也。

㊵ 田，以火田也。大陆，晋薮也。

㊶ 范、中行，晋大夫范吉射、中行寅也，作难叛其君也。初，刘氏、范氏世为婚姻，苌弘事刘文公，故周人与范氏。敬王二十八年，鲁哀三年，晋人以让周，周为之杀苌弘也。

㊷ 刘氏，文公之子孙也。定亦当为"贞"。

卷四

鲁语上

曹刿问战

长勺之役，曹刿问所以战于庄公。[①]公曰："余不爱衣食于民，[②]不爱牲玉于神。"[③]对曰："夫惠本而后民归之志，[④]民和而后神降之福。[⑤]若布德于民而平均其政事，君子务治而小人务力，动不违时，财不过用，[⑥]财用不匮，莫不能使共祀。[⑦]是以用民无不听，求福无不丰。今将惠以小赐，祀以独恭。[⑧]小赐不咸，独恭不优。[⑨]不咸，民不归也；不优，神弗福也。将何以战？夫民求不匮于财，而神求优裕于享者也，[⑩]故不可以不本。"[⑪]公曰："余听狱虽不能察，必以情断之。"[⑫]对曰："是则可矣。[⑬]知夫苟中心图民，智虽弗及，必将至焉。"[⑭]

① 长勺，鲁地。曹刿，鲁人也。庄公，鲁桓公之子庄公同也。初，齐襄公立，其政无常，鲍叔牙曰："君使民慢，乱将作矣。"奉公子小白奔莒。鲁庄八年，齐无知杀襄公，管夷吾、邵忽奉公子纠来奔鲁。九年夏，庄公伐齐，纳子纠。小白自莒先入，与庄公战于乾时，庄公败绩。故十年齐伐鲁，战于长勺也。

② 有惠赐也。

③ 牲，牺牲。玉，珪璧。所以祭祀也。《诗》云："靡爱斯牲，珪璧既卒。"

④ 惠本谓树德施利也。归之志,归于上。

⑤ 降,下也。民,神之主,故民和神乃降福。

⑥ 不过用礼也。

⑦ 无不共祀,非独己也。

⑧ 小赐,临战之赐。独恭,一身之恭也。

⑨ 咸,遍也。优,裕也。

⑩ 裕,饶也。享,食也。民和年丰为优裕也。

⑪ 本,先利民莫不共祀也。

⑫ 狱,讼也。

⑬ 可者,未大备可以一战。《传》曰“齐师败绩”也。

⑭ 苟,诚也。言诚以中心图虑民事,智虽有所不及,必将至于道也。

曹刿谏庄公如齐观社

庄公如齐观社。[①]曹刿谏曰:“不可。夫礼所以正民也,是故先王制诸侯,使五年四王、一相朝。[②]终则讲于会,以正班爵之义,[③]帅长幼之序,训上下之则,[④]制财用之节,[⑤]其间无由荒怠。[⑥]夫齐弃太公之法而观民于社,[⑦]君为是举[⑧]而往观之,非故业也,[⑨]何以训民?土发而社,助时也。[⑩]收捃而蒸,纳要也。[⑪]今齐社而往观旅,非先王之训也。[⑫]天子祀上帝,[⑬]诸侯会之受命焉。[⑭]诸侯祀先王、先公,[⑮]卿大夫佐之受事焉。[⑯]臣不闻诸侯相会祀也,祀又不法。[⑰]君举必书,[⑱]书而不法,后嗣何观?”公不听,遂如齐。

① 庄公二十三年,齐因祀社搜军实以示客,公往观之也。

② 贾侍中云:“王谓王事天子也。岁聘以志业,闲朝以讲礼,五年之间四聘于王,而一相朝。相朝者,将朝天子先相朝也。”唐尚书云:“先王谓尧

也。五载一巡守,诸侯四朝。”昭谓:以《尧典》相参,义亦似之,然此欲以礼正君,宜用周制。《礼》:“中国凡五服,远者五岁而朝。”《礼记》曰:“诸侯之于天子也,比年一小聘,三年一大聘。”五年一朝谓此也。晋文霸时亦取于此也。

③ 终,毕也。讲,习也。班,次也。谓朝毕则习礼于会,以正爵位次序尊卑之义也。

④ 帅,循也。

⑤ 谓牧伯差国大小使受贡职也。

⑥ 其间,朝会间也。

⑦ 太公,齐始祖太公望也。

⑧ 举,动也。

⑨ 业,事也。

⑩ 土发,春分也。《周语》曰:“土乃脉发。”社者,助时祈福为农始也。

⑪ 捃,拾也。冬祭曰蒸,因祭社以纳五谷之要,休农夫也。《月令》曰“孟冬祀于天宗,大祀于公社及门闾”也。

⑫ 旅,众也。

⑬ 上帝,天也。

⑭ 助祭受政命也。

⑮ 先王,谓若宋祖帝乙、郑祖厉王之属也。先公,先君也。

⑯ 事,职事也。

⑰ 不法,谓观民也。

⑱ 动则左史书之,言则右史书之。

匠师庆谏庄公丹楹刻桷

庄公丹桓宫之楹,而刻其桷。[①]匠师庆言于公,[②]曰:“臣闻圣王公之先封者,[③]遗后之人法,使无陷于恶。其为后世昭前之令闻也,[④]使长监于世,[⑤]故能摄固不解以久。[⑥]今先君俭而君侈，[⑦]令德替矣。”[⑧]公曰：“吾属欲美之。”[⑨]对曰：“无益于君，而替前之令德，臣故曰庶可已矣。”[⑩]公弗听。

① 桓宫，桓公庙也。楹，柱也。唐云：“桷，榱头也。”昭谓：桷一名榱，今北土云亦然。《尔雅》曰：“桷谓之榱。”庄公娶于齐，曰哀姜。哀姜将至，当见于庙，故丹柱刻榱以夸之也。

② 匠师庆，掌匠大夫御孙之名也。

③ 谓若汤、武、周公、太公也。

④ 为，犹使也。

⑤ 监，观。观世成败以为戒也。

⑥ 摄，持也。

⑦ 先君，桓公也。

⑧ 替，灭也。

⑨ 属，适也。适欲自美之，非先君意也。

⑩ 已，止也。

夏父展谏宗妇觌哀姜用币

哀姜至，公使大夫、宗妇觌用币。[①]宗人夏父展曰：“非故也。”[②]公曰：“君作故。”[③]对曰：“君作而顺则故之，逆则亦书其逆也。臣从有司，惧逆之书于后也，故不敢不告。[④]夫妇贽不过枣栗，以告虔也。[⑤]男则玉帛禽鸟，以章物也。[⑥]今妇执币，是男女无别也。男女之别，国之大节也，不可无也。”公弗听。

① 宗妇，同宗大夫之妇也。觌，见也，见夫人也。用币，言与大夫同贽也。

② 宗人,宗伯也。夏父,氏也。展,名也。宗伯主男女贽币之礼。故,故事也。

③ 言君所作则为故事也。

④ 从有司,言备位随从有司后行也。

⑤ 枣,取蚤起。栗,取敬栗。虔,敬也。《曲礼》曰:"妇人之贽,脯、脩、枣、栗。"

⑥ 谓公执桓圭,侯执信圭,伯执躬圭,子执谷璧,男执蒲璧,孤执皮帛,卿执羔,大夫执雁,士执雉,庶人执鹜,工商执鸡也。章,明尊卑异物也。

臧文仲如齐告籴

鲁饥,臧文仲言于庄公,[①]曰:"夫为四邻之援,[②]结诸侯之信,重之以婚姻,申之以盟誓,[③]固国之艰急是为。[④]铸名器,[⑤]藏宝财,[⑥]固民之殄病是待。[⑦]今国病矣,君盍以名器请籴于齐。"[⑧]公曰:"谁使?"对曰:"国有饥馑,卿出告籴,古之制也。[⑨]辰也备卿,辰请如齐。"公使往。

从者曰:"君不命吾子,吾子请之,其为选事乎?"[⑩]文仲曰:"贤者急病而让夷,[⑪]居官者当事不避难,在位者恤民之患,是以国家无违。[⑫]今我不如齐,非急病也。在上不恤下,居官而惰,非事君也。"

文仲以鬯圭与玉磬如齐告籴,[⑬]曰:"天灾流行,戾于弊邑,饥馑荐降,民羸几卒。[⑭]大惧乏周公、太公之命祀,[⑮]职贡业事之不共而获戾。[⑯]不腆先君之币器,[⑰]敢告滞积,以纾执事;[⑱]以救弊邑,使能共职。岂唯寡君与二三臣实受君赐,其周公、太公及百辟神祇实永飨而赖之。"[⑲]齐人归其玉而予之籴。

① 鲁饥，在庄公二十八年。文仲，鲁卿，臧哀伯之孙、伯氏瓶之子臧孙辰也。

② 援，所攀援以为助也。

③ 申，重也。

④ 艰，难也。是为，为难急也。

⑤ 名器，钟鼎也。

⑥ 宝财，玉帛也。

⑦ 殄，绝也。病，饿也。

⑧ 盍，何不也。市谷曰籴。

⑨ 告，请也。

⑩ 选事，自选择其职事也。

⑪ 夷，平也。

⑫ 无相违恨者也。

⑬ 鬯圭，裸鬯之圭，长尺二寸，有瓒，以礼庙。玉磬，鸣璆也。

⑭ 戾，至也。荐，重也。降，下也。羸，病也。几，近也。卒，尽也。

⑮ 贾、唐二君云："周公为太宰，太公为太师，皆掌命诸侯之国所当祀也。"或云："命祀二公也。"昭谓：《传》曰："卫成公祀夏后相，宁武子曰：'不可以闲成王、周公之命祀。'"职贡如此，贾、唐得之矣。

⑯ 戾，罪也。

⑰ 腆，厚也。

⑱ 滞，久也。纾，缓也。执事，齐有司也。谷久积则将朽败，执事所忧也，请之所以缓执事也。

⑲ 辟，君也。赖，蒙也。天曰神，地曰祇。百辟，谓百君卿士有益于民者也。

展禽使乙喜以膏沐犒师

齐孝公来伐鲁，[①]臧文仲欲以辞告，[②]病焉，[③]问于展禽。[④]对曰："获闻之，处大教小，处小事大，所以御乱也，不闻以辞。[⑤]若为小而崇，以怒大国，[⑥]使加己乱，乱在前矣，[⑦]辞其何益？"文仲曰："国急矣，百物唯其可者，将无不趋也。[⑧]愿以子之辞行赂焉，其可赂乎？"

展禽使乙喜以膏沐犒师，[⑨]曰："寡君不佞，[⑩]不能事疆埸之司，[⑪]使君盛怒，以暴露于弊邑之野，敢犒舆师。"[⑫]齐侯见使者，曰："鲁国恐乎？"[⑬]对曰："小人恐矣，君子则否。"公曰："室如悬磬，野无青草，何恃而不恐？"[⑭]对曰："恃二先君之所职业。昔者，成王命我先君周公及齐先君太公曰：'女股肱周室，以夹辅先王，[⑮]赐女土地，质之以牺牲，世世子孙无相害也。'[⑯]君今来讨弊邑之罪，其亦使听从而释之，[⑰]，必不泯其社稷，[⑱]岂其贪壤地而弃先王之命？其何以镇抚诸侯？恃此以不恐。"齐侯乃许为平而还。[⑲]

① 孝公，齐桓公之子孝公昭也。鲁僖公叛齐，与卫、莒盟于洮，又盟于向，故孝公伐鲁，讨此二盟。

② 欲以文辞告谢齐也。

③ 病不能为辞也。

④ 展禽，鲁大夫，展无骇之后柳下惠也，字展禽也。

⑤ 获，展禽之名也。御，止也。

⑥ 崇，高也，谓自高大不事大国也。

⑦ 乱，恶也。

⑧ 百物之中可用行赂，将无不趋，言无所爱也。

⑨ 乙喜，鲁大夫展喜也。犒，劳也。以膏沐为礼，欲以义服齐，明不以赂免之也。

⑩ 佞，才也。

⑪ 司，主也，主疆埸吏也。

⑫ 舆，众也。

⑬ 使者，乙喜也。

⑭ 悬磬，言鲁府藏空虚，如悬磬也。野无青草，旱甚也。故言何恃也。

⑮ 先王，武王也。

⑯ 质，信也，谓使之盟，以信其约也。

⑰ 释，置也。

⑱ 泯，灭也。

⑲ 平，和也。

臧文仲说僖公请免卫成公

温之会，[①]晋人执卫成公归之于周，[②]使医鸩之，不死，[③]医亦不诛。[④]

臧文仲言于僖公，[⑤]曰："夫卫君殆无罪矣。刑五而已，无有隐者，隐乃讳也。[⑥]大刑用甲兵，[⑦]其次用斧钺，[⑧]中刑用刀锯，[⑨]其次用钻笮，[⑩]薄刑用鞭扑，以威民也。[⑪]故大者陈之原野，[⑫]小者致之市朝，[⑬]五刑三次，是无隐也。[⑭]今晋人鸩卫侯不死，亦不讨其使者，[⑮]讳而恶杀之也。[⑯]有诸侯之请，必免之。臣闻之：班相恤也，故能有亲。[⑰]夫诸侯之患，诸侯恤之，所以训民也。[⑱]君盍请卫君以示亲于诸侯，且以动晋？[⑲]夫晋新得诸侯[⑳]，使亦曰：'鲁不弃其亲，其亦不可以恶。'"[㉑]公说，行玉二十瑴，乃免卫侯。[㉒]

自是晋聘于鲁，加于诸侯一等，[㉓]爵同，厚其好货。[㉔]卫侯闻其臧文仲之为也，使纳赂焉。辞曰："外臣之言不越境，不敢及君。"[㉕]

① 温之会，晋文公讨不服也，在鲁僖二十八年也。

② 成公恃楚而不事晋，又杀弟叔武，其臣元咺诉之晋，故文公执之。事见《周语》中也。

③ 鸩，鸟也，一名运日，其羽有毒，渍之酒而饮之，立死。《传》曰："晋侯使医衍鸩卫侯，宁俞货医，薄其鸩而不死。"在鲁僖三十年也。

④ 不诛医者，讳以行毒也。

⑤ 僖公，庄公之子僖公申也。

⑥ 隐，谓鸩也。

⑦ 贾侍中云："谓诸夏不式王命，以六师移之。"昭谓：甲兵，谓臣有大逆，则被甲聚兵而诛之，若今陈军也。

⑧ 斧钺，军戮。《书》曰："后至者斩。"

⑨ 割劓用刀，断截用锯，亦有大辟，故《周语》曰："兵在其颈。"

⑩ 钻，膑刖也。笮，黥刑也。

⑪ 鞭，官刑也。扑，教刑也。

⑫ 谓甲兵、斧钺也。

⑬ 刀锯以下也。其死刑，大夫以上尸诸朝，士以下尸诸市。

⑭ 五刑，甲兵、斧钺、刀锯、钻凿、鞭扑也。次，处也。三处，野、朝、市也。

⑮ 使者，医衍也。

⑯ 讳杀卫侯也。

⑰ 班，次也。恤，忧也。言位次同者当相忧也。

⑱ 训，教也，教相救恤也。

⑲ 动发晋侯之志也。

⑳ 新为伯也。

㉑ 不可以恶，亦不可恶鲁也。

㉒ 双玉曰瑴。《传》曰："纳玉于王及晋侯皆十瑴，王许之。"

㉓ 贵其义也。

㉔ 爵与鲁同者，特厚其好货也。

㉕ 言臣不外交也。

臧文仲请赏重馆人

晋文公解曹地以分诸侯。[①]僖公使臧文仲往，宿于重馆，[②]重馆人告曰："晋始伯而欲固诸侯，[③]故解有罪之地以分诸侯。[④]诸侯莫不望分而欲亲晋，皆将争先，晋不以固班，[⑤]亦必亲先者，吾子不可以不速行。鲁之班长而又先，[⑥]诸侯其谁望之？[⑦]若少安，恐无及也。"从之，获地于诸侯为多。反，既复命，为之请曰："地之多也，重馆人之力也。臣闻之曰：善有章，虽贱赏也；[⑧]恶有衅，虽贵罚也。[⑨]今一言而辟境，其章大矣，[⑩]请赏之。"乃出而爵之。[⑪]

① 解，削也。晋文公诛无礼，曹人不服，伐而执其君，削其地也，以分诸侯。事在鲁僖三十一年，取济西田。

② 重，鲁地。馆，候馆也。《周礼》：五十里有市，市有候馆也。

③ 人，守馆之隶也。固，犹安也。

④ 有罪，谓不礼文公，观骿胁也。

⑤ 班，次也。

⑥ 长，犹尊。先，先至也。

⑦ 谁敢望与鲁为比也。

⑧ 章，明也。

⑨ 衅，兆也。

⑩ 辟，开也。

⑪ 出，出之于隶也。爵，爵为大夫也。

展禽论祭爰居非政之宜

海鸟曰爰居，止于鲁东门之外三日，[①]臧文仲使国人祭之。[②]展禽曰："越哉，臧孙之为政也。[③]夫祀，国之大节也。[④]

而节，政之所成也。[5]故慎制祀以为国典。[6]今无故而加典，非政之宜也。[7]夫圣王之制祀也，法施于民则祀之，[8]以死勤事则祀之，[9]以劳定国则祀之，[10]能御大灾则祀之，[11]能扞大患则祀之。[12]非是族也，不在祀典。[13]昔烈山氏之有天下也，[14]其子曰柱，能殖百谷百蔬。[15]夏之兴也，周弃继之，故祀以为稷。[16]共工氏之伯九有也，[17]其子曰后土，能平九土，[18]故祀以为社。[19]黄帝能成命百物，以明民共财，[20]颛顼能修之。[21]帝喾能序三辰以固民，[22]尧能单均刑法以仪民，[23]舜勤民事而野死，[24]鲧鄣洪水而殛死，[25]禹能以德修鲧之功，[26]契为司徒而民辑，[27]冥勤其官而水死，[28]汤以宽治民而除其邪，[29]稷勤百谷而山死，[30]文王以文昭，[31]武王去民之秽。[32]故有虞氏禘黄帝而祖颛顼，郊尧而宗舜；[33]夏后氏禘黄帝而祖颛顼，郊鲧而宗禹；[34]商人禘舜而祖契，郊冥而宗汤；[35]周人禘喾而郊稷，[36]祖文王而宗武王。[37]幕，能帅颛顼者也，有虞氏报焉；[38]杼，能帅禹者也，夏后氏报焉；[39]上甲微，能帅契者也，商人报焉；[40]高圉、大王，能帅稷者也，周人报焉。[41]凡禘、郊、祖、宗、报，此五者国之典祀也。[42]加之以社稷山川之神，皆有功烈于民者也。及前哲令德之人，所以为明质。[43]及天之三辰，民所以瞻仰也。及地之五行，所以生殖也。[44]及九州名山川泽，所以出财用也。[45]非是不在祀典。今海鸟至，己不知而祀之，以为国典，难以为仁且智矣。夫仁者讲功，[46]而智者处物。[47]无功而祀之，非仁也；[48]不知而不能问，非智也。今兹海其有灾乎？夫广川之鸟兽，恒知避其灾也。”

是岁也，海多大风，冬暖。[49]文仲闻柳下季之言，[50]曰：

"信吾过也，季子之言不可不法也。"使书以为三策。[51]

① 爰居，杂县也。东门，城东门也。

② 文仲不知，以为神也。

③ 越，迂也，言其迂阔不知政要也。

④ 节，制也。

⑤ 言节所以成政也。

⑥ 典，法也。

⑦ 加，益也，谓以祭鸟益国法也。

⑧ 谓五帝、殷契、周文也。

⑨ 殷冥水死，周弃山死是也。

⑩ 虞幕，夏杼，殷上甲微，周高圉、大王也。

⑪ 夏禹是也。

⑫ 殷汤、周武是也。

⑬ 族，类也。

⑭ 烈山氏，炎帝之号也，起于烈山。《礼·祭法》以烈山为厉山也。

⑮ 柱为后稷，自夏以上祀之。草实曰蔬。

⑯ 夏之兴，谓禹也。弃能继柱之功，自商已来祀也。

⑰ 共工氏，伯者，名戏，弘农之间有城。

⑱ 其子，共工之裔子句龙也，佐黄帝为土官。九土，九州之土也。后，君也，使君土官，故曰后土也。

⑲ 社，后土之神也。

⑳ 黄帝，少典之裔子帝轩辕也。命，名也。

㉑ 颛顼，黄帝之孙、昌意之子帝高阳也，能修黄帝之功。

㉒ 固，安也。帝喾，黄帝之曾孙、玄嚣之孙、蟜极之子帝高辛也。三辰，日、月、星。谓能次序三辰以治历明时，教民稼穑以安也。

㉓ 尧，帝喾之庶子陶唐氏放勋也。单，尽也。均，平也。仪，善也。

㉔ 舜，颛顼之后六世有虞帝重华也。野死，谓征有苗死于苍梧之野也。

㉕ 殛，诛也。鲧，颛顼之后，禹之父也。尧使治水，鄣防百川，绩用不成，尧用殛之于羽山。禹为天子而郊之，取其勤事而死也。

㉖ 鲧功虽不成，禹亦有所因，故曰修鲧之功。

㉗ 契，殷之祖，为尧司徒，能敬敷五教。辑，和也。

㉘ 冥，契后六世孙、根圉之子也，为夏水官，勤于其职而死于水也。

㉙ 汤，冥后九世、主癸之子，为夏诸侯，以宽得民。除其邪，谓放桀扞大患也。

㉚ 稷，周弃也，勤播百谷，死于黑水之山。《毛诗传》云。

㉛ 文王演《易》，又有文德。《周语》曰"文王质文"也。

㉜ 秽，谓纣也。

㉝ 贾侍中云："有虞氏，舜后，在夏、殷为二王后，故有郊、禘、宗、祖之礼也。"昭谓：此上四者，谓祭天以配食也。祭昊天于圆丘曰禘，祭五帝于明堂曰祖宗，祭上帝于南郊曰郊。有虞氏出自黄帝，颛顼之后，故禘黄帝而祖颛顼，舜受禅于尧，故郊尧。《礼・祭法》："有虞氏郊喾而宗尧。"与此异者，舜在时则宗尧，舜崩而子孙宗舜，故郊尧也。

㉞ 虞、夏俱黄帝、颛顼之后，故禘祖之礼同。虞以上尚德，夏以下亲亲，故郊鲧也。

㉟ "舜"当为"喾"字之误也。《礼・祭法》曰："商人禘喾。喾，契父，商之先，故禘之。"后郑司农云："商人宜郊契。"

㊱ 喾，稷之父。稷，周始祖也。

㊲ 此与《孝经》异也。商家祖契，周公初时亦祖后稷而宗文王，至武王虽承文王之业，有伐纣定天下之功，其庙不可毁，故先推后稷以配天，而后更祖文王而宗武王也。

㊳ 幕，舜后虞思也，为夏诸侯。帅，循也。颛顼，有虞之祖也。报，报德，谓祭也。

㊴ 杼，禹后七世、少康之子季杼也，能兴夏道。

㊵ 上甲微，契后八世、汤之先也。

㊶ 高圉，后稷后十世、公非之子也。大王，高圉之曾孙古公亶父也。

㊷ 典，法也。

㊸ 质，信也。以其有德于民而祭之，所以信之于民心也。

㊹ 殖，长也。五行，五祀，金木水火土也。

㊺ 谓九州之中名山川泽也。

㊻ 讲，论也。仁者心平，故可论功也。

㊼ 处，名也。

㊽ 鸟无功也。

㊾ 暖，爰居之所避也。

㊿ 柳下，展禽之邑。季，字也。

51 策，简书也。三策，三卿卿一通也，谓司马、司徒、司空也。

文公欲弛孟文子与郈敬子之宅

文公欲弛孟文子之宅，[①]使谓之曰："吾欲利子于外之宽者。"[②]对曰："夫位，政之建也；[③]署，位之表也；[④]车服，表之章也；[⑤]宅，章之次也；[⑥]禄，次之食也。[⑦]君议五者以建政，为不易之故也。[⑧]今有司来命易臣之署与其车服，而曰：'将易而次，为宽利。'[⑨]夫署，所以朝夕虔君命也。[⑩]臣立先臣之署，服其车服，为利故而易其次，[⑪]是辱君命也，不敢闻命。[⑫]若罪也，则请纳禄与车服而违署，[⑬]唯里人所命次。"[⑭]公弗取。臧文仲闻之曰："孟孙善守矣，[⑮]其可以盖穆伯而守其后于鲁乎！"[⑯]

公欲弛郈敬子之宅，亦如之。[⑰]对曰："先臣惠伯以命于司里，[⑱]尝、禘、蒸、享之所致君胙者有数矣。[⑲]出入受事之币以致君命者，亦有数矣。[⑳]今命臣更次于外，[㉑]为有司之以班命事也，无乃违乎？[㉒]请从司徒以班徙次。"公亦不取。[㉓]

① 文公，鲁僖公之子文公兴也。弛，毁也。孟文子，鲁大夫，公孙敖之子伯穀也。宅，有司所居也，公欲毁之以益宫也。

② 于外宽地以利子也。

③ 建，立也。位，谓爵也。言爵所以立政事也。

④ 署者，位之表识也。

⑤ 车服贵贱有等，所以自章别也。

⑥ 有章服者之次舍也。

⑦ 居次舍者之所食也。

⑧ 五谓位、署、服、宅、禄也。有其位则治其官、服其章、居其次、食其禄也。君议五者以立政事，为不可改易也。

⑨ 下"而"，女也，为欲宽利女也。

⑩ 言朝夕者，不宜远也。

⑪ 先臣，父祖之官也。

⑫ 言臣不守先臣之职而欲宽利，则是辱命之臣也。

⑬ 纳，归也。禄，田邑也。违，去也。若臣有罪，则请归禄与车服而去其官也。

⑭ 里人，里宰也。有罪去位则当受舍于里宰。

⑮ 善守，善守职也。

⑯ 穆伯，文子之父公孙敖也，淫乎莒，出奔而死于齐。今文子守官不失礼，故可以掩盖其父之恶，守其后嗣也。

⑰ 公，文公也。郈敬子，鲁大夫，郈惠伯之后玄孙敬伯同也。亦如之者，亦谓之欲利子于外之宽也。

⑱ 言先臣惠伯受命于司里，居此宅也。

⑲ 秋祭曰尝，夏祭曰禘，冬祭曰蒸，春祭曰享。享，献物也。贾、唐二君云："臣祭致肉于君谓之致胙。"昭谓：此私祭而致肉，非所宜以为辞也。致君胙者，谓君祭祀赐胙，臣下掌致之也。有数，有世数也。

⑳ 出入，谓受使出境入国。奉聘币以致君命者亦于此宅，有世数也。

㉑ 次，舍也。外，外里也。

㉒ 违，远也。言有司以位次命职事于臣，臣在外次，无乃违远而不便乎。

㉓ 司徒，掌里宰之政，比夫家众寡之官也。敬子自以有罪，君欲黜之，故请从司徒徙里舍也。

夏父弗忌改昭穆之常

夏父弗忌为宗，[①]烝将跻僖公。[②]宗有司曰："非昭穆也。"[③]曰："我为宗伯，明者为昭，其次为穆，何常之有！"[④]有司曰："夫宗庙之有昭穆也，以次世之长幼，而等胄之亲疏也。[⑤]夫祀，昭孝也。[⑥]各致齐敬于其皇祖，昭孝之至也。[⑦]故工史书世，[⑧]宗祝书昭穆，[⑨]犹恐其逾也。今将先明而后祖，[⑩]自玄王以及主癸莫若汤，[⑪]自稷以及王季莫若文、武，[⑫]商、周之烝也，未尝跻汤与文、武，为不逾也。[⑬]鲁未若商、周而改其常，无乃不可乎？"弗听，遂跻之。

展禽曰："夏父弗忌必有殃。夫宗有司之言顺矣，僖又未有明焉。[⑭]犯顺不祥，以逆训民亦不祥，易神之班亦不祥，不明而跻之亦不祥，犯鬼道二，[⑮]，犯人道二，[⑯]能无殃乎？"侍者曰："若有殃焉在？抑刑戮也，其夭札也？"[⑰]曰："未可知也。若血气强固，将寿宠得没，[⑱]虽寿而没，不为无殃。"[⑲]既其葬也，焚，烟彻于上。[⑳]

① 弗忌，鲁大夫，夏父展之后也。宗，宗伯，掌国祭祀之礼也。

② 跻，升也。贾侍中云："烝，进也。谓夏父弗忌进言于公，将升僖公于闵公上也。"唐尚书云："烝，祭也。"昭谓：此鲁文公三年丧毕祫祭先君于太庙，升群庙之主，序昭穆之时也。《经》曰"八月丁卯，大事于太庙，跻僖公"

是也。僖，闵之兄，继闵而立。凡祭祀，秋曰尝，冬曰蒸。此八月而言蒸，用蒸礼也。凡四时之祭，蒸为备。《传》曰："大事者，祫祭也。毁庙之主陈于太祖，未毁庙之主皆升合食于太祖。跻僖公，逆祀也。逆祀者，先祢而后祖也。"

③ 宗有司，宗官司事臣也。非昭穆，谓非昭穆之次也。父为昭，子为穆。僖为闵臣，臣子之一例而升闵上，故曰非昭穆也。

④ 明，言僖有明德，当为昭。闵次之，当为穆也。

⑤ 长幼，先后也。等，齐也。胄，后也。

⑥ 昭，明也，明孝道也。

⑦ 皇，太也。

⑧ 工，瞽师官也。史，太史也。世，世次先后也。工诵其德，史书其言也。

⑨ 宗，宗伯。祝，太祝也。宗掌其礼，祝掌其位也。

⑩ 以僖为明而升之，是先祢而后祖也。

⑪ 玄王，契也。主癸，汤父也。

⑫ 稷，弃也。王季，文王父也。

⑬ 不使相逾也。

⑭ 未有明德也。

⑮ 二，易神之班、跻不明也。

⑯ 犯顺、以逆训民也。

⑰ 不终曰夭，疫死曰札。唐云"未名曰夭"，失之矣。

⑱ 寿宠，老寿而保宠也。没，终也。

⑲ 必以殃终之也。

⑳ 已葬而火焚其棺椁也。彻，达也。

里革更书逐莒太子仆

莒太子仆弑纪公，[①]以其宝来奔。[②]宣公使仆人以书命季文子曰[③]:“夫莒太子不惮以吾故杀其君,而以其宝来,其爱我甚矣。[④]为我予之邑。今日必授,无逆命矣。”[⑤]里革遇之而更其书曰[⑥]:“夫莒太子杀其君而窃其宝来,不识穷固又求自迩,[⑦]为我流之于夷。[⑧]今日必通,无逆命矣。”[⑨]

明日,有司复命,[⑩]公诘之,[⑪]仆人以里革对。[⑫]公执之,[⑬]曰:“违君命者,女亦闻之乎?”对曰:“臣以死奋笔,奚啻其闻之也![⑭]臣闻之曰:‘毁则者为贼,[⑮]掩贼者为藏,[⑯]窃宝者为宄,[⑰]用宄之财者为奸。’[⑱]使君为藏奸者,不可不去也。臣违君命者,亦不可不杀也。”公曰:“寡人实贪,非子之罪。”乃舍之。

① 纪公生仆及季佗,既立仆,又爱季佗而黜仆,仆故弑纪公也。

② 宝,玉也。来奔,奔鲁也。或有“鲁”字,非也。此《鲁语》,不当言其鲁也。

③ 宣公,文公之子宣公倭也。命,告也。仆人,官名。文子,鲁正卿季孙行父也。

④ 惮,难也。

⑤ 授,予也。

⑥ 里革,鲁太史克也。遇仆人见公书,以太子杀父大逆,故更也。

⑦ 固,废也。迩,近也。

⑧ 夷,东夷也。

⑨ 今日必通,疾通之言也。

⑩ 有司,司寇。复,反也。文子得书,使司寇出之境,明日反命于公也。

⑪ 诘问仆人以违命意也。

⑫ 对以里革所更也。

⑬ 执里革也。

⑭ 言所以触死奋笔而更公命书者，不欲伤君德耳。奚，何也。何啻，言所闻非一也。

⑮ 则，法也。

⑯ 掩，匿也。

⑰ 乱在内为宄，谓以子盗父也。

⑱ 财，玉也。

里革断宣公罟而弃之

宣公夏滥于泗渊，[①]里革断其罟而弃之，[②]曰："古者大寒降，土蛰发，[③]水虞于是乎讲罛罶，取名鱼，登川禽，而尝之寝庙，行诸国，助宣气也。[④]鸟兽孕，水虫成，[⑤]兽虞于是乎禁罝罗，矠鱼鳖以为夏犒，[⑥]助生阜也。[⑦]鸟兽成，水虫孕，水虞于是禁罝罜䍡，设阱鄂，[⑧]以实庙庖，畜功用也。[⑨]且夫山不槎蘖，[⑩]泽不伐夭，[⑪]鱼禁鲲鲕，[⑫]兽长麑麌，[⑬]鸟翼鷇卵，[⑭]虫舍蚳蝝，[⑮]蕃庶物也，古之训也。[⑯]今鱼方别孕，不教鱼长，又行罜罟，贪无艺也。"[⑰]

公闻之曰："吾过而里革匡我，不亦善乎！是良罟也，为我得法。[⑱]使有司藏之，使吾无忘谂。"[⑲]师存侍，[⑳]曰："藏罟不如寘里革于侧之不忘也。"[㉑]

① 滥，渍也。渍罟于泗水之渊以取鱼也。泗在鲁城北也，又曰南门。

② 罟，网也。

③ 降，下也。寒气初下，谓季冬建丑之月，大寒之后也。土蛰发，谓孟春建寅之月，蛰始震也。《月令》"孟春蛰始震，鱼上冰，獭祭鱼"也。

④ 水虞，渔师也，掌川泽之禁令。讲，习也。罛，渔网。罶，笱也。名鱼，大鱼也。川禽，鳖蜃之属。诸，之也。是时阳气起，鱼陟负冰，故令国人

取之，所以助宣气也。《月令》："季冬始渔，乃尝鱼，先荐寝庙。"唐云"孟春"，误矣。

⑤ 孕，怀子也。谓春时也。

⑥ 兽虞，掌鸟兽之禁令。禁，禁不得施也。罝，兔罟。罗，鸟罟也。矠，擉也。槁，干也。夏不得取，故于时擉刺鱼鳖以为槁储也。

⑦ 阜，长也。鸟兽方孕，故取鱼鳖助生物也。

⑧ "罝"当作"罜"。罜䍡，小网也。阱，陷也。鄂，柞格，所以误兽也。谓立夏鸟兽已成，水虫怀孕之时，禁取鱼之网，设取兽之物也。

⑨ 以兽实宗庙庖厨也。而长鱼鳖，畜四时功，足国财用也。

⑩ 槎，斫也。以株生曰蘖。

⑪ 草木未成曰夭。

⑫ 鲲，鱼子也。鲕，未成鱼也。

⑬ 鹿子曰麑，麋子曰麇。

⑭ 翼，成也。生哺曰鷇，未乳曰卵。

⑮ 舍，不取也。蚳，蚁子也，可以为醢。蝝，蝠陶也，可以食。

⑯ 蕃，息也。

⑰ 别，别于雄而怀子也。艺，极也。

⑱ 良，善也。

⑲ 言见此罟则不忘里革之言也。谂，告也。

⑳ 师，乐师，存名也。

㉑ 寘，置也。

子叔声伯辞邑

子叔声伯如晋谢季文子，[①]郤犨欲予之邑，弗受也。[②]归，鲍国谓之曰："子何辞苦成叔之邑，欲信让耶，抑知其不可乎？"[③]对曰："吾闻之，不厚其栋，不能任重。[④]重莫如国，栋莫如德。[⑤]夫苦成叔家欲任两国而无大德，[⑥]其不存也，亡无日矣。譬之如疾，余恐易焉。[⑦]苦成氏有三亡：少德而多宠，位下而欲上政，[⑧]无大功而欲大禄，皆怨府也。[⑨]其君骄而多私，[⑩]胜敌而归，必立新家。[⑪]立新家，不因民不能去旧。[⑫]因民，非多怨民无所始。[⑬]为怨三府，可谓多矣。[⑭]其身之不能定，焉能予人之邑！”鲍国曰：“我信不若子，若鲍氏有衅，吾不图矣。[⑮]今子图远以让邑，必常立矣。”

① 子叔声伯，鲁大夫，宣公弟叔肸之子公孙婴齐也。谢季文子者，鲁叔孙侨如欲去季氏，谮季文子于晋，晋人执之。郤犨之妻，声伯之外妹也，故鲁成公使声伯如晋谢，且请之。事在鲁成十六年。

② 郤犨，晋卿，苦成叔也，以妻故亲声伯，故欲为请邑以予也。

③ 鲍国，鲍叔牙之玄孙鲍文子也，去齐适鲁，为施孝叔臣也。

④ 厚，大也。任，胜也。

⑤ 言国至重，非德不任国栋。

⑥ 任，负荷也。两国，晋、鲁也。

⑦ 疾，疫厉也。

⑧ 位为下卿，而欲专国政也。

⑨ 怨之所聚也，故曰府。

⑩ 君谓厉公也。多私，多嬖臣也。

⑪ 胜敌，败楚也。大夫称家。立新家，谓立所幸胥僮之属为大夫也。

⑫ 不因人之所恶，不能去旧卿也。

⑬ 言郤氏多怨，民所始伐也。

⑭ 三，谓少德而多宠、位下而欲上政、无大功而欲大禄。

⑮ 衅，兆也。言鲍氏若有祸兆，吾不能预图之。

里革论君之过

晋人杀厉公，[①]边人以告，[②]成公在朝。[③]公曰：“臣杀其君，谁之过也?”大夫莫对，里革曰：“君之过也。夫君人者，其威大矣。[4]失威而至于杀，其过多矣。[5]且夫君也者，将牧民而正其邪者也，若君纵私回而弃民事，[6]民旁有慝无由省之，[7]益邪多矣。若以邪临民，陷而不振，[8]用善不肯专，则不能使，至于殄灭而莫之恤也，将安用之?[9]桀奔南巢，[10]纣踣于京，[11]厉流于彘，[12]幽灭于戏，[13]皆是术也。[14]夫君也者，民之川泽也。行而从之，美恶皆君之由，民何能为焉。”[15]

① 晋人，晋栾书、中行偃也。

② 边人，疆埸之司也。

③ 成公，鲁宣公之子成公黑肱也。

④ 君，天也，故其威大也。

⑤ 过不积，不至于弑也。

⑥ 回，邪也。

⑦ 慝，恶也。省，察也。

⑧ 陷，坠也。振，救也。

⑨ 安用，安用君也。

⑩ 南巢，扬州地，巢伯之国，今庐江居巢县是也。

⑪ 踣，毙也。京，殷京师也。

⑫ 厉，周厉王也。彘，晋地也。

⑬ 幽，幽王，为西戎所杀。戏，戏山，在西周也。

⑭ 术，道也。皆失威多过之道也。

⑮ 川泽者，以君谕川泽，民谕鱼也。从之者，鱼从川之美恶以为肥瘠也。

季文子论妾马

季文子相宣、成，无衣帛之妾，无食粟之马。仲孙它谏曰：[①]“子为鲁上卿，相二君矣，妾不衣帛，马不食粟，人其以子为爱，且不华国乎！”[②]文子曰：“吾亦愿之。[③]然吾观国人，其父兄之食粗而衣恶者犹多矣，吾是以不敢。人之父兄食粗衣恶，而我美妾与马，无乃非相人者乎！且吾闻以德荣为国华，[④]不闻以妾与马。”

文子以告孟献子，[⑤]献子囚之七日。[⑥]自是，子服之妾衣不过七升之布，[⑦]马饩不过稂莠。[⑧]文子闻之，曰：“过而能改者，民之上也。”使为上大夫。

① 仲孙它，鲁孟献子之子子服它也。

② 爱，吝也。华，荣华也。

③ 愿华侈也。

④ 以德荣显者可以为国光华也。

⑤ 献子，它之父仲孙蔑也。

⑥ 囚，拘也。

⑦ 子服，即它也。八十缕为升。

⑧ 饩，秣也。稂，童稂也。莠，草，似稷无实也。

卷五

鲁语下

叔孙穆子聘于晋

叔孙穆子聘于晋，[①]晋悼公飨之，[②]乐及《鹿鸣》之三，而后拜乐三。[③]晋侯使行人问焉，[④]曰："子以君命镇抚弊邑，[⑤]不腆先君之礼，以辱从者，[⑥]不腆之乐以节之。[⑦]吾子舍其大而加礼于其细，敢问何礼也？"[⑧]

对曰："寡君使豹来继先君之好，君以诸侯之故，贶使臣以大礼。[⑨]夫先乐金奏《肆夏樊》、《遏》、《渠》，天子所以飨元侯也；[⑩]夫歌《文王》、《大明》、《绵》，则两君相见之乐也。[⑪]皆昭令德以合好也，皆非使臣之所敢闻也。臣以为肄业及之，故不敢拜。[⑫]今伶箫咏歌及《鹿鸣》之三，[⑬]君之所以贶使臣，臣敢不拜贶。[⑭]夫《鹿鸣》，君之所以嘉先君之好也，敢不拜嘉。[⑮]《四牡》，君之所以章使臣之勤也，敢不拜章。[⑯]《皇皇者华》，君教使臣曰'每怀靡及'，[⑰]諏、谋、度、询，必咨于周。敢不拜教。[⑱]臣闻之曰：'怀和为每怀，[⑲]咨才为諏，[⑳]咨事为谋，[㉑]咨义为度，[㉒]咨亲为询，[㉓]忠信为周。'[㉔]君贶使臣以大礼，重之以六德，敢不重拜！"[㉕]

① 穆子，鲁卿，叔孙得臣之子豹也。

② 以飨礼见也。

③ 及，至也。悼公先为穆子作《肆夏》、《文王》各三篇而不拜，至《鹿鸣》之三篇，乃后拜乐三也。

④ 行人，官名，掌宾客之礼。《传》曰："韩献子使行人子员问焉。"

⑤ 镇，重也。抚，安也。

⑥ 腆，厚也。称从者，谦也。

⑦ 以乐节之也。

⑧ 大，谓《肆夏》、《文王》也。细，谓《鹿鸣》也。

⑨ 贶，赐也。

⑩ 金奏，以钟奏乐也。《肆夏》一名《樊》，《韶夏》一名《遏》，《纳夏》一名《渠》，此三《夏》曲也。礼有《九夏》。《周礼》："钟师掌以钟鼓奏《九夏》。"元侯，牧伯也。郑後司农云："《九夏》皆篇名，颂之类也，载在乐章，乐崩亦从而亡，是以颂不能具也。"

⑪《文王》、《大明》、《绵》，《大雅》之首，《文王》之三也。三篇皆美文王、武王有圣德，天所辅祚，其征应符验著见于天，乃天命非人力也。周公欲昭先王之德于天下，故两君相见，得以为乐也。

⑫ 肄，习也。以为乐人自习修其业而及之，故不敢拜。

⑬ 伶，伶人，乐官也。箫，乐器，编管为之。言乐人以箫作此三篇之声，与歌者相应也。《诗》云："箫管备举。"

⑭ 贶，赐也。

⑮ 嘉，善也。《鹿鸣》曰："我有嘉宾，德音孔昭。"是为嘉善先君之好也。

⑯《四牡》，君劳使臣之乐也。章，著也。言臣奉命劳勤于外，述叙其情以歌乐之，所以著其勤劳也。

⑰《皇皇者华》，君遣使臣之乐也。皇皇，犹煌煌也。怀私为每怀。靡，无也。言臣奉使当荣显于君，如华之色煌煌然。既受命，当思在公，每人人怀其私，于事将无所及也。

⑱ 此六者皆君之所以教臣也。访问于善为咨，忠信为周。言诹、谋、度、询，必当咨之于忠信之人也。

⑲ 郑後司农云:"'和'当为'私'。"

⑳ "才"当为"事"。《传》曰:"咨事为諏。"

㉑ "事"当为"难"。《传》曰:"咨难为谋。"

㉒ 咨礼义为度。度亦谋也。

㉓ 询亲戚之谋也。

㉔ 言当咨之于忠信之人。《诗》云:"周爰咨谋。"

㉕ 六德谓諏也、谋也、度也、询也、咨也、周也。

叔孙穆子谏季武子为三军

季武子为三军,[①]叔孙穆子曰:"不可。天子作师,公帅之,以征不德。[②]元侯作师,卿帅之,以承天子。[③]诸侯有卿无军,帅教卫以赞元侯。[④]自伯、子、男有大夫无卿,[⑤]帅赋以从诸侯。[⑥]是以上能征下,下无奸慝。[⑦]今我小侯也,[⑧]处大国之间,[⑨]缮贡赋以共从者,犹惧有讨。[⑩]若为元侯之所,[⑪]以怒大国,无乃不可乎?"弗从。遂作中军。[⑫]自是齐、楚代讨于鲁,[⑬]襄、昭皆如楚。[⑭]

① 为,作也。武子,鲁卿,季文子之子季孙夙也。《周礼》:"天子六军,诸侯大国三军。"鲁,伯禽之封,旧有三军,其后削弱,二军而已。武子欲专公室,故益中军以为三,三家各征其一。事在鲁襄十一年。

② 师,谓六军之众也。公,谓诸侯为王卿士者也。《周礼》:"军将皆命卿。"《诗》云:"周公东征。"周公时为二伯而东征,则亦上公为元帅也。

③ 元侯,大国之君。师,三军之众也。大国三卿皆命于天子。承天子,谓从王师征不义也。孔子曰:"天下有道,则礼乐征伐自天子出。"

④ 诸侯,谓次国之君。有卿,有命卿也。二卿命于天子,一卿命于其君。无军,无三军也。若元侯有事,则令卿帅其所教武卫之士,以佐元侯。

《礼》所谓“次国二军，小国一军”，谓以赋出军从征伐也。赞，佐也。

⑤ 无卿，无命卿也。《王制》曰“小国二卿，皆命于其君”也。

⑥ 赋，国中出兵车、甲士以从大国诸侯也。

⑦ 征，正也。慝，恶也。

⑧ 言小侯者，削弱之日久也。

⑨ 大国，齐、楚也。

⑩ 犹惧以不给见诛讨也。

⑪ 之所，谓作三军，元侯所为也。

⑫ 言中者，明已有上下军也。

⑬ 代，更也。

⑭ 襄，襄公也。昭，昭公也。如楚，朝事楚也。事在襄二十九年、昭七年。

诸侯伐秦鲁人以莒人先济

诸侯伐秦，及泾莫济。[①]晋叔向见叔孙穆子，曰：“诸侯谓秦不恭而讨之，及泾而止，于秦何益？”[②]穆子曰：“豹之业，及《匏有苦叶》矣，不知其他。”[③]叔向退，召舟虞与司马，[④]曰：“夫苦匏不材于人，共济而已。[⑤]鲁叔孙赋《匏有苦叶》，必将涉矣。[⑥]具舟除隧，不共有法。”[⑦]是行也，鲁人以莒人先济，诸侯从之。[⑧]

① 及，至也。泾，水名也。济，渡也。鲁襄十一年，晋悼公伐郑，秦人伐晋以救郑。十四年，晋使六卿帅诸侯之大夫伐秦，至泾水，无肯先渡者。

② 何益于伐秦之事也。

③ 业，事也。《匏有苦叶》，《诗·邶风》篇名也，其诗曰：“匏有苦叶，济有深涉。深则厉，浅则揭。”言其必济，不知其他也。

④ 舟虞，掌舟。司马，掌兵。

⑤ 材,读若裁也。不材于人,言不可食也。共济而已,佩匏可以渡水也。

⑥ 诗以言志也。

⑦ 隧,道也。共,具也。舟虞具舟,司马除道。法,刑也。

⑧ 诸侯,诸侯之大夫也。以,用也。能东西之曰以。

襄公如楚

襄公如楚,及汉,闻康王卒,欲还。[①]叔仲昭伯曰:“君之来也,非为一人也,[②]为其名与其众也。[③]今王死,其名未改,其众未败,何为还?”诸大夫皆欲还。子服惠伯曰:“不知所为,姑从君乎!”[④]叔仲曰:“子之来也,非欲安身也,为国家之利也,故不惮勤远而听于楚;[⑤]非义楚也,畏其名与众也。[⑥]夫义人者,固庆其喜而吊其忧,况畏而服焉?[⑦]闻畏而往,闻丧而还,苟芈姓实嗣,其谁代之任丧?[⑧]王太子又长矣,执政未改,[⑨]予为先君来,死而去之,其谁曰不如先君?[⑩]将为丧举,闻丧而还,其谁曰非侮也?[⑪]事其君而任其政,其谁由己贰?[⑫]求说其侮,而亟于前之人,其仇不滋大乎?[⑬]说侮不懦,执政不贰,帅大仇以惮小国,其谁云待之?[⑭]若从君而走患,则不如违君以避难。[⑮]且夫君子计成而后行,二三子计乎?有御楚之术而有守国之备,则可也。[⑯]若未有,不如往也。”乃遂行。

反,及方城,闻季武子袭卞,[⑰]公欲还,出楚师以伐鲁。[⑱]荣成伯曰:“不可。[⑲]君之于臣,其威大矣。不能令于国,而恃诸侯,诸侯其谁昵之?[⑳]若得楚师以伐鲁,鲁既不违夙之取卞也,必用命焉,守必固矣。[㉑]若楚之克鲁,[㉒]诸姬不获窥焉,而况君乎？彼无亦置其同类以服东夷，而大攘诸夏，将天下是王，而何德于君，其予君也？㉓若不克鲁，君以蛮夷伐之，而又求入焉，必不获矣。不如予之。㉔夙之事君也，不敢不悛。㉕醉而怒，醒而喜，庸何伤？㉖君其入也！”乃归。

① 襄公，鲁成公之子襄公午也。如楚者，以宋之盟朝于楚也。汉，水名。康王，楚恭王之子康王昭也。

② 叔仲昭伯，鲁大夫，叔仲惠伯之孙叔仲带也。一人，谓康王也。

③ 名，谓为大国有盟主之名也。众，略地多、兵甲众也。

④ 惠伯，鲁大夫，仲孙他之子子服椒也。姑，且也。

⑤ 惮，难也。

⑥ 义楚，非以楚有义而往也。

⑦ 庆，犹贺也。喜，犹福也。

⑧ 芈，楚姓也。嗣，嗣世也。任，当也。谁当代之当丧为主者乎？言必自当之，故不可不往吊也。

⑨ 执政，令尹、司马也。改，易也。

⑩ 言我为楚先君故来，闻死而去之，后嗣臣子谁肯自谓我德不如先君者也。

⑪ 举，动也。如在国闻楚有丧，将为之举动而往，况已至汉，闻丧而还，其谁言鲁不轻侮也。

⑫ 任，当也。由，从也。言楚臣方事其君，当其政，其谁肯从己时而使诸侯有携贰者也。

⑬ 说，犹除也。亟，疾也。滋，益也。言楚君臣求除其轻侮已者，将急疾于前之人，此仇不益大乎。

⑭ 懦，弱也。惮，难也。言楚人欲除其侮慢之耻，不懦弱，其执政之臣无二心。以楚大仇，为鲁作难，其谁能待之？待，犹御也。

⑮ 走，之也。

⑯ 可，可还也。

⑰ 方城，楚北山也。卞，鲁邑也，季武子袭之以自予也。

⑱ 伐季氏也。言鲁者，季氏专鲁国也。

⑲ 成伯，鲁大夫，声伯之子也，名栾。

⑳ 昵，亲也。

㉑ 夙，武子名也。言夙取卞时，鲁人不违而从之，是为听用其命，必同心而守，故言固矣。

㉒ 克，胜也。

㉓ 无亦，亦也。同类，同姓也。攘，却也。言楚亦将自置其同姓于鲁以取天下，不与君也。

㉔ 予之，以卞予武子也。

㉕ 悛，改也。

㉖ 庸，用也。言公欲伐鲁，若人醉而怒。今止者，醒而喜，用何伤乎。

季冶致禄

襄公在楚，季武子取卞，使季冶逆，[①]追而予之玺书，[②]以告曰："卞人将畔，臣讨之，既得之矣。"[③]公未言，荣成子曰：[④]"子股肱鲁国，社稷之事，子实制之。唯子所利，何必卞？[⑤]卞有罪而子征之，子之隶也，又何谒焉？"[⑥]子冶归，致禄而不出，[⑦]曰："使予欺君，谓予能也。[⑧]能而欺其君，敢享其禄而立其朝乎？"[⑨]

① 季冶，鲁大夫，季氏之族子冶也。逆，迎也。

② 玺，印也。古者，大夫之印亦称玺。玺书，印封书也。

③ 此玺书之辞也。

④ 恐公怒，故先言也。

⑤ 利，犹便也。

⑥ 隶，役也。谒，告也。

⑦ 致，归也。归禄，还采邑也。《传》曰“公冶致其邑”也。

⑧ 欺，谓玺书言下人将畔也。能，贤能也。

⑨ 享，食也。

叔孙穆子知楚公子围有篡国之心

虢之会，[①]楚公子围二人执戈先焉。[②]蔡公孙归生与郑罕虎见叔孙穆子，[③]穆子曰：“楚公子甚美，不大夫矣，[④]抑君也。”[⑤]郑子皮曰：“有执戈之前，吾惑之。”[⑥]蔡子家曰：“楚，大国也。公子围，其令尹也。有执戈之前，不亦可乎？”穆子曰：“不然。天子有虎贲，习武训也；[⑦]诸侯有旅贲，御灾害也；[⑧]大夫有贰车，备承事也；[⑨]士有陪乘，告奔走也。[⑩]今大夫而设诸侯之服，有其心矣。[⑪]若无其心，而敢设服以见诸侯之大夫乎？将不入矣。[⑫]夫服，心之文也。[⑬]如龟焉，灼其中，必文于外。若楚公子不为君，必死，不合诸侯矣。”[⑭]公子围反，杀郏敖而代之。[⑮]

① 诸侯之大夫寻宋之盟也，在鲁昭元年。

② 楚公子围，恭王之庶子灵王熊虔也，时为令尹。先，谓使二人执戈在前导也。

③ 归生，蔡大师子朝之子子家也。罕虎，郑大夫，子罕之孙、子展之子子皮也。穆子，鲁卿叔孙豹也。

④ 美，谓服饰盛也。

⑤ 似君也。

⑥ 惑，疑怪也。

⑦ 训，教也。虎贲，掌先后王而趋以卒伍，舍则守王闲，王在国则守宫

门,所以习武教也。

⑧ 御,禁也。旅贲,掌执戈盾夹车而趋,车止则持轮,所以备非常、禁灾害也。

⑨ 贰,副也。承,奉也。事,使也。

⑩ 陪,犹重也。奔走,使令也。

⑪ 有篡国心也。

⑫ 若不见讨,必为篡,不复入为大夫也。

⑬ 言心所好,身必服之。

⑭ 不复为大夫以会诸侯也。

⑮ 郏敖,楚康王之子麇。麇有疾,围缢而杀之,葬之于郏,诸侯谓之郏敖。

叔孙穆子不以货私免

虢之会,诸侯之大夫寻盟未退。[①]季武子伐莒,取郓。[②]莒人告于会,楚人将以叔孙穆子为戮。[③]晋乐王鲋求货于穆子,[④]曰:“吾为子请于楚。”穆子不予。梁其胫谓穆子曰:“有货以卫身也,出货而可以免,子何爱焉?”[⑤]穆子曰:“非女所知也。承君命以会大事,[⑥]而国有罪,我以货私免,是我会吾私也。苟如是,则又可以出货而成私欲乎?[⑦]虽可以免,吾其若诸侯之事何?夫必将或循之,曰:‘诸侯之卿有然者故也。’[⑧]则我求安身而为诸侯法矣。[⑨]君子是以患作。[⑩]作而不衷,将或道之,[⑪]是昭其不衷也。余非爱货,恶不衷也。[⑫]且罪非我之由,[⑬]为戮何害?”[⑭]楚人乃赦之。

穆子归,武子劳之,日中不出。[⑮]其人曰:“可以出矣。”[⑯]穆子曰:“吾不难为戮,养吾栋也。[⑰]夫栋折而榱崩,吾惧压焉。[⑱]故曰虽死于外,而庇宗于内,可也。[⑲]今既免大耻,而不忍小忿，可以为能乎?”乃出见之。

① 寻宋之盟也。

② 郓，莒邑也。

③ 楚人，令尹围也。以鲁背盟取郓，故欲戮之。

④ 乐王鲋，晋大夫乐桓子也。

⑤ 梁其胫，穆子家臣也。卫，营也。

⑥ 大事，盟也。

⑦ 苟，诚也。诚复有如此事者，即当复以财货求免而成私欲。私欲成，则公义废也。

⑧ 必将有循效我者，言诸侯之卿尝有以货私免者也。

⑨ 货免之法也。

⑩ 患作，患所作不得衷，以乱事也。

⑪ 衷，中也。

⑫ 欲杀身以成义，不欲求生以害道也。

⑬ 由武子也。

⑭ 何害于义也。

⑮ 日中，旦至日中也。穆子怨其背盟伐莒，故不出见之也。

⑯ 其人，穆子家臣曾阜也。

⑰ 武子，政卿也，是为国栋。言己为戮，鲁诛尽矣，故曰“养吾栋”也。

⑱ 压，笮也。言季氏亡，则叔孙氏亦必亡也。

⑲ 庇，覆也。

子服惠伯从季平子如晋

平丘之会，晋昭公使叔向辞昭公，弗与盟。[①]子服惠伯曰：“晋信蛮夷而弃兄弟，[②]其执政贰也。[③]贰心必失诸侯，岂唯鲁然?[④]夫失其政者，必毒于人，鲁惧及焉，[⑤]不可以不恭。

必使上卿从之。”[⑥] 季平子曰：“然则意如乎！[⑦] 若我往，晋必患我，谁为之贰？”[⑧] 子服惠伯曰：“椒既言之矣，敢逃难乎？椒请从。”[⑨]

晋人执平子。子服惠伯见韩宣子，[⑩] 曰：“夫盟，信之要也。[⑪] 晋为盟主，是主信也。若盟而弃鲁侯，信抑阙矣。[⑫] 昔栾氏之乱，齐人间晋之祸，伐取朝歌。[⑬] 我先君襄公不敢宁处，使叔孙豹发帅敝赋，[⑭] 踦跂毕行，无有处人，[⑮] 以从军吏，次于雍渝，[⑯] 与邯郸胜击齐之左，[⑰] 掎止晏莱焉，[⑱] 齐师退而后敢还。非以求远也，[⑲] 以鲁之密迩于齐，而又小国也；[⑳] 齐朝驾则夕极于鲁国，[㉑] 不敢惮其患，而与晋共其忧，亦曰：‘庶几有益于鲁国乎！’[㉒] 今信蛮夷而弃之，夫诸侯之勉于君者，将安劝矣？若弃鲁而苟固诸侯，群臣敢惮戮乎？诸侯之事晋者，鲁为勉矣。若以蛮夷之故弃之，其无乃得蛮夷而失诸侯之信乎？子计其利者，小国共命。”[㉓] 宣子说，乃归平子。

① 晋昭公，晋平公之子昭公夷也。鲁昭十年，季平子伐莒，取郠，莒人诉之于晋。昭十三年，晋将讨鲁，会于平丘，使叔向辞鲁昭公，不与之盟也。

② 蛮夷，莒人。兄弟，鲁也。

③ 执政之臣有二心于莒而助之也。

④ 言不独失鲁也。

⑤ 必加毒于人也。

⑥ 从至晋谢也。

⑦ 平子，季武子之孙、悼子之子意如也，时为上卿。

⑧ 患谓见执。若，如也。贰，副也。

⑨ 椒，惠伯名也。

⑩ 宣子，晋政卿，韩献子之子起也。

⑪ 要，犹结也。

⑫ 阙，缺也。

⑬ 间，候也。栾氏，晋大夫栾盈也，获罪奔楚，自楚奔齐。鲁襄二十三年，齐庄公纳盈，不克。秋，伐晋，取朝歌。朝歌，晋邑也。

⑭ 赋，兵也。

⑮ 踦跂，跰蹇也。

⑯ 次，舍也。雍渝，晋地也。

⑰ 邯郓胜，晋大夫，赵旃之子须子胜也，食采邯郸。左，左军也。

⑱ 从后曰掎。止，获也。晏莱，齐大夫也。

⑲ 非以求远功也。

⑳ 密，比也。迩，近也。

㉑ 极，至也。

㉒ 益，谓得晋之力助也。

㉓ 共，敬从也。

季桓子穿井获羊

季桓子穿井，获如土缶，其中有羊焉。①使问之仲尼曰："吾穿井而获狗，何也？"②对曰："以丘之所闻，羊也。丘闻之：木石之怪曰夔、蝄蜽，③水之怪曰龙、罔象，土之怪曰羵羊。"④

① 桓子，鲁政卿，季平子之子斯也。或云：得土如瓦缶，中有土羊也。昭谓：羊，生羊也，故谓之怪也。

② 获羊而言狗者，以孔子博物，测之也。

③ 木石谓山也。或云："夔，一足，越人谓之山缫，音'骚'，或作'猱'，富阳有之，人面猴身，能言。或云'独足'。"蝄蜽，山精，效人声而迷惑人也。

④ 龙，神兽也。非常见，故曰怪。或曰："罔象食人，一名沐肿。"唐云：

“羦羊，雌雄不成者也。”

公父文伯之母对季康子问

季康子问于公父文伯之母曰：[①]“主亦有以语肥也。”[②]对曰：“吾能老而已，何以语子。”康子曰：“虽然，肥愿有闻于主。”[③]对曰：“吾闻之先姑曰：[④]‘君子能劳，后世有继。’”[⑤]子夏闻之，曰：“善哉！商闻之曰：‘古之嫁者，不及舅姑，谓之不幸。’夫妇，学于舅姑者礼也。”

① 康子，鲁政卿，季悼子曾孙、桓子之子季孙肥也。文伯，鲁大夫，季悼子之孙、公父穆伯之子公父歜也。母，穆伯之妻敬姜也。

② 大夫称主，妻亦如之。语，教戒之也。

③ 觊得一言可行者也。

④ 夫之母曰姑，殁曰先姑。

⑤ 能劳，能自卑劳，贵而不骄也。有继，子孙不废也。

公父文伯饮南宫敬叔酒

公父文伯饮南宫敬叔酒，[①]以露睹父为客。[②]羞鳖焉，小。[③]睹父怒，[④]相延食鳖，[⑤]辞曰：“将使鳖长而后食之。”遂出。[⑥]文伯之母闻之，怒曰：“吾闻之先子曰：[⑦]‘祭养尸，飨养上宾。’[⑧]鳖于何有？[⑨]而使夫人怒也！”遂逐之。五日，鲁大夫辞而复之。[⑩]

① 敬叔，鲁大夫，孟僖子之子、懿子之弟南宫说也。

② 睹父，鲁大夫也。客，上客也。《礼》：“饮，尊一人以为客也。”

③ 羞，进也。

④ 怒鳖小也。

⑤ 延，进也。众宾相进以食鳖也。

⑥ 此睹父辞也。

⑦ 先子，先舅季悼子也。

⑧ 言祭祀之礼，尊养尸；飨宴之礼，养上宾也。

⑨ 于何有，犹何礼有鳖也。

⑩ 辞，请也。

公父文伯之母论内朝与外朝

公父文伯之母如季氏，[①]康子在其朝，[②]与之言，弗应，从之及寝门，弗应而入。[③]康子辞于朝而入见，[④]曰："肥也不得闻命，无乃罪乎？"[⑤]曰："子弗闻乎？天子及诸侯合民事于外朝，[⑥]合神事于内朝；[⑦]自卿以下，合官职于外朝，[⑧]合家事于内朝。[⑨]寝门之内，妇人治其业焉，上下同之。[⑩]夫外朝，子将业君之官职焉；内朝，子将庀季氏之政焉，[⑪]皆非吾所敢言也。"

① 如，之也。

② 自其外朝也。

③ 入康子之家也。

④ 辞其家臣，入见敬姜。

⑤ 得无有罪也。

⑥ 言与百官考合民事于外朝也。

⑦ 神事，祭祀也。内朝，在路门内也。

⑧ 外朝，君之公朝也。

⑨ 家，大夫。内朝，家朝也。

⑩ 寝门，正室之门也。上下，天子已下也。

⑪ 庀，治也。

公父文伯之母论劳逸

公父文伯退朝，朝其母，其母方绩。文伯曰："以歜之家而主犹绩，[①]惧忓季孙之怒也，[②]其以歜为不能事主乎！"

其母叹曰："鲁其亡乎！使僮子备官而未之闻耶？[③]居，吾语女。[④]昔圣王之处民也，择瘠土而处之，[⑤]劳其民而用之，故长王天下。[⑥]夫民劳则思，思则善心生。[⑦]逸则淫，淫则忘善，忘善则恶心生。沃土之民不材，逸也；[⑧]瘠土之民莫不向义，劳也。[⑨]是故天子大采朝日，与三公九卿祖识地德。[⑩]日中考政，与百官之政事，师尹维旅、牧、相宣序民事。[⑪]少采夕月，与大史、司载纠虔天刑。[⑫]日入监九御，使洁奉禘、郊之粢盛，[⑬]而后即安。[⑭]诸侯朝修天子之业命，[⑮]昼考其国职，夕省其典刑，[⑯]夜儆百工，使无慆淫，而后即安。[⑰]卿大夫朝考其职，[⑱]昼讲其庶政，夕序其业，[⑲]夜庀其家事，而后即安。[⑳]士朝受业，[㉑]昼而讲贯，[㉒]夕而习复，[㉓]夜而计过无憾，而后即安。[㉔]自庶人以下，明而动，晦而休，无日以怠。[㉕]王后亲织玄紞，[㉖]公侯之夫人加之以纮綖，[㉗]卿之内子为大带，[㉘]命妇成祭服，[㉙]列士之妻加之以朝服，[㉚]自庶士以下，皆衣其夫。[㉛]社而赋事，蒸而献功，[㉜]男女效绩，愆则有辟，古之制也。[㉝]君子劳心，小人劳力，先王之训也。自上以下，谁敢淫心舍力？今我，寡也，尔又在下位，[㉞]朝夕处事，犹恐忘先人之业。[㉟]况有怠惰，其何以避辟！[㊱]吾冀而朝夕修我曰：'必无废先人。'[㊲]尔今曰：'胡不自安。'[㊳]以是承君之官，余惧穆伯之绝嗣也。”[39]

仲尼闻之曰：“弟子志之，[40]季氏之妇不淫矣。”

① 言家有宠，不当绩也。

② 季孙，康子也。位尊，又为大宗也。

③ 僮，僮蒙不达也。言已居官而未闻道也。

④ 居，坐也。

⑤ 硗确为瘠。

⑥ 瘠土利薄，又劳而用之，使不淫逸。不淫逸则向义，故长王天下也。

⑦ 民劳于事则思俭约，故善心生也。

⑧ 沃，肥美也。不材，器能少也。

⑨ 善心生，故向义也。

⑩《礼》：“天子以春分朝日，示有尊也。”虞说曰：“大采，衮织也。祖，习也。识，知也。地德所以广生。”昭谓：《礼·玉藻》：天子玄冕以朝日。冕服之下则大采，非衮织也。《周礼》：“王者搢大圭，执镇圭，藻五采五就以朝日。”则大采谓此也。言天子与公卿因朝日以修阳政而习地德，因夕月以理阴教而纠天刑。日照昼，月照夜，各因其照以修其事。

⑪ 宣，遍也。序，次也。三君云：“师尹，大夫官也，掌以美制王。维，陈也。旅，众士也。牧，州牧也。相，国相也。皆百官政事之所及也。”一曰：“师尹，公也。《诗》云：‘赫赫师尹。’”

⑫ 夕月以秋分 纠，恭也。虔，敬也。刑，法也。或云：“少采，黼衣也。”昭谓：朝日以五采，则夕月其三采也。载，天文也。司天文谓冯相氏、保章氏，与大史相俪偶也。因夕月而恭敬观天法、考行度以知妖祥也。

⑬ 监，视也。九御，九嫔之官，主粢盛、祭服者也。

⑭ 即，就也。

⑮ 业，事也。命，令也。

⑯ 典，常也。刑，法也。

⑰ 儆，戒也。工，官也。慆，慢也。

⑱ 在公之官职也。

⑲ 序，次也。

⑳ 庀，治也。

㉑ 受事于朝也。

㉒ 贯，习也。

㉓ 复，覆也。

㉔ 憾，恨也。凡此皆先公后私之义也。

㉕ 晦，冥也。

㉖ 说云："紞，冠之垂前后者。"昭谓：紞，所以悬瑱当耳者也。

㉗ 既织紞，复加之纮綖也。冕曰纮。纮，缨之无緌者也，从下而上，不结。綖，冕上覆之者也。

㉘ 卿之適妻曰内子。大带，缁带也。

㉙ 命妇，大夫之妻也。祭服，玄衣纁裳也。

㉚ 列士，元士也。既成祭服，又加之以朝服也。朝服，天子之士皮弁素积，诸侯之士玄端委貌。

㉛ 庶士，下士也。下，至庶人也。

㉜ 社，春分祭社也，事农桑之属也。冬祭曰蒸，蒸而献五谷、布帛之属也。

㉝ 绩，功也。辟，罪也。

㉞ 下位，大夫也。

㉟ 处事，处身于作事也。

㊱ 上言"慆则有辟"，故言"何以避辟"也。

㊲ 冀，望也。而，女也。修，儆也。

㊳ 欲使我不绩而自安也。

㊴ 承，奉也。以是怠堕之心奉君官职，无以避辟，将见诛绝也。

㊵ 志，识也。

公父文伯之母别于男女之礼

公父文伯之母，季康子之从祖叔母也。[1]康子往焉，阌门与之言，[②]皆不逾阈。[③]祭悼子，康子与焉，[④]酢不受，彻俎不宴，[⑤]宗不具不绎，[⑥]绎不尽饫则退。[⑦]仲尼闻之，以为别于男女之礼矣。

① 祖父昆弟之妻也。

② 闳，辟也。门，寝门也。

③ 皆，二人也。阈，限也。敬姜不逾阈而出，康子不逾阈而入。《传》曰："妇人送迎不出门，见兄弟不逾阈。"

④ 悼子，穆伯之父、敬姜先舅也。与，与祭也。

⑤《礼》："祭，主人献宾，宾酢主人。"不受，敬姜不亲受也。祭毕彻俎，不与康子宴饮也。

⑥ 绎，又祭也。唐尚书云："祭之明日也。"昭谓：天子、诸侯曰绎，以祭之明日；卿大夫曰宾尸，与祭同日。此言绎者，通言也。贾侍中云："宗，宗臣，主祭祀之礼也。不具，谓宗臣不具在，则敬姜不与绎也。"

⑦ 说曰："饫，宴安私饮也。"昭谓：立曰饫，坐曰宴。言宗具则与绎，绎毕而饮，不尽饫礼而退，恐有醉饱之失，皆所以远嫌也。

公父文伯之母欲室文伯

公父文伯之母欲室文伯，[①]飨其宗老，[②]而为赋《绿衣》之三章。[③]老请守龟卜室之族。[④]师亥闻之曰：[⑤]"善哉！男女之飨，不及宗臣；[⑥]宗室之谋，不过宗人。[⑦]谋而不犯，微而昭矣。[⑧]诗所以合意，歌所以咏诗也。今诗以合室，歌以咏之，度于法矣。"[⑨]

① 室，妻也。

② 家臣称老。宗，宗人，主礼乐者也。《楚语》曰："屈到嗜芰，有疾，属

其宗老曰：'祭我必以芰也。'"

③《绿衣》，《诗·邶风》也。其三章曰："我思古人，实获我心。"以言古之贤人，正室家之道，我心所善也。

④ 守龟，卜人。族，姓也。

⑤ 师亥，鲁乐师之贤者也。

⑥ 贾侍中云："男女之飨，谓宴相飨食之礼不及宗臣也。"昭谓：上章所云"彻俎不宴"是也。

⑦ 虞、唐云："不过宗人，不与他姓议亲亲也。"昭谓：此宗人则上"宗臣"也。亦用同姓，若汉宗正用诸刘矣。凡时男女之飨，不及宗臣，至于谋宗室之事，则不过宗臣。故敬姜欲室文伯而飨其宗老，赋诗以成之也。

⑧ 不犯，不犯礼也。微而昭，诗以合意也。

⑨ 合，成也。

公父文伯卒其母戒其妾

公父文伯卒，其母戒其妾曰："吾闻之：好内，女死之；好外，士死之。今吾子夭死，吾恶其以好内闻也。二三妇之辱共先者祀，①请无瘠色，②无洵涕，③无掐膺，④无忧容，有降服，无加服。⑤从礼而静，是昭吾子也。"仲尼闻之曰："女知莫若妇，男知莫若夫。⑥公父氏之妇智也夫！⑦欲明其子之令德。"

① 辱，自屈辱，共奉先人之祀者也。

② 毁瘠之色也。

③ 无声涕出为洵涕也。

④ 掐，叩也。膺，胸也。

⑤ 轻于礼为降，重于礼为加。

⑥ 言处女之智不如妇，童男之智不如夫也。

⑦ 公父，季氏之别也。智也夫者，凡妇人之情，爱其子，欲令妻妾思慕而已，今敬姜乃反割抑，欲以明德，此丈夫之智，故曰“智也夫”。

孔丘谓公父文伯之母知礼

公父文伯之母朝哭穆伯，而暮哭文伯。[①] 仲尼闻之曰：“季氏之妇可谓知礼矣。爱而无私，上下有章。”[②]

① 哭，谓既练之后，哀至之哭也。此父子之丧，哭不相及，练终言之耳。礼：寡妇不夜哭，远情欲也。

② 上下有章，夫朝子暮也。

孔丘论大骨

吴伐越，堕会稽，[①] 获骨焉，节专车。[②] 吴子使来好聘，[③] 且问之仲尼曰：“无以吾命。”宾发币于大夫，及仲尼，仲尼爵之。[④] 既彻俎而宴，[⑤] 客执骨而问曰：[⑥]“敢问骨何为大？”[⑦] 仲尼曰：“丘闻之：昔禹致群神于会稽之山，[⑧] 防风氏后至，禹杀而戮之，[⑨] 其骨节专车。此为大矣。”客曰：“敢问谁守为神？”仲尼曰：“山川之灵，足以纪纲天下者，其守为神；[⑩] 社稷之守者，为公侯。[⑪] 皆属于王者。”客曰：“防风何守也？”仲尼曰：“汪芒氏之君也，[⑫] 守封、嵎之山者也，[⑬] 为漆姓。[⑭] 在虞、夏、商为汪芒氏，于周为长狄，[⑮] 今为大人。”[⑯] 客曰：“人长之极几何？”仲尼曰：“僬侥氏长三尺，短之至也。[⑰] 长者不过十之，数之极也。”[⑱]

① 会稽，山名。堕，坏也。吴王夫差败越于夫椒，越王勾践栖于会稽，

吴围而坏之。在鲁哀元年。

② 骨一节,其长专车。专,擅也。

③ 吴子,夫差。好聘,修旧好也。

④ 发所赍币于鲁大夫,次及仲尼也。爵之,饮之酒也。

⑤ 献酢礼毕,彻俎而宴饮也。

⑥ 因折俎之骨,执以问也。

⑦ 凡骨何者为大?

⑧ 群神,谓主山川之君,为群神之主,故谓之神也。

⑨ 防风,汪芒氏之君名也。违命后至,故禹杀之,陈尸为戮也。

⑩ 山川之守主,为山川设者也。足以纪纲天下,谓名山大川能兴云致雨以利天下也。

⑪ 封国,立社稷而令守之,是谓公侯也。

⑫ 汪芒,长狄之国名也。

⑬ 封,封山。嵎,嵎山。今在吴郡永安县也。

⑭ 漆,汪芒氏之姓也。

⑮ 周世其国北迁,为长狄也。

⑯ 今,孔子时也。

⑰ 僬侥,西南蛮之别也。

⑱ 十之,三丈,则防风氏也。

孔丘论楛矢

仲尼在陈,有隼集于陈侯之庭而死,楛矢贯之,石砮其长尺有咫。[①]陈惠公使人以隼如仲尼之馆问之。[②]仲尼曰:"隼之来也远矣!此肃慎氏之矢也。[③]昔武王克商,通道于九夷、百蛮,[④]使各以其方贿来贡,[⑤]使无忘职业。于是肃慎氏贡楛矢、石砮,其长尺有咫。先王欲昭其令德之致远也,以示后人,使永监焉,[⑥]故铭其栝曰'肃慎氏之贡矢',[⑦]以分大姬，配虞胡公而封诸陈。[⑧]古者，分同姓以珍玉，展亲也；[⑨]分异姓以远方之职贡，使无忘服也。故分陈以肃慎氏之贡。[⑩]君若使有司求诸故府，其可得也。”[⑪]使求，得之金椟，如之。[⑫]

① 隼，鸷鸟也。楛，木名。砮，镞也，以石为之。八寸曰咫。楛矢贯之，坠而死也。

② 惠公，陈哀公之孙、悼太子之子吴也。馆，仲尼所舍也。

③ 肃慎，北夷之国，故隼来远矣。《传》曰：“肃慎、燕、亳，吾北土也。”

④ 九夷，东夷九国也。百蛮，蛮有百邑也。

⑤ 方贿，各以所居之方所出货贿为贡也。

⑥ 监，视也。

⑦ 刻曰铭。栝，箭、羽之间也。

⑧ 分，予也。大姬，武王元女。胡公，舜后，虞遏父之子胡公满也。诸，之也。

⑨ 展，重也。玉，谓若夏后氏之璜也。

⑩ 陈，妫姓也。

⑪ 故府，旧府也。

⑫ 椟，匮也。金，以金带其外也。如之，如孔子之言也。

闵马父笑子服景伯

齐闾丘来盟，[①]子服景伯戒宰人曰：“陷而入于恭。”[②]闵马父笑，景伯问之，[③]对曰：“笑吾子之大也。[④]昔正考父校商之名颂十二篇于周太师，以《那》为首，[⑤]其辑之乱，[⑥]曰：‘自古在昔，先民有作。温恭朝夕，执事有恪。’[⑦]先圣王之传恭，犹不敢专，称曰‘自古’，古曰‘在昔’，昔曰‘先民’。[⑧]今吾子之戒吏人曰‘陷而入于恭’，其满之甚也。[⑨]周恭王能庇昭、穆之阙而为‘恭’，[⑩]楚恭王能知其过而为‘恭’。[⑪]今吾子之教官僚[⑫]曰‘陷而后恭’，道将何为？”[⑬]

① 闾丘，齐大夫闾丘明也。初，齐悼公在鲁，取季康子之妹，及即位而逆之，季鲂侯通焉。女言其情，不敢予也。齐侯怒，伐鲁，鲁与齐平，齐使闾丘明来盟。在鲁哀八年也。

② 景伯，鲁大夫，子服惠伯之孙、昭伯之子子服何也。宰人，吏人也。陷，犹过失也。如有过失，宁近于恭也。

③ 马父，鲁大夫也。

④ 谓骄满也。

⑤ 正考父，宋大夫，孔子之先也。名颂，颂之美者也。太师，乐官之长，掌教诗、乐。《毛诗序》云：“微子至于戴公，其间礼乐废坏，有正考父者，得《商颂》十二篇于周之太师，以《那》为首。”郑司农云：“自考父至孔子，又亡其七篇，故余五耳。”

⑥ 辑，成也。凡作篇章，篇义既成，撮其大要为乱辞。诗者，歌也，所以节儛者也，如今三节儛矣。曲终乃更变章乱节，故谓之乱也。

⑦ 恪，敬也。先王称之曰自古，古曰在昔，昔曰先民。有作，言先圣人行此恭敬之道久矣，不敢言创之于己，乃云受之于先古也。

⑧ 此其不敢专也。

⑨ 骄为满，恭为谦。

⑩ 庇，覆也。恭王，周昭王之孙、穆王之子。昭王南征而不反，穆王欲肆其心，皆有阙失。言恭王能庇覆之，故为“恭”也。

⑪ 恭王，楚庄王之子。知其过者，有疾，召大夫曰：“不穀不德，覆楚国之师。若殁，请为灵若厉。”子囊曰：“君实恭，可不谓‘恭’乎？”大夫从之。

⑫ 唐云：“同官曰僚。”昭谓：此景伯之属，下僚耳，非同官之僚也。同僚，谓位同者也。《诗》云：“我虽异事，及尔同僚。”

⑬ 失道尚为恭，如其得道，将何为事也。

孔丘非难季康子以田赋

季康子欲以田赋，[①]使冉有访诸仲尼。[②]仲尼不对，[③]私于冉有曰："求来！女不闻乎？先王制土，籍田以力，而砥其远迩；[④]赋里以入，而量其有无；[⑤]任力以夫，而议其老幼。[⑥]于是乎有鳏、寡、孤、疾，[⑦]有军旅之出则征之，无则已。[⑧]其岁，收田一井，出稯禾、秉刍、缶米，不是过也。[⑨]先王以为足。[⑩]若子季孙欲其法也，则有周公之籍矣；[⑪]若欲犯法，则苟而赋，又何访焉！"[⑫]

① 田赋，以田出赋也。贾侍中云："田，一井也。周制：十六井赋戎马一匹、牛三头。一井之田，而欲出十六井之赋也。"昭谓：此数甚多，似非也。下虽云"收田一井"，凡数从夫井起，故云井耳。

② 冉有，孔子弟子冉求也，为季氏宰。康子欲加赋，使访之。

③ 以其非制也。

④ 制土，制其肥硗以为差也。籍田，谓税也。以力，谓三十者受田百亩，二十者五十亩，六十还田也。砥，平也，平远迩所差也。《周礼》："近郊十一，远郊二十而三，甸、稍、县、都皆无过十二也。"

⑤ 里，壥也，谓商贾所居之区域也。以入，计其利入多少，而量其财业有无以为差也。《周礼》"国宅无征，园壥二十而一，漆林之征二十而五"也。

⑥ 力，谓徭役。以夫，以夫家为数。议其老幼，老幼则有复除也。

⑦ 又议其鳏、寡、孤、疾而不役也。疾，废疾也。

⑧ 云征鳏、寡、孤、疾之赋也。已，止也。无军旅之出，则止不赋也。

⑨ 其岁，有军旅之岁也。缶，庾也。《聘礼》曰："十六斗曰庾，十庾曰

秉。秉,二百四十斗也。四秉曰筥,十筥曰稯。稯,六百四十斛也。”

⑩ 足供用也。

⑪ 籍田之法,周公所制也。

⑫ 苟,苟且也。时康子不听,鲁哀十二年春,卒用田赋。

卷六

齐 语

管仲对桓公以霸术

桓公自莒反于齐,[①]使鲍叔为宰,[②]辞曰:“臣,君之庸臣也。[③]君加惠于臣,使不冻馁,则是君之赐也。若必治国家者,则非臣之所能也。若必治国家者,则其管夷吾乎。[④]臣之所不若夷吾者五:宽惠柔民,弗若也;[⑤]治国家不失其柄,弗若也;[⑥]忠信可结于百姓,弗若也;制礼义可法于四方,弗若也;执枹鼓立于军门,使百姓皆加勇焉,弗若也。”[⑦]桓公曰:“夫管夷吾射寡人中钩,是以滨于死。”[⑧]鲍叔对曰:“夫为其君动也。[⑨]君若宥而反之,夫犹是也。”[⑩]桓公曰:“若何?”[⑪]鲍子对曰:“请诸鲁。”[⑫]桓公曰:“施伯,鲁君之谋臣也,[⑬]夫知吾将用之,必不予我矣。若之何?”鲍子对曰:“使人请诸鲁,曰:‘寡君有不令之臣在君之国,欲以戮之于群臣,故请之。’则予我矣。”桓公使请诸鲁,如鲍叔之言。

庄公以问施伯,施伯对曰:“此非欲戮之也,欲用其政也。夫管子,天下之才也,[⑭]所在之国,则必得志于天下。令彼在齐,则必长为鲁国忧矣。”庄公曰:“若何?”施伯对曰:“杀而以其尸授之。”[⑮]庄公将杀管仲,齐使者请曰:“寡君欲亲以为戮,[⑯]若不生得以戮于群臣,犹未得请也。[⑰]请生之。”

于是庄公使束缚以予齐使，齐使受之而退。

比至，三衅、三浴之。[18]桓公亲逆之于郊，[19]而与之坐而问焉，[20]曰："昔吾先君襄公筑台以为高位，[21]田狩罼弋，[22]不听国政，卑圣侮士，而唯女是崇。[23]九妃六嫔，[24]陈妾数百，[25]食必粱肉，衣必文绣。戎士冻馁，戎车待游车之裂，戎士待陈妾之余。[26]优笑在前，贤材在后。[27]是以国家不日引，[28]不月长[29]恐宗庙之不扫除，社稷之不血食，敢问为此若何？"[30]管子对曰："昔吾先王昭王、穆王，世法文、武远绩以成名，[31]合群叟，比校民之有道者，[32]设象以为民纪，[33]式权以相应，[34]比缀以度，[35]竱本肇末，[36]劝之以赏赐，纠之以刑罚，[37]班序颠毛，以为民纪统。"[38]桓公曰："为之若何？"管子对曰："昔者，圣王之治天下也，参其国而伍其鄙，[39]定民之居，成民之事，[40]陵为之终，[41]而慎用其六柄焉。"[42]

桓公曰："成民之事若何？"管子对曰："四民者，勿使杂处，[43]杂处则其言哤，其事易。"[44]公曰："处士、农、工、商若何？"管子对曰："昔圣王之处士也，使就闲燕；[45]处工，就官府；处商，就市井；处农，就田野。令夫士，群萃而州处，[46]闲燕则父与父言义，子与子言孝，其事君者言敬，其幼者言悌。少而习焉，其心安焉，不见异物而迁焉。[47]是故其父兄之教不肃而成，[48]其子弟之学不劳而能。夫是，故士之子恒为士。令夫工，群萃而州处，审其四时，[49]辨其功苦，[50]权节其用，[51]论比协材，[52]旦暮从事，施于四方，[53]以饬其子弟，[54]相语以事，相示以巧，相陈以功。[55]少而习焉，其心安焉，不见异物而迁焉。是故其父兄之教不肃而成，其子弟之学不劳而能。

夫是，故工之子恒为工。令夫商，群萃而州处，察其四时，[56]而监其乡之资，[57]以知其市之贾，负任担荷，[58]服牛轺马，[59]以周四方，[60]以其所有，易其所无，市贱鬻贵，[61]旦暮从事于此，以饬其子弟，相语以利，相示以赖，[62]相陈以知贾。少而习焉，其心安焉，不见异物而迁焉。是故其父兄之教不肃而成，其子弟之学不劳而能。夫是，故商之子恒为商。令夫农，群萃而州处，察其四时，[63]权节其用，耒耜耞芟，[64]及寒，击菒除田，[65]以待时耕；[66]及耕，深耕而疾耰之，以待时雨；[67]时雨既至，挟其枪刈耨镈，[68]以旦暮从事于田野。脱衣就功，首戴茅蒲，身衣袯襫，[69]沾体涂足，[70]暴其发肤，尽其四支之敏，[71]以从事于田野。少而习焉，其心安焉，不见异物而迁焉。是故其父兄之教不肃而成，其子弟之学不劳而能。夫是，故农之子恒为农，野处而不昵。[72]其秀民之能为士者，必足赖也。[73]有司见而不以告，其罪五。[74]有司已于事而竣。"[75]

桓公曰："定民之居若何？"管子对曰："制国以为二十一乡。"[76]桓公曰："善。"管子于是制国以为二十一乡：[77]工商之乡六；[78]士乡十五，[79]公帅五乡焉，[80]国子帅五乡焉，高子帅五乡焉。[81]参国起案，以为三官，[82]臣立三宰，[83]工立三族，[84]市立三乡，[85]泽立三虞，[86]山立三衡。[87]

桓公曰："吾欲从事于诸侯，其可乎？"[88]管子对曰："未可。国未安。"桓公曰："安国若何？"管子对曰："修旧法，[89]择其善者而业用之。[90]遂滋民，与无财，[91]而敬百姓，则国安矣。"桓公曰："诺。"遂修旧法，择其善者而业用之。遂滋民，与无财，而敬百姓。国既安矣，桓公曰："国安矣，其可乎？"

管子对曰："未可。君若正卒伍，修甲兵，[92]则大国亦将正卒伍，修甲兵，则难以速得志矣。君有攻伐之器，小国诸侯有守御之备，则难以速得志矣。君若欲速得志于天下诸侯，则事可以隐令，可以寄政。"[93]桓公曰："为之若何？"管子对曰："作内政而寄军令焉。"[94]桓公曰："善。"

管子于是制国："五家为轨，轨为之长；[95]十轨为里，里有司；[96]四里为连，连为之长；十连为乡，乡有良人焉。[97]以为军令：[98]五家为轨，故五人为伍，轨长帅之；[99]十轨为里，故五十人为小戎，里有司帅之；[100]四里为连，故二百人为卒，连长帅之；十连为乡，故二千人为旅，乡良人帅之；五乡一帅，故万人为一军，五乡之帅帅之。[101]三军，故有中军之鼓，有国子之鼓，有高子之鼓。春以搜振旅，[102]秋以狝治兵。[103]是故卒伍整于里，军旅整于郊。内教既成，令勿使迁徙。[104]伍之人祭祀同福，死丧同恤，[105]祸灾共之。人与人相畴，家与家相畴，[106]世同居，少同游。故夜战声相闻，足以不乖；昼战目相见，足以相识。其欢欣足以相死。[107]居同乐，行同和，死同哀。是故守则同固，战则同强。君有此士也三万人，以方行于天下，[108]以诛无道，以屏周室，[109]天下大国之君莫之能御。"[110]

① 桓公，齐太公之后、僖公之子、襄公之弟桓公小白也。初，襄公立，其政无常，鲍叔牙曰："乱将作矣。"奉公子小白出奔莒。公孙无知杀襄公而立。管夷吾、邵忽奉公子纠奔鲁。齐人杀无知，逆子纠于鲁，庄公不即遣，而盟以要之。齐大夫归，逆小白于莒。庄公伐齐，纳子纠，桓公自莒先入。

② 鲍叔，齐大夫，姒姓之后、鲍敬叔之子叔牙也。宰，太宰也。

③ 庸，凡庸也。

④ 管夷吾，齐卿，姬姓之后敬仲也。

⑤ 宽则得众，惠则足以使民。柔，安也。

⑥ 柄，谓本也。

⑦ 军门，立旍为军门，若今牙门矣。加，益也。

⑧ 三君皆云：滨，近也。管仲臣于子纠，乾时之战，亲射桓公中钩。

⑨ 君，子纠也。

⑩ 宥，赦也。犹是，言为君犹为子纠也。

⑪ 若何得还。

⑫ 是时桓公使鲍叔胁鲁杀子纠，邵忽死之，管仲不死。

⑬ 施伯，鲁大夫，惠公之孙、施父之子。

⑭ 才冠天下也。

⑮ 授予齐使也。

⑯ 欲得生自戮之，以逞射己之忿。

⑰ 犹未得所请也。

⑱ 以香涂身曰衅，亦或为“薰”。

⑲ 逆，迎也。郊，近郊也。

⑳ 还国与坐也。

㉑ 居高台以自尊也。

㉒ 田，猎也。狩，围守而取禽也。罼，掩雉兔之网也。弋，缴射也。

㉓ 崇，高也。

㉔ 唐尚书曰：“九妃，三国之女，以侄娣从也。”昭谓：正适称妃，言九者，尊之如一，明其淫侈非礼制也。侄娣之属皆称妾。嫔，妇官也。

㉕ 陈，列也。

㉖ 戎车，兵车也。游车，游戏之车也。襄，残也。

㉗ 优笑，倡俳也。

㉘ 引，申也。

㉙ 长，益也。

㉚ 为，治也。

㉛ 周,管子之先也。绩,功也。言昭王、穆王虽有所阙,犹能世法文王、武王之典,以成其功名也。《周语》曰:“厉始革典。”言至厉王乃变更文、武之常典。

㉜ 合,会也。叟,老也。比,比方也。校,考合也。谓考其德行道艺而兴贤者。

㉝ 设象,谓设教象之法于象魏也。《周礼》:“正月之吉,悬法于象魏,使万民观焉,挟日而敛之。”所以为民纪纲也。

㉞ 式,用也。权,平也。治政、用民,使平均相应也。

㉟ 比,比其众寡也。缀,连也,连其夫家也。度,法也。

㊱ 竱,等也。肇,正也。谓先等其本,以正其末。

㊲ 纠,收也。

㊳ 班,次也。序,列也。颠,顶也。毛,发也。统,犹经也。言次列顶发之白黑,使长幼有等,以为治民之经纪。

㊴ 参,三也。国,郊以内也。伍,五也。鄙,郊以外也。谓三分国都以为三军,五分其鄙以为五属。圣王,谓若汤、武也。

㊵ 谓使四民各居其职所也,若工就官府、农就田野,所以成其事也。

㊶ 以为葬也。

㊷ 柄,本也。六柄,生、杀、贫、富、贵、贱也。

㊸ 四民谓士、农、工、商。

㊹ 哤,乱貌。易,变也。

㊺ 士,讲学道艺者。闲燕,犹清净也。

㊻ 萃,集也。州,聚也。

㊼ 物,事也。迁,移也。

㊽ 肃,疾也。

㊾ 言四时各有其宜也,谓死、生、凝、释之时也。

㊿ 辨,别也。功,牢也。苦,脆也。

(51) 权,平也,视其平沈之均也。节,节其大小轻重。

(52) 论,择也。比,比其善恶也。协,和也,和其刚柔也。

(53) 施其物用于四方也。

(54) 饬，教也。

(55) 陈亦示也。功，成功也。功善则有赏。

(56) 四时所用者，预资之也。

(57) 监，视也。资，财也。视其贵贱、有无。

(58) 背曰负。肩曰担。任，抱也。荷，揭也。

(59) 服，谓牛服车也。轺，马车也。《诗》云："睆彼牵牛，不以服箱。"

(60) 周，遍也。

(61) 市，取也。鬻，卖也。

(62) 赖，赢也。

(63) 四时树艺各有宜也。

(64) 权，平也，平节其器用小大倨勾之宜也。耞，柫也，所以击草也。芟，大镰，所以芟草也。

(65) 寒，谓季冬大寒之时也。菓，枯草也。

(66) 时耕，谓立春之后。

(67) 疾，速也。耰，摩平也。时雨至，当种也。

(68) 在掖曰挟。枪，椿也。刈，镰也。耨，镃錤也。镈，锄也。

(69) 脱，解也。茅蒲，簦笠也。袯襫，蓑襞衣也。"茅"或作"萌"，萌，竹萌之皮，所以为笠也。

(70) 沾，濡也。

(71) 敏，犹材也。

(72) 昵，近也。

(73) 秀民，民之秀出者也。赖，恃也。

(74) 有司，掌民之官也。罪在五刑也。

(75) 已，毕也。竣，退伏也。

(76) 唐尚书云："四民之所居也。"昭谓：国，国都城郭之域也，唯士、工、商而已，农不在也。

(77) 二千家为一乡，二十一乡凡肆万二千家。此管子制，非周法也。

⑱ 工商各三也，二者不从戎役也。

⑲ 唐尚书云："士与农共十五乡。"昭谓：此士，军士也。十五乡合三万人，是为三军。农野处而不昵，不在都邑之数，则下所云伍鄙是也。

⑳ 五乡万人，是谓中军，公所帅也。

㉑ 国子、高子，皆齐上卿，各帅五乡，为左右军也。

㉒ 参，三也。案，界也。分国事以为三也。

㉓ 三宰，三卿也，使掌群臣也。

㉔ 族，属也。晋赵盾为旄车之族。上言工商之乡六，则各三也。

㉕ 市，商也。商处市井，故曰市也。

㉖《周礼》有泽虞之官。虞，度也，掌度知川泽之大小及所生有者。

㉗《周礼》有山虞林衡之官。衡，平也，掌平其政也。

㉘ 欲行伯道，讨不义也。

㉙ 百王之法也。

㉚ 业，犹创也。

㉛ 遂，育也。滋，长也。贫无财者，振业之。

㉜《周礼》："五人为伍，百人为卒。"今管子亦以五人为伍，而以二百人为卒。

㉝ 事，戎事也。隐，匿也。寄，托也。匿军令，托于国政，若有征伐，邻国不知。

㉞ 内政，国政也。因国政以寄军令也。

㉟ 轨中一人为之长也。

㊱ 为立有司也。

㊲ 贾侍中云："良人，乡士也。"昭谓：良人，乡大夫也。

㊳ 为军掌令也。

㊴ 居则为轨，出则为伍，所谓寄政也。

⑩⓪ 小戎，兵车也。此有司之所乘，故曰小戎。《诗》云："小戎俴收。"古者，戎军一乘，步卒七十二人，今齐五十人。

⑩① 五乡，每一军有五乡也。乡帅，卿也。万人为军，齐制也，周则万二

千五百人为军。帅，长也。

⑩² 春田曰蒐。振，整也。旅，众也。《周礼》:“仲春教振旅，遂以蒐田。”

⑩³ 秋田曰狝。《周礼》:“仲秋教治兵，遂以狝田。”

⑩⁴ 迁徙，犹改更也。

⑩⁵ 恤，忧也。

⑩⁶ 畴，匹也。

⑩⁷ 致死以相救。

⑩⁸ “方”，当作“横”。

⑩⁹ 屏犹藩也。

⑪⁰ 御，当也。

管仲佐桓公为政

正月之朝，乡长复事。[①]君亲问焉，曰:“于子之乡，有居处好学、慈孝于父母、聪慧质仁、[②]发闻于乡里者，有则以告。有而不以告，谓之蔽明，其罪五。”有司已于事而竣。[③]桓公又问焉，曰:“于子之乡，有拳勇股肱之力秀出于众者，[④]有则以告。有而不以告，谓之蔽贤，其罪五。”有司已于事而竣。桓公又问焉，曰:“于子之乡，有不慈孝于父母、不长悌于乡里、骄躁淫暴、不用上令者，[⑤]有则以告。有而不以告，谓之下比，[⑥]其罪五。”有司已于事而竣。是故乡长退而修德进贤，桓公亲见之，遂使役官。[⑦]

桓公令官长期而书伐，[⑧]以告且选，选其官之贤者而复用之，[⑨]曰:“有人居我官，有功休德，[⑩]惟慎端悫以待时，使民以劝，绥谤言，[⑪]足以补官之不善政。”[⑫]桓公召而与之语，訾相其质，[⑬]足以比成事，[⑭]诚可立而授之。[⑮]设之以国家之患而不疚，[⑯]退问之其乡，以观其所能而无大厉，[⑰]升以为上卿之赞。[18]谓之三选。[19]国子、高子退而修乡，乡退而修连，连退而修里，里退而修轨，轨退而修伍，伍退而修家。是故匹夫有善，可得而举也；匹夫有不善，可得而诛也。政既成，乡不越长，[20]朝不越爵，[21]罢士无伍，[22]罢女无家。[23]夫是，故民皆勉为善。与其为善于乡也，不如为善于里；与其为善于里也，不如为善于家。[24]是故士莫敢言一朝之便，皆有终岁之计；莫敢以终岁之议，皆有终身之功。

桓公曰："伍鄙若何？"[25]管子对曰："相地而衰征，则民不移；[26]政不旅旧，则民不偷；[27]山泽各致其时，则民不苟；[28]陆、阜、陵、墐、井、田、畴均，则民不憾；[29]无夺民时，则百姓富；牺牲不略，则牛羊遂。"[30]

桓公曰："定民之居若何？"管子对曰："制鄙。三十家为邑，邑有司；[31]十邑为卒，卒有卒帅；十卒为乡，乡有乡帅；三乡为县，县有县帅；十县为属，属有大夫。五属，故立五大夫，各使治一属焉；[32]立五正，[33]各使听一属焉。是故正之政听属，[34]牧政听县，[35]下政听乡。"[36]桓公曰："各保治尔所，无或淫怠而不听治者！"

① 乡长，乡大夫也。复，白也。《周礼》，正月之吉，乡大夫受法于司徒，退班于乡吏，以考其行也。

② 慧，解了也。质，性也。

③ 竣，退伏也。

④ 胫本曰股。肱，臂也。大勇为拳，《诗》云："无拳无勇。"

⑤ 上，君长也。

⑥ 比，阿党也。

⑦ 役,为也。

⑧ 官长,长官也。期,期年也。伐,功也。书其所掌在官有功者。

⑨ 复,白也。

⑩ 休,美也。

⑪ 待时,动不违时也。绥,止也。

⑫ 谓前有阙者也。

⑬ 訾,量也。相,视也。

⑭ 比,辅也。足以辅其官,成其事。

⑮ 言可立以为大官,而授之事也。

⑯ 患,难也。疚,病也。豫设以国家之患难问之,不病不能也。

⑰ 问其乡,本其行能也。厉,恶也。

⑱ 赞,佐也。

⑲ 三选,乡长所进,官长所选,公所訾相。

⑳ 乡里以齿,长幼不相逾也。

㉑ 贤、不肖之爵不相越也。

㉒ 罢,病也。无作曰病。无伍,无与为伍也。《周礼》:"大司寇以圜土聚教罢民。"

㉓ 夫称家也。

㉔ 本其事行也。

㉕ 管子上言"参其国而伍其鄙",内政既备,故复问伍鄙之事。

㉖ 相,视也。衰,差也。视土地之美恶及所生出,以差征赋之轻重也。移,徙也。

㉗ 旧,君之故旧也。偷,苟且也。不以故人为师旅,则民之相与不苟且也。孔子曰:"故旧不遗,则民不偷。"

㉘ 时,谓衡虞之官禁令各顺其时,则民之心不苟得也。

㉙ 高平曰陆,大陆曰阜,大阜曰陵。墐,沟上之道也。九夫为井,井间有沟。谷地曰田,麻地曰畴。均,平也。憾,恨也。

㉚ 略,夺也。遂,长也。

㉛ 制野鄙之政也。此以下与郊内之制异也。

㉜ 五属，四十五万家也。

㉝ 正，长也。

㉞ 正，五正也。听大夫之治也。

㉟ 牧，五属大夫也。听县帅之治也。

㊱ 下政，县帅也。听乡帅之治也。

桓公为政既成

正月之朝，五属大夫复事。桓公择是寡功者而谪之，[①]曰："制地分民如一，何故独寡功？教不善则政不治，[②]一再则宥，[③]三则不赦。"桓公又亲问焉，曰："于子之属，有居处为义好学、慈孝于父母、聪慧质仁、发闻于乡里者，有则以告。有而不以告，谓之蔽明，其罪五。"有司已于事而竣。桓公又问焉，曰："于子之属，有拳勇股肱之力秀出于众者，有则以告。有而不以告，谓之蔽贤，其罪五。"有司已于事而竣。桓公又问焉，曰："于子之属，有不慈孝于父母、不长悌于乡里、骄躁淫暴、不用上令者，有则以告。有而不以告，谓之下比，其罪五。"有司已于事而竣。五属大夫于是退而修属，属退而修县，县退而修乡，乡退而修卒，卒退而修邑，邑退而修家。是故匹夫有善，可得而举也；匹夫有不善，可得而诛也。政既成矣，以守则固，以征则强。

① 谪，谴责也。

② 治，理也。

③ 宥，宽也。

管仲教桓公亲邻国

桓公曰:“吾欲从事于诸侯,其可乎?”管子对曰:“未可。邻国未吾亲也。君欲从事于天下诸侯,则亲邻国。”① 桓公曰:“若何?”管子对曰:“审吾疆埸,而反其侵地;② 正其封疆,无受其资;③ 而重为之皮币,以骤聘眺于诸侯,④ 以安四邻,则四邻之国亲我矣。为游士八十人,⑤ 奉之以车马、衣裘,多其资币,使周游于四方,以号召天下之贤士。皮币玩好,使民鬻之四方,⑥ 以监其上下之所好,⑦ 择其淫乱者而先征之。”

① 邻国亲,足以为援,不然,将为己害,难以远征。

② 审,正也。反,还也。侵地,齐侵取邻国之地。

③ 积土为封。资,资财也。

④ 眺,视也。

⑤ 州十人,齐居一州。《尔雅》曰“齐曰营州”也。

⑥ 玩好,人所玩弄而好也。鬻,卖也。

⑦ 监,视也。观其所好则知其奢俭。上下,君臣也。玩好物贵,则其国奢;贱,则其国俭。

管仲教桓公足甲兵

桓公问曰:“夫军令则寄诸内政矣,齐国寡甲兵,为之若何?”① 管子对曰:“轻过而移诸甲兵。”② 桓公曰:“为之若何?”管子对曰:“制重罪赎以犀甲一戟,③ 轻罪赎以鞼盾一戟,④ 小罪谪以金分,⑤ 宥间罪。⑥ 索讼者三禁而不可上下,坐成以束矢。⑦ 美金以铸剑戟,⑧ 试诸狗马;⑨ 恶金以铸锄夷斤斸，[⑩]试诸壤土。"甲兵大足。

① 甲，铠也。兵，弓矢之属。

② 诸，之也。移之甲兵，谓轻其过，使以甲兵赎其罪也。

③ 重罪，死刑也。犀，犀皮，可用为甲也。戟，车戟也，柲长丈六尺。

④ 轻罪，劓、刖之属。鞼盾，缀革有文如缋。

⑤ 小罪，不入于五刑者。以金赎，有分两之差，今之罚金是也。《书》曰："金作赎刑。"

⑥ 宥，赦也。间罪，刑罚之疑者。《书》曰："五刑之疑有赦。"

⑦ 索，求也，求讼者之情也。三禁，禁之三日，使审实其辞也。而不可上下者，辞定不可移也。坐成，狱讼之坐已成也。十二矢为束。讼者坐成，以束矢入于朝，乃听其讼。两人讼，一人入矢，一人不入则曲，曲则服，入两矢乃治之。矢，取往而不反也。《周礼》"以两造禁人讼，入束矢于朝，然后听之"也。

⑧ 铸，冶也。

⑨ 狗马难为利也。

⑩ 恶，粗也。夷，平也。夷所以削草平地。斤，形似锄而小。斸。斫也。

桓公帅诸侯而朝天子

桓公曰："吾欲南伐，何主？"[①]管子对曰："以鲁为主。反其侵地棠、潜，[②]使海于有蔽，渠弭于有渚，[③]环山于有牢。"[④]桓公曰："吾欲西伐，何主？"管子对曰："以卫为主。反其侵地台、原、姑与漆里，[⑤]使海于有蔽，渠弭于有渚，环山于有牢。"桓公曰："吾欲北伐，何主？"管子对曰："以燕为主。[⑥]反其侵地柴夫、吠狗，[⑦]使海于有蔽，渠弭于有渚，环山于有牢。”四邻大亲。既反侵地，正其封疆，地南至于䱷阴，[⑧]西至于济，北至于河，东至于纪酅，[⑨]有革车八百乘。[⑩]择天下之甚淫乱者而先征之。

即位数年，东南多有淫乱者，莱、莒、徐夷、吴、越，[⑪]一战帅服三十一国。遂南征伐楚，济汝，逾方城，望汶山，[⑫]使贡丝于周而反。荆州诸侯莫敢不来服。遂北伐山戎，[⑬]制令支、斩孤竹而南归。[⑭]海滨诸侯莫敢不来服。[⑮]与诸侯饰牲为载，以约誓于上下庶神，[⑯]与诸侯戮力同心。[⑰]西征攘白狄之地，[⑱]至于西河，[⑲]方舟设泭，乘桴济河，[⑳]至于石枕。[㉑]悬车束马，逾太行与辟耳之溪拘夏，[㉒]西服流沙、西吴。[㉓]南城于周，[㉔]反胙于绛。[㉕]岳滨诸侯莫敢不来服，[㉖]而大朝诸侯于阳谷。[㉗]兵车之属六，乘车之会三，[㉘]诸侯甲不解累，[㉙]兵不解翳，[㉚]弢无弓，服无矢。[㉛]隐武事，行文道，帅诸侯而朝天子。[㉜]

① 主，主人，共军用也。

② 棠、潜，鲁之二邑。

③ 贾侍中云：“海，海滨也。有蔽，言可依蔽也。渠弭，裨海也。水中可居者曰渚。”昭谓：有此乃可以为主人，军必依险阻者也。

④ 环，绕也。牢，牛羊豕也。言虽山险皆有牢牧也。一曰：“牢，固也。”

⑤ 卫之四邑。

⑥ 燕，今广阳蓟也。

⑦ 燕之二邑。

⑧ 䱷阴，地名，齐南界也。

⑨ 纪，故纪侯之国。酅，纪季之邑，已入于齐也。

⑩ 贾侍中云：“一国之赋八百乘也。乘七十五人，凡甲士六万人。”昭谓：此周制耳。齐法以五十人为小戎，车八百乘当有四万人。又上管仲制

齐为三军，军万人，又曰“君有是士三万人，以方行于天下”也，而车数多者，其副贰陪从之车也。或云：“八当为六。”

⑪ 莱，今东莱也。莒，琅邪县也。徐夷，徐州之夷也。

⑫ 济，渡也。汝，水名。方城，楚北之厄塞也。谓师至于陉时也。在鲁僖四年。汶山，楚山也。

⑬ 山戎，今之鲜卑，以其病燕，故伐之。

⑭ 二国，山戎之与也。刜，击也。斩，伐也。令支，今为县，属辽西，孤竹之城存焉。

⑮ 海滨，海水涯也。

⑯ 饰牲，陈其牲。为载书加于牲而已，不歃血。

⑰ 戮，并也。

⑱ 攘，却也。白狄，赤狄之别也。

⑲ 西河，白狄之西也。

⑳ 方，并也。编木曰泭，小泭曰桴。济，渡也。

㉑ 石枕，晋地名。

㉒ 太行、辟耳，山名也。拘夏，辟耳之溪也。三者皆山险溪谷，故悬钩其车、逼束其马以渡。

㉓ 流沙、西吴，雍州之地。

㉔ 城，王城也。周襄王庶弟子带作乱，与戎伐襄王，焚其东门，不克。桓公使仲孙湫征诸侯戍周而城之。事在鲁僖十三年。

㉕ 说云：“胙，赐也。谓天子致祭胙，赏以大辂、龙旂。桓公于绛辞之，天子复使宰孔致之。”贾侍中云：“反，复也。胙，位也。绛，晋国都也。晋献公卒，奚齐、卓子死，国绝无嗣，晋侯失其胙位。桓公以诸侯讨晋，至高梁，使隰朋帅师立公子夷吾，复之于绛，是为惠公。事在鲁僖九年。”昭谓：人君即位，谓之践胙。此言桓公城周，尊事天子，又讨晋乱，复其胙位，善之也。案：《内传》宰孔于葵丘致胙肉，赐命，无辞让反覆之文。贾君得之，唐从贾也。

㉖ 岳，北岳常山。

㉗ 阳谷之会，在鲁僖三年也。

㉘ 属，亦会也。兵车之会，谓鲁庄十三年会于北杏，十四年会于鄄，十五年复会于鄄，鲁僖元年会于柽，十三年会于咸，十六年会于淮。乘车之会，在僖三年会于阳谷，五年会于首止，九年会于葵丘。九会也。

㉙ 累，所以盛甲也。

㉚ 翳，所以蔽兵也。

㉛ 弢，弓衣也。服，矢衣也。无者，无所用也。

㉜ 谓首止之会，会王太子，谋宁周也。

葵丘之会天子致胙于桓公

葵丘之会，天子使宰孔致胙于桓公，[①]曰："余一人之命有事于文、武，[②]使孔致胙。"且有后命[③]曰："以尔自卑劳，实谓尔伯舅，无下拜。"[④]桓公召管子而谋，管子对曰："为君不君，为臣不臣，乱之本也。"桓公惧，出见客[⑤]曰："天威不违颜咫尺，[⑥]小白余敢承天子之命曰'尔无下拜'，[⑦]恐陨越于下，以为天子羞。"[⑧]遂下拜，升受命。赏服大辂，龙旗九旒，渠门赤旂，[⑨]诸侯称顺矣。[⑩]

① 天子，周襄王也。宰孔，周之公也。胙，祭肉也。

② 事，祭事也。

③ 且犹复也。

④ 天子称王官之伯，异姓曰伯舅。无下拜，无下堂拜赐也。

⑤ 客，宰孔也。

⑥ 违，远也。颜，眉目之间也。八寸曰咫。

⑦ 承，受也。

⑧ 陨，坠也。越，失也。

⑨ 唐尚书云:“大辂,玉辂。”非也。贾侍中云:“大辂,诸侯朝服之车,谓金辂,钩樊缨九就,龙旗九旒也。渠门,亦旗名。赤旂,火旗也。”昭谓:龙旗,画交龙于縿也,正幅为縿,旁属为旒。钩,娄颔之钩。樊,马大带,缨当胷,削革为之,皆以五采罽饰之。九就,就,成也。渠门,两旗所建,以为军门,若今牙门也。

⑩ 言下拜顺于礼也。

桓公霸诸侯

桓公忧天下诸侯。鲁有夫人、庆父之乱,[①]二君弑死,国绝无嗣。桓公闻之,使高子存之。[②]

狄人攻邢,桓公筑夷仪以封之,[③]男女不淫,牛马选具。[④]狄人攻卫,卫人出庐于曹,[⑤]桓公城楚丘以封之。[⑥]其畜散而无育,[⑦]桓公与之系马三百。[⑧]天下诸侯称仁焉。于是天下诸侯知桓公之非为己动也,[⑨]是故诸侯归之。

桓公知诸侯之归己也,故使轻其币而重其礼。[⑩]故天下诸侯罢马以为币,[⑪]缕綦以为奉,[⑫]鹿皮四分。[⑬]诸侯之使垂櫜而入,[⑭]稇载而归。[⑮]故拘之以利,结之以信,示之以武,故天下小国诸侯既许桓公,[⑯]莫之敢背,就其利而信其仁、畏其武。桓公知天下诸侯多与己也,[⑰]故又大施忠焉。[⑱]可为动者为之动,可为谋者为之谋,军谭、遂而不有也,诸侯称宽。[⑲]通齐国之鱼盐于东莱,[⑳]使关市幾而不征,[㉑]以为诸侯利,诸侯称广焉。[㉒]筑葵兹、晏、负夏、领釜丘,[㉓]以御戎、狄之地,所以禁暴于诸侯也;[㉔]筑五鹿、中牟、盖与、牡丘,[㉕]以卫诸夏之地,[㉖]所以示权于中国也。教大成,定三革,隐五刃,[㉗]朝服以济河而无怵惕焉,[㉘]文事胜矣。[㉙]是故大国惭愧,小国附

协。唯能用管夷吾、宁戚、隰朋、宾胥无、鲍叔牙之属而伯功立。㉚

① 夫人，鲁庄夫人哀姜也。庆父，庄公之弟共仲也，通于哀姜，哀姜欲立之。庄公薨，庆父杀太子般，在庄三十二年。又弑闵公，在闵二年。

② 高子，齐卿，高奚敬仲也。存之，谓立僖公而成鲁。

③ 邢，姬姓，周公之后。夷仪，邢邑也。狄人攻邢，在庄三十二年。封而迁之，在鲁僖元年。

④ 淫，见淫略也。选，数也。

⑤ 庐，寄也。狄人攻卫，杀懿公，遂入卫。卫人出走宋，桓公逆之于河，以卫之遗民立公孙申以寄于曹，是为戴公。在鲁闵二年。

⑥ 楚丘，卫地。桓公迁其国而封之。事在鲁僖二年。

⑦ 畜，六畜也。散，谓失亡也。育，养也。

⑧ 系马，良马在闲，非放牧者。

⑨ 动为救患分灾也。

⑩ 币，挚币也。礼，酬宾之礼也。

⑪ 罢，不任用也。币、圭以马也。

⑫ 奉，藉也，所以藉玉之藻也。缕綦，以缕织綦，不用丝，取易共也。綦，绮文。

⑬ 分，散也。

⑭ 垂，言空而来。橐，囊也。

⑮ 言重而归也。稛，絭也。

⑯ 许，谓听其盟也。

⑰ 无不从也。与，从也。

⑱ 施其忠信也。

⑲ 军，谓以军灭之。不有，以分诸侯也。桓公奔莒，过谭，谭子不礼，入又不贺。北杏之会，遂人不至。故皆灭之。在鲁庄十年及十三年。

⑳ 言通者，则先时禁之矣。东莱，齐东夷也。

㉑ 幾，幾异服、识异言也。征，税也。取鱼盐者不征税，所以利诸侯、致远物也。

㉒ 施惠广也。

㉓ 四者皆厄塞，与山戎、众狄接也。

㉔ 禁暴，禁其暴掠于诸侯也。

㉕ 四塞，诸夏之关也。

㉖ 卫，蔽扞也。

㉗ 定，奠也。隐，藏也。三革，甲、胄、盾也。五刃，刀、剑、矛、戟、矢也。说云："三革，甲、楯、鼓。"非也。兵事息，则礼乐兴，焉得废鼓？

㉘ 西行渡河以平晋也。

㉙ 胜，举也。

㉚ 五子皆齐卿、大夫也。隰朋，齐庄公之曾孙、戴仲之子成子也。

卷七

晋语一

武公伐翼止栾共子无死

武公伐翼，杀哀侯，[①]止栾共子曰："苟无死，[②]吾以子见天子，令子为上卿，制晋国之政。"[③]辞曰："成闻之：'民生于三，事之如一。'[④]父生之，师教之，君食之。[⑤]非父不生，非食不长，非教不知生之族也，故壹事之。[⑥]唯其所在，则致死焉。[⑦]报生以死，报赐以力，人之道也。[⑧]臣敢以私利废人之道，[⑨]君何以训矣？[⑩]且君知成之从也，未知其待于曲沃也。[⑪]从君而贰，君焉用之？"[⑫]遂斗而死。

① 武公，曲沃桓叔之孙、严伯之子武公称也。翼，晋国都也。哀侯，晋昭侯之孙、鄂侯之子哀侯光也。初，昭侯分国以封叔父桓叔为曲沃伯。曲沃盛强，昭侯微弱。后六年，晋潘父弑昭侯而纳桓叔，不克。晋人立昭侯之子孝侯于翼，更为翼侯。后十五年，桓叔之子严伯伐翼，杀孝侯。翼人立其弟鄂侯。鄂侯生哀侯。鲁桓三年，曲沃武公伐翼，杀哀侯，后竟灭翼侯之后而兼之。鲁庄公十六年，王使虢公命武公以一军，为晋侯，遂为晋祖考。

② 栾共子，晋哀侯大夫共叔成也。初，桓叔为曲沃伯，共子之父栾宾傅之，故止共子使无死也。

③ 上卿，执政命于天子者也。

④ 三，君、父、师也。如一，服勤至死也。

⑤ 食谓禄也。

⑥ 族,类也。壹事之,事之如一也。

⑦ 在君父为君父,在师为师也。

⑧ 赐,惠也。以力谓家臣也。

⑨ 私利谓不死为上卿也。

⑩ 无以教为忠也。

⑪ 君,武公也。言君知成将死其君,为从臣道也,故使止臣,未知成不死而待君于曲沃之为二也。

⑫ 贰,二心也。

史苏论献公伐骊戎胜而不吉

献公卜伐骊戎,[①]史苏占之,[②]曰:“胜而不吉。”公曰:“何谓也?”对曰:“遇兆,挟以衔骨,齿牙为猾,[③]戎、夏交捽。[④]交捽,是交胜也,臣故云。[⑤]且惧有口,[⑥]携民,国移心焉。”[⑦]公曰:“何口之有!口在寡人,寡人弗受,谁敢兴之?”对曰:“苟可以携,其入也必甘受,逞而不知,胡可壅也?”[⑧]

公弗听,遂伐骊戎,克之。[⑨]获骊姬以归,有宠,立以为夫人。[⑩]公饮大夫酒,令司正实爵与史苏,[⑪]曰:“饮而无肴。[⑫]夫骊戎之役,女曰‘胜而不吉’,故赏女以爵,罚女以无肴。克国得妃,其有吉孰大焉!”史苏卒爵,[⑬]再拜稽首曰:“兆有之,臣不敢蔽。蔽兆之纪,失臣之官,[⑭]有罪二焉,何以事君?[⑮]大罚将及,不唯无肴。[⑯]抑君亦乐其吉而备其凶,凶之无有,备之何害?若其有凶,备之为瘳。[⑰]臣之不信,国之福也,[⑱]何敢惮罚。”[⑲]

饮酒出,史苏告大夫曰:“有男戎必有女戎。[⑳]若晋以男戎胜戎,而戎亦必以女戎胜晋,其若之何!”里克曰:“何如?”[21]史苏曰:“昔夏桀伐有施,有施人以妹喜女焉,[22]妹喜有宠,于是乎与伊尹比而亡夏。[23]殷辛伐有苏,有苏氏以妲己女焉,[24]妲己有宠,于是乎与胶鬲比而亡殷。[25]周幽王伐有褒,褒人以褒姒女焉,[26]褒姒有宠,生伯服,[27]于是乎与虢石甫比,[28]逐太子宜臼[29]而立伯服。太子出奔申,[30]申人、鄫人召西戎以伐周,周于是乎亡。[31]今晋寡德而安俘女,[32]又增其宠,[33]虽当三季之王,不亦可乎?[34]且其兆云:‘挟以衔骨,齿牙为猾。’我卜伐骊,龟往离散以应我。[35]夫若是,贼之兆也,非吾宅也,[36]离则有之。[37]不跨其国,可谓挟乎?[38]不得其君,能衔骨乎?[39]若跨其国而得其君,虽逢齿牙,以猾其中,谁云不从?[40]诸夏从戎,非败而何?从政者不可以不戒,亡无日矣!”

郭偃曰:“夫三季王之亡也宜。[41]民之主也,纵惑不疚,[42]肆侈不违,[43]流志而行,[44]无所不疚,[45]是以及亡而不获追鉴。[46]今晋国之方,偏侯也。[47]其土又小,[48]大国在侧,[49]虽欲纵惑,未获专也。[50]大家、邻国将师保之,[51]多而骤立,不其集亡。[52]虽骤立,不过五矣。且夫口,三五之门也。[53]是以谗口之乱,不过三五。[54]且夫挟,小鲠也。可以小戕,而不能丧国。[55]当之者戕焉,[56]于晋何害?[57]虽谓之挟,而猾以齿牙,口弗堪也,[58]其与几何?[59]晋国惧则甚矣,亡犹未也。商之衰也,[60]其铭有之,[61]曰:‘嗛嗛之德,不足就也,[62]不可以矜,而只取忧也。[63]嗛嗛之食,不足狃也,[64]不能为膏,而祗罹咎也。’[65]虽骊之乱,其罹咎而已,其何能服?[66]吾闻以乱得聚者,[67]非谋不卒时,[68]非人不免难,[69]非礼不终年,[70]非义不尽齿，[71]非德不及世，[72]非天不离数。[73]今不据其安，不可谓能谋；[74]行之以齿牙，不可谓得人；[75]废国而向己，不可谓礼；[76]不度而迂求，不可谓义；[77]以宠贾怨，不可谓德；[78]少族而多敌，不可谓天。[79]德义不行，礼义不则，[80]弃人失谋，天亦不赞。[81]吾观君夫人也，若为乱，其犹隶农也。[82]虽获沃田而勤易之，[83]将不克飨，为人而已。”[84]

士蒍曰：“诫莫如豫，豫而后给。[85]夫子诫之，[86]抑二大夫之言其皆有焉。”[87]

既，骊姬不克，[88]晋正于秦，五立而后平。[89]

① 献公，晋武公之子献公诡诸也。骊戎，西戎之别在骊山者也。其君男爵，姬姓。秦曰骊邑，汉高帝徙丰民于骊邑，更曰新丰，在京兆也。

② 史苏，晋大夫，占卜之史也。

③ 遇，见也。挟犹会也。骨，所以鲠刺人也。猾，弄也。齿牙，谓兆端左右衅坼，有似齿牙。中有从画，故曰衔骨。骨在口中，齿牙弄之，以象谗口之为害也。《礼》：“卜师作龟，大夫占色，史占墨。”

④ 兆有二画，外象戎，内象诸夏。夏，谓晋也。兆端会齿牙交，有似捽。捽，交对也。

⑤ 言晋胜戎，戎复胜晋。

⑥ 齿牙、衔骨，皆在口也。

⑦ 携，离也。

⑧ 胡，何也。逞，快也。壅，防也。甘言入耳，心以为快而不知其恶，何可防止也。

⑨ 克，胜也。

⑩ 骊姬，骊戎君之女也。

⑪ 司正，正宾主之礼者也。实，满也。

⑫ 肴，俎实也。

⑬ 卒，尽也。

⑭ 纪，经也。失官，失守官之节也。

⑮ 二罪，蔽兆、失官也。

⑯ 及，至也。蔽兆、失官，则有大罚，非但无肴也。

⑰ 瘳，差也。

⑱ 不信，卜不中也。

⑲ 惮，难也。

⑳ 戎，兵也。女兵，言其祸由姬也。

㉑ 里克，晋大夫里季子也。

㉒ 桀，禹十七世王皋之孙、王发之子夏癸也。有施，喜姓之国，妺喜其女也。以女进人曰女。

㉓ 伊尹，汤相伊挚也，自夏适殷也。比，比功也。伊尹欲亡夏，妺喜为之作祸，其功同也。

㉔ 殷辛，汤三十一世、帝乙之子殷纣也。有苏，己姓之国，妲己，其女也。

㉕ 胶鬲，殷贤臣也，自殷适周，佐武王以亡殷也。

㉖ 幽王，宣王之子幽王宫涅也。有褒，姒姓之国，幽王伐之，褒人以美女入，谓之褒姒，是为幽后。

㉗ 伯服，携王也。

㉘ 石甫，虢公之名。《郑语》曰“虢石甫谗谄巧佞之人也，而立以为卿士”也。

㉙ 宜臼，申后之子平王名也。

㉚ 申，姜姓之国，平王母家也。

㉛ 鄫，姒姓，禹后也。鄫及西戎素与申国婚姻同好。幽王欲杀宜臼以成伯服，求之于申，申人弗予，遂伐之。故申、鄫召西戎以伐周，杀幽王于戏。

㉜ 军获曰俘。

㉝ 立以为夫人也。

㉞ 季，末也。三季王，桀、纣、幽王也。

㉟ 应，答也。往，令人告龟辞往伐骊也，其兆离散不吉也。

㊱ 贼败国家之兆也。宅，居也，非吾所安居也。

㊲ 国分离也。

㊳ 跨犹据也。言骊姬不据有晋国，可谓外内挟乎？

㊴ 言骊姬不得志于其君，不能衔骨以害人也。

㊵ 言骊姬若能跨据晋国而得志于君，齿牙之猾，虽为中害，国人逢之，谁有不从。言必从也。

㊶ 郭偃，晋大夫卜偃也。宜，言其惑乱取亡，皆其宜也。

㊷ 疚，病也。纵其淫惑，不以为病。

㊸ 肆，极也。极其泰侈，无所违避。

㊹ 流，放也。

㊺ 无一处不以为疚也。

㊻ 鉴，镜也。言不得复追镜前世善败以为戒也。

㊼ 方，大也。偏，偏方也，乃甸内偏方小侯也。《传》曰："今晋甸侯。"

㊽ 小于三季王也。

㊾ 大国，齐、秦也。

㊿ 专，擅也。

51 大家，上卿也。师保之，为作师保也。

52 骤，数也。集，至也。

53 口所以纪三辰、宣五行，故谓之门。

54 少则三君，多则五君。

55 害在内为戕。戕犹伤也。丧，亡也。言可以小戕害人，不足以亡国。

56 当，值也，值骨鲠者伤也。

57 无大害也。

58 堪犹胜也。言骨在口，而猾以齿牙，口不能胜也。喻不能终害也。

59 言不久害也。

⑥⓪ 衰,谓帝甲之世也。

⑥① 刻器曰铭,谓钟鼎之戒。

⑥② 嗛嗛犹小小也。不足就,不足归就也。

⑥③ 矜,大也。只,适也。

⑥④ 食,禄也。狃,贪也。

⑥⑤ 膏,肥也。

⑥⑥ 骊,骊姬也。罹咎而已,其后二子为里克所杀是也。何能服,何能服人也。

⑥⑦ 聚财众也。

⑥⑧ 卒,尽也。三月为一时。非有善谋,不能尽一时,齐无知是也。

⑥⑨ 非得人众,不能自免于难,卫州吁是也。

⑦⓪ 非有礼法,不能终其十年,齐懿公商人是也。贾、虞云"十年而数终",唐云"不终其年,与下'不尽齿'同",非也。

⑦① 齿,年寿也。非有义刑,不能尽其年寿。楚灵王灭陈、蔡,用隐太子于冈山是也。

⑦② 世,嗣也。非有德惠,不能及世嗣,晋惠公夷吾是也。

⑦③ 离,历也。非有天命祐助,不能历世长久也。若齐桓、晋文,天假之年,而除其害,子孙继业,神所命也。

⑦④ 据,居也。言骊姬之谋,不居安存而处危亡,不可谓能谋。

⑦⑤ 行齿牙之猾以害人,不可谓得人心也。

⑦⑥ 废国谓尽害群公子,以国向己,不可谓知礼也。

⑦⑦ 迂,邪也。不度利害之本,而以邪夺正,不可谓得其义。义,宜也。

⑦⑧ 贾,市也。言恃宠爱以市怨于国,不可谓有德也。

⑦⑨ 少族,族类少也。多敌,多怨也。不可谓有天助也。

⑧⓪ 贾怨无德,迂求非义,故德义不行也。则,法也。

⑧① 行之以齿牙,为弃人;不据其安,为失谋。少族多敌,故天不赞助。

⑧② 隶,今之徒也。

⑧③ 沃,美也。易,治也。

㉞ 飨，食也。为人，为他人耳。

㉟ 士蒍，晋大夫，刘累之后、隰叔之子子舆也。豫，备也。给，及也。言先有备而后及事也。

㊱ 夫子，郭偃也。其言皆诫也。

㊲ 二大夫，史苏、郭偃也。

㊳ 不能服晋也。

㊴ 正者，为秦所辅正，"大家、邻国，将师保之"是也。谓以兵纳惠公、文公，杀吕郤之属也。五立，谓奚齐、卓子、惠公、怀公至文公乃平也。

史苏论骊姬必乱晋

献公伐骊戎，克之，灭骊子，[①]获骊姬以归，立以为夫人，生奚齐。其娣生卓子。[②]骊姬请使申生主曲沃以速悬，[③]重耳处蒲城，夷吾处屈，[④]奚齐处绛，[⑤]以儆无辱之故。[⑥]公许之。

史苏朝，告大夫曰："二三大夫其戒之乎，乱本生矣！日，君以骊姬为夫人，民之疾心固皆至矣。[⑦]昔者之伐也，兴百姓以为百姓也，[⑧]是以民能欣之，[⑨]故莫不尽忠极劳以致死也。今君起百姓以自封也，[⑩]民外不得其利，[⑪]而内恶其贪，则上下既有判矣。[⑫]然而又生男，其天道也？天强其毒，民疾其态，其乱生哉。吾闻君之好好而恶恶，乐乐而安安，是以能有常。[⑬]伐木不自其本，必复生；塞水不自其源，必复流；灭祸不自其基，必复乱。[⑭]今君灭其父而畜其子，祸之基也。畜其子，又从其欲，子思报父之耻而信其欲，[⑮]虽好色，必恶心，不可谓好。[⑯]好其色，必授之情。[⑰]彼得其情以厚其欲，[⑱]从其恶心，必败国且深乱。乱必自女戎，[⑲]三代皆然。"

骊姬果作难，杀太子而逐二公子。[20]君子曰："知难本矣。"[21]

① 骊子，骊戎之君也。本爵男，此云子者，犹言男子也。

② 女子同生，谓后生为娣，于男则言妹也。

③ 申生，献公太子恭君也。献公娶于贾，无子。蒸于齐姜，生申生。曲沃，晋宗邑，今河东闻喜是也。虞御史云："速，疾也。悬，缢也。"

④ 重耳、夷吾，申生异母弟也。蒲，今蒲坂；屈，北屈，皆在河东。

⑤ 晋时都绛也。

⑥ 言出此三子为镇于外，以儆备戎，狄，无耻辱于国也。

⑦ 疾其君也。至，深也。

⑧ 昔者谓古明君也。为百姓，云为百姓除害也。

⑨ 欣，欣戴也。

⑩ 封，厚也。

⑪ 不得攻伐之利也。

⑫ 判，离也。

⑬ 好者好之，恶者恶之，乐则说之，安则居之，故能有常。此言献公好恶安乐皆非其所有也。

⑭ 基，始也。

⑮ 信，古"申"字。

⑯ 好，美也。

⑰ 情，谓许其子立也。

⑱ 厚，益也。

⑲ 深乱，乱深也。女戎，女兵也。

⑳ 谓重耳奔狄、夷吾奔梁也。

㉑ 知难之本，谓史苏也。

献公将黜太子申生而立奚齐

骊姬生奚齐，其娣生卓子。公将黜太子申生[①]而立奚齐。里克、丕郑、荀息相见，里克曰："夫史苏之言将及矣，其若之何？"荀息曰："吾闻事君者竭力以役事，不闻违命。[②]君立臣从，何贰之有？"[③]丕郑曰："吾闻事君者从其义，不阿其惑。[④]惑则误民，民误失德，是弃民也。[⑤]民之有君，以治义也。[⑥]义以生利，利以丰民，[⑦]若之何其民之与处而弃之也？必立太子。"里克曰："我不佞，虽不识义，亦不阿惑，吾其静也。"[⑧]三大夫乃别。

蒸于武公，[⑨]公称疾不与，使奚齐莅事。[⑩]猛足乃言于太子[⑪]曰："伯氏不出，奚齐在庙，[⑫]子盍图乎！"[⑬]太子曰："吾闻之羊舌大夫[⑭]曰：'事君以敬，事父以孝。'受命不迁为敬，[⑮]敬顺所安为孝。[⑯]弃命不敬，[⑰]作令不孝，[⑱]又何图焉？且夫间父之爱而嘉其贶，有不忠焉；[⑲]废人以自成，有不贞焉。孝敬忠贞，君父之所安也。[⑳]弃安而图，远于孝矣，吾其止也。"

① 黜，废也。

② 竭，尽也。役，为也。

③ 君立嗣，臣则从而奉之。贰，二心也。

④ 阿，随也。

⑤ 言民失德，陷于刑辟，是弃之也。

⑥ 上下之义也。

⑦ 有义，故生利也。丰，厚也。

⑧ 静，默也。

⑨ 蒸，冬祭也。武公，献公之祢庙也，在曲沃。

⑩ 莅，临也。称疾不自祭，而使奚齐者，欲风群臣使知意也。

⑪ 猛足，太子臣也。

⑫ 贾、唐皆云："伯氏，申生也。"一云："伯氏，狐突也。"昭谓：是时狐突未杜门，故以伯氏为申生。伯氏，犹言长子也。

⑬ 图所以自安固也。

⑭ 羊舌大夫，羊舌职之父也。

⑮ 迁，徙也。

⑯ 敬顺父之所安。

⑰ 言公命我守曲沃，我弃之，为不敬也。

⑱ 作令，谓擅发举以有为也。

⑲ 间，离也。贶，赐也。

⑳ 安犹善也。

献公伐翟柤

献公田，见翟柤之氛，[①]归寝不寐。[②]郤叔虎朝，公语之。[③]对曰："床笫之不安邪，[④]抑骊姬之不存侧邪？"公辞焉。出遇士蔿，曰："今夕君寝不寐，必为翟柤也。[⑤]夫翟柤之君，好专利而不忌，[⑥]其臣竞谄以求媚，其进者壅塞，[⑦]其退者拒违。[⑧]其上贪以忍，[⑨]其下偷以幸，[⑩]有纵君而无谏臣，[⑪]有冒上而无忠下。[⑫]君臣上下各餍其私，以纵其回，[⑬]民各有心而无所据依。[⑭]以是处国，不亦难乎？君若伐之，可克也。吾不言，子必言之。"[⑮]士蔿以告，公悦，乃伐翟柤。

郤叔虎将乘城，[⑯]其徒曰："弃政而役，非其任也。"[⑰]郤叔虎曰："既无老谋，而又无壮事，何以事君？"[⑱]被羽先升，遂克之。[⑲]

① 田，猎也。翟柤，国名也。氛，祲氛，凶象也。凶曰氛，吉曰祥。

② 欲伐翟柤也。寐，瞑也。

③ 语以寝不寐也。郤叔虎，晋大夫，郤芮之父郤豹也。

④ 笫，箦也。

⑤ 君意在翟柤也。

⑥ 忌，难也。

⑦ 其臣竞谄，故进者则壅塞其上，使不闻过也。

⑧ 其退去者则拒违其君也。

⑨ 忍，忍为不义也。

⑩ 偷，苟且也。幸，侥幸也。

⑪ 纵，放纵也。

⑫ 冒，抵冒，言贪也。

⑬ 餍，足也。回，邪也。

⑭ 据，仗也。

⑮ 不言，让其上也。

⑯ 乘，升也。

⑰ 政犹职也。役，服戎役也。

⑱ 壮事，力役也。言己无谋，又耻无功也。

⑲ 羽，鸟羽，系于背，若今军将负眊矣。

优施教骊姬远太子

公之优曰施，通于骊姬。[①]骊姬问焉，曰："吾欲作大事，[②]而难三公子之徒如何？"[③]对曰："早处之，使知其极。[④]夫人知极，鲜有慢心。[⑤]虽其慢，乃易残也。"[⑥]骊姬曰："吾欲为难，安始而可？"[⑦]优施曰："必于申生。其为人也，小心精洁，[⑧]而大志重，[⑨]又不忍人。[⑩]精洁易辱，重偾可疾，[⑪]不忍人，必自忍也。[⑫]辱之近行。"[⑬]骊姬曰："重，无乃难迁乎？"[⑭]优施曰："知辱可辱，可辱迁重。[⑮]若不知辱，亦必不知固秉常矣。[16]今子内固而外宠,[17]且善否莫不信,[18]若外殚善而内辱之,无不迁矣。[19]且吾闻之:甚精必愚。[20]精为易辱,愚不知避难。虽欲无迁,其得之乎?”是故先施谗于申生。

骊姬赂二五,使言于公[21]曰:“夫曲沃,君之宗也,[22]蒲与二屈,君之疆也,[23]不可以无主。宗邑无主,则民不威;[24]疆埸无主,则启戎心。[25]戎之生心,民慢其政,国之患也。若使太子主曲沃,而二公子主蒲与屈,乃可以威民而惧戎,且旌君伐。”[26]使俱曰:“狄之广莫,于晋为都。[27]晋之启土,不亦宜乎?”[28]公说,乃城曲沃,太子处焉。又城蒲,公子重耳处焉。又城二屈,公子夷吾处焉。骊姬既远太子,乃生之言,[29]太子由是得罪。

① 优,俳也。施,其名也。旁淫曰通。

② 大事,废適立庶也。

③ 三公子,申生、重耳、夷吾也。

④ 处,定也。极,至也。当早定申生,分之都城而位以卿,使自知其位所极至也。

⑤ 鲜,寡也。言人自知其极,则戒惧不敢违慢觊欲也。

⑥ 言有官任而违慢,易残毁也。

⑦ 难,谓欲杀三公子也。始,先也。

⑧ 小心,多畏忌。精洁,不忍辱。

⑨ 大,年长也。重,敦重也。

⑩ 不忍施恶于人。

⑪ 偾,僵也。惇重者守节不易其情,则可疾毙僵也。

⑫ 自忍,忍能自杀也。

⑬ 辱,谓被以不义也。

⑭ 迁,移也。

⑮ 言知辱者虽重必移也。

⑯ 不知,无所知也。秉,执也。固执常谋,因罪以去之也。

⑰ 内固,内得君心。外宠,外见宠爱。

⑱ 所善恶无不见信。

⑲ 殚,尽也。外尽以善意待太子,而内以不义加辱之,则其心无不移。

⑳ 精锐近愚也。

㉑ 赂,遗也。二五,献公嬖大夫梁五与东关五也。

㉒ 宗,本宗也。曲沃,桓叔之封,先君宗庙在焉,犹西周谓之宗周。

㉓ 疆,境也。二屈,有南北也,今河东有北屈,则是时复有南屈也。

㉔ 威,畏也。

㉕ 启,开也,开戎侵盗之心也。晋南有陆浑之戎,蒲接之;北有山戎,二屈接之。

㉖ 旌,章也。伐,功也。

㉗ 使俱者,使二五同声也。广莫,北狄沙漠也。下邑曰都,使如为晋下邑。

㉘ 启土,辟境也。

㉙ 生,生谗言也。

献公作二军以伐霍

十六年,公作二军,[①]公将上军,太子申生将下军以伐霍。[②]师未出。士蔿言于诸大夫曰:“夫太子,君之贰也。[③]恭以俟嗣,何官之有?今君分之土而官之,[④]是左之也。[⑤]吾将谏以观之。”乃言于公曰:“夫太子,君之贰也,而帅下军,无乃不可乎?”公曰:“下军,上军之贰也。寡人在上,申生在下,不亦可乎?”士蔿对曰:“下不可以贰上。”[⑥]公曰:“何故?”对曰:“贰若体焉,[⑦]上下左右,以相心目,[⑧]用而不倦,身之利也。[⑨]上贰代举,[⑩]下贰代履,[⑪]周旋变动,以役心目,[⑫]故能治事,以制百物。[13]若下摄上,与上摄下,[14]周旋不动,以违心目,其反为物用也,何事能治?[15]故古之为军也,军有左右,阙从补之,[16]成而不知,是以寡败。[17]若以下贰上,阙而不变,败弗能补也。[18]变非声章,弗能移也。[19]声章过数则有衅,有衅则敌入,[20]敌入而凶,救败不暇,谁能退敌?[21]敌之如志,国之忧也。可以陵小,难以征国。[22]君其图之!"公曰:"寡人有子而制焉,非子之忧也。"对曰:"太子,国之栋也。栋成乃制之,不亦危乎!"[23]公曰:"轻其所任,虽危何害?"[24]

士蔿出语人曰:"太子不得立矣。改其制而不患其难,轻其任而不忧其危,君有异心,又焉得立?行之克也,将以害之;[25]若其不克,其因以罪之。虽克与否,无以避罪。与其勤而不入,不如逃之。[26]君得其欲太子远死,且有令名,为吴太伯,不亦可乎?"[27]太子闻之,曰:"子舆之为我谋,忠矣。[28]然吾闻之:为人子者,患不从,不患无名;[29]为人臣者,患不勤,不患无禄。今我不才而得勤与从,[30]又何求焉?焉能及吴太伯乎?"太子遂行克霍而反,谗言弥兴。[31]

① 献公十六年,鲁闵之元年也。鲁庄十六年,王命晋武公以一军为晋侯,至此初作二军,军之有上下也。

② 霍,周文王子霍叔武之国也。

③ 贰,副也。

④ 位以卿也。

⑤ 左犹外也。

⑥ 犹足不可以贰手也。手足,左右各自为贰。

⑦ 体,四支也。

⑧ 相，助也。

⑨ 倦，劳也。有贰，故不劳也。四体役身，故身之利。

⑩ 上，手也。代，更也。

⑪ 下，足也。履，步也。

⑫ 役，为也。

⑬ 制，裁也。

⑭ 摄，持也。

⑮ 为物用，与百物器用无异也。

⑯ 左右，左右部也。阙，缺也。

⑰ 不知，敌不知有阙。

⑱ 变，更也。

⑲ 声，金鼓也。章，旌旗也。移，动也。

⑳ 衅，隙也。军法，进退旗鼓有数，过数则有隙，敌见隙而犯己也。

㉑ 凶犹凶凶，恐惧也。退，却也。

㉒ 以下军贰上，可以侵陵小国，难以征大国。

㉓ 栋成，谓位已定而更其制，使将兵，危之道也。

㉔ 轻其所任，谓轻太子所任，不重责也。虽近危，犹无害也。

㉕ 以得众害之也。

㉖ 不入，不入君意也。逃，去也。

㉗ 得其欲，得立奚齐也。太伯让季历，远适吴、越，后武王追封为吴伯，故曰吴太伯也。

㉘ 子舆，士蔿字。

㉙ 不从，不从父命也。

㉚ 以战伐为勤、从也。

㉛ 弥，益也。

优施教骊姬谮申生

优施教骊姬夜半而泣谓公曰："吾闻申生甚好仁而强，[①]

甚宽惠而慈于民,[2]皆有所行之。[3]今谓君惑于我,必乱国,无乃以国故而行强于君。[4]君未终命而不殁,[5]君其若之何?盍杀我,无以一妾乱百姓。"[6]公曰:"夫岂惠其民而不惠于其父乎?"[7]骊姬曰:"妾亦惧矣。吾闻之外人言曰:为仁与为国不同。为仁者,爱亲之谓仁;为国者,利国之谓仁。[8]故长民者无亲,[9]众以为亲。苟利众而百姓和,岂能惮君?[10]以众故不敢爱亲,众况厚之,[11]彼将恶始而美终,以晚盖者也。[12]凡民利是生,[13]杀君而厚利众,众孰沮之?[14]杀亲无恶于人,人孰去之?苟交利而得宠,志行而众悦,[15]欲其甚矣,孰不惑焉?[16]虽欲爱君,惑不释也。[17]今夫以君为纣,若纣有良子,而先丧纣,[18]无章其恶而厚其败。[19]钧之死也,无必假手于武王,[20]而其世不废,祀至于今,吾岂知纣之善否哉?[21]君欲勿恤,其可乎?[22]若大难至而恤之,其何及矣?"公惧曰:"若何而可?"骊姬曰:"君盍老而授之政。[23]彼得政而行其欲,得其所索,乃其释君。且君其图之,自桓叔以来,孰能爱亲?[24]唯无亲,故能兼翼。"公曰:"不可与政。我以武与威,是以临诸侯。未殁而亡政,不可谓武;有子而弗胜,不可谓威。我授之政,诸侯必绝;能绝于我,必能害我。失政而害国,不可忍也。尔勿忧,吾将图之。"

骊姬曰:"以皋落狄之朝夕苛我边鄙,[25]使无日以牧田野,[26]君之仓廪固不实,又恐削封疆。君盍使之伐狄,以观其果于众也,与众之信辑睦焉。[27]若不胜狄,虽济其罪,可也。[28]若胜狄,则善用众矣,求必益广,[29]乃可厚图也。且夫胜狄,诸侯惊惧,吾边鄙不儆,仓廪盈,四邻服,封疆信,君得其赖，[30]又知可否，其利多矣！君其图之。”公说。

是故使申生伐东山，[31]衣之偏裻之衣，佩之以金玦。[32]仆人赞闻之，曰：“太子殆哉！[33]君赐之奇，奇生怪，怪生无常，无常不立。[34]使之出征，先以观之，[35]故告之以离心，而示之以坚忍之权，[36]则必恶其心而害其身矣。恶其心必内险之，[37]害其身必外危之。[38]危自中起，难哉！且是衣也，狂夫阻之衣也，[39]其言曰：‘尽敌而反。’[40]虽尽敌，其若内谗何！”申生胜狄而反，谗言作于中。君子曰：“知微。”[41]

① 强，强御也。

② 慈，爱也。

③ 行之皆有法术也。

④ 以国故，恐败国之故而以强劫君。

⑤ 殁，终也。

⑥ 盍，何不也。

⑦ 惠，爱也。

⑧ 利国，谓安社稷，利百姓。

⑨ 无亲，无私亲。

⑩ 岂惮杀君。

⑪ 况，益也。言以众故杀君，除民害，众益以为厚。

⑫ 美，善也。晚，后也。盖，掩也。言以后善掩前恶也。

⑬ 谓为民生利。

⑭ 沮，败也。

⑮ 交，俱也。

⑯ 欲太子也。谁不惑，谓国人也。

⑰ 释，解也。

⑱ 良，善也。丧，亡也。若纣有善子，知纣之恶，纣终必灭国，以计言

之，不如先自杀之。

⑲ 厚其败，谓武王击以轻剑，斩以黄钺也。

⑳ 钧，同也。假，借也。

㉑ 先自亡之，故无知之者。

㉒ 恤，忧也。

㉓ 称老，以政授申生。

㉔ 桓叔，献公曾祖曲沃桓叔成师也。桓叔伐晋，杀其兄子昭侯于翼。桓叔生严伯，严伯又伐翼，杀昭侯之子孝侯。严伯生武公，武公灭翼而兼之。武公生献公，献公灭桓、严之族。

㉕ 皋落，东山狄也。苛，扰也。

㉖ 无日不有狄儆，故不得牧于田野。

㉗ 果，果于用师否也。辑，和也。

㉘ 济，渡也。以不胜罪之。

㉙ 所求益广。

㉚ 信，审也。赖，利也。

㉛ 东山，皋落氏。

㉜ 裻在中，左右异，故曰偏。玦如环而缺，以金为之。

㉝ 赞，太子仆也。殆，危也。

㉞ 奇，异也。不立，不得立也。

㉟ 观其用众也。

㊱ 离心，偏衣中分也。坚忍，金玦也。玦以示离也。《传》曰："金寒玦离。"

㊲ 险，危也。

㊳ 外危之，使攻伐也。

㊴ 狂夫，方相氏之士也。阻，古"诅"字。将服是衣，必先诅之。《周礼》"方相氏黄金四目，玄衣朱裳，执戈扬楯以驱疫"也。

㊵ 言，谓狂夫祭诅之言也。

㊶ 知微，谓仆人赞也。

申生伐东山

十七年冬，公使太子伐东山。[①]里克谏曰："臣闻皋落氏将战，[②]君其释申生也。"[③]公曰："行也！"里克对曰："非故也。[④]君行，太子居，以监国也；[⑤]君行，太子从，以抚军也。[⑥]今君居，太子行，未有此也。"公曰："非子之所知也。寡人闻之，立太子之道三：身钧以年，[⑦]年同以爱，[⑧]爱疑决之以卜筮。[⑨]子无谋吾父子之间，吾以此观之。"[⑩]公不说。

里克退，见太子。太子曰："君赐我以偏衣、金玦，何也？"里克曰："孺子惧乎？衣躬之偏，而握金玦，令不偷矣。孺子何惧！[⑪]夫为人子者，惧不孝，不惧不得。[⑫]且吾闻之曰：'敬贤于请。'[⑬]孺子勉之乎！"[⑭]君子曰："善处父子之间矣。"[⑮]

太子遂行，狐突御戎，先友为右，[⑯]衣偏衣而佩金玦。出而告先友曰："君与我此，何也？"先友曰："中分而金玦之权，在此行也。孺子勉之乎！"[⑰]狐突叹曰："以厖衣纯，[⑱]而玦之以金铣者，寒之甚矣，胡可恃也？[⑲]虽勉之，狄可尽乎？"先友曰："衣躬之偏，握兵之要，[⑳]在此行也，勉之而已矣。偏躬无慝，兵要远灾，[㉑]亲以无灾，又何患焉？"至于稷桑，[㉒]狄人出逆，[㉓]申生欲战。狐突谏曰："不可。突闻之：国君好艾，大夫殆；[㉔]好内，適子殆，社稷危。[㉕]若惠于父而远于死，[㉖]惠于众而利社稷，其可以图之乎？[㉗]况其危身于狄以起谗于内也。"申生曰："不可。君之使我，非欢也，[㉘]抑欲测吾心也。[㉙]是故赐我奇服而告我权，[㉚]又有甘言焉。[㉛]言之大甘，其中必苦。谮在中矣，君故生心。[㉜]虽蝎谮，焉避之？不若战也。[㉝]

不战而反，我罪滋厚。[34]我战死，犹有令名焉。”[35]果败狄于稷桑而反。谗言益起，狐突杜门不出。[36]君子曰：“善深谋也。”

① 献公十七年，鲁闵二年也。

② 言其不服，将与申生战。

③ 释，舍也。

④ 非故事也。

⑤ 君行则守。

⑥ 有守则从，抚循军士。

⑦ 身钧，德同也。以年，立长也。

⑧ 立所爱也。

⑨ 爱疑，爱同也。龟曰卜，蓍曰筮。

⑩ 言吾使之征伐，欲观其能否也。

⑪ 孺子，少子也。偷，薄也。偏，半也。分身之半以授太子，又令握金玦。金玦，兵要也。君今于太子不为薄矣。

⑫ 贾、唐云：“不得，不得君心也。”昭谓：不得立也。《内传》：“太子曰：‘吾其废乎？’里克曰：‘子惧不孝，无惧不得立。’”

⑬ 贤，愈也。言执恭敬愈于请求。

⑭ 勉为孝敬也。

⑮ 入谏其父，出勉其子。

⑯ 狐突，晋同姓，唐叔之后、狐偃之父狐突伯行也。先友，晋大夫，先丹木之族。右，车右。

⑰ 中分，中分君之半也。金玦，以兵决事也。

⑱ 杂色曰尨。纯，纯德，谓太子也。

⑲ 玦犹离也。铣犹洒。洒，寒也。言于太子无温润也。

⑳ 握兵之要，金玦之势也。金为兵，玦所以图事决计也，故为兵要。

㉑ 慝，恶也。衣身之半，君无恶意也。握兵之势，欲令太子远灾害也。

㉒ 稷桑，皋落狄地也。

㉓ 逆，拒申生也。

㉔ “艾”当为“外”，声相似误也。好外，多嬖臣也。嬖臣害正，故大夫殆。殆，危也。

㉕ 好内，多嬖妾也。嬖专宠，故適子殆，国家乱，则社稷危，周幽王是也。

㉖ 惠，顺也。去避奚齐，为顺父心而远于死也。《传》曰：“狐突欲行。”

㉗ 惠于众谓不战也。太子去，则国不争，故利社稷。

㉘ 非欢爱我也。

㉙ 测犹度也。

㉚ 奇服，偏裻。权，金玦也。

㉛ 申生将去，父又以美言慰抚之也。

㉜ 有此甘言，非本意，故言生心也。

㉝ 蝎，木虫也。谮从中起，如蝎食木，木不能避也。

㉞ 滋，益也。

㉟ 有恭从之名也。

㊱ 不出，避难也。

卷八

晋语二

骊姬谮杀太子申生

反自稷桑，处五年，[①]骊姬谓公曰："吾闻申生之谋愈深。[②]日，吾固告君曰得众，[③]众不利，焉能胜狄？[④]今矜狄之善，其志益广。[⑤]狐突不顺，故不出。[⑥]吾闻之，申生甚好信而强，[⑦]又失言于众矣，虽欲有退，众将责焉。[⑧]言不可食，众不可弭，[⑨]是以深谋。君若不图，难将至矣！"公曰："吾不忘也，抑未有以致罪焉。"

骊姬告优施曰："君既许我杀太子而立奚齐矣，吾难里克，奈何？"优施曰："吾来里克，一日而已。[⑩]子为我具特羊之飨，[⑪]吾以从之饮酒。我优也，言无邮。"[⑫]骊姬许诺，乃具，使优施饮里克酒。中饮，优施起舞，谓里克妻曰："主孟啗我，[⑬]我教兹暇豫事君。"[⑭]乃歌曰："暇豫之吾吾，不如鸟乌。[⑮]人皆集于苑，己独集于枯。"[⑯]里克笑曰："何谓苑？何谓枯？"优施曰："其母为夫人，其子为君，可不谓苑乎？其母既死，其子又有谤，可不谓枯乎？枯且有伤。"[⑰]

优施出，里克辟奠，不飧而寝。[⑱]夜半，召优施，曰："曩而言戏乎？抑有所闻之乎？"[⑲]曰："然。君既许骊姬杀太子而立奚齐，谋既成矣。"[⑳]里克曰："吾秉君以杀太子，吾不忍。[㉑]

通复故交，吾不敢。[22]中立其免乎？”优施曰：“免。”[23]

旦而里克见丕郑，[24]曰：“夫史苏之言将及矣！优施告我，君谋成矣，将立奚齐。”丕郑曰：“子谓何？”[25]曰：“吾对以中立。”丕郑曰：“惜也！[26]不如曰不信以疏之，[27]亦固太子以携之，[28]多为之故，以变其志，志少疏，乃可闲也。[29]今子曰中立，况固其谋也，[30]彼有成矣，难以得闲。”里克曰：“往言不可及也，[31]且人中心唯无忌之，何可败也！[32]子将何如？”丕郑曰：“我无心。是故事君者，君为我心，制不在我。”[33]里克曰：“弑君以为廉，[34]长廉以骄心，因骄以制人家，吾不敢。[35]抑挠志以从君，为废人以自利也，[36]利方以求成人，吾不能。[37]将伏也。”[38]明日，称疾不朝。三旬，难乃成。[39]

骊姬以君命命申生曰：“今夕君梦齐姜，必速祠而归福。”[40]申生许诺，乃祭于曲沃，归福于绛。[41]公田，骊姬受福，乃寘鸩于酒，[42]寘堇于肉。[43]公至，召申生献，[44]公祭之地，地坟。[45]申生恐而出。骊姬与犬肉，犬毙。[46]饮小臣酒，亦毙。[47]公命杀杜原款。[48]申生奔新城。[49]

杜原款将死，使小臣圉告于申生，[50]曰：“款也不才，寡智不敏，[51]不能教导，以至于死。不能深知君之心度，[52]弃宠求广土而窜伏焉。[53]小心狷介，不敢行也。[54]是以言至而无所讼之也，[55]故陷于大难，乃逮于谗。[56]然款也不敢爱死，唯与谗人钧是恶也。[57]吾闻君子不去情，[58]不反谗，[59]谗行身死可也，犹有令名焉。[60]死不迁情，强也；[61]守情说父，孝也；杀身以成志，仁也；死不忘君，敬也。[62]孺子勉之！死必遗爱，死民之思，不亦可乎？”申生许诺。[63]

人谓申生曰:“非子之罪,何不去乎?”申生曰:“不可。去而罪释,必归于君,是怨君也。[64]章父之恶,取笑诸侯,吾谁乡而入?[65]内困于父母,外困于诸侯,是重困也。弃君去罪,是逃死也。吾闻之:‘仁不怨君,智不重困,勇不逃死。’若罪不释,去而必重。去而罪重,不智;逃死而怨君,不仁;有罪不死,无勇。去而厚怨,恶不可重,死不可避,吾将伏以俟命。”

骊姬见申生而哭之,[66]曰:“有父忍之,况国人乎?[67]忍父而求好人,人孰好之?杀父以求利人,人孰利之?皆民之所恶也,难以长生!”骊姬退,申生乃雉经于新城之庙。[68]将死,乃使猛足言于狐突曰:“申生有罪,不听伯氏,以至于死。[69]申生不敢爱其死,虽然,吾君老矣,国家多难,伯氏不出,奈吾君何?伯氏苟出而图吾君,[70]申生受赐以至于死,虽死何悔!”是以谥为共君。[71]

骊姬既杀太子申生,又谮二公子曰:“重耳、夷吾与知共君之事。”[72]公令阉楚刺重耳,重耳逃于狄。[73]令贾华刺夷吾,夷吾逃于梁。[74]尽逐群公子,[75]乃立奚齐焉。始为令,国无公族焉。

① 自,从也,从伐东山战于稷桑而反也。处五年,鲁僖之四年也。

② 谋,谋弑公也。愈,益也。

③ 日,往日也。

④ 众若不利,焉肯为用而胜狄乎?

⑤ 矜,大也。善,善用众。

⑥ 狐突,申生之戎御也。不顺,谓太子不顺也。

⑦ 强，强御也。信，言必行之。

⑧ 失言，许众以取国也。退，谓改悔也。

⑨ 食，伪也。弭，止也。

⑩ 来，谓转里克之心，使来从己用也。一日，言其易也。

⑪ 特，一也。凡牲一为特，二为牢。

⑫ 邮，过也。

⑬ 大夫之妻称主，从夫称也。孟，里克妻字。啗，啖也。“孟”或作“盍”。

⑭ 兹，此，里克也。暇，闲也。豫，乐也。

⑮ 吾读如鱼。吾吾，不敢自亲之貌也，言里克欲为闲乐事君之道，反不敢自亲吾吾，然其智曾不如乌乌也。

⑯ 集，止也。苑，茂木貌。己，里克也。喻人皆与奚齐，己独与申生。

⑰ 无母谕枯，有谤谕伤。伤，病也。

⑱ 辟，去也。奠，置也。熟食曰飧。

⑲ 曩，向也。而，女也。

⑳ 成，定也。

㉑ 秉执君志以杀太子，不忍为也。

㉒ 交，与太子交也。

㉓ 中立，不阿君，亦不助太子也。

㉔ 夜半召优施，旦而见丕郑。

㉕ 谓对优施言也。

㉖ 惜，惜其失言也。

㉗ 曰不信者，拒优施以不然也。拒之以不然，则骊姬意疏，不敢必也。

㉘ 固，固持也。携，离也。固持太子，以离骊姬之党也。

㉙ 故，谓多作计术以变易其志。志少疏，乃可闲。闲亦离也。

㉚ 况，益也。

㉛ 及，追也。

㉜ 言骊姬唯无忌惮之心，执之已固，何可败也。

㉝ 我无心者，不得自在也。君为我心，以君为心。

㉞ 贾侍中云："廉犹利也。以太子故，弑君以自利。"唐尚书云："为太子杀奚齐，不有其国，以为廉也。"昭谓：是时太子未废，献公在位，而以君为奚齐，非也。君，献公也。虞御史云"廉，直也，读若斗廉之廉"，此说近之。

㉟ 制，裁也。自大其廉，而有骄人之心，因骄以裁制人之父子，吾不敢为也。

㊱ 挠，屈也。人，谓申生。

㊲ 方，道也。利得道以求成太子，吾力不能为也。

㊳ 伏，隐也。

㊴ 难，杀申生、谮二公子也。

㊵ 齐姜，申生母也。福，胙肉也。

㊶ 绛，晋所都也。

㊷ 寘，置也。鸩，毒也。

㊸ 堇，乌头也。

㊹ 献，献胙也。

㊺ 将饮先祭，示有先也。坟，起也。

㊻ 毙，死也。

㊼ 小臣，官名，掌阴事阴命，阉士也。

㊽ 原款，申生之傅也。

㊾ 新城，曲沃也，新为太子城也。

㊿ 小臣，太子小臣也，名圉，原款因为告太子。

51 敏，达也。

52 度，尺寸也。

53 弃宠，令太子弃位也。求广土，奔他国也。窜，隐也。

54 狷者，守分有所不为也。言虽知当与申生俱去，耻不能事君而出，故不敢行也。

55 言，谗言也。

⑯ 逮，及也。

⑰ 谗人，骊姬也。钧，同也。

⑱ 不去忠爱之情也。

⑲ 反，谓覆申理也。

⑳ 有孝名也。

㉑ 迁，易也。

㉒ 使有遗言属狐突是也。

㉓ 死民之思，为民所思也。

㉔ 释，解也。归于君，怨归于君也。

㉕ 取笑诸侯，诸侯所笑也。当趣谁乡，入谁国也。

㉖ 就曲沃哭之也。

㉗ 有父忍自杀之，况能爱国人乎？

㉘ 雉经，头枪而悬死也。

㉙ 猛足，申生臣也。伯氏，狐突字也。不听，谓稷桑之战不从其言也。

㉚ 图，为之谋也。

㉛ 谥法，既过能改曰共。国人告公以此谥也。

㉜ 言与知其逆谋也。

㉝ 阉，阉士也。楚，谓伯楚，寺人披之字也，于文公时为勃鞮。狄，北狄，隗姓也。

㉞ 贾华，晋大夫。梁，嬴姓之国，伯爵也。唐尚书云："晋灭以为邑。"非也。是时，梁尚存，至鲁僖十九年，秦取之。

㉟ 群公子，献公之庶孽及先君之支庶也。《传》曰："献公之子九人。"

公子重耳夷吾出奔

二十二年，公子重耳出亡，及柏谷，卜适齐、楚。[①]狐偃曰："无卜焉。[②]夫齐、楚道远而望大，不可以困往。[③]道远难通，[④]望大难走，[⑤]困往多悔。困且多悔，不可以走望。[⑥]若以偃之虑，其狄乎！[7]夫狄近晋而不通，[8]愚陋而多怨，[9]走之易达。不通可以窜恶，[10]多怨可与共忧。今若休忧于狄，以观晋国，且以监诸侯之为，其无不成。"[11]乃遂之狄。

处一年，公子夷吾亦出奔，[12]曰："盍从吾兄窜于狄乎？"冀芮曰："不可。[13]后出同走，不免于罪。[14]且夫偕出偕入难，[15]聚居异情恶，[16]不若走梁。梁近于秦，秦亲吾君。吾君老矣，[17]子往，骊姬惧，必援于秦。以吾存也，[18]且必告悔，是吾免也。"[19]乃遂之梁。居二年，骊姬使奄楚以环释言。[20]四年，复为君。[21]

① 献公二十二年，鲁僖五年也，公使寺人披伐蒲城，重耳自蒲出奔。及，至也。柏谷，晋地。

② 狐偃，重耳之舅、狐突之子子犯也。无卜，不须卜也。

③ 望大，望诸侯朝贡，不恤亡公子也。

④ 通，至也。

⑤ 难归走也。

⑥ 望，望其力也。

⑦ 可之狄也。

⑧ 不与晋通也。

⑨ 多怨于戎、狄也。

⑩ 窜，隐也。

⑪ 监，视也。之为，为谁动也。视诸侯所为，故无不成。

⑫ 处狄一年，鲁僖之六年也，公使贾华伐屈，夷吾自屈出奔。

⑬ 冀芮，晋大夫，冀缺之父也。

⑭ 同走，嫌同谋也。

⑮ 偕，俱也。

⑯ 聚，共也。虞云："重耳、夷吾情好不同，故恶相近。"昭谓：异情，谓各欲求入为君，于义恶也。

⑰ 秦穆夫人，献公之女，故亲吾君也。

⑱ 以吾存者，以吾在梁依秦也。

⑲ 免，免罪也。

⑳ 居梁二年，鲁僖之七年也。环，玉环。环，还也。释言，以言自解释也。

㉑ 居梁四年，在鲁僖之九年也。是岁，献公卒，秦伯纳之。

虢将亡舟之侨以其族适晋

虢公梦在庙，[①]有神人面白毛虎爪，执钺立于西阿，[②]公惧而走。神曰："无走！帝命曰：'使晋袭于尔门。'"[③]公拜稽首。觉，召史嚚占之，[④]对曰："如君之言，则蓐收也，[⑤]天之刑神也，[⑥]天事官成。"[⑦]公使囚之，且使国人贺梦。[⑧]舟之侨告诸其族[⑨]曰："众谓虢亡不久，吾乃今知之。[⑩]君不度而贺大国之袭，于已也何瘳？[⑪]吾闻之曰：'大国道，小国袭焉，曰服；[⑫]小国傲，大国袭焉，曰诛。'[⑬]民疾君之侈也，是以遂于逆命。[⑭]今嘉其梦，侈必展，[⑮]是天夺之鉴而益其疾也。[⑯]民疾其态，天又诳之。[⑰]大国来诛，出令而逆。[⑱]宗国既卑，诸侯远己。[⑲]内外无亲，其谁云救之？[⑳]吾不忍俟也！"将行，[㉑]以其族适晋。六年，虢乃亡。[㉒]

① 虢公，王季之子、文王之弟、虢仲之后虢公丑也。庙，宗庙也。

② 西阿，西荣也。

③ 帝，天也。袭，入也。

④ 史嚚，虢太史也。

⑤ 蓐收，西方白虎金正之官也。《传》曰："少皞氏有子该为蓐收。"

⑥ 刑杀之神也。

⑦ 官成，祸福各以官象成也。

⑧ 欲转吉之，故使贺也。

⑨ 舟之侨，虢大夫。

⑩ 以其贺梦也。

⑪ 度，揆也。大国，晋也。瘳，犹损也。言君不揆度神意，而令贺之，何损于祸。

⑫ 袭，入也。

⑬ 儆，慢也。

⑭ 逆命，拒违君命也。

⑮ 展，申也。

⑯ 鉴，镜也，镜所以自省察也。

⑰ 诳犹惑也。

⑱ 逆，谓令国人贺梦也。

⑲ 宗国，公族也。远，疏外也。

⑳ 云，言也。

㉑ 行，去也。

㉒ 适晋在鲁闵二年也。后六年，鲁僖五年也。

宫之奇知虞将亡

伐虢之役，师出于虞。[①]宫之奇谏而不听，[②]出，谓其子曰："虞将亡矣！唯忠信者能留外寇而不害。[③]除暗以应外谓之忠，[④]定身以行事谓之信。[⑤]今君施其所恶于人，暗不除矣；[⑥]以贿灭亲，身不定矣。[⑦]夫国非忠不立，非信不固。既不忠信，而留外寇，寇知其衅而归图焉。[⑧]已自拔其本矣，何以能久？[⑨]吾不去，惧及焉。"以其孥适西山。[⑩]三月，虞乃亡。[11]

① 鲁僖五年，献公伐虢，假道于虞。

② 宫之奇，虞大夫也，谏虞公勿假晋道，虞公不听。

③ 留外寇，谓舍晋军于国。

④ 除，去也。去己暗昧之心以应外谓之忠。忠，谓恕也。

⑤ 定，安也。行事以求安其身谓之信。

⑥ 己之所恶而以施人，谓假晋道以伐虢也。

⑦ 贿，财也，谓虞受晋屈产之乘、垂棘之璧，假之道也。亲，谓虢也。虞，太王之后。虢，王季之胄。

⑧ 衅，隙也。图，谋也。

⑨ 本，谓忠信也。

⑩ 孥，妻子也。西山，国西界。

⑪ 晋灭之。

献公问卜偃攻虢何月

献公问于卜偃[1]曰："攻虢何月也？"[2]对曰："童谣有之，[3]曰：'丙之晨，龙尾伏辰，[4]均服振振，取虢之旂。[5]鹑之贲贲，天策焞焞，火中成军，虢公其奔！'[6]火中而旦，其九月十月之交乎？"[7]

① 卜偃，晋掌卜大夫郭偃也。

② 宜用何月。

③ 童，童子也。行歌曰谣。

④ 丙，丙子也。晨，早朝也。龙尾，尾星也。伏，隐也。辰，日月之交会也。谓鲁僖五年冬、周十二月、夏之十月丙子朔朝，日在尾，月在天策。伏辰在龙尾，隐而未见。

⑤ 均，同也，戎服君臣同也。振振，威武也。交龙曰旂。

⑥ 鹑，鹑火，鸟星也。贲贲，鹑貌也。天策，尾上一星名曰天策，一名傅说。焞焞，近日月之貌也。火，鹑火也。中，晨中也。成军，军有成功也。《传》曰："冬十二月丙子朔，晋灭虢，虢公丑奔京师。"

⑦ 交，晦朔之间也。

宰周公论齐侯好示

葵丘之会，献公将如会，[①]遇宰周公，[②]曰："君可无会也。夫齐侯好示，务施与力而不务德，[③]故轻致诸侯而重遣之，[④]使至者劝而叛者慕。怀之以典言，[⑤]薄其要结而厚德之，以示之信。[⑥]三属诸侯，存亡国三，以示之施。[⑦]是以北伐山戎，南伐楚，西为此会也。譬之如室，既镇其甍矣，又何加焉？[⑧]吾闻之，惠难遍也，施难报也。不遍不报，卒于怨仇。夫齐侯将施惠如出责，[⑨]是之不果奉，[⑩]而暇晋是皇，[⑪]虽后之会，将在东矣。[⑫]君无惧矣，其有勤也！"公乃还。[⑬]

① 鲁僖九年秋，齐桓公盟诸侯于葵丘。葵丘，地名也。

② 宰周公，王卿士宰孔也，为冢宰，食采于周，故曰宰周公。周公自会先归，遇献公于道也。

③ 好示，自矜其功，以信施示诸侯而不务德也。施，惠也。力，功也。

④ 轻，谓垂橐而入。重，谓稛载以归。

⑤ 怀，安也。典，法也。法言，谓阳谷之会，以四教令诸侯之属。

⑥ 薄其要结，谓束牲为盟，马皮为币。

⑦ 属，会也。三会，乘车之会三也。存三亡国，鲁、卫、邢也。

⑧ 甍，栋也。又何加，喻已成也。

⑨ 如出责，望其报也。

⑩ 果，克也。奉，行也。

⑪ 暇，谓不暇以晋为务也。

⑫ 东，东方也，其后会于淮是也。

⑬ 无惧于不会也。有勤，自勤劳也。

宰周公论晋侯将死

宰孔谓其御曰："晋侯将死矣！景霍以为城，[①]而汾、河、涑、浍以为渠，[②]戎、狄之民实环之。[③]汪是土也，[④]苟违其违，谁能惧之！[⑤]今晋侯不量齐德之丰否，[⑥]不度诸侯之势，[⑦]释其闭修，[⑧]而轻于行道，失其心矣。[⑨]君子失心，鲜不夭昏。"[⑩]是岁也，献公卒。八年，为淮之会。[⑪]桓公在殡，宋人伐之。[⑫]

① 景，大也。大霍，晋山名也，今在河东。

② 四者水名也。渠，池也。

③ 环，绕也。

④ 汪，大貌。

⑤ 苟违，违去也。其违，违道也。

⑥ 丰，厚也。否，不也。

⑦ 强弱之势。

⑧ 释，舍也。闭，守也。修，治也。

⑨ 失其心守。

⑩ 夭，夭折也。昏，狂荒之疾。

⑪ 八年，葵丘后八年也。桓公复会诸侯于淮，在鲁僖十六年。《传》曰："会于淮，谋鄫，且东略也。"

⑫ 鲁僖十七年冬，齐桓公卒，五公子争立，太子奔宋，宋襄公伐齐，纳

之，是为孝公。

里克杀奚齐而秦立惠公

二十六年，献公卒。[①]里克将杀奚齐，先告荀息曰："三公子之徒将杀孺子，子将如何？"[②]荀息曰："死吾君而杀其孤，[③]吾有死而已，吾蔑从之矣！"[④]里克曰："子死，孺子立，不亦可乎？子死，孺子废，焉用死？"荀息曰："昔君问臣事君于我，我对以忠贞。君曰：'何谓也？'我对曰：'可以利公室，力有所能，无不为，忠也。葬死者，养生者，死人复生不悔，[⑤]生人不愧，贞也。'吾言既往矣，[⑥]岂能欲行吾言而又爱吾身乎？虽死，焉避之？"[⑦]

里克告丕郑曰："三公子之徒将杀孺子，子将何如？"丕郑曰："荀息谓何？"[⑧]对曰："荀息曰'死之。'"丕郑曰："子勉之。夫二国士之所图，无不遂也。[⑨]我为子行之。[⑩]子帅七舆大夫以待我。[⑪]我使狄以动之，援秦以摇之。[⑫]立其薄者可以得重赂，[⑬]厚者可使无入。[⑭]国，谁之国也！"[⑮]里克曰："不可。克闻之，夫义者，利之足也；[⑯]贪者，怨之本也。[⑰]废义则利不立，[⑱]厚贪则怨生。夫孺子岂获罪于民？将以骊姬之惑蛊君而诬国人，[⑲]谗群公子而夺之利，使君迷乱，信而亡之，[⑳]杀无罪以为诸侯笑，[㉑]使百姓莫不有藏恶于其心中，[㉒]恐其如壅大川，溃而不可救御也。[㉓]是故将杀奚齐而立公子之在外者以定民弭忧，于诸侯且为援，[㉔]庶几曰诸侯义而抚之，百姓欣而奉之，国可以固。[㉕]今杀君而赖其富，[㉖]贪且反义。贪则民怨，反义则富不为赖。[㉗]赖富而民怨，乱国而身殆，惧为诸侯载，[㉘]不可常也。"丕郑许诺。于是杀奚齐、卓子及骊姬，而请君于秦。

既杀奚齐，荀息将死之。人曰："不如立其弟而辅之。"荀息立卓子。里克又杀卓子，荀息死之。君子曰："不食其言矣。"㉙

既杀奚齐、卓子，里克及丕郑使屠岸夷㉚告公子重耳于狄，曰："国乱民扰，得国在乱，治民在扰，㉛子盍入乎？吾请为子钛。"㉜重耳告舅犯曰："里克欲纳我。"舅犯曰："不可。夫坚树在始，㉝始不固本，终必槁落。夫长国者唯知哀乐喜怒之节，是以导民。㉞不哀丧而求国，难；因乱以入，殆。以丧得国，则必乐丧，㉟乐丧必哀生。因乱以入，则必喜乱，喜乱必怠德。㊱是哀乐喜怒之节易也，㊲何以导民？民不我导，谁长？"㊳重耳曰："非丧谁代，非乱谁纳我？"舅犯曰："偃也闻之，㊴丧乱有小大。大丧大乱之剡也，不可犯也。㊵父母死为大丧，谗在兄弟为大乱。今适当之，是故难。"公子重耳出，见使者曰："子惠顾亡人重耳，父生不得供备洒扫之臣，㊶死又不敢莅丧以重其罪，且辱大夫，敢辞。㊷夫固国者，在亲众而善邻，㊸在因民而顺之。㊹苟众所利，邻国所立，大夫其从之。重耳不敢违。"

吕甥及郤称亦使蒲城午㊺告公子夷吾于梁，曰："子厚赂秦人以求入，吾主子。"㊻夷吾告冀芮曰："吕甥欲纳我。"㊼冀芮曰："子勉之。国乱民扰，大夫无常，不可失也。㊽非乱何入，非危何安？㊾幸苟君之子，唯其索之也。㊿方乱以扰，孰适御我？大夫无常，苟众所置，孰能勿从？子盍尽国以赂外内，无爱虚以求入，[51]既入而后图聚。"[52]公子夷吾出见使者，再拜稽首许诺。

吕甥出告大夫曰："君死自立则不敢，[53]久则恐诸侯之谋，径召君于外也，[54]则民各有心，恐厚乱，[55]盍请君于秦乎？"[56]大夫许诺。乃使梁由靡告于秦穆公[57]曰："天降祸于晋国，谗言繁兴，延及寡君之绍续昆裔，[58]隐悼播越，托在草莽，未有所依。[59]又重之以寡君之不禄，丧乱并臻。[60]以君之灵，鬼神降衷，[61]罪人克伏其辜，[62]群臣莫敢宁处，将待君命。[63]君若惠顾社稷，不忘先君之好，辱收其逋迁裔胄而建立之，[64]以主其祭祀，且镇抚其国家及其民人，虽四邻诸侯之闻之也，其谁不儆惧于君之威，而欣喜于君之德？终君之重爱，受君之重贶，而群臣受其大德，[65]晋国其谁非君之群隶臣也？"[66]

秦穆公许诺。反使者，[67]乃召大夫子明及公孙枝，[68]曰："夫晋国之乱，吾谁使先，[69]若夫二公子而立之？[70]以为朝夕之急。"[71]大夫子明曰："君使絷也。[72]絷敏且知礼，敬以知微。敏能窜谋，[73]知礼可使；敬不坠命，[74]微知可否。[75]君其使之。"

乃使公子絷吊公子重耳于狄，曰："寡君使絷吊公子之忧，又重之以丧。[76]寡人闻之，得国常于丧，失国常于丧。[77]时不可失，丧不可久，公子其图之。"重耳告舅犯。舅犯曰："不可。亡人无亲，信仁以为亲，[78]是故置之者不殆。[79]父死在堂而求利，人孰仁我？[80]人实有之，我以侥幸，人孰信我？[81]不仁不信，将何以长利？"公子重耳出，见使者[82]曰："君惠吊亡臣，又重有命。[83]重耳身亡，父死不得与于哭泣之位，又何敢有他志以辱君义？”[84]再拜不稽首，起而哭，[85]退而不私。[86]

公子絷退，吊公子夷吾于梁，如吊公子重耳之命。夷吾告冀芮曰：“秦人勤我矣！”[87]冀芮曰：“公子勉之。亡人无狷洁，狷洁不行。[88]重赂配德，[89]公子尽之，无爱财。人实有之，我以侥幸，不亦可乎？”公子夷吾出见使者，再拜稽首，起而不哭，退而私于公子絷曰：“中大夫里克与我矣，吾命之以汾阳之田百万。[90]丕郑与我矣，吾命之以负蔡之田七十万。[91]君苟辅我，蔑天命矣。[92]亡人苟入扫宗庙，定社稷，亡人何国之与有？[93]君实有郡县，[94]且入河外列城五。[95]岂谓君无有，亦为君之东游津梁之上，无有难急也。[96]亡人之所怀挟缨纕，以望君之尘垢者。[97]黄金四十镒，白玉之珩六双，[98]不敢当公子，请纳之左右。”[99]

公子絷反，致命穆公。穆公曰：“吾与公子重耳，重耳仁。再拜不稽首，不没为后也。[100]起而哭，爱其父，孝也。退而不私，不没于利也。”[101]公子絷曰：“君之言过矣。君若求置晋君而载之，[102]置仁不亦可乎？君若求置晋君以成名于天下，[103]则不如置不仁以猾其中，[104]且可以进退。[105]臣闻之曰：‘仁有置，武有置。仁置德，武置服。’”[106]是故先置公子夷吾，寔为惠公。

① 献公二十六年，鲁僖九年也。

② 荀息，奚齐之傅。三公子，申生、重耳、夷吾。徒，党也。

③ 死畜吾君也。

④ 蔑，无也。

⑤ 得其所任，故不悔也。

⑥ 往,行也。

⑦ 焉得避之。

⑧ 荀息有何言。

⑨ 二国士,里克、荀息也。遂,行也。

⑩ 助行其事,谓使狄、援秦之属。

⑪ 七舆,申生下军大夫也,左行共华、右行贾华、叔坚、骓歂、累虎、特宫、山祁也。待我,待我应也。

⑫ 重耳在狄,故告狄人,结援于秦以摇动晋国,败奚齐之党。

⑬ 结秦、狄之援,以立二公子,恩薄者,尚可以得重赂。

⑭ 于己厚者,可使二公子不得入立也。

⑮ 言晋可专也。

⑯ 有义,然后利立,故曰利之足也。

⑰ 贪则专利,故人怨之。

⑱ 无足,故不立。

⑲ 蛊,化也。诬,罔也。

⑳ 信姬之言,令皆奔亡。

㉑ 无罪,谓申生。

㉒ 人怀悖逆也。

㉓ 御,止也。

㉔ 弭,止也,言诸侯义己则得以为援也。

㉕ 固,安也。

㉖ 赖,利也。

㉗ 不义而富必危,故不为利。

㉘ 载见于书为后戒也。

㉙ 食,伪也。

㉚ 屠岸夷,晋大夫也。

㉛ 非乱何入,非扰何安,亦言劳民易为治也。

㉜ 鉥,道也。

㉝ 树,木也。始,根本也。

㉞ 长,君也。导,训也。

㉟ 乐丧,以丧为乐也。

㊱ 怠,懈也。

㊲ 易,反也。

㊳ 不我导,不从我训也。长,君也。

㊴ 偃,子犯名,重耳舅,故曰舅犯。

㊵ 剡,锋也。

㊶ 洒,灑也。

㊷ 莅,临也。

㊸ 固,定也。亲众,爱士民也。善邻,善邻国也。

㊹ 因民,所爱而立之为顺民。

㊺ 吕甥、郤称,夷吾之徒也。蒲城午,晋大夫也。

㊻ 主子,为子内主也。

㊼ 冀芮,晋大夫郤芮也,从夷吾者。

㊽ 无常,无常心。

㊾ 乱有所代,危得安之。

㊿ 索,求也,所在以求之。

51 外谓诸侯,内谓大夫。虚国藏以求入也。

52 入国乃图畜聚也。

53 自立,立嗣君也。

54 恐受赂径自召他公子也。

55 各有心,所爱不同也。

56 秦亲晋,故欲之秦请所立也。

57 梁由靡,晋大夫。秦穆公,伯益之后、德公之子穆公任好也。

58 绍,继也。续,嗣也。昆,后也。裔,末也。

59 隐,忧也。悼,惧也。播,散也。越,远也。依,倚也。

60 士死曰不禄。礼,君死赴于他国曰寡君不禄,谦也。臻,至也。

(61) 衷,善也。

(62) 罪人,骊姬也。

(63) 待君命所立也。

(64) 逋,亡也。迁,徙也,胄,后也。

(65) 终君,谓献公也。贶,赐也。

(66) 隶,役也。

(67) 反,报反也。

(68) 子明,秦大夫百里孟明视也。公孙枝,秦公孙子桑也。

(69) 当先立谁。

(70) 若,之也,使之二公子择所立也。

(71) 言晋无君,朝夕之急也。

(72) 絷,秦公子子显也。

(73) 窜,微也。

(74) 坠,失也。

(75) 微,密,故知可否也。

(76) 奔亡之忧,加之以丧亲也。

(77) 若齐桓公以丧得国,子纠以丧失之是也。

(78) 亡人无亲者,被不孝之名,弃亲而亡也,当信行仁道,然后有亲也。

(79) 置,立也。殆,危也。

(80) 人谁以我为仁。

(81) 人实有之,时多公子,非独己有也。我从外侥幸而求之,谁谓我信。

(82) 使者,公子絷也。

(83) 反国之命也。

(84) 他志,谓为君。

(85) 易位而哭也。

(86) 不私,不私访也。

(87) 勤我,助我也。

(88) 亡人不可以狷洁,狷洁则大事不行。

⑧⑨ 以重赂配己之德。

⑨⓪ 贾侍中云:"汾,水名。汾阳,晋地。百万,百万亩也。"

⑨① 负蔡,晋地名。

⑨② 蔑,无也。无复天命,在秦而已。

⑨③ 言但得守宗庙、社稷,不敢望国土。

⑨④ 言君亦自有郡县,非谓之无也。

⑨⑤ 河外,河东也。列城五,东尽虢略,南及华山,内及解梁城也。

⑨⑥ 津,水也。梁,桥也。非谓君无有若此地者,欲使君东游津梁之上无有难急,故进之耳。

⑨⑦ 挟,持也。缨,马缨也。纕,马腹带也。言尘垢不敢当盛也。

⑨⑧ 二十两为镒。珩,佩上饰也。珩形似磬而小。《诗传》曰:"上有葱珩,下有双璜。"

⑨⑨ 公子,公子絷。言左右,谦也。

⑩⓪ 没,贪也。

⑩① 不没,不贪。利,国家也。

⑩② 载,成也。

⑩③ 成威名也。

⑩④ 猾,乱也。

⑩⑤ 进退犹改易也。

⑩⑥ 仁置有德,武置服从。

冀芮答秦穆公问

穆公问冀芮曰:"公子谁恃于晋?"对曰:"臣闻之,亡人无党,有党必有仇。[①]夷吾之少也,不好弄戏,不过所复,[②]怒不及色。[③]及其长也,弗改。故出亡无怨于国,而众安之。不然,夷吾不佞,其谁能恃乎?"[④]君子曰:"善以微劝也。"

① 有与为党，必有与为仇。言无党，则必无仇也。

② 不过差也。

③ 无色过也。

④ 佞，才也。言无恃则恃秦也。

卷九

晋语三

惠公入而背外内之赂

惠公入而背外内之赂。[①]舆人诵之曰：[②]“佞之见佞，果丧其田。[③]诈之见诈，果丧其赂。[④]得之而狃，终逢其咎。[⑤]丧田不惩，祸乱其兴。”[⑥]既里、丕死，[⑦]祸，公陨于韩。[⑧]郭偃曰：“善哉！夫众口祸福之门。[⑨]是以君子省众而动，[⑩]监戒而谋，谋度而行，[⑪]故无不济。内谋外度，考省不倦，[⑫]日考而习，戒备毕矣。”[⑬]

① 惠公，献公庶子、重耳之弟惠公夷吾也。外，秦也。内，里、丕也。

② 舆，众也。不歌曰诵。

③ 伪善为佞。佞，谓里、丕受惠公赂田而纳之。见佞，谓惠公入而不与也。果犹竟也。丧，亡也。

④ 诈，谓秦以诈立惠公，不置德而置服也。见诈，谓惠公入而背之也。

⑤ 谓惠公也。狃，忕也。咎，谓败于韩。

⑥ 兴，谓丕郑不得田，不惩艾，复欲与秦共纳重耳，惠公杀之。

⑦ 既，已也。惠公二年春，杀里克；秋，杀丕郑。

⑧ 祸，贪忕之祸。秦伐晋，战于韩，获惠公以归，陨其师徒，在鲁僖十五年。

⑨ 偃，晋大夫。善舆人之诵豫知之，故云“众口祸福之门”。

⑩ 动，行也。

⑪ 监,察也。度,揆也。察众口以为戒,谋事揆义乃行之。

⑫ 考,校也。

⑬ 日自考省,习而行之。戒备之道,毕于是矣。

惠公改葬共世子

惠公即位,出共世子而改葬之,臭达于外。[①] 国人诵之曰:"贞之无报也。孰是人斯,而有是臭也?[②] 贞为不听,[③] 信为不诚。[④] 国斯无刑,偷居幸生。[⑤] 不更厥贞,大命其倾。[⑥] 威兮怀兮,[⑦] 各聚尔有,以待所归兮。[⑧] 猗兮违兮,心之哀兮。[⑨] 岁之二七,其靡有征兮。[⑩] 若狄公子,吾是之依兮。[⑪] 镇抚国家,为王妃兮。"[⑫] 郭偃曰:"甚哉,善之难也![⑬] 君改葬共君以为荣也,而恶滋章。夫人美于中,必播于外,而越于民,民实戴之。[⑭] 恶亦如之。故行不可不慎也。必或知之,十四年,君之冢嗣其替乎?[⑮] 其数告于民矣。[⑯] 公子重耳其入乎? 其魄兆于民矣。[⑰] 若入,必伯诸侯以见天子,其光耿于民矣。[⑱] 数,言之纪也。[⑲] 魄,意之术也。[⑳] 光,明之曜也。纪言以叙之,[㉑] 述意以导之,[㉒] 明曜以昭之。不至何待? 欲先导者行乎[㉓],将至矣!"

① 共世子,申生也。献公时,申生葬不如礼,故改葬之。惠公蒸于献公夫人贾君,故申生臭达于外,不欲为无礼者所葬。唐以贾君为申生妃,非也。《传》曰:"献公娶于贾,无子。"

② 贾、唐云:"贞,正也。谓惠公欲以正礼改葬世子而不获吉报也。孰,谁也。斯,斯世子也。谁使是人有是臭者,言惠公使之也。"或云:"贞,谓申生也,与下相违,似非也。"

③ 以正葬之而不见听。

④ 信心行之而不见诚。

⑤ 刑，法也。言惠公偷窃居位，侥幸而生。

⑥ 不变更其正，大命将倾。倾，危也。

⑦ 威，畏也。怀，思也。言国人畏惠公、思重耳。

⑧ 尔有，所有也。

⑨ 猗，叹也。违，去也。言民心欲去其上，安土重迁，故心哀之。

⑩ 二七，十四岁后也。靡，无也。无有征者亦亡，谓子圉。

⑪ 谓重耳。

⑫ 言重耳当伯诸侯，为王妃偶。

⑬ 难，难为也。

⑭ 美，善也。播，布也。越，扬也。戴，欣戴也。

⑮ 冢嗣，太子也。替，灭也。

⑯ 数，谓二七。

⑰ 魄，形也。兆，见也。

⑱ 耿，犹昭也。

⑲ 谓言者纪其数也。

⑳ 意，民之志也。术，导也。魄兆见而民志随。

㉑ 叙，述也。

㉒ 导，开导也。

㉓ 先导，为重耳导引者可行也。

惠公悔杀里克

惠公既杀里克而悔之，曰："芮也，使寡人过杀我社稷之镇。"[①]郭偃闻之，曰："不谋而谏者，冀芮也。不图而杀者，君也。不谋而谏，不忠；不图而杀，不祥。不忠，受君之罚；不祥，罹天之祸。受君之罚，死戮；[②]罹天之祸，无后。[③]志道者勿忘，将及矣！"[④]及文公入，[⑤]秦人杀冀芮而施之。[⑥]

① 芮，冀芮也。镇，重也。

② 戮，辱也。

③ 无后嗣也。

④ 志，识也。及，至也。

⑤ 文公，重耳。

⑥ 冀芮既纳文公而悔，将杀之。文公知之，潜会秦伯于王城。冀芮焚公宫，求公不得，遂如河上，秦伯诱而杀之。陈尸曰施。

惠公杀丕郑

惠公既即位，乃背秦赂。使丕郑聘于秦，且谢之。[①]而杀里克，曰："子杀二君与一大夫，[②]为子君者，不亦难乎？"

丕郑如秦谢缓赂，[③]乃谓穆公曰："君厚问以召吕甥、郤称、冀芮而止之，[④]以师奉公子重耳，臣之属内作，晋君必出。"[⑤]穆公使泠至报问，[⑥]且召三大夫。郑也与客将行事，[⑦]冀芮曰："郑之使薄而报厚，[⑧]其言我于秦也，必使诱我。弗杀，必作难。"是故杀丕郑及七舆大夫：[⑨]共华、贾华、叔坚、骓歂、累虎、特宫、山祁，皆里、丕之党也。丕豹出奔秦。[⑩]

丕郑之自秦反也，闻里克死，见共华曰："可以入乎？"共华曰："二三子皆在外而不及，[⑪]子使于秦，可哉！"[⑫]丕郑入，君杀之。共赐谓共华曰：[⑬]"子行乎？其及也！"[⑭]共华曰："夫子之入，吾谋也，将待也。"[⑮]赐曰："孰知之？"共华曰："不可。知而背之不信，谋而困人不智，[⑯]困而不死无勇。任大恶三，行将安入？[⑰]子其行矣，我姑待死。"[⑱]

丕郑之子曰豹，出奔秦，谓穆公曰："晋君大失其众，背君赂，杀里克，而忌处者，众固不说。[⑲]今又杀臣之父及七舆大夫，此其党半国矣。君若伐之，其君必出。”穆公曰：“失众安能杀人？[20]且夫祸唯无毙，[21]足者不处，[22]处者不足，[23]胜败若化。[24]以祸为违，孰能出君？[25]尔俟我！”[26]

① 谢不时也。

② 二君，奚齐、卓子。一大夫，荀息。

③ 缓，迟也。

④ 止，留也。问，聘也。谓报丕郑之聘。

⑤ 属，七舆大夫。出，奔也。

⑥ 泠至，秦大夫。

⑦ 客，泠至也。将行事，行聘事也。

⑧ 薄，礼币少。

⑨ 七舆，申生下军七舆大夫也。

⑩ 豹，丕郑子。

⑪ 二三子，七舆大夫也。不及，罪不及。

⑫ 可，可以入也。

⑬ 共赐，华之族，晋大夫。

⑭ 行，去也。其及，将见及也。

⑮ 言己误丕郑，将待祸也。

⑯ 谋不中为困。

⑰ 任，荷也。

⑱ 子，共赐。

⑲ 忌，恶也。处者，国中大夫也。

⑳ 人，谓里、丕及七舆大夫。

㉑ 毙，死也。罪不至死则不为乱。

㉒ 罪足以死则不处国。

㉓ 处国者不足以死也。

㉔ 化，言转化无常也。犹丕郑欲杀君，君反杀之。

㉕ 违，去也。谓丕豹以祸故而去其国，谁能出君乎。

㉖ 俟，待也，待我图之。

秦荐晋饥晋不予秦籴

晋饥，[①]乞籴于秦。丕豹曰："晋君无礼于君，众莫不知。[②]往年有难，今又荐饥。[③]已失人，又失天，其有殃也多矣。君其伐之，勿予籴！"公曰："寡人其君是恶，其民何罪？天殃流行，国家代有。[④]补乏荐饥，道也，不可以废道于天下。"[⑤]谓公孙枝曰："予之乎？"[⑥]公孙枝曰："君有施于晋君，晋君无施于其众。今旱而听于君，其天道也。[⑦]君若弗予，而天予之。[⑧]苟众不说其君之不报也，则有辞矣。[⑨]不若予之，以说其众。众说，必咎于其君。其君不听，然后诛焉。虽欲御我，谁与？"是故泛舟于河，归籴于晋。[⑩]

秦饥，公令河上输之粟。[⑪]虢射曰："弗与赂地而予之籴，[⑫]无损于怨而厚于寇，[⑬]不若勿予。"公曰："然。"庆郑曰："不可。[⑭]已赖其地，而又爱其实，[⑮]忘善而背德，虽我必击之。[⑯]弗予，必击我。"公曰："非郑之所知也。"遂不予。

① 在鲁僖十三年。

② 无礼，背赂也。

③ 难，谓杀里、丕之党。仍饥曰荐。

④ 代，更也。

⑤ 荐，进也。

⑥ 枝，子桑也。

⑦ 听，听命于君。

⑧ 予之年。

⑨ 苟使晋众不说惠公不报秦施。今不予籴，则晋得以为辞，故不可不予。

⑩ 泛，浮也。归，不反之辞。

⑪ 河上，所许秦五城也。

⑫ 虢射，晋大夫。

⑬ 厚犹强也。

⑭ 庆郑，晋大夫。

⑮ 赖，赢也。实，谷也。

⑯ 我当处秦，我亦将击晋。

秦侵晋止惠公于秦

六年，秦岁定，[①]帅师侵晋，至于韩。[②]公谓庆郑曰："秦寇深矣，奈何？"[③]庆郑曰："君深其怨，能浅其寇乎？非郑之所知也，君其讯射也。"[④]公曰："舅所病也。"[⑤]卜右，庆郑吉。[⑥]公曰："郑也不逊。"以家仆徒为右，[⑦]步扬御戎；[⑧]梁由靡御韩简，[⑨]虢射为右，[⑩]以承公。[⑪]

公御秦师，令韩简视师，曰："师少于我，斗士众。"[⑫]公曰："何故？"简曰："以君之出也处己，[⑬]入也烦己，[⑭]饥食其籴，三施而无报，故来。今又击之，秦莫不愠，[⑮]晋莫不怠，[⑯]斗士是故众。"公曰："然。今我不击，归必狃。[⑰]一夫不可狃，而况国乎！"公令韩简挑战，[⑱]曰："昔君之惠也，寡人未之敢忘。寡人有众，能合之弗能离也。[⑲]君若还，寡人之愿也。君若不还，寡人将无所避。"穆公衡雕戈出见使者，[⑳]曰："昔君之未入，寡人之忧也。君入而列未成，寡人未敢忘。[㉑]今君既定而列成，君其整列，寡人将亲见。"[㉒]

客还，公孙枝进谏曰：“昔君之不纳公子重耳而纳晋君，是君之不置德而置服也。置而不遂，击而不胜，[23]其若为诸侯笑何？君盍待之乎？”[24]穆公曰：“然。昔吾之不纳公子重耳而纳晋君，是吾不置德而置服也。然公子重耳实不肯，吾又奚言哉？杀其内主，[25]背其外赂，[26]彼塞我施，若无天乎？[27]若有天，吾必胜之。”[28]君揖大夫就车，君鼓而进之。晋师溃，戎马泞而止。[29]公号庆郑曰：“载我。”[30]庆郑曰：“忘善而背德，又废吉卜，[31]何我之载？郑之车不足以辱君避也！”[32]梁由靡御韩简，辂秦公，将止之，[33]庆郑曰：“释来救君。”[34]亦不克救，遂止于秦。[35]

穆公归，至于王城，[36]合大夫而谋曰：“杀晋君与逐出之，与以归之，与复之，孰利？”公子絷曰：“杀之利。[37]逐之恐构诸侯，[38]以归则国家多慝，[39]复之则君臣合作，恐为君忧，不若杀之。”公孙枝曰：“不可。耻大国之士于中原，又杀其君以重之，子思报父之仇，臣思报君之仇。虽微秦国，天下孰弗患？”[40]公子絷曰：“吾岂将徒杀之？[41]吾将以公子重耳代之。晋君之无道莫不闻，公子重耳之仁莫不知。战胜大国，武也。杀无道而立有道，仁也。胜无后害，智也。”公孙枝曰：“耻一国之士，又曰余纳有道以临女，无乃不可乎？[42]若不可，必为诸侯笑。战而取笑诸侯，不可谓武；杀其弟而立其兄，兄德我而忘其亲，不可谓仁；若弗忘，是再施不遂也，不可谓智。”君曰：“然则若何？”公孙枝曰：“不若以归，以要晋国之成，[43]复其君而质其適子，使子父代处秦，[44]国可以无害。”是故归惠公而质子圉，[45]秦始知河东之政。[46]

① 惠公六年,鲁僖公十五年。定,安也,谷熟则民安。

② 韩,晋地韩原。

③ 深,入境深也。一曰:“深犹重也。”

④ 讯,问也。射,虢射。

⑤ 病,短也。诸侯谓异姓大夫曰舅。

⑥ 右,公戎车之右。

⑦ 家仆徒,晋大夫。

⑧ 步扬,晋大夫。御戎,御公戎车。

⑨ 由靡,晋大夫。韩简,晋卿韩万之孙。

⑩ 为简车右。

⑪ 承,次公车也。

⑫ 欲斗者众。

⑬ 己,秦也。处己,在梁依秦。

⑭ 为秦所立。

⑮ 愠,怒也。

⑯ 受其施而怠惰。

⑰ 狃,忕也。不击而归,秦必狃忕而轻我。

⑱ 先挑敌求战。

⑲ 弗能离,言众欲战。

⑳ 衡,横也。雕,镂也。戈,戟也。

㉑ 列,位也。

㉒ 若云朝见,实欲战也。

㉓ 遂,成也。

㉔ 待其乱,将自毙。

㉕ 谓里、丕也。

㉖ 外,秦也。

㉗ 云晋所行,若言无有天也。

㉘ 天道助顺,故必胜也。

㉙ 泞,深泥也。止,戎马陷焉。

㉚ 号,呼也。

㉛ 卜右,庆郑吉,公废不用。

㉜ 避,避难也。

㉝ 辂,迎也。

㉞ 释,舍也。

㉟ 止,获也,为秦所获。

㊱ 王城,秦地。

㊲ 以为臣子绝望。

㊳ 构,交构也。

㊴ 慝,恶也,恐知国家间隙之恶。

㊵ 微,无也。虽无秦国,天下诸侯有害人君父者,谁不患疾也。

㊶ 徒,空也。

㊷ 虽立有道,君父之耻未刷。

㊸ 要,结也。成,平也。

㊹ 代,更也。

㊺ 子圉,惠公適子怀公。

㊻ 秦取河东之地而置官司,故云知河东之政。在鲁僖十五年。

吕甥逆惠公于秦

公在秦三月,[①]闻秦将成,乃使郤乞告吕甥。[②]吕甥教之言,令国人于朝曰:“君使乞告二三子曰:‘秦将归寡人,寡人不足以辱社稷,二三子其改置以代圉也。’”[③]且赏以悦众,众皆哭,焉作辕田。[④]

吕甥致众而告之曰:“吾君惭焉其亡之不恤,[⑤]而群臣是忧,不亦惠乎?[⑥]君犹在外,若何?”众曰:“何为而可?”[⑦]吕甥曰:“以韩之病,兵甲尽矣。[⑧]若征缮以辅孺子,以为君援,[⑨]

虽四邻之闻之也，丧君有君，群臣辑睦，兵甲益多，好我者劝，恶我者惧，庶有益乎？”众皆说，焉作州兵。[10]

吕甥逆君于秦，穆公讯之[11]曰：“晋国和乎？”对曰：“不和。”公曰：“何故？”对曰：“其小人不念其君之罪，而悼其父兄子弟之死丧者，[12]不惮征缮以立孺子，曰：‘必报仇，吾宁事齐、楚，齐、楚又交辅之。’[13]其君子思其君，且知其罪，曰：‘事秦，有死无他。’故不和。比其和之而来，故久。”公曰：“而无来，吾固将归君。国谓君何？”对曰：“小人曰不免，君子则否。”公曰：“何故？”对曰：“小人忌而不思，[14]愿从其君而与报秦，[15]是故云。[16]其君子则否，曰：‘吾君之入也，君之惠也。能纳之，能执之，则能释之。德莫厚焉，惠莫大焉。纳而不遂，废而不起，以德为怨，君其不然？’”秦君曰：“然。”乃改馆晋君，[17]馈七牢焉。[18]

①《内传》：公以九月获，十一月归。

② 郤乞，晋大夫。吕甥，瑕吕饴甥也。

③ 欲令更命立他公子以代子圉，言父子避位以感群下。

④ 贾侍中云：“辕，易也，为易田之法，赏众以田。易者，易疆界也。”或云：“辕田，以田出车赋。”昭谓：此欲赏以悦众，而言以田出车赋，非也。唐曰：“让肥取硗也。”

⑤ 亡，谓在外。恤，忧也。

⑥ 忧，谓改立君，赏群臣，作辕田。

⑦ 何所施为可以还君。

⑧ 病，败也。

⑨ 征，税也。言当赋税以缮甲兵，辅子圉以为君援。

⑩ 二千五百家为州，使州长各帅其属缮甲兵。

⑪ 讯，问也。

⑫ 谓韩之战。

⑬ 交，夹也。

⑭ 忌，怨也。不思，不思大义。

⑮ 君，谓子圉。

⑯ 故言不免。

⑰ 改，更也。初，秦伯拘晋侯于灵台，将复之，故更舍之于客馆。

⑱ 牛羊豕为一牢，饔饩七牢，侯伯之礼。

惠公斩庆郑

惠公未至，蛾析谓庆郑[①]曰："君之止，子之罪也。[②]今君将来，子何俟？"庆郑曰："郑也闻之曰：'军败，死之；将止，死之。'二者不行，又重之以误人，而丧其君，有大罪三，将安适？[③]君若来，将待刑以快君志；君若不来，将独伐秦。[④]不得君，必死之。此所以待也。[⑤]臣得其志，[⑥]而使君瞢，是犯也。[⑦]君行犯，犹失其国，而况臣乎？"

公至于绛郊，闻庆郑止，使家仆徒召之，曰："郑也有罪，犹在乎？"庆郑曰："臣怨君始入而报德，不降；[⑧]降而听谏，不战；[⑨]战而用良，不败。[⑩]既败而诛，又失有罪，[⑪]不可以封国。[⑫]臣是以待即刑，以成君政。"君曰："刑之！"庆郑曰："下有直言，臣之行也；[⑬]上有直刑，君之明也。[⑭]臣行君明，国之利也。君虽弗刑，必自杀也。"蛾析曰："臣闻奔刑之臣，[⑮]不若赦之以报仇。君盍赦之，以报于秦？"梁由靡曰："不可。我能行之，秦岂不能？[⑯]且战不胜而报之以贼，不武；出战不克，入处不安，不智；[⑰]成而反之，不信；[⑱]失刑乱政，不威。[⑲]

出不能用，入不能治，败国且杀孺子，[20]不若刑之。”君曰：“斩郑，无使自杀。”家仆徒曰：“有君不忌，有臣死刑，[21]其闻贤于刑之。”梁由靡曰：“夫君政刑，是以治民。不闻命而擅进退，犯政也；[22]快意而丧君，犯刑也。郑也贼而乱国，不可失也！且战而自退，退而自杀；臣得其志，君失其刑，后不可用也。”[23]君令司马说刑之。[24]司马说进三军之士而数庆郑曰：“夫韩之誓曰：失次犯令，死；[25]将止不面夷，死；[26]伪言误众，死。今郑失次犯令，而罪一也；郑擅进退，而罪二也；女误梁由靡，使失秦公，而罪三也；君亲止，女不面夷，而罪四也：郑也就刑！”庆郑曰：“说！三军之士皆在，[27]有人能坐待刑，而不能面夷？[28]趣行事乎！”[29]丁丑，斩庆郑，乃入绛。

十五年，惠公卒，怀公立，[30]秦乃召重耳于楚而纳之。晋人杀怀公于高梁，[31]而授重耳，实为文公。

① 蛾析，晋大夫。

② 止，获也。

③ 适，之也。

④ 独帅其属。

⑤ 所以不去，待为此也。

⑥ 志谓出奔。

⑦ 瞢，惭也。犯，犯逆也。

⑧ 不自降下而背秦。

⑨ 庆郑谏公使与秦籴，若公降心而听之，可以不战。

⑩ 良，善也。卜右，庆郑吉，不用，又乘郑小驷。不用良，故败。

⑪ 若郑出亡，是失有罪。

⑫ 不可以守封国。

⑬ 行,道也。

⑭ 言刑杀得正,此人君之明。

⑮ 奔,趋也。

⑯ 能行之,谓能赦罪以报仇也。秦岂独不能乎?

⑰ 出战不克,谓韩时也。入处不安,谓今也。欲复伐秦,故不得安。

⑱ 成,平也。与秦始平,而又反之,不信。

⑲ 有罪不杀为失刑,失刑则政乱,政乱则威不行。

⑳ 孺子,子圉也。秦复惠公而质子圉,若伐秦,必杀之。

㉑ 忌,怨也。

㉒ 言庆郑擅进退也。

㉓ 不可复用战也。

㉔ 司马,军司马,说其名。

㉕ 次,行列也。令,军令也。

㉖ 将,帅也。止,获也。夷,伤也。

㉗ 皆在此也。

㉘ 言我能坐待死,而不能面夷乎?怨君不用忠信,忌善背德。

㉙ 趣司马行其刑也。

㉚ 怀公,子圉也。鲁僖二十二年自秦逃归。

㉛ 高梁,晋地。

卷十

晋语四

重耳自狄适齐

文公在狄十二年,[①]狐偃曰:"日,吾来此也,[②]非以狄为荣,可以成事也。[③]吾曰:'奔而易达,[④]困而有资,[⑤]休以择利,可以戾也。'[⑥]今戾久矣,戾久将底。[⑦]底著滞淫,[⑧]谁能兴之?[⑨]盍速行乎!吾不适齐、楚,避其远也。蓄力一纪,可以远矣。[⑩]齐侯长矣,而欲亲晋。[⑪]管仲殁矣,多谗在侧。[⑫]谋而无正,衷而思始。[⑬]夫必追择前言,求善以终,[⑭]餍迩逐远,远人入服,不为邮矣。[⑮]会其季年可也,[⑯]兹可以亲。"[⑰]皆以为然。

乃行,过五鹿,乞食于野人。[⑱]野人举块以与之,[⑲]公子怒,将鞭之。子犯曰:"天赐也。民以土服,又何求焉![⑳]天事必象,[㉑]十有二年,必获此土。[㉒]二三子志之。[㉓]岁在寿星及鹑尾,其有此土乎?[㉔]天以命矣,[㉕]复于寿星,必获诸侯。[㉖]天之道也,[㉗]由是始之。[㉘]有此,其以戊申乎?[㉙]所以申土也。"[㉚]再拜稽首,受而载之。[㉛]遂适齐。

① 文公,晋献公庶子重耳。避骊姬之难,鲁僖五年,岁在大火,自蒲奔狄,至十六年,岁在寿星,故在狄十二年。

② 狐偃，文公舅子犯也。日，往日。

③ 荣，乐也。成事，成反国之事。

④ 达，至也。

⑤ 资，财也。

⑥ 休，息也。戾，定也。

⑦ 底，止也。

⑧ 著，附也。滞，废也。淫，久也。

⑨ 兴，起也。

⑩ 蓄，养也。十二年岁星一周为一纪。

⑪ 齐侯，桓公。长，老也。是岁桓公为淮之会，明年而卒。

⑫ 殁，终也。谗，谓易牙、竖貂之属。

⑬ 无正，无正从也。衷，中也。中道思其初时。

⑭ 前言，管仲忠善之言。

⑮ 迩，近也。逐，求也。邮，过也。

⑯ 季，末也。

⑰ 兹，此也。

⑱ 五鹿，卫邑。不见礼，故乞食。

⑲ 块，墣也。

⑳ 言民奉土以服公子。

㉑ 必先有象。

㉒ 复十二年，必得五鹿。

㉓ 志，识也。

㉔ 岁，岁星。自轸十二度至氐四度为寿星之次，自张十七度至轸十一度为鹑尾之次。岁在寿星，谓得块之岁。鲁僖十六年后十二年，岁在鹑尾，必有此五鹿地。鲁僖二十七年，岁在鹑尾。二十八年，岁复在寿星，晋文公伐卫，正月六日戊申取五鹿。周正月，夏十一月也，正天时以夏数，故岁在鹑尾也。

㉕ 命，告也。谓野人奉块。

㉖ 岁星复在寿星，谓鲁僖二十八年。是岁四月，文公败楚师于城濮，合诸侯于践土。五月，献俘于王，王册命之以为侯伯，故得诸侯。

㉗ 天之大数，不过十二。

㉘ 由，从也。从得块始。

㉙ 有此五鹿，当以戊申日也。

㉚ 日以戊申。戊，土也。申，申广土地也。

㉛ 拜天赐，受块而载之。

齐姜劝重耳勿怀安

齐侯妻之，甚善焉。[①]有马二十乘，[②]将死于齐而已矣。曰："民生安乐，谁知其他？"

桓公卒，[③]孝公即位。[④]诸侯叛齐。子犯知齐之不可以动，[⑤]而知文公之安齐而有终焉之志也，欲行，而患之，[⑥]与从者谋于桑下。[⑦]蚕妾在焉，[⑧]莫知其在也。妾告姜氏，姜氏杀之，[⑨]而言于公子曰："从者将以子行，其闻之者吾以除之矣。子必从之，不可以贰，[⑩]贰无成命。[⑪]《诗》云：'上帝临女，无贰尔心。'[⑫]先王其知之矣，贰将可乎？[⑬]子去晋难而极于此。[⑭]自子之行，晋无宁岁，民无成君。[⑮]天未丧晋，无异公子，[⑯]有晋国者，非子而谁？子其勉之！上帝临子，贰必有咎。"[⑰]

公子曰："吾不动矣，必死于此。"姜曰："不然。《周诗》曰：'莘莘征夫，每怀靡及。'[⑱]夙夜征行，不遑启处，犹惧无及。[⑲]况其顺身纵欲怀安，将何及矣！人不求及，其能及乎？[⑳]日月不处，人谁获安？西方之书有之曰：'怀与安，实疚大事。'[㉑]《郑诗》云：'仲可怀也，人之多言，亦可畏也。'[㉒]昔管敬仲有言，小妾闻之，[23]曰：'畏威如疾，民之上也。[24]从怀如流，民之下也。[25]见怀思威，民之中也。[26]畏威如疾，乃能威民。[27]威在民上，弗畏有刑。[28]从怀如流，去威远矣，故谓之下。[29]其在辟也，吾从中也。[30]《郑诗》之言，吾其从之。'[31]此大夫管仲之所以纪纲齐国，裨辅先君而成霸者也。子而弃之，不亦难乎？[32]齐国之政败矣，晋之无道久矣，从者之谋忠矣，时日及矣，公子几矣。[33]君国可以济百姓，而释之者，非人也。[34]败不可处，[35]时不可失，忠不可弃，怀不可从，子必速行。吾闻晋之始封也，[36]岁在大火，阏伯之星也，实纪商人。[37]商之飨国三十一王。[38]瞽史之纪曰：'唐叔之世，将如商数。'[39]今未半也。[40]乱不长世，[41]公子唯子，子必有晋。若何怀安？"公子弗听。

① 桓公以女妻之，遇之甚善。

② 四匹为乘，八十匹也。

③ 在齐一年而桓公卒。

④ 孝公，桓公子昭，即位在鲁僖十八年。

⑤ 动，谓求反国。

⑥ 患文公不肯去。

⑦ 从者，赵衰之属。

⑧ 在桑上也。

⑨ 杀之以灭口。时诸侯叛齐，婿又欲去，恐孝公怒。

⑩ 贰，疑也。

⑪ 疑则不成天命。

⑫《诗·大雅·大明》之七章。上帝，天也。女，武王也。言天临护女，伐纣必克，无有疑心。

⑬ 言武王知天命,不可以疑,故卒有天下。

⑭ 极,至也。

⑮ 成,定也。谓奚齐、卓子杀死,惠公无亲,外内恶之。

⑯ 同生九人,唯重耳在。

⑰ 天予不取,故必有咎。

⑱《诗·小雅·皇皇者华》之首章。莘莘,众多。征,行也。怀私为每怀。言臣奉命当念在公,每辄怀私,将无所及。

⑲ 夙,早也。行,道也。遑,暇也。启,跪也。处,居也。

⑳ 求及,求及时。

㉑ 西方谓周。《诗》云"谁将西归",又曰"西方之人",皆谓周也。安,自安。疚,病也。

㉒《诗·郑风·将仲子》之卒章。仲,祭仲也。怀,思也。言虽欲从心思仲,犹能畏人自止,见可怀,思可畏也。

㉓ 敬仲,夷吾字。

㉔ 畏威如畏疾病,此民之上行。

㉕ 从心所思,如水流行,此民之下行。

㉖ 威,畏也。见可怀则思可畏,此民之中行。

㉗ 言能畏上,乃能威下。

㉘ 能威民,故在人上。不畏威,则有刑罪。

㉙ 去威远,言不能威民。

㉚ 辟,罪也。弗畏有刑,故云罪。高不在上,下欲避罪,故从中也。

㉛ 从其畏人之多言。

㉜ 裨,补也。

㉝ 几,近也。言重耳得国时日近。

㉞ 济,成也。释,置也。

㉟ 败,齐也。

㊱ 始封,谓唐叔虞。

㊲ 商,殷也。自氐五度至尾九度为大火之次。阏伯,陶唐氏之火正,居

于商丘，祀大火，死以配食，相土因之，故商主大火，实纪商之凶吉。

㊳ 自汤至纣。

㊴ 瞽史，知天道者。

㊵ 自唐叔至惠公十四世，故曰未半。

㊶ 不长世，乱当有平时。

齐姜与子犯谋遣重耳

姜与子犯谋，醉而载之以行。醒，以戈逐子犯，曰："若无所济，吾食舅氏之肉，其知餍乎！"舅犯走，且对曰："若无所济，余未知死所，谁能与豺狼争食？[①]若克有成，公子无亦晋之柔嘉，是以甘食。[②]偃之肉腥臊，将焉用之？"遂行。

① 战死原野，公子将走不暇，岂能复与豺狼争食我乎？

② 无亦，不亦也。柔，脆也。嘉，美也。

卫文公不礼重耳

过卫，卫文公有邢、狄之虞，不能礼焉。[①]宁庄子言于公曰：[②]"夫礼，国之纪也；亲，民之结也；[③]善，德之建也。[④]国无纪不可以终，民无结不可以固，德无建不可以立。此三者，君之所慎也。今君弃之，无乃不可乎！晋公子善人也，而卫亲也，君不礼焉，弃三德矣。[⑤]臣故云君其图之。康叔，文之昭也。唐叔，武之穆也。[⑥]周之大功在武，[⑦]天祚将在武族。[⑧]苟姬未绝周室，而俾守天聚者，必武族也。[⑨]武族唯晋实昌，晋胤公子实德。晋仍无道，[⑩]天祚有德，晋之守祀，必公子也。若复而修其德，镇抚其民，必获诸侯，以讨无礼。君弗蚤图，卫而在讨。小人是惧，敢不尽心。”公弗听。

① 卫文公，宣公之孙、昭伯顽之子毁也。虞，备也。是岁，鲁僖十八年。冬，邢人、狄人伐卫，围菟圃，文公师于訾娄以退之，故不能礼焉。

② 庄子，卫正卿，穆仲静之子宁速。

③ 君亲其亲，所以结人心，使相亲。

④ 建，立也。言能善善，所以立德。

⑤ 晋祖唐叔，武王之子。卫祖康叔，文王之子。故曰亲。三德，谓礼宾、亲亲、善善。

⑥ 自祖以下，一昭一穆。故康叔为文昭，唐叔为武穆。

⑦ 谓始伐纣定天下。

⑧ 族，嗣也。

⑨ 聚，财众也。

⑩ 仍，重也。

曹共公不礼重耳而观其骿胁

自卫过曹，曹共公亦不礼焉，[①]闻其骿胁，欲观其状，[②]止其舍，谍其将浴，设微薄而观之。[③]僖负羁之妻言于负羁曰：[④]“吾观晋公子贤人也，其从者皆国相也，以相一人，必得晋国。得晋国而讨无礼，曹其首诛也。子盍蚤自贰焉？”[⑤]僖负羁馈飧，寘璧焉。[⑥]公子受飧反璧。

负羁言于曹伯曰：“夫晋公子在此，君之匹也，不亦礼焉？”曹伯曰：“诸侯之亡公子其多矣，谁不过此！亡者皆无礼者也，余焉能尽礼焉！”对曰：“臣闻之：爱亲明贤，政之干也。[⑦]礼宾矜穷，礼之宗也。[⑧]礼以纪政，国之常也。[⑨]失常不立，君所知也。[⑩]国君无亲，以国为亲。[⑪]先君叔振，出自文王,[12]晋祖唐叔,出自武王,[13]文、武之功,实建诸姬。故二王之嗣,世不废亲。今君弃之,不爱亲也。晋公子生十七年而亡,[14]卿材三人从之,可谓贤矣,[15]而君蔑之,是不明贤也。谓晋公子之亡,不可不怜也。比之宾客,不可不礼也。失此二者,是不礼宾、不怜穷也。守天之聚,将施于宜。宜而不施,聚必有阙。[16]玉帛酒食,犹粪土也,爱粪土以毁三常,[17]失位而阙聚,是之不难,无乃不可乎?君其图之。"公弗听。

① 共公,曹昭公之子曹伯襄。

② 骿,并干。

③ 谍,候也。微,蔽也。薄,迫也。

④ 负羁,曹大夫。

⑤ 贰,犹别也。

⑥ 熟食曰飧。寘,置也,置璧于飧下。

⑦ 干,桢干也。

⑧ 宗,本也。

⑨ 纪,理也。

⑩ 失常,则政不立。

⑪ 僚以官相亲,君以国相亲。

⑫ 文王子。

⑬ 武王子。

⑭ 亡,奔也。

⑮ 三人,狐偃、赵衰、贾佗。

⑯ 宜,义也。阙,缺也。

⑰ 三常,政之干,礼之宗,国之常。

宋襄公赠重耳以马二十乘

公子过宋，[①]与司马公孙固相善，[②]公孙固言于襄公曰："晋公子亡，长幼矣，[③]而好善不厌，父事狐偃，师事赵衰，而长事贾佗。[④]狐偃，其舅也，而惠以有谋。赵衰，其先君之戎御赵夙之弟也，而文以忠贞。[⑤]贾佗，公族也，而多识以恭敬。[⑥]此三人者，实左右之。公子居则下之，动则咨焉，成幼而不倦，[⑦]殆有礼矣。树于有礼，必有艾。[⑧]《商颂》曰：'汤降不迟，圣敬日跻。'[⑨]降，有礼之谓也。[⑩]君其图之。"襄公从之，赠以马二十乘。

① 自曹适宋。

② 固，宋庄公之孙、大司马固也。相善，相悦好。

③ 襄公，宋桓公子兹父也。长幼，从长至幼也。

④ 长，兄事之。

⑤ 赵衰，晋卿公明之少子成子衰也。先君，献公。戎御，御戎车也。《传》曰："赵夙御戎。"

⑥ 贾佗，狐偃之子射姑、太师贾季也。公族，姬姓也。食邑于贾，字季佗。

⑦ 成幼，自幼至成人。

⑧ 树，种也。艾，报也。

⑨《长发》之三章。降，下也。跻，升也。言汤之尊贤下士甚疾，故圣敬之道日升闻于天也。

⑩ 降己于有礼也。

郑文公不礼重耳

公子过郑，郑文公亦不礼焉。[①]叔詹谏曰："臣闻之：[②]亲有天,[3]用前训,[4]礼兄弟,资穷困,[5]天所福也。今晋公子有三祚焉,天将启之。[6]同姓不婚,恶不殖也。[7]狐氏出自唐叔。[8]狐姬,伯行之子也,实生重耳。[9]成而隽才,离违而得所,[10]久约而无衅,一也。[11]同出九人,唯重耳在,[12]离外之患,而晋国不靖,二也。[13]晋侯日载其怨,外内弃之;[14]重耳日载其德,狐、赵谋之,三也。在《周颂》曰:'天作高山,大王荒之。'[15]荒,大之也。大天所作,可谓亲有天矣。晋、郑,兄弟也,吾先君武公与晋文侯戮力一心,股肱周室,夹辅平王,[16]平王劳而德之,而赐之盟质,曰:'世相起也。'[17]若亲有天,获三祚者,可谓大天。[18]若用前训,文侯之功,武公之业,可谓前训。[19]若礼兄弟,晋、郑之亲,王之遗命,可谓兄弟。[20]若资穷困,亡在长幼,还轸诸侯,可谓穷困。[21]弃此四者,以徼天祸,无乃不可乎?[22]君其图之。"弗听。

叔詹曰:"若不礼焉,则请杀之。谚曰:'黍稷无成,不能为荣。[23]黍不为黍,不能蕃庑。[24]稷不为稷,不能蕃殖。[25]所生不疑,唯德之基。'"[26]公弗听。

① 文公,郑厉公之子捷。

② 叔詹,郑大夫。

③ 有天,天所启。

④ 前训,先君之教。

⑤ 资,禀也。

⑥ 启,开也。

⑦ 殖,蕃。

⑧ 狐氏,重耳外家,与晋俱唐叔之后,别在犬戎者。

⑨ 伯行,狐氏字。

⑩ 言成人而有隽才。违,去也。离祸去国,举动得所。

⑪ 衅,瑕也。

⑫ 同出,同生。

⑬ 靖,治也。

⑭ 载,成也。

⑮《天作》之首章。作,生也。高山,岐山。荒,大也。言天生此高山,使兴云雨,大王则祑祀而尊大之。

⑯ 武公,郑桓公子滑突。文侯,晋穆侯之子仇。戮,并也。一,同也。

⑰ 质,信也。起,扶持也。

⑱ 三祚,谓成而隽才,晋国不靖,狐、赵谋之。

⑲ 业,事也。前训,二国同心之训。

⑳ 晋、郑同姓,王之遗命使相起,故曰"可谓兄弟"。

㉑ 轸,车后横木。还轸,犹回车周历诸国,遭离厄困。

㉒ 儌,要也。四者,有天、前训、兄弟、穷困。

㉓ 稷,粢也。无成,谓死。荣,秀也。

㉔ 为,成也。蕃,滋也。庑,丰也。

㉕ 殖,长也。

㉖ 所生,谓种黍得黍,种稷得稷,唯所在树之,祸福亦由是也。若不礼重耳,则当除之;不尔,则宜厚之。如此不疑,是为德基。

楚成王以周礼享重耳

遂如楚,楚成王以周礼享之,九献,庭实旅百。[①]公子欲辞,[②]子犯曰:"天命也,君其飨之。[③]亡人而国荐之,[④]非敌而君设之,[⑤]非天,谁启之心!"既飨,楚子问于公子曰:"子若克复晋国,何以报我?"公子再拜稽首,对曰:"子女玉帛,则君有之。[⑥]羽旄齿革,则君地生焉。[⑦]其波及晋国者,君之余也,又何以报?”[8]王曰:“虽然,不穀愿闻之。”[9]对曰:“若以君之灵,[10]得复晋国,晋、楚治兵,会于中原,其避君三舍。[11]若不获命,[12]其左执鞭弭,右属櫜鞬,以与君周旋。”[13]

令尹子玉曰:“请杀晋公子。[14]弗杀,而反晋国,必惧楚师。”王曰:“不可。楚师之惧,我不修也。[15]我之不德,杀之何为!天之祚楚,谁能惧之?楚不可祚,冀州之土,其无令君乎?[16]且晋公子敏而有文,[17]约而不谄,[18]三材侍之,天祚之矣。[19]天之所兴,谁能废之?”子玉曰:“然则请止狐偃。”[20]王曰:“不可。《曹诗》曰:‘彼己之子,不遂其媾。’邮之也。[21]夫邮而效之,邮又甚焉。效邮,非礼也。”于是怀公自秦逃归。[22]秦伯召公子于楚,[23]楚子厚币以送公子于秦。

① 成王,楚武王之孙、文王之子熊頵也。九献,上公之享礼也。庭实,庭中之陈也。百,举成数也。《周礼》:“上公出入五积,饔饩九牢,米百有二十筥,醯醢百有二十瓮,禾十车,刍薪倍禾。”

② 不敢当礼。

③ 天命,天使之也。飨,食也。

④ 荐,进也。以国君之礼荐进。

⑤ 非礼敌而设之如人君也。

⑥ 有之,楚自多。子女,美女。

⑦ 羽,鸟羽,翡翠、孔雀之属。旄,旄牛尾。齿,象牙。革,犀兕皮。皆生于楚。

⑧ 波,流也。

⑨《曲礼》云:“四夷之大国,于境内自称不穀。”

⑩ 灵,神也。

⑪ 治兵,谓征伐。古者,师行三十里而舍,三舍为九十里。《司马法》

曰:“进退不过三舍,礼也。”

⑫ 不得楚还师之命。

⑬ 鞭,所以击马。《传》曰:“虽鞭之长,不及马腹。”《尔雅》曰:“弓无缘者谓之弭。”櫜,矢房。鞬,弓弢也。言以礼避君,君不还,乃敢左执弓,右属手于房以取矢。与君周旋,相驰逐也。

⑭ 子玉,楚若敖之曾孙、令尹成得臣也。

⑮ 我德不修。

⑯ 晋在冀州。

⑰ 敏,达也。文,有文辞。

⑱ 在约困之中,而辞不谄伪。

⑲ 三材,卿材三人。

⑳ 以为质。

㉑《曹风·候人》之三章。媾,厚也。遂,终也。邮,过也。

㉒ 怀公,子圉。质于秦,鲁僖二十二年逃归。

㉓ 秦伯,穆公。

重耳婚媾怀嬴

秦伯归女五人,怀嬴与焉。[①]公子使奉匜沃盥,既而挥之。[②]嬴怒,曰:“秦、晋匹也,何以卑我?”[③]公子惧,降服囚命。[④]秦伯见公子曰:“寡人之適,此为才。[⑤]子圉之辱,备嫔嫱焉,[⑥]欲以成婚,而惧离其恶名。非此,则无故。[⑦]不敢以礼致之,欢之故也。[⑧]公子有辱,寡人之罪也。[⑨]唯命是听。”[⑩]

公子欲辞,[⑪]司空季子曰:“同姓为兄弟。[⑫]黄帝之子二十五人,其同姓者二人而已:唯青阳与夷鼓皆为己姓。[⑬]青阳,方雷氏之甥也。夷鼓,彤鱼氏之甥也。[⑭]其同生而异姓者,四母之子别为十二姓。凡黄帝之子,二十五宗,[⑮]其得姓者十四人为十二姓。[16]姬、酉、祁、己、滕、箴、任、荀、僖、姞、儇、依是也。唯青阳与苍林氏同于黄帝，故皆为姬姓。[17]同德之难也如是。[18]昔少典娶于有蟜氏，生黄帝、炎帝。[19]黄帝以姬水成，炎帝以姜水成。[20]成而异德，故黄帝为姬，炎帝为姜，二帝用师以相济也，异德之故也。[21]异姓则异德，异德则异类。异类虽近，男女相及，以生民也。[22]同姓则同德，同德则同心，同心则同志。同志虽远，男女不相及，畏黩敬也。[23]黩则生怨，怨乱毓灾，灾毓灭姓。[24]是故娶妻避其同姓，畏乱灾也。故异德合姓，同德合义。[25]义以导利，[26]利以阜姓。[27]姓利相更，成而不迁，[28]乃能摄固，保其土房。[29]今子于子圉，道路之人也，[30]取其所弃，以济大事，不亦可乎?"

公子谓子犯曰:"何如?"对曰:"将夺其国，何有于妻，唯秦所命从也。"[31]谓子余曰:"何如?"[32]对曰:"《礼志》有之曰:'将有请于人，必先有入焉。[33]欲人之爱己也，必先爱人。欲人之从己也，必先从人。无德于人，而求用于人，罪也。'[34]今将婚媾以从秦，[35]受好以爱之，[36]听从以德之，[37]惧其未可也，又何疑焉?"乃归女而纳币，且逆之。[38]

① 归，嫁也。怀嬴，故子圉妻。子圉逃归，立为怀公，故曰怀嬴。与焉，与为媵也。

②《婚礼》:"嫡入于室，媵御奉匜、盥。"挥，洒也。

③ 匹，敌也。卑，贱也。

④ 惧嬴之诉。降服，彻上服。囚命，自囚以听命。

⑤ 適，適妃子。

⑥ 辱，质于秦时。嫔嫱，妇官。

⑦ 言欲以成婚，惧以为子圉妻，恐离其恶名，非有此，则无他故。

⑧ 不敢以婚姻正礼致之，而令与于五人，欢爱此女之故。

⑨ 辱，谓降服。言寡人不备礼，故令公子卑之，此自寡人之罪。

⑩ 进退此女，听公子命。

⑪ 辞，不取也。

⑫ 季子，晋大夫胥臣臼季，后为司空。贾侍中云："兄弟，婚姻之称也。"昭谓：同父而生，德姓同者，乃为兄弟。言惠公、重耳其德不同，则子圉道路之人，可以妻其妻。

⑬ 此二人相与同德，故俱为己姓。青阳，金天氏帝少皞。

⑭ 方雷，西陵氏之姓。彤鱼，国名。《帝系》曰："黄帝娶于西陵氏之子，曰嫘祖，实生青阳。"姊妹之子曰甥。声，雷嫘同也。

⑮ 唐尚书曰："继别为小宗。"非也。继别为大宗，别子之庶孙乃为小宗耳。

⑯ 得姓，以德居官而初赐之姓。谓十四人而内二人为姬，二人为己，故十二姓。

⑰ 二十五宗唯青阳与苍林德及黄帝，同姓为姬也。

⑱ 言德自黄帝同之，难也如是。

⑲ 贾侍中云："少典，黄帝、炎帝之先。有蟜，诸侯也。炎帝，神农也。"虞、唐云："少典，黄帝，炎帝之父。"昭谓：神农，三皇也，在黄帝前。黄帝灭炎帝，灭其子孙耳，明非神农可知也。言生者，谓二帝本所生出也。《内传》："高阳、高辛各有才子八人。"谓其裔子耳。贾君得之。

⑳ 姬、姜，水名。成，谓所生长以成功也。

㉑ "济"当为"挤"。挤，灭也。《传》曰："黄帝战于阪泉。"

㉒ 重耳，怀嬴之舅，故又言此以劝之。近，谓有属名。相及，嫁娶也。

㉓ 畏亵黩其类。

㉔ 毓，生也。

㉕ 合姓，合二姓为婚姻。合义，以德义相亲。

㉖ 有义则利随之。

㉗ 阜,厚也。

㉘ 更,续也。迁,离散也。

㉙ 摄,持也。保,守也。房,居也。

㉚ 言德姓异。

㉛ 言将夺其国,何辞于妻。初,奚齐、卓子死,秦伯欲纳重耳,子犯难之,以为不可。今更言此者,子圉无道,害重耳,使狐突召子犯及其兄毛,突不召而杀之,故重耳、子犯皆怨之。

㉜ 子余,赵衰字。

㉝ 必先有以自入。

㉞ 言不先施德于人,而求人为己用者是罪。

㉟ 重婚曰媾。从,从其命。

㊱ 受其所好而亲爱之。

㊲ 使之德己。

㊳ 归女纳币,更成婚礼。逆,亲迎也。

秦伯享重耳以国君之礼

他日,秦伯将享公子,公子使子犯从。子犯曰:“吾不如衰之文也,[①]请使衰从。”乃使子余从。秦伯享公子如享国君之礼,子余相如宾。[②]卒事,秦伯谓其大夫曰:“为礼而不终,耻也;[③]中不胜貌,耻也;[④]华而不实,耻也;[⑤]不度而施,耻也;[⑥]施而不济,耻也。[⑦]耻门不闭,不可以封。[⑧]非此,用师则无所矣。[⑨]二三子敬乎!”[⑩]

明日宴,秦伯赋《采菽》,[⑪]子余使公子降拜。[⑫]秦伯降辞。子余曰:“君以天子之命服命重耳,重耳敢有安志,敢不降拜?”成拜卒登,子余使公子赋《黍苗》。[⑬]子余曰:“重耳之仰君也,若黍苗之仰阴雨也。若君实庇荫膏泽之,使能成嘉谷，荐在宗庙，君之力也。[14]君若昭先君之荣，东行济河，整师以复强周室，重耳之望也。[15]重耳若获集德而归载，[16]使主晋民，成封国，其何实不从。[17]君若恣志以用重耳，[18]四方诸侯，其谁不惕惕以从命！”秦伯叹曰：“是子将有焉，岂专在寡人乎！”秦伯赋《鸠飞》，[19]公子赋《河水》。[20]秦伯赋《六月》，[21]子余使公子降拜。秦伯降辞。子余曰：“君称所以佐天子匡王国者以命重耳，重耳敢有惰心，敢不从德？”[22]

① 文，文辞也。

② 诏相重耳如宾礼也。

③ 言此，为明日将复宴。

④ “胜”当为“称”。中不称貌，情貌相违。

⑤ 有华色而无实。

⑥ 不度己力而施德。

⑦ 济，成也。

⑧ 封，国也。

⑨ 非能闭此五耻之门，则用师无所。

⑩ 敬此五者。

⑪《采菽》，《小雅》篇名，王赐诸侯命服之乐也。其诗曰：“君子来朝，何赐予之，虽无予之，路车乘马。”

⑫ 降，下堂也。

⑬《黍苗》亦《小雅》，道邵伯述职劳来诸侯也。其诗曰：“芃芃黍苗，阴雨膏之。悠悠南行，邵伯劳之。”

⑭ 在宗庙为祭主。

⑮ 先君谓秦襄公，讨西戎有功，赐爵为伯，有荣耀也。

⑯ 集，成也。载，祀也。

⑰ 言实从也。

⑱ 用使征伐。

⑲《鸠飞》,《小雅·小宛》之首章,曰:“宛彼鸣鸠,翰飞戾天。我心忧伤,念昔先人。明发不寐,有怀二人。”言己念晋先君洎穆姬不寐,以思安集晋之君臣也。《诗序》云:“文公遭骊姬之难,未反而秦姬卒,所以念伤亡人,思成公子。”

⑳ “河”当作“沔”,字相似误也。其诗曰:“沔彼流水,朝宗于海。”言己反国当朝事秦。

㉑《六月》,道尹吉甫佐宣王征伐,复文、武之业。《小雅》其诗云:“王于出征,以匡王国。”二章曰:“以佐天子。”三章曰:“共武之服,以定王国。”此言重耳为君,必霸诸侯,以匡佐天子。

㉒ 称,举也。

重耳亲筮得晋国

公子亲筮之,曰:“尚有晋国。”[①] 得贞屯、悔豫,皆八也。[②] 筮史占之,皆曰:“不吉。[③] 闭而不通,爻无为也。”[④] 司空季子曰:“吉。是在《周易》,皆利建侯。[⑤] 不有晋国,以辅王室,安能建侯?我命筮曰‘尚有晋国’,筮告我曰‘利建侯’,得国之务也,吉孰大焉![⑥] 震,车也。[⑦] 坎,水也。坤,土也。屯,厚也。豫,乐也。车班外内,顺以训之,[⑧] 泉原以资之,[⑨] 土厚而乐其实。不有晋国,何以当之?[⑩] 震,雷也,车也。坎,劳也,水也,众也。[⑪] 主雷与车,[⑫] 而尚水与众。[⑬] 车有震,武也。[⑭] 众而顺,文也。[⑮] 文武具,厚之至也。故曰屯。[⑯] 其繇曰:‘元亨利贞,勿用有攸往,利建侯。’[⑰] 主震雷,长也,故曰元。[⑱] 众而顺,嘉也,故曰亨。[⑲] 内有震雷,故曰利贞。[⑳] 车上水下,必伯。[㉑] 小事不济,壅也。故曰勿用有攸往,[㉒] 一夫之行也。[㉓] 众顺而有武威,故曰‘利建侯’。[㉔] 坤,母也。震,长男也。母老子强，故曰豫。[25]其繇曰：'利建侯行师。'居乐、出威之谓也。[26]是二者，得国之卦也。"[27]

① 蓍曰筮。尚，上也，命筮之辞也。《礼》曰："某子尚享之。"

② 内曰贞，外曰悔。震下坎上，屯。坤下震上，豫。得此两卦，震在屯为贞，在豫为悔。八，谓震两阴爻，在贞在悔皆不动，故曰皆八，谓爻无为也。

③ 筮史，筮人，掌以三《易》辨九筮之名。一夏，《连山》；二殷，《归藏》；三周，《易》。以《连山》、《归藏》占此两卦，皆言不吉。

④ 闭，壅也。震为动，动遇坎，坎为险阻，闭塞不通，无所为也。

⑤ 建，立也。以《周易》占之，二卦皆吉也。屯初九曰："利建侯。"豫大象曰："利建侯行师。"

⑥ 务，犹趋也。

⑦《易》，坤为大车，震为雷。今云车者，车亦动，声象雷，其为小车乎！

⑧ 车，震也。班，遍也。遍外内，谓屯之内有震，豫之外亦有震。坤，顺也。豫内为坤，屯二与四亦为坤。

⑨ 资，财也。屯三至五，豫二至四，皆有艮象。豫三至五有坎象。艮山坎水。水在山上为泉原，流而不竭。

⑩ 屯、豫皆有坤象，重坤故厚豫为乐。当，应也。

⑪ 易以坤为众，坎为水。水亦众之类。

⑫ 内为主也。

⑬ 坎象皆在上，故上水与众。

⑭ 震，威也。车声隆，象有威武。

⑮ 坤为众，为顺，为文，象有文德，为众所归也。

⑯ 屯，厚也。

⑰ 繇，卦辞也。亨，通也。贞，正也。攸，所也。往，之也。小人勿用有所之，君子则利建侯行师。

⑱ 内为主，震为长，男为雷，雷为诸侯，故曰元。元者，善之长。

⑲ 嘉,善也。众顺服善,故曰亨。亨者,嘉之会。

⑳ 屯内有震。贾侍中云:“震以动之,利也。侯以正国,贞也。利,义之和也。贞,事之干也。”

㉑ 车,震也。水,坎也。车动而上,威也。水动而下,顺也。有威而众从,故必伯。

㉒ 济,成也。小事,小人之事。蹇,震动而遇坎,坎为险阻。故曰勿用有所往。

㉓ 一夫,一人也。《易》曰:“震一索而得男。”故曰一夫。又曰:“震为足。”故为行也。

㉔ 复述上事。

㉕ 豫,乐也。

㉖ 居乐,母在内也。出威,震在外也。居乐,故利建侯。出威,故利行师。

㉗ 二,谓屯、豫。

秦伯纳重耳于晋

十月,惠公卒。十二月,秦伯纳公子。[①]及河,子犯授公子载璧,[②]曰:“臣从君还轸,巡于天下,怨其多矣![③]臣犹知之,而况君乎?不忍其死,请由此亡。”[④]公子曰:“所不与舅氏同心者,有如河水。”沈璧以质。[⑤]

董因迎公于河,[⑥]公问焉,曰:“吾其济乎?”对曰:“岁在大梁,将集天行。元年始受,实沈之星也。[⑦]实沈之墟,晋人是居,所以兴也。[⑧]今君当之,无不济矣。[⑨]君之行也,岁在大火,阏伯之星也,是谓大辰。[⑩]辰以成善,后稷是相,唐叔以封。[⑪]瞽史记曰:嗣续其祖,如谷之滋,必有晋国。[⑫]臣筮之,得《泰》之八。[⑬]曰:是谓天地配亨,小往大来。[⑭]今及之矣,何不济之有？且以辰出而以参入，皆晋祥也，[15]而天之大纪也。[16]济且秉成，必霸诸侯。[17]子孙赖之，君无惧矣。”

公子济河，召令狐、臼衰、桑泉，皆降。[18]晋人惧，怀公奔高梁。[19]吕甥、冀芮帅师，甲午，军于庐柳。[20]秦伯使公子絷如师，[21]师退，次于郇。[22]辛丑，狐偃及秦、晋大夫盟于郇。壬寅，公入于晋师。甲辰，秦伯还。[23]丙午，入于曲沃。丁未，入绛，即位于武宫。戊申，刺怀公于高梁。[24]

①《内传》:“鲁僖二十三年九月，晋惠公卒。”而此云十月。贾侍中以为闰余十八，闰在十二月后，鲁史闰为正月，晋以九月为十月而置闰也。秦伯以十二月始纳公子，公子以二十四年正月入晋桑泉。

② 载，祀也。授，还也。

③ 巡，行也。

④ 亡，奔也。

⑤ 如，往也。质，信也。言若不与舅氏同心，不济此河，往而死也。因沈璧以自誓为信。

⑥ 因，晋大夫，周太史辛有之后。《传》曰:“辛有之二子，董之晋。”故晋有董史。

⑦ 岁在大梁，谓鲁僖二十三年，岁星在大梁之次也。集，成也。行，道也。言公将成天道也。公以辰出，晋祖唐叔所以封也；而参入，晋星也。元年，谓文公即位之年。鲁僖二十四年，岁去大梁，在实沈之次。受，受于大梁也。自胃七度至毕十一度为大梁，自毕十二度至东井十五度曰实沈。

⑧ 墟，次也。是居，居其年次所主祀也。《传》曰:“高辛氏有季子曰实沈，迁于大夏，主祀参，唐人是因。成王灭唐而封叔虞。南有晋水，子燮改为晋侯，故参为晋星。”

⑨ 当岁星在实沈之墟，故无不成。

⑩ 君之行，谓鲁僖五年重耳出奔，时岁在大火。大火，大辰也。《传》

曰："高辛氏有子曰阏伯，迁于商丘，祀大火。"

⑪ 成善，谓辰为农祥，周先后稷之所经纬，以成善道。相，视也。谓视农祥以成农事。封者，唐叔封，时岁在大火。

⑫ 瞽史记曰：唐叔之世，将如商数。今有嗣续其祖，明趣同也。言子孙将继续其先祖，如谷之蕃滋，故必有晋国。

⑬ 乾下坤上，泰。遇泰无动爻无为侯。泰三至五震为侯。阴爻不动，其数皆八，故得泰之八，与贞屯、悔豫皆八义同。

⑭ 阳下阴升，故曰配亨。小，喻子圉。大，喻文公。阴在外为小往，阳在内为大来。

⑮ 辰，大火。参，伐也。参在实沈之次。

⑯ 所以大纪天时。《传》曰："大火为大辰，伐亦为大辰。"辰，时也。

⑰ 秉，执也。

⑱ 三皆晋邑。召，召其长。

⑲ 高梁，晋地。

⑳ 甲午，鲁僖公二十四年二月六日。庐柳，晋地。军，犹屯也。

㉑ 告晓吕、冀。

㉒ 郇，晋地。退师听命也。

㉓ 秦伯送公子于河，公入而还。

㉔ 刺，杀也。

寺人勃鞮求见文公

初，献公使寺人勃鞮伐公于蒲城，[①]文公逾垣，勃鞮斩其袪。[②]及入，勃鞮求见，公辞焉，曰："骊姬之谗，尔射余于屏内，[③]困余于蒲城，斩余衣袪。又为惠公从余于渭滨，[④]命曰三日，若宿而至。[⑤]若干二命，以求杀余。[⑥]余于伯楚屡困，何旧怨也？[⑦]退而思之，异日见我。"对曰："吾以君为已知之矣，故入。[⑧]犹未知之也，又将出矣。[⑨]事君不贰是谓臣，好恶不易是谓君。[10]君君臣臣，是谓明训。[11]明训能终，民之主也。二君之世，蒲人、狄人，余何有焉？[12]除君之恶，唯力所及，何贰之有？今君即位，其无蒲、狄乎？[13]伊尹放太甲而卒以为明王，[14]管仲贼桓公而卒以为侯伯。[15]乾时之役，申孙之矢集于桓钩，[16]钩近于袪，而无怨言，[17]佐相以终，克成令名。今君之德宇，何不宽裕也？[18]恶其所好，其能久矣？[19]君实不能明训，而弃民主。[20]余，罪戾之人也，又何患焉？[21]且不见我，君其无悔乎！"

于是吕甥、冀芮畏逼，悔纳文公，谋作乱，[22]将以己丑焚公宫，[23]公出救火而遂弑之。伯楚知之，故求见公。公遽出见之，[24]曰："岂不如女言，然是吾恶心也，[25]吾请去之。"伯楚以吕、郤之谋告公。公惧，乘驲自下，脱会秦伯于王城，[26]告之乱故。及己丑，公宫火，二子求公不获，遂如河上，秦伯诱而杀之。

① 勃鞮，寺人披。伐蒲城在鲁僖五年。

② 袪，袂也。

③ 树谓之屏。《礼》："诸侯内屏。"

④ 滨，涯也。重耳在狄，从狄君猎于渭滨。勃鞮为惠公来就杀之。

⑤ 命使三日，一宿而至。若，女也。

⑥ 干，犯也。二命，献、惠之命。

⑦ 伯楚，勃鞮字。屡，数也。数见困，有何旧怨。

⑧ 知为君为臣之道也。入，返国也。

⑨ 犹未知之，将复失国出走。

⑩ 易，反也。

⑪ 训，教也。

⑫ 当献、惠之世，君为蒲人、狄人耳。二君之所恶，于我有何义而不杀君乎？

⑬ 独无有所畏恶如蒲、狄者乎？

⑭ 太甲，汤孙，太丁子，不明，而伊尹放之桐宫。三年，太甲改过，伊尹复之，卒为明王。

⑮ 贼，谓为子纠射桓公。

⑯ 乾时战，在鲁庄九年。申孙，矢名。钩，带钩。

⑰ 近，害近也。钩在腹，袪在手。

⑱ 宇，覆也。

⑲ 言己忠臣，君所当好，而反恶之，能久为君乎？

⑳ 弃为民主之道。

㉑ 勃鞮，阉士，故曰罪戾之人。

㉒ 此二子本惠公党，畏见逼害，故谋作乱。

㉓ 己丑，鲁僖二十四年三月朔，时以为三月晦。

㉔ 遽，疾也。

㉕ 恶心，心怨，谓不恕也。

㉖ 驲，传也。自，从也。下，下道也。脱会，遁行潜逃之言也。王城，秦河上邑。

文公遽见竖头须

文公之出也，竖头须，守藏者也，不从。[①]公入，乃求见，公辞焉以沐。谓谒者曰："沐则心覆，[②]心覆则图反，宜吾不得见也。从者为羁绁之仆，[③]居者为社稷之守，何必罪居者！国君而仇匹夫，惧者众矣。"谒者以告，公遽见之。

① 竖，文公内竖里凫须，公出不从，窃藏以逃，尽用以求纳公。

② 谒，告也。覆，反也。沐低头，故言心反也。

③ 马曰羁，犬曰绁。言此二者臣仆之役。

文公修内政

元年春，公及夫人嬴氏至自王城。[1]秦伯纳卫三千人，实纪纲之仆。[2]公属百官，赋职任功。[3]弃责薄敛，施舍分寡。[4]救乏振滞，匡困资无。[5]轻关易道，通商宽农。[6]懋穑劝分，省用足财。[7]利器明德，以厚民性。[8]举善援能，官方定物，[9]正名育类。[10]昭旧族，[11]爱亲戚，明贤良，[12]尊贵宠，[13]赏功劳，事耇老，礼宾旅，[14]友故旧。[15]胥、籍、狐、箕、栾、郤、柏、先、羊舌、董、韩，实掌近官。[16]诸姬之良，掌其中官。[17]异姓之能，掌其远官。[18]公食贡，大夫食邑，士食田，[19]庶人食力，[20]工商食官，[21]皂隶食职，[22]官宰食加。[23]政平民阜，财用不匮。[24]

① 文公元年，鲁僖二十四年。贾侍中云："是月闰，以三月为四月，故曰春而不言其月，明四月为春分之月也。嬴氏，秦穆公女文嬴也。"或云："夫人，辰嬴。"《传》曰："辰嬴贱，班在九人。"非夫人也，贾得之也。

② 所以设国纪纲，为之备卫。仆，使也。

③ 属，会也。赋，授也。授职事，任有功。

④ 弃责，除宿责也。施，施德。舍，舍禁。分寡，分少财也。

⑤ 救乏，救乏绝。振滞，振淹滞之士。匡，正也，正穷困之人也。资无，予无财者。

⑥ 轻关，轻其税。易道，除盗贼。通商，利商旅。宽农，宽其政，不夺其时。

⑦ 懋，勉也，勉稼穑也。劝分，劝有分无。省，减国用。足财，备凶年。

⑧ 利器，利器用。明德，明德教。厚民性，厚其情性。

⑨ 方，常也。物，事也。立其常官，以定百事。

⑩ 正名，正上下服位之名。育，长也。类，善也。

⑪ 昭，明也。旧族，旧臣有功者之族。

⑫ 明，显也。

⑬ 国之贵臣尊礼之。

⑭ 旅，客也。

⑮ 故旧，为公子时。

⑯ 十一族，晋之旧姓，近官朝廷者。

⑰ 诸姬，同姓。中官，内官。

⑱ 远官，县鄙。

⑲ 受公田也。

⑳ 各由其力。

㉑ 工，百工。商，官贾也。《周礼》：府藏皆有贾人，以知物价。食官禀之。

㉒ 士臣皂，皂臣舆，舆臣隶。食职，各以其职大小食禄。

㉓ 官宰，家臣也。加，大夫之加田。《论语》曰："原宪为家邑宰。"

㉔ 阜，安也。

文公纳襄王

冬，襄王避昭叔之难，居于郑地氾。①使来告难，亦使告于秦。②子犯曰："民亲而未知义也，③君盍纳王以教之义。④若不纳，秦将纳之，则失周矣，⑤何以求诸侯？⑥不能修身，而又不能宗人，人将焉依？⑦继文之业，定武之功，⑧启土安疆，于此乎在矣，君其务之。"⑨公说，乃行赂于草中之戎与丽土之狄，以启东道。⑩

① 文公元年冬也。襄王，惠王之子。昭叔，襄王之弟太叔带也，是为甘昭公，故曰昭叔。惠王生襄王，以为太子。又娶于陈，曰惠后，生昭叔，惠后

将立之,未及而卒。昭叔奔齐,襄王复之,又通于襄王之后狄隗。王废隗氏,狄人伐周,故襄王避之。氾,地名。

② 王使简师父告晋,亦使左鄢父告秦。

③ 亲,亲君。未知义,故未和。

④ 使知尊上之义。

⑤ 失所以事周。

⑥ 无以为诸侯盟主。

⑦ 宗,尊也。

⑧ 文,晋文侯仇。平王东迁,文侯辅之,受珪瓒秬鬯。武,重耳祖武公称也,始并晋国也。

⑨ 在此纳王。

⑩ 二邑戎、狄,闲在晋东。

文公出阳人

二年春,公以二军下,次于阳樊。[①]右师取昭叔于温,杀之于隰城。[②]左师迎王于郑。王入于成周,遂定之于郏。[③]王飨醴,命公胙侑。[④]公请隧,弗许。[⑤]曰:“王章也,[⑥]不可以二王,[⑦]无若政何。”[⑧]赐公南阳阳樊、温、原、州、陉、絺、组、攒茅之田。[⑨]阳人不服,[⑩]公围之,将残其民,仓葛呼曰:[⑪]“君补王阙,以顺礼也。[⑫]阳人未狎君德,[⑬]而未敢承命。君将残之,无乃非礼乎!阳人有夏、商之嗣典,有周室之师旅,[⑭]樊仲之官守焉,[⑮]其非官守,则皆王之父兄甥舅也。君定王室而残其姻族,民将焉放?[⑯]敢私布于吏,[⑰]唯君图之!”公曰:“是君子之言也。”乃出阳人。[⑱]

① 二军,左、右军。东行曰下。阳樊,周邑。

② 温、隰城，皆周地。昭叔通狄后，与俱处温，故取杀之。

③ 成周，周东都。郏，王城。

④ 飨，设飨礼。《传》曰："战克而王飨。"飨醴，饮醴酒也。命，加命服也。胙，赐祭肉。侑，侑币。谓既食，以束帛侑公。

⑤ 三君云："隧，王之葬礼。"昭谓：隧，六隧之地，事见《周语》。

⑥ 章，表也，以表明天子与诸侯异。

⑦ 国无二王。

⑧ 无以为政于下。

⑨ 八邑，周之南阳地。

⑩ 不肯属晋。

⑪ 仓葛，阳樊人。

⑫ 补王失位之阙，以顺为臣之礼。

⑬ 狎，习也。

⑭ 典，法也。旅，众也。言有夏、商之后嗣及其遗法，与周室之师众。

⑮ 樊仲，宣王臣仲山甫，食采于樊。

⑯ 放，依也。

⑰ 布，陈也。吏，军吏。

⑱ 出，降也。

文公伐原

文公伐原，[①]令以三日之粮。三日而原不降，公令疏军而去之。[②]谍出曰："原不过一二日矣！"[③]军吏以告，公曰："得原而失信，何以使人？夫信，民之所庇也，不可失也。"[④]乃去之，及孟门，而原请降。[⑤]

① 原不服，故伐之。

② 疏，彻也。

③ 谍，闲候。

④ 庇，荫也。

⑤ 孟门，原地。《传》曰："退一舍而原降。"

文公救宋败楚于城濮

文公立四年，楚成王伐宋，[①] 公率齐、秦伐曹、卫以救宋。[②] 宋人使门尹班告急于晋，[③] 公告大夫曰："宋人告急，舍之则宋绝。[④] 告楚则不许我。[⑤] 我欲击楚，齐、秦不欲，其若之何？"先轸曰："不若使齐、秦主楚怨。"[⑥] 公曰："可乎？"先轸曰："使宋舍我而赂齐、秦，[⑦] 藉之告楚。[⑧] 我分曹、卫之地以赐宋人。楚爱曹、卫，必不许齐、秦。[⑨] 齐、秦不得其请，必属怨焉，[⑩] 然后用之，蔑不欲矣。"[⑪] 公说，是故以曹田、卫田赐宋人。[⑫]

令尹子玉使宛春来告[⑬] 曰："请复卫侯而封曹，臣亦释宋之围。"[⑭] 舅犯愠曰："子玉无礼哉！君取一，臣取二，必击之。"[⑮] 先轸曰："子与之。[⑯] 我不许曹、卫之请，是不许释宋也。宋众无乃强乎！[⑰] 是楚一言而有三施，子一言而有三怨。[⑱] 怨已多矣，难以击人。不若私许复曹、卫以携之，[⑲] 执宛春以怒楚，[⑳] 既战，而后图之。"[㉑] 公说，是故拘宛春于卫。

子玉释宋围，从晋师。楚既陈，晋师退舍，军吏请曰："以君避臣，辱也。[㉒] 且楚师老矣，必败。何故退？"[㉓] 子犯曰："二三子忘在楚乎？[㉔] 偃也闻之：战斗，直为壮，曲为老。[㉕] 未报楚惠而抗宋，我曲楚直，[㉖] 其众莫不生气，不可谓老。若我以君避臣，而不去，彼亦曲矣。"退三舍避楚。楚众欲止，子玉不肯，至于城濮，果战，楚众大败。[㉗] 君子曰："善以

德劝。”㉘

① 四年，鲁僖二十七年冬。宋背楚事晋，故楚伐之。

② 鲁僖二十八年春，晋侯侵曹伐卫。《传》曰：“楚始得曹而新婚于卫也。”

③ 门尹班，宋大夫。

④ 舍不救宋，则宋降楚，与我绝矣。

⑤ 告，谓请宋于楚，楚不许我。

⑥ 先轸，晋中军原轸也。主楚怨，为怨主，谓激齐、秦使怨楚。

⑦ 使宋置晋，独赂齐、秦。

⑧ 借与齐、秦之势，使请宋于楚。

⑨ 齐、秦本与晋俱伐曹、卫，今晋分其地，楚必不许齐、秦之请。

⑩ 属，结也。

⑪ 用，用齐、秦也。蔑，无也。

⑫ 二十八年春，卫侯欲与楚，国人不欲，故出其君以说于晋，卫侯出居襄牛。公执曹伯，分曹、卫之田以畀宋人。

⑬ 宛春，楚大夫。

⑭ 释，解也。

⑮ 愠，怒也。臣，子玉也。君，文公也。二谓复曹、卫。一谓释宋围。

⑯ 与，许之。

⑰ 不许释宋，宋降于楚，其众益强。

⑱ 三，曹、卫、宋。

⑲ 携，离也。

⑳ 怒楚，令必战。

㉑ 图，图复曹、卫。

㉒ 时楚王避文公之德，还居申，使子玉去宋，子玉不肯，固请战，故云避臣。

㉓ 老，罢也。围宋久，其师罢病。

㉔ 言在楚时，许退三舍。

㉕ 若韩之战，秦师少而斗士众，晋曲秦直，故能败晋。

㉖ 抗，救也。

㉗ 城濮，卫地。

㉘ 善，先轸、子犯。

郑叔詹据鼎耳而疾号

文公诛观状以伐郑，反其陴。[①]郑人以名宝行成，[②]公弗许，曰："予我詹而师还。"[③]詹请往，郑伯弗许，[④]詹固请曰："一臣可以赦百姓而定社稷，君何爱于臣也？"郑人以詹予晋，晋人将烹之。[⑤]詹曰："臣愿获尽辞而死，固所愿也。"公听其辞。詹曰："天降郑祸，使淫观状，弃礼违亲。[⑥]臣曰：'不可。夫晋公子贤明，其左右皆卿才，若复其国，而得志于诸侯，祸无赦矣。'今祸及矣。尊明胜患，智也。[⑦]杀身赎国，忠也。"乃就烹，据鼎耳而疾号曰："自今以往，知忠以事君者，与詹同。"乃命弗杀，厚为之礼而归之。[⑧]郑人以詹伯为将军。

① 贾侍中云："郑复效曹观公骿胁之状，故伐之。"唐尚书云："诛曹观状之罪，还而伐郑。"昭省《内》《外传》，郑无观状之事，而叔詹云"天祸郑国，使淫观状"，谓淫放于曹，不礼公子，与观状之罪同耳。反，拨也。陴，城上女垣。

② 名宝，重宝。

③ 詹，郑卿叔詹伯。文公过郑，詹请礼之，郑伯不听，因请杀之。

④ 郑伯，郑文公。

⑤ 烹，煮也。

⑥ 淫，放也，放曹国不礼于君。

⑦ 明，谓公子。胜，犹遏也。

⑧ 礼，礼饩也。

箕郑对文公问

晋饥，公问于箕郑，[1]曰："救饥何以？"对曰："信。"公曰："安信？"对曰："信于君心，[2]信于名，[3]信于令，信于事。"[4]公曰："然则若何？"对曰："信于君心，则美恶不逾；[5]信于名，则上下不干；[6]信于令，则时无废功；[7]信于事，则民从事有业。[8]于是乎民知君心，贫而不惧，藏出如入，何匮之有？"[9]公使为箕。[10]及清原之搜，使佐新上军。[11]

① 箕郑，晋大夫。

② 不以爱憎诬人以善恶，是为信于心。

③ 名，百官尊卑之号。

④ 谓使民事，各得其时。

⑤ 不相逾越。

⑥ 干，犯也。

⑦ 不夺其时，则有成功。

⑧ 业，犹次也。

⑨ 出其帑藏，以相振救，如入于家，故不乏也。

⑩ 为箕大夫。

⑪ 清原之搜，在鲁僖三十一年。

文公任贤与赵衰举贤

文公问元帅于赵衰，[1]对曰："郤縠可，行年五十矣，[2]守学弥惇。[3]夫先王之法志，德义之府也。[4]夫德义，生民之本也。能惇笃者，不忘百姓也。请使郤縠。”公从之。公使赵衰为卿，辞曰：“栾枝贞慎，[5]先轸有谋，胥臣多闻，皆可以为辅佐，臣弗若也。”乃使栾枝将下军，先轸佐之。[6]取五鹿，先轸之谋也。[7]郤縠卒，使先轸代之。[8]胥臣佐下军。[9]公使原季为卿，[10]辞曰：“夫三德者，偃之出也。[11]以德纪民，其章大矣，不可废也。”[12]使狐偃为卿，辞曰：“毛之智，贤于臣，其齿又长。[13]毛也不在位，不敢闻命。”乃使狐毛将上军，狐偃佐之。[14]狐毛卒，使赵衰代之，[15]辞曰：“城濮之役，先且居之佐军也善，[16]军伐有赏，[17]善君有赏，能其官有赏。且居有三赏，不可废也。且臣之伦，箕郑、胥婴、先都在。”[18]乃使先且居将上军。[19]公曰：“赵衰三让。[20]其所让皆社稷之卫也。废让，是废德也。”以赵衰之故，搜于清原，作五军。[21]使赵衰将新上军，箕郑佐之；胥婴将新下军，先都佐之。子犯卒，蒲城伯请佐，[22]公曰：“夫赵衰三让不失义。[23]让，推贤也。义，广德也。德广贤至，又何患矣。请令衰也从子。”[24]乃使赵衰佐新上军。[25]

① 元帅，上卿。

② 郤縠，晋大夫。行，历也。

③ 弥，益。惇，厚。

④ 志，记也。

⑤ 枝，晋大夫栾共子之子贞子也。

⑥ 此述初耳，在城濮战前。

⑦ 五鹿，卫地。

⑧ 从下军之佐，超将中军。《传》曰：“尚德也。”

⑨ 代先轸。

⑩ 原季，赵衰也。文公二年，为原大夫。卿，次卿。

⑪ 偃，狐偃。贾、唐云："三德，栾枝、先轸、胥臣，皆狐偃所举。"虞云："三德，谓劝文公纳襄王以示民义，伐原以示民信，大搜以示民礼。故以三德纪民。"昭谓：栾枝等皆赵衰所进，非狐偃。三德纪民之语在下，虞得之。

⑫ 章，著也。

⑬ 毛，偃之兄。

⑭ 尚齿也。上军，或言新上军，非。时未有新军。《传》曰"使狐偃将上军，让于狐毛而佐之"是也。

⑮ 虞、唐云："代将新军。"昭谓：代将上军。

⑯ 先且居，先轸之子蒲城伯也；复受霍，为霍伯。

⑰ 伐，功也。

⑱ 伦，匹也。三子，晋大夫。

⑲ 代狐毛。

⑳ 三使为卿，三让之，进栾枝等八人。

㉑ 清原，晋地。晋本三军，有中军上军下军。今有五，益新上下也。

㉒ 或云："蒲城伯，狐毛也。"贾侍中云："蒲城伯，先且居也。"昭谓：上章，狐毛已卒，使先且居代之。贾得之矣。

㉓ 义，宜也。

㉔ 从，从先且居。

㉕ 此有"新"字，误。赵衰从新上军之将进佐上军，升一等。新上军之将，位在上军之佐下。此章或在狐毛卒上，非也，当在下。

文公学读书于臼季

文公学读书于臼季，三日，① 曰："吾不能行也咫，② 闻则多矣。"对曰："然而多闻以待能者，不犹愈也？"③

① 臼季，胥臣。

② 咫，咫尺间。

③ 使能者行之，不犹愈于不学乎？

郭偃论治国之难易

文公问于郭偃曰："始也，吾以治国为易，[①]今也难。"对曰："君以为易，其难也将至矣。[②]君以为难，其易也将至焉。"[③]

① 郭偃，卜偃。易，易治。

② 以为易而轻忽之，故其难将至。

③ 以为难而勤修之，故其易将至。

胥臣论教诲之力

文公问于胥臣曰："吾欲使阳处父傅讙也而教诲之，其能善之乎？"[①]对曰："是在讙也。蘧蒢不可使俯，[②]戚施不可使仰，[③]僬侥不可使举，[④]侏儒不可使援，[⑤]矇瞍不可使视，[⑥]嚚喑不可使言，[⑦]聋聩不可使听，[⑧]童昏不可使谋。[⑨]质将善而贤良赞之，则济可俟。[⑩]若有违质，[⑪]教将不入，[⑫]其何善之为！[⑬]臣闻昔者大任娠文王不变，[⑭]少溲于豕牢，[⑮]而得文王不加疾焉。[⑯]文王在母不忧，[⑰]在傅弗勤，处师弗烦，事王不怒，[⑱]孝友二虢，[⑲]而惠慈二蔡，[⑳]刑于大姒，[㉑]比于诸弟。[㉒]《诗》云：'刑于寡妻，至于兄弟，以御于家邦。'[㉓]于是乎用四方之贤良。[㉔]及其即位也，询于'八虞'，[㉕]而咨于'二虢'，[㉖]度于闳夭而谋于南宫，[㉗]诹于蔡、原而访于辛、尹，[㉘]重之以周、邵、毕、荣，[29]亿宁百神，[30]而柔和万民。[31]故《诗》云：'惠于宗公，神罔时恫。'[32]若是，则文王非专教诲之力也。"[33]公曰："然则教无益乎？"对曰："胡为文，益其质。[34]故人生而学，非学不入。"[35]公曰："奈夫八疾何！"[36]对曰："官师之所材也，[37]戚施直镈，[38]蘧蒢蒙璆，[39]侏儒扶卢，[40]矇瞍修声，[41]聋聩司火。[42]童昏、嚚喑、僬侥，官师之所不材也，[43]以实裔土。[44]夫教者，因体能质而利之者也。[45]若川然有原，以卬浦而后大。"[46]

① 阳处父，晋大夫阳子。讙，文公子襄公名。

② 蘧蒢，直者，谓疾。

③ 戚施，瘁者。

④ 僬侥，长三尺，不能举动。

⑤ 侏儒，短者，不能抗援。

⑥ 有眸而无见曰矇，无眸子而不见曰瞍。

⑦ 口不道忠信之言为嚚。喑，不能言者。

⑧ 耳不别五声之和曰聋，生而聋曰聩。

⑨ 童，无智。昏，暗乱。

⑩ 赞，导也。

⑪ 违，邪也。

⑫ 不入其心。

⑬ 言不能使善。

⑭ 娠，有身也。不变，不变动。

⑮ 少，小也。豕牢，厕也。溲，便也。

⑯ 言易也。

⑰ 体不变，故不忧。

⑱ 王，谓王季。

⑲ 善兄弟为友。二虢，文王弟虢仲、虢叔。

⑳ 惠,爱也。三君云:"二蔡,文王子。管叔初亦为蔡。"

㉑ 刑,法也。大姒,文王妃。

㉒ 比,亲也。诸弟,同宗之弟。

㉓《诗·大雅·思齐》之二章。寡妻,寡有之妻,谓大姒。御,治也。

㉔ 以自辅也。

㉕ 询,谋也。贾、唐曰:"八虞,周八士,皆在虞官,伯达、伯括、仲突、仲忽、叔夜、叔夏、季随、季騧。"

㉖ 咨,谋也。

㉗ 皆周贤臣。度,亦谋也。南宫,南宫适。

㉘ 諏、访,皆谋也。蔡,蔡公;原,原公;辛,辛甲;尹,尹佚:皆周太史。

㉙ 周,周文公。邵,邵康公。毕,毕公。荣,荣公。

㉚ 亿,安也。

㉛ 柔,安也。

㉜ 亦《思齐》之二章。惠,顺也。宗公,大臣也。恫,痛也。言文王为政,咨于大臣,顺而行之,故鬼神无怨痛之者。

㉝ 言因体也。

㉞ 言有美质,加以文采乃善。

㉟ 不入,不入于道。

㊱ 八疾,籧篨至童昏。

㊲ 师,长也。材,古裁字。

㊳ 直,主击镈。镈,钟也。

㊴ 蒙,戴也。璆,玉磬。不能俯,故使戴磬。

㊵ 扶,缘也。卢,矛戟之柲,缘之以为戏。

㊶ 无目,于音声审,故使修之。

㊷ 耳无闻,于视则审,故使司火。

㊸ 所不能材用。

㊹ 裔,荒裔。

㊺ 能质,性能。

㊻ 卬,迎也。言川有原,因开利迎之以浦,然后大。

文公称霸

文公即位二年,[①] 欲用其民,[②] 子犯曰:"民未知义,[③] 盍纳天子以示之义?[④]"乃纳襄王于周。公曰:"可矣乎?"对曰:"民未知信,盍伐原以示之信?"乃伐原。[⑤] 曰:"可矣乎?"对曰:"民未知礼,盍大搜,备师尚礼以示之。"[⑥] 乃大搜于被庐,[⑦] 作三军。[⑧] 使郤縠将中军,以为大政,[⑨] 郤溱佐之。[⑩] 子犯曰:"可矣。"[⑪] 遂伐曹、卫,[⑫] 出穀戍,释宋围,败楚师于城濮,于是乎遂伯。[⑬]

① 更言此者,述初也。

② 用,用征伐。

③ 未知尊上之义。

④ 时天子避子带之难,在郑地氾。

⑤ 信,谓上令以三日之粮,粮尽不降,命去之。

⑥ 搜,所以明尊卑,顺少长,习威仪。

⑦ 被庐,晋地。

⑧ 唐尚书云:"去新军之上、下。"昭谓:此章述文公之初,未有新军。

⑨ 大政,大掌国政。

⑩ 郤溱,晋大夫郤至之先。或云"溱即至",非也。

⑪ 可用也。

⑫ 在鲁僖二十八年。

⑬ 穀,齐地。鲁僖二十六年,楚伐齐,取穀,使申公叔侯戍之。二十七年,楚围宋,晋伐曹、卫以救之。二十八年,楚子使申叔去穀,子玉去宋避晋。

卷十一

晋语五

臼季举冀缺

臼季使，舍于冀野。[①]冀缺薅，其妻馌之，[②]敬，相待如宾。[③]从而问之，冀芮之子也，与之归。既复命，而进之曰："臣得贤人，敢以告。"文公曰："其父有罪，可乎？"[④]对曰："国之良也，灭其前恶，[⑤]是故舜之刑也殛鲧，其举也兴禹。[⑥]今君之所闻也。齐桓公亲举管敬子，其贼也。"[⑦]公曰："子何以知其贤也？"对曰："臣见其不忘敬也。夫敬，德之恪也。恪于德以临事，其何不济！"公见之，使为下军大夫。[⑧]

① 臼季，胥臣也。冀，晋邑。郊外曰野。

② 冀缺，郤成子也。薅，耘也。野馈曰馌，《诗》曰："馌彼南亩。"

③ 夫妇相敬如宾。

④ 文公元年，冀芮畏逼，与吕甥谋弑公，焚公宫，秦伯杀之是也。

⑤ 灭，除也。

⑥ 殛，诛也。鲧，禹父。

⑦ 敬子，管仲之谥。

⑧ 在文公时，而于此言之者，以襄公能继父志，用冀缺。《传》曰："襄公以再命赏胥臣，曰：'举郤缺，子之功也。'以一命命郤缺为卿，复与之冀。"故曰冀缺。

宁嬴氏论貌与言

阳处父如卫,反,过宁,[1]舍于逆旅宁嬴氏。[2]嬴谓其妻曰:“吾求君子久矣,今乃得之。”举而从之,[3]阳子道与之语,及山而还。[4]其妻曰:“子得所求而不从之,何其怀也!”[5]曰:“吾见其貌而欲之,闻其言而恶之。夫貌,情之华也;[6]言,貌之机也。[7]身为情,[8]成于中。言,身之文也。言文而发之,合而后行,离则有衅。[9]今阳子之貌济,其言匮,非其实也。[10]若中不济,而外强之,[11]其卒将复,[12]中以外易矣。[13]若内外类,而言反之,渎其信也。[14]夫言以昭信,奉之如机,[15]历时而发之,[16]胡可渎也!今阳子之情譓矣,[17]以济盖也,[18]且刚而主能,[19]不本而犯,怨之所聚也。[20]吾惧未获其利而及其难,是故去之。”期年,乃有贾季之难,阳子死之。[21]

① 处父,晋太傅阳子也。如卫,聘卫也,在鲁文五年。宁,晋邑,今河内修武是也。

② 旅,客也。逆客而舍之也。嬴,其姓。

③ 举,起也。

④ 山,河内温山也。《传》曰:“及温而还。”

⑤ 怀,思也。

⑥ 容貌者,情之华采。

⑦ 言语者,容貌之枢机。

⑧ 情生于身。

⑨ 合,谓情、言、貌也,三者合而后行之。衅,瑕也。

⑩ 济,成也。言不副貌为匮。匮,乏也。

⑪ 谓情不足,而貌强为之。

⑫ 复,反也,反其情也。

⑬ 易，犹异也。

⑭ 类，善也。渎，轻也。

⑮ 如枢机之相应。

⑯ 言思察之详熟。

⑰ 谌，辩察也。

⑱ 济，成也，成其容貌，以盖其短。

⑲ 主，上也。言性刚直，而高上其材能。

⑳ 不本，行不本仁义也。犯，犯人也。

㉑ 贾季，晋大夫，狐偃之子射姑也。食邑于贾，字季佗。唐尚书云："晋搜于夷，舍二军。"昭谓：初，晋作五军。鲁文五年，晋四卿卒。至六年，晋搜于夷，舍二军，复成国之制。狐射姑将中军，赵盾佐之。阳子至自温，改搜于董，使赵盾将中军，射姑佐之。射姑怨阳子之易其班，使狐鞫居杀阳处父而奔狄。

赵宣子论比与党

赵宣子言韩献子于灵公，以为司马。[①]河曲之役，[②]赵孟使人以其乘车干行，[③]献子执而戮之。众咸曰："韩厥必不没矣。[④]其主朝升之，而暮戮其车，[⑤]其谁安之！"宣子召而礼之，曰："吾闻事君者比而不党。[⑥]夫周以举义，比也；[⑦]举以其私，党也。夫军事无犯，犯而不隐，义也。[⑧]吾言女于君，惧女不能也。举而不能，党孰大焉！事君而党，吾何以从政？吾故以是观女。[⑨]女勉之。苟从是行也，[⑩]临长晋国者，非女其谁？"[⑪]皆告诸大夫曰："二三子可以贺我矣！吾举厥也而中，吾乃今知免于罪矣。"

① 宣子，晋正卿，赵衰之子宣孟盾也。献子，韩万之玄孙子舆之子厥

也。灵公，襄公之子夷皋也。司马，掌军大夫。

② 河曲，晋地。鲁文十二年，秦伐晋，战于河曲。

③ 赵孟，宣子。干，犯也。行，军列。

④ 没，终也。

⑤ 主，主人。车，车仆也。献子因赵盾以为主，盾升之于公。朝暮，喻速也。

⑥ 比，比义也。阿私曰党。

⑦ 忠信曰周。

⑧ 在公为义。

⑨ 观女能否。

⑩ 勉之，劝终其志。是行，今所行也。

⑪ 临，监也。长，帅也。

赵宣子请师伐宋

宋人弑昭公，[①]赵宣子请师于灵公以伐宋，公曰："非晋国之急也。"对曰："大者天地，其次君臣，所以为明训也。[②]今宋人弑其君，是反天地而逆民则也，[③]天必诛焉。晋为盟主，而不修天罚，[④]将惧及焉。"公许之。乃发令于太庙，召军吏而戒乐正，[⑤]令三军之钟鼓必备。赵同曰："国有大役，[⑥]不镇抚民而备钟鼓，何也？"宣子曰："大罪伐之，小罪惮之。[⑦]袭侵之事，陵也。[⑧]是故伐备钟鼓，声其罪也；[⑨]战以錞于、丁宁，儆其民也。[⑩]袭侵密声，为暂事也。[⑪]今宋人弑其君，罪莫大焉！明声之，犹恐其不闻也。吾备钟鼓，为君故也。"[⑫]乃使旁告于诸侯，治兵振旅，鸣钟鼓，以至于宋。[⑬]

① 宋人，宋成公之子文公鲍也。昭公，鲍之兄杵臼也。弑昭公在鲁文

十六年。

② 言尊卑各得其所，以明教训。

③ 则，法也。

④ 修，行也。

⑤ 正，长也。军吏，主师旅。乐正，主钟鼓。

⑥ 役，事也。赵同，盾弟晋大夫原同。

⑦ 惮，惧也。

⑧ 轻曰袭。无钟鼓曰侵。陵，以大陵小也。

⑨ 以声张其罪。

⑩ 錞于，形如碓头，与鼓相和。丁宁者谓钲也。儆，戒也。唐尚书云："錞于，镯也。"非也。镯与錞于各异物。

⑪ 暂其无备。

⑫ 为欲尊明君道也。

⑬ 振，奋也。伐宋在鲁文十七年。

灵公使鉏麑杀赵宣子

灵公虐，赵宣子骤谏，[①]公患之，[②]使鉏麑贼之，[③]晨往，则寝门辟矣，[④]盛服将朝，早而假寐。[⑤]麑退，叹而言曰："赵孟敬哉！[⑥]夫不忘恭敬，社稷之镇也。[⑦]贼国之镇不忠，受命而废之不信，享一名于此，不如死。"[⑧]触庭之槐而死。[⑨]

灵公将杀赵盾，不克。[⑩]赵穿攻公于桃园，[⑪]逆公子黑臀而立之，实为成公。[⑫]

① 虐，厚敛以雕墙，支解宰夫之属。

② 患，疾也。

③ 鉏麑，力士。贼，杀也。

④ 辟，开也。

⑤ 不脱冠带而寐曰假寐。

⑥ 言夙兴敬恪。

⑦ 镇，重也。

⑧ 享，受也。杀之为不忠，不杀为不信，故得一名。

⑨ 庭，外朝之庭也。《周礼》："王之外朝三槐，三公位焉。"则诸侯之朝三槐，三卿位焉。

⑩ 鲁宣二年秋，晋侯饮盾酒，伏甲将攻之，盾觉而走，故不克。

⑪ 赵穿，晋大夫，赵夙之孙、赵盾从父昆弟武子穿也。桃园，园名。

⑫ 逆，迎也。迎于周也。黑臀，晋文公子、襄公弟成公也。

范武子退朝告老

郤献子聘于齐，[①]齐顷公使妇人观而笑之。[②]郤献子怒，归，请伐齐。范武子退自朝，[③]曰："燮乎，吾闻之，[④]干人之怒，必获毒焉。夫郤子之怒甚矣，不逞于齐，必发诸晋国。[⑤]不得政，何以逞怒？[⑥]余将致政焉，以成其怒，[⑦]无以内易外也。尔勉从二三子，以承君命，唯敬。"[⑧]乃老。[⑨]

① 献子，晋卿，郤缺之子克也。聘，在鲁宣十七年。

② 郤子跛，齐顷公帷妇人使观之。郤子将升，妇人笑于房。

③ 武子，晋正卿士会。

④ 燮，武子之子文子也。

⑤ 逞，快也。不快心以伐齐，必发怒于晋国。

⑥ 得政，为政也。

⑦ 致，归也。

⑧ 二三子，晋诸卿。承，奉也。

⑨ 乃告老。

范武子杖文子

范文子暮退于朝。武子曰:“何暮也?”对曰:“有秦客廋辞于朝,[①]大夫莫之能对也,吾知三焉。”[②]武子怒曰:“大夫非不能也,让父兄也。[③]尔童子,而三掩人于朝。[④]吾不在晋国,亡无日矣。”击之以杖,折委笄。[⑤]

① 廋,隐也。谓以隐伏谲诡之言问于朝也。东方朔曰:“非敢诋之,与为隐耳。”

② 解其三事。

③ 父兄,长老也。

④ 掩,盖也。

⑤ 委,委貌冠。笄,簪也。

郤献子分谤

靡笄之役,韩献子将斩人。[①]郤献子驾,将救之,至,则既斩之矣。郤献子请以徇,其仆曰:“子不将救之乎?”献子曰:“敢不分谤乎!”[②]

① 靡笄,齐山名。鲁成二年,晋郤克伐齐,从齐师于靡笄之下,战于鞍。献子时为司马,将斩人以为戮,罪在可赦。

② 言欲与韩子分谤共非也。言能如此,故从事不乖。

张侯御郤献子

靡笄之役,郤献子伤,[①]曰:“余病喙。”[②]张侯御,曰:“三军之心,在此车也。[③]其耳目在于旗鼓。[④]车无退表,鼓无退声,[⑤]军事集焉。[⑥]吾子忍之,不可以言病。受命于庙,[⑦]受脤于社，[8]甲胄而效死，戎之政也。[9]病未若死，祇以解志。”[10]乃左并辔，右援枹而鼓之，马逸不能止，三军从之。[11]齐师大败，逐之，三周华不注之山。[12]

① 伤于矢也。《传》曰：“流血及屦，未绝鼓音。”

② 喙，短气貌。

③ 张侯，晋大夫解张也。在此车，谓车进则进、车退则退。

④ 耳听鼓音，目视旗表。

⑤ 表，旑旗也。车表鼓音，进退异数。

⑥ 集，成也。

⑦ 将行，告庙受戒命。

⑧ 脤，宜社之肉，盛以蜃器。

⑨ 带甲缨胄，死而后已，此兵之常政。

⑩ 祇，适也。

⑪ 逸，奔也。

⑫ 周，匝也。华，齐地。不注，山名。

师胜而范文子后入

靡笄之役，郤献子师胜而返，范文子后入。[1]武子曰：“燮乎，女亦知吾望尔也乎？”[2]对曰：“夫师，郤子之师也，[3]其事臧。[4]若先，则恐国人之属耳目于我也，故不敢。”[5]武子曰：“吾知免矣。”[6]

① 文子时佐上军。

② 兵凶事，文子后入，故忧望。

③ 郤子请伐齐，又为元帅。

④ 臧，善也。谓师有功。

⑤ 属犹注也。

⑥ 知免于咎。

郤献子等各推功于上

靡笄之役，郤献子见，公曰："子之力也夫！"[①]对曰："克也以君命命三军之士，三军之士用命，克也何力之有焉？"范文子见，公曰："子之力也夫！"对曰："燮也受命于中军，以命上军之士，上军之士用命，燮也何力之有焉？"栾武子见，[②]公曰："子之力也夫！"对曰："书也受命于上军，以命下军之士，下军之士用命，书也何力之有焉？"

① 力，功也。

② 武子，晋卿，栾枝之孙、栾盾之子书也，时将下军。

苗棼皇谓郤献子为不知礼

靡笄之役也，郤献子伐齐。齐侯来，[①]献之以得殒命之礼，[②]曰："寡君使克也，不腆弊邑之礼，为君之辱，敢归诸下执政，以整御人。"[③]苗棼皇曰："郤子勇而不知礼，[④]矜其伐而耻国君，[⑤]其与几何！"[⑥]

① 齐侯以靡笄之役，故服而朝晋，在鲁成三年。

② 献，致飨也。献笾豆之数，如征伐所获国君之献礼。以得，言不得也。伐国获君，若秦获晋惠，是为殒命。今齐虽败，顷公不见得，非殒命也。故苗贲皇以郤克不知礼。《司马法》曰："其有殒命，行礼如会所，争义不争利。"

③ 归，馈也。执政，执事也。整，顿也。御人，妇人。愿以此报君御人之笑己者。

④ 梦皇，晋大夫，楚斗椒之子。

⑤ 矜，大也。伐，功也。

⑥ 言将不终命。

车者论梁山崩

梁山崩，[①]以传召伯宗，[②]遇大车当道而覆，立而辟之，曰："避传。"[③]对曰："传为速也，若俟吾避，则加迟矣，[④]不如捷而行。"[⑤]伯宗喜，问其居，曰："绛人也。"[⑥]伯宗曰："何闻？"曰："梁山崩而以传召伯宗。"伯宗问曰："乃将若何？"对曰："山有朽壤而崩，将若何？[⑦]夫国主山川，[⑧]故川涸山崩，君为之降服、出次，[⑨]乘缦、不举，策于上帝，[⑩]国三日哭，以礼焉。[⑪]虽伯宗亦如是而已，其若之何？"问其名，不告；请以见，不许。[⑫]伯宗及绛，以告，而从之。[⑬]

① 梁山，晋望也。崩在鲁成五年。

② 传，驿也。伯宗，晋大夫孙伯纠之子。

③ 大车，牛车也。辟，使下道避传车也。

④ 加，益也。

⑤ 旁出为捷。

⑥ 绛，晋国都。

⑦ 朽，腐也。不言政失所为而称朽壤，言逊也。

⑧ 为山川主。孔子曰："夫颛臾为东蒙主。"

⑨ 涸，竭也。川竭山崩，君降服缟素，出次于郊。

⑩ 缦，车无文。不举，不举乐。策于上帝，以简策之文告天也。《周

礼》:“四镇五岳崩,命去乐。”

⑪ 以礼于神也。《周礼》:“国有大灾,三日哭。”

⑫ 以见于君。

⑬ 以车者之言告君,君从之。

伯宗妻谓民不戴其上难必及

伯宗朝,以喜归。[①]其妻曰:“子貌有喜,何也?”曰:“吾言于朝,诸大夫皆谓我智似阳子。”[②]对曰:“阳子华而不实,主言而无谋,[③]是以难及其身。子何喜焉?”伯宗曰:“吾饮诸大夫酒,而与之语,尔试听之。”曰:“诺。”既饮,其妻曰:“诸大夫莫子若也。然而民不能戴其上久矣,[④]难必及子乎!盍亟索士整庇州犁焉。”[⑤]得毕阳。[⑥]

及栾弗忌之难,诸大夫害伯宗,将谋而杀之。[⑦]毕阳实送州犁于荆。[⑧]

① 朝罢而归,有喜色。

② 智辩如阳子处父。

③ 主,尚也。

④ 戴,奉也。上,贤也,才在人上也。

⑤ 亟,疾也。整,整顿也。庇,覆也。州犁,伯宗子伯州犁。

⑥ 毕阳,晋士。

⑦ 栾弗忌,晋大夫,伯宗之党。三郤害弗忌,故谮伯宗并杀之。在鲁成十五年。

⑧ 荆,楚也。犁奔楚为太宰。

卷十二

晋语六

赵文子冠

赵文子冠，[1]见栾武子，武子曰："美哉！[2]昔吾逮事庄主，[3]华则荣矣，实之不知，请务实乎。"[4]

见中行宣子，宣子曰："美哉！[5]惜也，吾老矣。"[6]

见范文子，[7]文子曰："而今可以戒矣，夫贤者宠至而益戒，不足者为宠骄。[8]故兴王赏谏臣，逸王罚之。吾闻古之言王者，政德既成，又听于民，[9]于是乎使工诵谏于朝，[10]在列者献诗使勿兜，[11]风听胪言于市，[12]辨袄祥于谣，[13]考百事于朝，[14]问谤誉于路，有邪而正之，尽戒之术也。[15]先王疾是骄也。"

见郤驹伯，驹伯曰："美哉！[16]然而壮不若老者多矣。"[17]

见韩献子，[18]献子曰："戒之，此谓成人。成人在始与善。始与善，善进善，不善蔑由至矣；[19]始与不善，不善进不善，善亦蔑由至矣。如草木之产也，各以其物。[20]人之有冠，犹宫室之有墙屋也，粪除而已，又何加焉。"[21]

见智武子，武子曰："吾子勉之，[22]成、宣之后而老为大夫，非耻乎！[23]成子之文，宣子之忠，其可忘乎！夫成子导前志以佐先君，导法而卒以政，可不谓文乎！[24]夫宣子尽谏于襄、灵，[25]以谏取恶，不惮死进，可不谓忠乎！吾子勉之，有宣子之忠，而纳之以成子之文，事君必济。”[26]

见苦成叔子，[27]叔子曰：“抑年少而执官者众，[28]吾安容子。”

见温季子，[29]季子曰：“谁之不如，可以求之。”[30]

见张老而语之，[31]张老曰：“善矣，从栾伯之言，可以滋；[32]范叔之教，可以大；韩子之戒，可以成。物备矣，志在子。[33]若夫三郤，亡人之言也，何称述焉！[34]智子之道善矣，[35]是先主覆露子也。”[36]

① 文子，赵盾之孙、赵朔之子赵武也。冠，谓以士礼始冠。

② 武子，栾书。《礼》：“既冠，奠贽于君，遂以贽见卿大夫。”美哉，美成人也。

③ 庄，庄子，赵朔之谥，大夫称主。赵朔将下军，栾书佐之。

④ 荣者，有色貌。实之不知，华而不实也。

⑤ 宣子，晋大夫，中行桓子之子荀庚。

⑥ 惜已年老，不见文子德所至。

⑦ 文子，范燮。

⑧ 智不足者，得宠而骄。

⑨ 询于刍荛，听谤誉也。

⑩ 工，矇瞍也。诵，诵读前世箴谏之语。

⑪ 列，位也，谓公卿至于列士献诗以讽也。兜，惑也。

⑫ 风，采也。胪，传也。采听商旅所传善恶之言。

⑬ 辨，别也。祆，恶也。祥，善也。行歌曰谣，“丙之辰”、“檿弧箕服”之类是也。

⑭ 百官职事。

⑮ 术，道也。

⑯ 驹伯，晋卿郤锜。

⑰ 恃年自矜。

⑱ 献子，晋卿韩厥。

⑲ 蔑，无也。

⑳ 物，类也。

㉑ 粪除，喻自修洁。

㉒ 武子，晋卿，荀首之子荀罃。

㉓ 成，成子，文子曾祖赵衰也。宣，宣子，文子祖父赵盾也。言文子二贤之后，长老乃为大夫，非耻乎。欲其修德早为卿也。

㉔ 导，达也。志，记也。佐，助也。先君，文公也。以政，得政。

㉕ 襄，文公子、灵公父。

㉖ 济，成也。

㉗ 苦成叔子，郤犨。

㉘ 执官，为大夫。

㉙ 温季子，郤至。

㉚ 言汝不如谁，可以求其次。不欲其高远。

㉛ 张老，晋大夫张孟。

㉜ 滋，益也。

㉝ 物，事也。人事已备，能行与否，在子之志。

㉞ 不足称述。

㉟ 道，训也。

㊱ 先主，谓成、宣。露，润也。

范文子不欲伐郑

厉公将伐郑，[①]范文子不欲，曰："若以吾意，诸侯皆叛，则晋可为也。[②]唯有诸侯，故扰扰焉。凡诸侯，难之本也。[③]

得郑忧滋长，焉用郑！”[4] 郤至曰：“然则王者多忧乎？”文子曰：“我王者也乎哉？[5] 夫王者成其德，而远人以其方贿归之，故无忧。[6] 今我寡德而求王者之功，故多忧。[7] 子见无土而欲富者，乐乎哉？”[8]

① 厉公，晋景公之子州蒲。伐郑，郑从楚故也。在鲁成十六年。

② 为，治也。

③ 叛辄伐之，故为难本。

④ 楚必救之，故忧益长。

⑤ 言俱诸侯。

⑥ 方，所在之方。贿，财也。

⑦ 我，晋也。

⑧ 无土求富，行不得息。

晋败楚师于鄢陵

厉公六年，伐郑，[1] 且使苦成叔及栾黡兴齐、鲁之师。[2] 楚恭王帅东夷救郑。[3] 楚半阵，公使击之。栾书曰：“君使黡也兴齐、鲁之师，请俟之。”郤至曰：“不可。楚师将退，我击之，必以胜归。[4] 夫阵不违忌，一间也；[5] 夫南夷与楚来而不与阵，二间也；[6] 夫楚与郑阵而不与整，三间也；[7] 且其士卒在阵而哗，四间也；[8] 夫众闻哗则必惧，五间也。郑将顾楚，楚将顾夷，莫有斗心，不可失也。”公说。于是败楚师于鄢陵，栾书是以怨郤至。[9]

① 六年，鲁成十六年。

② 苦成叔，郤犨。栾黡，栾书之子桓子。郤犨如齐，栾黡如鲁，皆乞师。

③ 恭王，楚庄王之子箴也，或作审。东夷，楚东之夷。

④ 将退无斗心，击故可胜。

⑤ 违，避也。忌，晦也。间，隙也。晦阴气尽，兵亦阴，故忌之。《经》书："六月甲午晦，晋侯及楚子、郑伯战于鄢陵。"

⑥ 南夷，据在晋南。不与阵，不欲战。

⑦ 虽俱阵，不整齐。

⑧ 哗，嚣也。

⑨ 怨其反己，专其美。

郤至勇而知礼

鄢之战，郤至以靺韦之跗注，三逐楚平王卒，① 见王必下奔② 退战。王使工尹襄问之以弓，③ 曰："方事之殷也，④ 有靺韦之跗注，君子也，属见不穀而下，无乃伤乎？"⑤ 郤至甲胄而见客，免胄而听命，⑥ 曰："君之外臣至，以寡君之灵，间蒙甲胄，⑦ 不敢当拜君命之辱，为使者故，敢三肃之。"⑧ 君子曰："勇以知礼。"⑨

① 三君云："一染曰靺。"郑后司农说："以为靺，茅蒐染也。靺，声也。"昭谓：茅蒐，今绛草也，急疾呼茅蒐成靺也。凡染一入为縓。跗注，兵服，自要以下注于跗。

② 下车奔走。

③ 工尹，楚官。襄，其名。问，遗也。

④ 事，戎事。殷，盛也。

⑤ 属，适也。伤，恐其伤。

⑥ 免，脱也。

⑦ 蒙，被也，被介在甲胄之间。

⑧ 肃拜，下手至地。

⑨ 礼，军礼。

范文子论内睦而后图外

鄢之役，晋人欲争郑，[①]范文子不欲，曰："吾闻之，为人臣者，能内睦而后图外，[②]不睦内而图外，必有内争，盍姑谋睦乎！[③]考讯其阜以出，则怨靖。"[④]

① 与楚争郑。

② 睦，亲也。

③ 姑，且也。

④ 讯，问也。阜，众也。靖，安也。言内且谋相亲爱，乃考问百姓，知其虚实，然后出军用师，则怨恶自安息。

范文子论外患与内忧

鄢之役，晋伐郑，荆救之。[①]大夫欲战，范文子不欲，曰："吾闻之，君人者刑其民，[②]成，而后振武于外，[③]是以内和而外威。[④]今吾司寇之刀锯日弊，[⑤]而斧钺不行。[⑥]内犹有不刑，而况外乎？夫战，刑也，[⑦]刑之过也。[⑧]过由大，[⑨]而怨由细，[⑩]故以惠诛怨，[⑪]以忍去过。[⑫]细无怨而大不过，而后可以武，刑外之不服者。今吾刑外乎大人，[⑬]而忍于小民，[⑭]将谁行武？武不行而胜，幸也。[⑮]幸以为政，必有内忧。且唯圣人能无外患，又无内忧，讵非圣人，必偏而后可。[⑯]偏而在外，犹可救也，[⑰]疾自中起，是难。盍姑释荆与郑以为外患乎？"[⑱]

① 荆，楚也。

② 以刑正其民。

③ 成，平也。

④ 威，畏也。

⑤ 刀锯，小人之刑。弊，败也，日败，用之数也。

⑥ 斧钺，大刑。不行，不行于大臣也。

⑦ 言用兵犹用刑。

⑧ 刑杀有过者也。

⑨ 由大臣也。

⑩ 怨望者由小细民。

⑪ 诛，除也。

⑫ 忍以义断。

⑬ 外者，刑不及也。

⑭ 忍行之于小民。

⑮ 幸，侥幸也。

⑯ 讵，犹自也。偏，偏有一。

⑰ 在外，外有患也。

⑱ 释，置也。

范文子论胜楚必有内忧

鄢之役，晋伐郑，荆救之。栾武子将上军，范文子将下军。[①]栾武子欲战，范文子不欲，曰："吾闻之，唯厚德者能受多福，无德而服者众，必自伤也。[②]称晋之德，诸侯皆叛，国可以少安。[③]唯有诸侯，故扰扰焉，凡诸侯，难之本也。且唯圣人能无外患又无内忧，讵非圣人，不有外患，必有内忧，盍姑释荆与郑以为外患乎？诸臣之内相与，必将辑睦。[④]今我战又胜荆与郑，吾君将伐智而多力，[⑤]怠教而重敛，大其私昵而益妇人田，[⑥]不夺诸大夫田，则焉取以益此？诸臣之委室而徒退者，将与几人？[7]战若不胜，则晋国之福也；战若胜，乱地之秩者也，[8]其产将害大，盍姑无战乎？”[9]

栾武子曰：“昔韩之役，惠公不复舍；[10]邲之役，三军不振旅；[11]箕之役，先轸不复命：[12]晋国固有大耻三。今我任晋国之政，[13]不毁晋耻，又以违蛮夷重之，[14]虽有后患，非吾所知也。”[15]

范文子曰：“择福莫若重，择祸莫若轻，[16]福无所用轻，祸无所用重，晋国故有大耻，与其君臣不相听以为诸侯笑也，[17]盍姑以违蛮夷为耻乎？”

栾武子不听，遂与荆人战于鄢陵，大胜之。[18]于是乎君伐智而多力，怠教而重敛，大其私昵，杀三郤而尸诸朝，[19]纳其室以分妇人，[20]于是乎国人不蠲，[21]遂弑诸翼，葬于翼东门之外，以车一乘。[22]厉公之所以死者，唯无德而功烈多，服者众也。[23]

① 上下，中军之上下也。《传》曰：“栾书将中军，士燮佐之。”又曰：“栾、范以其族夹公行。”

② 不义而强，其弊必速。

③ 称，副也，副晋之德而为之宜。诸侯皆叛，不复征伐，还自整修，则国可以少安。

④ 不得征伐，无所争也。

⑤ 力，功也。将自伐其智，自多其功。

⑥ 昵，近也，私近，谓嬖臣。大谓增其禄。妇人，爱妾也。

⑦ 徒，空也。与，辞也。几人，言不多。

⑧ 乱地，乱故地也。秩，常也。

⑨ 产，生也，言其生变将害大臣。

⑩ 韩之战,秦获惠公,在鲁僖十五年。

⑪ 楚败晋师于邲,在鲁宣十二年。师败军散,故不能振旅而入。

⑫ 晋人败狄于箕,先轸死之,故不反命于君,在鲁僖三十三年。

⑬ 任,当也。武子时为上卿。

⑭ 违,避也。蛮夷,楚也。

⑮ 不能虑远。

⑯ 有二福择取其重,有二祸择就其轻。

⑰ 不相听,谓惠公不与庆郑相听以陨于韩,先縠不与林父相听以败于邲,先轸不与襄公相听以亡于箕。

⑱ 鄢陵,郑地。

⑲ 三郤,锜、犨、至也。尸,陈也。产将害大是也。

⑳ 纳,取也。室,妻妾货财。

㉑ 蠲,洁也,不洁公所为。

㉒ 翼,故晋都,匠丽氏也。厉公侈,多外嬖,反自鄢,欲尽去群大夫,而立其左右,欲以胥童、夷羊五、长鱼矫为卿,故杀三郤。长鱼矫又以兵劫栾书、中行偃,将杀之,公不忍,使复其位。鲁成十七年冬,厉公游于匠丽氏,栾书、中行偃执公。十八年正月,使程滑弑公,葬之以车一乘,不成丧也。

㉓ 烈,业也。服者众,谓鲁成十二年会于琐泽,败狄于交刚。十三年败秦于麻隧。十五年盟于戚,会吴于钟离。十六年败楚于鄢陵,会于柯陵伐郑。十七年同盟于柯陵。

范文子论德为福之基

鄢之役,荆压晋军,[①]军吏患之,将谋。[②]范匄自公族趋过之,[③]曰:“夷灶堙井,非退而何?”[④]范文子执戈逐之,曰:“国之存亡,天命也,童子何知焉?且不及而言,奸也,必为戮。”[⑤]苗贲皇曰:“善逃难哉!”[⑥]既退荆师于鄢,将谷,[⑦]范文子立于戎马之前,[⑧]曰:“君幼弱,诸臣不佞,[⑨]吾何福以及此！吾闻之，‘天道无亲，唯德是授。’吾庸知天之不授晋且以劝楚乎，[10]君与二三臣其戒之！[11]夫德，福之基也，无德而福隆，犹无基而厚墉也，其坏也无日矣。”[12]

① 压谓掩其不备。《传》曰：“甲午晦，楚晨压晋军而阵。”

② 谋所以拒扞。

③ 匄，范文子之子宣子也。自公族，为公族大夫。

④ 夷，平也。堙，塞也。使晋军塞井夷灶，示必死，不复饮食。非退而何，言楚必退也。《传》曰“塞井夷灶，陈于军中，而疏行首”是也。

⑤ 言议不及匄，而匄言之，是为有奸，故必为戮。

⑥ 文子欲匄让大臣。不掩盖人，是为避难。

⑦ 谷，处其馆、食其谷也。《传》曰：“晋师三日馆谷。”

⑧ 公戎车马前。

⑨ 佞，才也。

⑩ 庸，用也。焉用知天不先授晋以福使胜楚，而劝楚修德以报晋乎！

⑪ 戒，备也。

⑫ 隆，盛也。墉，墙也。

范文子论私难必作

反自鄢，范文子谓其宗、祝曰：[1]“君骄泰而有烈，[2]夫以德胜者犹惧失之，而况骄泰乎？君多私，今以胜归，私必昭。[3]昭私，难必作，[4]吾恐及焉。凡吾宗、祝，为我祈死，[5]先难为免。”[6]

七年夏，范文子卒。[7]冬，难作，始于三郤，卒于公。[8]

① 宗，宗人。祝，家祝。

② 烈,功也。

③ 私,嬖臣妾也。昭,显也。

④ 宠私必去旧,去旧必作难。

⑤ 祈,求也。

⑥ 免,免于乱。

⑦ 晋厉公七年,鲁成十七年。

⑧ 公杀三郤,栾、中行畏诛,乃弑公。

栾书发郤至之罪

既战,获王子发钩。[①]栾书谓王子发钩曰:“子告君曰:[②]‘郤至使人劝王战,及齐、鲁之未至也。[③]且夫战也,微郤至王必不免。’[④]吾归子。”[⑤]发钩告君,君告栾书,栾书曰:“臣固闻之,[⑥]郤至欲为难,使苦成叔缓齐、鲁之师,己劝君战,战败,将纳孙周,[⑦]事不成,故免楚王。然战而擅舍国君,而受其问,不亦大罪乎?[⑧]且今君若使之于周,必见孙周。”君曰:“诺。”栾书使人谓孙周曰:“郤至将往,必见之!”郤至聘于周,公使觇之,见孙周。[⑨]是故使胥之昧与夷羊五刺郤至、苦成叔及郤锜,[⑩]郤锜谓郤至曰:“君不道于我,我欲以吾宗与吾党夹而攻之,虽死必败,君必危,其可乎?”郤至曰:“不可。至闻之,武人不乱,[⑪]智人不诈,[⑫]仁人不党。[⑬]夫利君之富,富以聚党,[⑭]利党以危君,君之杀我也后矣。[⑮]且众何罪,钧之死也,不若听君之命。”[⑯]是故皆自杀。[⑰]既刺三郤,栾书弑厉公,乃纳孙周而立之,实为悼公。

① 发钩,楚公子茷。《传》曰:“囚楚公子茷。”

② 使告晋君。

③ 言劝楚王使与晋战，乞师于齐、鲁，时尚未至，言晋可败。

④ 微，无也，言郤至见王必下趋，故得免。

⑤ 子告晋君如此，吾令子归楚。

⑥ 固，久也。

⑦ 孙周，悼公周也。

⑧ 问，谓弓也。

⑨ 觇，微视也。

⑩ 胥之昧，胥童也，及夷羊五，皆厉公嬖臣。

⑪ 勇而不义则不为武。

⑫ 为诈则不为智。

⑬ 不群党。

⑭ 利君宠禄以得富，得富故有徒党。

⑮ 后，晚也。

⑯ 钧，等也，等一死，不欲为乱。

⑰《传》曰："三郤将谋于榭，长鱼矫以戈杀之。"言自杀，取其不校自杀之道。

长鱼矫胁栾中行

长鱼矫既杀三郤，乃胁栾、中行，[①]而言于公曰："不杀此二子者，忧必及君。"[②]公曰："一旦而尸三卿，不可益也。"对曰："臣闻之，乱在内为宄，在外为奸，御宄以德，御奸以刑。[③]今治政而内乱，不可谓德。除鲠而避强，不可谓刑。[④]德刑不立，奸宄并至，臣脆弱，不能忍俟也。"乃奔狄。三月，厉公弑。[⑤]

① 谓与胥童共胁之。胁，劫也。栾，栾书。中行，中行偃也。

② 言二子惧诛，必将图君。

③ 御，止也。以德，以德绥之。以刑，谓诛除。

④ 鲠，害也。

⑤ 鲁成十七年十二月，长鱼矫奔狄。闰月，栾、中行杀胥童。十八年正月，厉公弑。

韩献子不从栾中行召

栾武子、中行献子围公于匠丽氏，[①]乃召韩献子，献子辞曰："弑君以求威，非吾所能为也。[②]威行为不仁，事废为不智，[③]享一利亦得一恶，非所务也。昔者吾畜于赵氏，[④]赵孟姬之谗，吾能违兵。[⑤]人有言曰：'杀老牛莫之敢尸。'而况君乎？[⑥]二三子不能事君，安用厥也！"中行偃欲伐之，栾书曰："不可。其身果而辞顺。[⑦]顺无不行，果无不彻，[⑧]犯顺不祥，伐果不克，[⑨]夫以果戾顺行，民不犯也，[⑩]吾虽欲攻之，其能乎！"乃止。

① 匠丽氏，晋嬖大夫家。

② 求威，求立威。

③ 威行于君为不仁，事废不成为不智。

④ 畜，养也。韩献子见成养于赵盾。

⑤ 孟姬，赵盾之子赵朔之妻，晋景公之姊，与盾之弟楼婴通，婴兄赵同、括放之。姬谮同、括于景公，景公杀之。时献子能违其兵难，卒存赵武，未可胁与杀君。在鲁成八年。

⑥ 尸，主也。

⑦ 果，谓敢行其志。

⑧ 顺者，人从之，故无不行。果者，志不疑，故无不彻。彻，达也。

⑨ 克，胜也。

⑩ 戾，帅也，以果敢帅顺道而行之，故民不犯。

卷十三

晋语七

栾武子立悼公

既弑厉公，栾武子使智武子、彘恭子如周迎悼公。[①]庚午，大夫逆于清原。[②]公言于诸大夫曰："孤始愿不及此，[③]孤之及此，天也。[④]抑人之有元君，将禀命焉。[⑤]若禀而弃之，是焚谷也；[⑥]其禀而不材，是谷不成也。[⑦]谷之不成，孤之咎也；成而焚之，二三子之虐也。孤欲长处其愿，出令将不敢不成，[⑧]二三子为令之不从，故求元君而访焉。[⑨]孤之不元，废也，其谁怨？[⑩]元而以虐奉之，二三子之制也。[⑪]若欲奉元以济大义，将在今日；若欲暴虐以离百姓，反易民常，亦在今日。[⑫]图之进退，愿由今日。"[⑬]大夫对曰："君镇抚群臣而大庇荫之，无乃不堪君训而陷于大戮，以烦刑、史，[⑭]辱君之允令，[⑮]敢不承业。"乃盟而入。[⑯]

辛巳，朝于武宫。[⑰]定百事，立百官，[⑱]育门子，选贤良，[⑲]兴旧族，出滞赏，[⑳]毕故刑，赦囚系，[㉑]宥闲罪，荐积德，[㉒]逮鳏寡，[㉓]振废淹，[㉔]养老幼，[㉕]恤孤疾，[㉖]年过七十，公亲见之，[㉗]称曰王父，敢不承。[㉘]

① 武子，栾书也。智武子，荀罃也。彘恭子，士鲂也，食邑于彘。悼公，

周子也，时年十四。

② 清原，晋境。

③ 及，至也。

④ 引天以自重。

⑤ 元，善也。禀，受也。

⑥ 谷，所仰以生。

⑦ 不材，不可用。不成，谓秕也。

⑧ 不敢为秕政。

⑨ 访，谋也。为民不从大夫之令，故求善君而谋之。

⑩ 废，以不善见废。

⑪ 制，专制。

⑫ 反易民常，谓下不事上。

⑬ 悼公承篡弑之后，嫌臣不从，故以此约厉。

⑭ 刑，刑官，司寇。史，太史，掌书法。

⑮ 允，信也。

⑯ 承，奉也。业，事也。

⑰ 武宫，武公庙。

⑱ 议定百事，而立其官使主之。谓改其旧时之非者。

⑲ 门子，大夫之適子，《周礼》曰："其正室皆谓之门子。"育，长也。长育其才，选用贤良。

⑳ 旧族，旧臣之子孙也。滞赏，谓有功于先君未赏者，谓吕相之属。

㉑ 故刑，若今被刑居作者。毕之，不复作矣。囚系者赦之，《传》曰"宥罪戾"是也。

㉒ 闲罪，刑罚之疑者。宥，赦也。荐，进也，积德之士进用之。

㉓ 逮，及也，谓惠及也。

㉔ 振，起也。淹，久也。谓本贤人，以小罪久见废，起用之也。

㉕ 养有常饩。

㉖ 无父曰孤。疾，废疾也。

㉗ 谓贤知事者。

㉘ 称曰王父，尊而亲之，所以尽其心也，故不敢不承命。

悼公即位

二月乙酉，公即位。① 使吕宣子将下军，② 曰："邲之役，吕锜佐智庄子于上军，③ 获楚公子穀臣与连尹襄老，以免子羽。④ 鄢之役，亲射楚王而败楚师，⑤ 以定晋国而无后，⑥ 其子孙不可不崇也。"⑦ 使彘恭子将新军，曰："武子之季、文子之母弟也。⑧ 武子宣法以定晋国，至于今是用。⑨ 文子勤身以定诸侯，至于今是赖。⑩ 夫二子之德，其可忘乎！"故以彘季屏其宗。⑪ 使令狐文子佐之，⑫ 曰："昔克潞之役，秦来图败晋功，魏颗以其身却退秦师于辅氏，亲止杜回，其勋铭于景钟。⑬ 至于今不育，其子不可不兴也。"⑭

君知士贞子之帅志博闻而宣惠于教也，使为太傅。⑮ 知右行辛之能以数宣物定功也，使为元司空。⑯ 知栾纠之能御以和于政也，使为戎御。⑰ 知荀宾之有力而不暴也，使为戎右。⑱

栾伯请公族大夫，⑲ 公曰："荀家惇惠，⑳ 荀会文敏，㉑ 黡也果敢，㉒ 无忌镇静，㉓ 使兹四人者为之。㉔ 夫膏粱之性难正也，㉕ 故使惇惠者教之，㉖ 使文敏者导之，㉗ 使果敢者谂之，㉘ 使镇静者修之。㉙ 惇惠者教之，则遍而不倦；㉚ 文敏者导之，则婉而入；㉛ 果敢者谂之，则过不隐；镇静者修之，则壹。㉜ 使兹四人者为公族大夫。"

公知祁奚之果而不淫也，使为元尉。㉝ 知羊舌职之聪敏肃给也，使佐之。㉞ 知魏绛之勇而不乱也，使为元司马。[35]知张老之智而不诈也，使为元候。[36]知铎遏寇之恭敬而信强也，使为舆尉。[37]知籍偃之惇帅旧职而恭给也，使为舆司马。[38]知程郑端而不淫，且好谏而不隐也，使为赞仆。[39]

① 先馆于外，至此乃就宫朝也。《传》曰“馆于伯子同氏”是也。

② 宣子，吕锜之子吕相。

③ “上”当为“下”字之误也。吕锜，厨武子也。智庄子，荀首也，时为下军大夫。事在鲁宣十二年。唐尚书云“荀首将上军”，误也。

④ 连尹，楚官名。子羽，智庄子之子智罃之字。邲之战，楚人囚智罃，庄子以其族反之，厨武子御庄子射襄老，获之，遂载其尸，射公子穀臣，囚之，以二者归。鲁成三年，晋人归楚穀臣与襄老之尸，以求智罃，楚人许之，故曰“以免子羽”。

⑤ 鲁成十六年，晋、楚战于鄢陵，吕锜射楚恭王中目，楚师败，楚养由基射吕锜，中项而死。

⑥ 无后，子孙无在显位者。

⑦ 崇，高也。

⑧ 季，少子。武子，士会也。文子，士燮也。母弟，同母弟。

⑨ 宣，明也。法，执秩之法。

⑩ 定诸侯，谓为军帅能使诸侯事晋。赖，蒙也。

⑪ 屏，藩也。

⑫ 文子，魏犨之孙、颗之子魏颉也。令狐，邑名。

⑬ 克，胜也。鲁宣十五年六月癸卯，晋荀林父将灭赤狄潞氏。七月，秦桓公伐晋，次于辅氏，欲败晋兵。壬午，晋景公治兵以略狄土。及雒，魏颗败秦师于辅氏，获杜回。辅氏，晋地。杜回，秦力士。勋，功也。景钟，景公钟。

⑭ 育，遂也。

⑮ 贞子，晋卿士穆子之子士渥浊也。帅，循也。宣，遍也。惠，顺也。

⑯ 右行辛，晋大夫贾辛也。数，计也。宣，明也。物，事也。能以计数明事定功，故为司空。司空掌邦事，谓建都邑、起宫室、经封洫之属。

⑰ 栾纠，晋大夫弁纠。政，军政。戎御，御公戎车。

⑱ 荀宾，晋大夫。戎右，公戎车之右。知有力而不暴，故可亲近。

⑲ 栾伯，栾武子。公族大夫，掌公族与卿之子弟。

⑳ 荀家，晋大夫。

㉑ 荀会，荀家之族。

㉒ 黡，栾书之子桓子。

㉓ 无忌，韩厥之子公族穆子。镇，重也。静，安也。

㉔ 兹，此也。

㉕ 膏，肉之肥者；粱，食之精者。言食肥美者，率多骄放，其性难正。

㉖ 教之道艺。

㉗ 导其志也。

㉘ 谂，告也，告得失。

㉙ 修治其气性。

㉚ 倦，懈也。

㉛ 婉，顺也。

㉜ 壹，均一也。

㉝ 祁奚，晋大夫，高梁伯之子。元尉，中军尉。

㉞ 羊舌职，晋羊舌大夫之子。敏，达也。肃，敬也。给，足也。

㉟ 魏绛，犨之子庄子也。元司马，中军司马。

㊱ 张老，晋大夫张孟。元候，中军候奄。

㊲ 遏寇，晋大夫。舆尉，上军尉。

㊳ 籍偃，晋大夫，籍季之子籍游也。舆司马，上军司马也。

㊴ 程郑，晋大夫，荀骓之曾孙、程季之子。端，正也。淫，邪也。赞仆，乘马御也，六驺属焉。

悼公始合诸侯

始合诸侯于虚朾以救宋,[①]使张老延君誉于四方,且观道逆者。[②]吕宣子卒,[③]公以赵文子为文也,[④]而能恤大事,使佐新军。[⑤]三年,公始合诸侯。[⑥]四年,诸侯会于鸡丘,[⑦]于是乎布命、结援、修好、申盟而还。[⑧]令狐文子卒,[⑨]公以魏绛为不犯,[⑩]使佐新军。[⑪]使张老为司马,[⑫]使范献子为候奄。[⑬]公誉达于戎。[⑭]五年,诸戎来请服,使魏庄子盟之,于是乎始复霸。[⑮]

四年,会诸侯于鸡丘,[⑯]魏绛为中军司马,公子扬干乱行于曲梁,[⑰]魏绛斩其仆。[⑱]公谓羊舌赤[⑲]曰:"寡人属诸侯,[⑳]魏绛戮寡人之弟,为我勿失。"[㉑]赤对曰:"臣闻绛之志,有事不避难,有罪不避刑,其将来辞。"[㉒]言终,魏绛至,授仆人书而伏剑。[㉓]士鲂、张老交止之。[㉔]仆人授公,公读书曰:"臣诛于扬干,不忘其死。[㉕]日君乏使,使臣狃中军之司马。[㉖]臣闻师众以顺为武,[㉗]军事有死无犯为敬,[㉘]君合诸侯,臣敢不敬,[㉙]君不说,请死之。"[㉚]公跣而出,[㉛]曰:"寡人之言,兄弟之礼也。子之诛,军旅之事也,请无重寡人之过。"反役,与之礼食,[㉜]令之佐新军。[㉝]

① 虚朾,宋地。宋鱼石叛宋而之楚,楚伐宋,取彭城以封之,故悼公合诸侯以救宋。在鲁成十八年。

② 延,陈也,陈君之称誉于四方,且观察诸侯之有道德与逆乱者。

③ 宣子,吕相。

④ 文子,赵武。文,有文德。

⑤ 说云:"新中军也。"昭谓:时但言新军,无中军。

⑥ 悼公三年,鲁襄二年。悼公元年,始合诸侯于虚朾。此复言始合者,谓四年将会于鸡丘,于此始命。

⑦ 鸡丘,鸡泽也。在鲁襄三年。

⑧ 命谓朝聘之数,同好恶、救灾患之属。申,寻也。

⑨ 文子,魏颉。

⑩ 不可犯以罪。

⑪《传》曰:"魏绛多功,以赵武为贤而为之佐。"然则让武使为将,而绛佐之。

⑫ 代魏绛。

⑬ 代张老。候奄,元候也。献子,范文子之族昆弟士富也。

⑭ 戎,诸戎无终子之属。

⑮ 庄子,魏绛。继文公后,故曰复霸。

⑯ 述上会时。

⑰ 扬干,悼公之弟。行,行列。曲梁,晋地。

⑱ 仆,御也。

⑲ 赤,羊舌职之子铜鞮伯华。

⑳ 属,会也。

㉑ 戮,辱也。为我执之勿失。

㉒ 辞,陈其辞状。

㉓ 仆人,掌传命。绛闻公怒,欲自杀。

㉔ 交,夹也。

㉕ 诛,责也。

㉖ 日,前日。狃,正也。

㉗ 顺,顺令也。

㉘ 有死其事,无犯其令,是为敬命。

㉙ 敢不敬奉其职。

㉚ 请就死。

㉛ 跣,徒跣也。

㉜ 反役，自役反也。礼食，公食大夫之礼。

㉝ 上章曰“以魏绛为不犯，使佐新军”是也。

祁奚荐子午以自代

祁奚辞于军尉，[①]公问焉，曰：“孰可？”[②]对曰：“臣之子午可。人有言曰：‘择臣莫若君，择子莫若父。’午之少也，婉以从令，[③]游有乡，处有所，好学而不戏。[④]其壮也，强志而用命，[⑤]守业而不淫。[⑥]其冠也，和安而好敬，[⑦]柔惠小物，[⑧]而镇定大事，[⑨]有直质而无流心，[⑩]非义不变，[⑪]非上不举。[⑫]若临大事，其可以贤于臣。[⑬]臣请荐所能择而君比义焉。”[⑭]公使祁午为军尉，殁平公，军无秕政。[⑮]

① 辞，请老也。

② 谁可自代。

③ 少，稚也。婉，顺也。

④ 不戏弄也。

⑤ 此壮，谓未二十时。志，识也。命，父命。

⑥ 业，所学事业。

⑦ 冠，二十也。

⑧ 柔，仁也。惠，爱也。

⑨ 镇，安也。言智思能安定也。

⑩ 流，放也。

⑪ 言从义也。

⑫ 举，动也。放上而动。

⑬ 大事，军事。

⑭ 荐，进也。所能择，父能择子。比，比方也。义，宜也。

⑮ 殁，终也。平公，悼公之子彪。秕，以谷谕也。

魏绛谏悼公伐诸戎

五年，无终子嘉父使孟乐因魏庄子纳虎豹之皮以和诸戎。[①]公曰："戎、狄无亲而好得，不若伐之。"[②]魏绛曰："劳师于戎，而失诸华，[③]虽有功，犹得兽而失人也，安用之？且夫戎、狄荐处，[④]贵货而易土。[⑤]予之货而获其土，其利一也；边鄙耕农不儆，其利二也；戎、狄事晋，四邻莫不震动，其利三也。[⑥]君其图之！"公说，故使魏绛抚诸戎，于是乎遂伯。

① 悼公五年，鲁襄四年。无终，山戎之国，今为县，在北平。子，爵也。嘉父，名也。孟乐，嘉父之臣。庄子，魏绛。和诸戎，诸戎欲服从于晋。

② 无亲，无恩亲。好得，贪货财。

③ 诸华，华夏。用师于戎，不得存恤诸侯，诸侯必叛，故失。

④ 荐，聚也。

⑤ 贵，重也。易，轻也。

⑥ 震，惧也。

悼公使韩穆子掌公族大夫

韩献子老，[①]使公族穆子受事于朝。[②]辞曰："厉公之乱，无忌备公族，不能死。[③]臣闻之曰：'无功庸者，不敢居高位。'[④]今无忌，智不能匡君，使至于难，仁不能救，勇不能死，敢辱君朝以忝韩宗，请退也。"固辞不立。悼公闻之，曰："难虽不能死君而能让，不可不赏也。"使掌公族大夫。[⑤]

① 献子，韩厥。说云："为公族大夫，老而辞位。"昭谓：韩厥，晋卿。鲁成十六年《传》曰："韩厥将下军。"十八年，晋悼公即位，《传》曰："韩献子为政。"

② 穆子，厥之长子无忌也。唐尚书云："献子致仕，而用其子为公族大夫。"昭谓：初，悼公元年使无忌为公族大夫，后七年，献子告老，欲使为卿，有废疾，让其弟起，公听之，更使掌公族大夫，在鲁襄七年。

③ 乱，谓见弑。公族，同姓。

④ 国功曰功，民功曰庸。

⑤ 掌，主也。初为公族大夫，今使主之，以是为赏。

悼公使魏绛佐新军

悼公使张老为卿，[①]辞曰："臣不如魏绛。夫绛之智能治大官，[②]其仁可以利公室不忘，[③]其勇不疚于刑，[④]其学不废其先人之职。若在卿位，外内必平。且鸡丘之会，其官不犯[⑤]而辞顺，不可不赏也。"公五命之，固辞，乃使为司马。使魏绛佐新军。[⑥]

① 卿，佐新军。

② 大官，卿也。

③ 不忘利公室。

④ 疚，病也。能断决。

⑤ 不犯，戮扬干。

⑥ 事已见上，欲见张老之让，故复言之。

悼公赐魏绛女乐歌钟

十二年，公伐郑，军于萧鱼。[①]郑伯嘉来纳女、工、妾三十人，女乐二八，[②]歌钟二肆，[③]及宝镈，[④]辂车十五乘。[⑤]公锡魏绛女乐一八、歌钟一肆，曰："子教寡人和诸戎、狄而正诸华，于今八年，七合诸侯，寡人无不得志，请与子共乐之。"[⑥]魏绛辞曰："夫和戎、狄，君之幸也。[⑦]八年之中，七合诸侯，君之灵也。[⑧]二三子之劳也，[⑨]臣焉得之？"[⑩]公曰："微子，寡人无以待戎，无以济河，[⑪]二三子何劳焉！子其受之。"君子曰："能志善也。"[⑫]

① 悼公十二年，鲁襄十一年。郑从楚，故伐之。军萧鱼，郑服也。

② 嘉，郑僖公子简公也。女，美女也。工，乐师也。《传》曰"赂晋侯以师悝、师触、师蠲"是也。妾，给使者。女、工、妾，凡三十人。女乐，今伎女也。八人为佾，备八音也。或云："女工，有伎巧者也。"与《传》相违，失之矣。贾侍中云："妾，女乐也。"下别有女乐二八，则贾君所云似非也。

③ 歌钟，歌时通奏。肆，列也。凡悬钟磬，全为肆，半为堵。

④ 镈，小钟也。宝，郑所宝。

⑤ 辂，广车。车，軘车也。十五，各十五也。《传》曰："广车、軘车，淳十五，凡兵车百乘。"淳，偶也。

⑥ 八年，和戎、狄后八年也。七合诸侯，一谓鲁襄五年会于戚，二谓七年会于鄬，三谓八年会于邢丘，四谓九年同盟于戏，五谓十年会于柤，六谓十一年会于亳城北，七谓今会于萧鱼。

⑦ 幸，幸而合。

⑧ 灵，神也。

⑨ 谓诸军帅。

⑩ 焉得专也。

⑪ 微，无也。济河，南服郑。

⑫ 志，识也。

司马侯荐叔向

悼公与司马侯升台而望曰："乐夫！"[①]对曰："临下之乐则乐矣，德义之乐则未也。"[②]公曰："何谓德义？"对曰："诸侯之为，日在君侧，[③]以其善行，以其恶戒，可谓德义矣。"公曰："孰能？"对曰："羊舌肸习于春秋。"[④]乃召叔向，使傅太子彪。[⑤]

① 司马侯，晋大夫汝叔齐。乐见士民之殷富。

② 善善为德，恶恶为义。

③ 为，行也。

④ 肸，叔向之名。春秋，纪人事之善恶而目以天时，谓之春秋，周史之法也。时孔子未作《春秋》。

⑤ 彪，平公也。

卷十四

晋语八

阳毕教平公灭栾氏

平公六年，[①]箕遗及黄渊、嘉父作乱，不克而死。[②]公遂逐群贼，[③]谓阳毕曰："自穆侯以至于今，乱兵不辍，[④]民志不厌，祸败无已。[⑤]离民且速寇，恐及吾身，若之何？"[⑥]阳毕对曰："本根犹树，[⑦]枝叶益长，本根益茂，是以难已也。今若大其柯，[⑧]去其枝叶，绝其本根，可以少闲。"[⑨]

公曰："子实图之。"对曰："图在明训，[⑩]明训在威权，[⑪]威权在君。[⑫]君抡贤人之后有常位于国者而立之，[⑬]亦抡逞志亏君以乱国者之后而去之，[⑭]是遂威而远权。[⑮]民畏其威，而怀其德，莫能勿从。[⑯]若从，则民心皆可畜。[⑰]畜其心而知其欲恶，人孰偷生？[⑱]若不偷生，则莫思乱矣。且夫栾氏之诬晋国久也，[⑲]栾书实覆宗，弑厉公以厚其家，[⑳]若灭栾氏，则民威矣。[㉑]今吾若起瑕、原、韩、魏之后而赏立之，则民怀矣。[㉒]威与怀各当其所，则国安矣，君治而国安，欲作乱者谁与？"

君曰："栾书立吾先君，[㉓]栾盈不获罪，如何？"[㉔]阳毕曰："夫正国者，不可以昵于权，[㉕]行权不可以隐于私。[㉖]昵于权，则民不导；[㉗]行权隐于私，则政不行。政不行，何以导民？民之不导，亦无君也，[28]则其为昵与隐也，复害矣，且勤身。[29]君其图之！若爱栾盈，则明逐群贼，而以国伦数而遣之，[30]厚箴戒图以待之。[31]彼若求逞志而报于君，罪孰大焉，灭之犹少。[32]彼若不敢而远逃，乃厚其外交而勉之，以报其德，不亦可乎？”[33]

公许诺，尽逐群贼而使祁午及阳毕适曲沃逐栾盈，[34]栾盈出奔楚。遂令于国人曰：“自文公以来有力于先君而子孙不立者，将授立之，得之者赏。”[35]居三年，[36]栾盈昼入，为贼于绛。[37]范宣子以公入于襄公之宫，[38]栾盈不克，出奔曲沃，[39]遂刺栾盈，灭栾氏。[40]是以没平公之身无内乱也。

① 平公，悼公之子彪。六年，鲁襄二十一年。

② 箕遗、黄渊、嘉父皆晋大夫，栾盈之党。盈父栾黡娶范宣子之女曰叔祁，生盈。黡卒，祁与其老州宾通，盈患之。祁惧，诉诸宣子，曰：“盈将为乱。”盈好施，士归之。宣子执政，畏其多士，使城著，将逐之，箕遗、黄渊等知之而作乱。宣子杀遗、渊、嘉父、司空靖、邴豫、董叔、邴师、申书、羊舌虎、叔罴。

③ 群贼，栾盈之党。谓智起、中行喜、州绰、邢蒯之属。逐之出奔齐。

④ 阳毕，晋大夫。穆侯，唐叔八世孙、桓叔之父，晋乱自桓叔始。辍，止也。

⑤ 厌，极也。已，止也。

⑥ 速，召也。

⑦ 本根，乱本，谓栾氏犹尚树立。

⑧ 柯，斧柄，所操以伐木。

⑨ 闲，息也。谓灭栾氏而去其党。

⑩ 训，教也。

⑪ 言既有明教，在威权以行之。

⑫ 言不在臣。

⑬ 抡，择也。常位，谓世有功烈于国而中微者。

⑭ 逞，快也。

⑮ 遂，申也。远权，权及后嗣。

⑯ 言皆从君。

⑰ 皆可畜养而教导之。

⑱ 欲恶，情欲好恶。偷，苟也。

⑲ 诬，罔也。以恶取善曰诬。谓栾书虽弑厉公，然民被其德，不以为恶。《传》曰："武子之德在民，若周人之思邵公。"

⑳ 覆，败也。宗，大宗也。谓杀厉立悼，以取重于国厚其家。

㉑ 威，畏也。

㉒ 瑕，瑕嘉；原，原轸；韩，韩万；魏，毕万之后。皆晋贤人有常位于国者。

㉓ 先君，悼公。

㉔ 言盈不得罪于国，为其母范祁所谮耳，如何可灭。

㉕ 昵，近也。言当远权为久长计。

㉖ 以私恩隐蔽其罪，无以正国。

㉗ 不可训导。

㉘ 与无君同。

㉙ 复，反也。勤，劳也。反害于国而劳君身。

㉚ 群贼，盈之党。伦，理也。

㉛ 箴，犹敕也。待，备也。

㉜ 犹少，灭之恐少。

㉝ 谓赂其所适之国，厚寄托之而劝勉焉。

㉞ 祁午，中军尉。曲沃，栾盈邑。

㉟ 授以爵位而立之。

㊱ 后三年也。

㊲ 栾盈在楚一年而奔齐。鲁襄二十三年，齐庄公使析归父以藩载盈及其士纳诸曲沃。夏四月，盈帅曲沃之甲因魏献子以昼入绛。

㊳ 襄宫完固，故就之。《传》曰："奉公以如固宫。"

㊴《传》曰："晋围曲沃。"

㊵ 刺，杀也。《传》曰："晋人克栾盈于曲沃，尽杀栾氏之族党。"

辛俞从栾氏出奔

栾怀子之出，[①] 执政使栾氏之臣勿从，[②] 从栾氏者为大戮施。[③] 栾氏之臣辛俞行，[④] 吏执之，献诸公。公曰："国有大令，何故犯之？"对曰："臣顺之也，岂敢犯之？执政曰'无从栾氏而从君'，是明令必从君也。臣闻之曰：'三世事家，君之；[⑤] 再世以下，主之。'[⑥] 事君以死，事主以勤，君之明令也。自臣之祖，以无大援于晋国，世隶于栾氏，于今三世矣，臣故不敢不君。今执政曰'不从君者为大戮'，臣敢忘其死而叛其君，以烦司寇。"[⑦] 公说，[⑧] 固止之，不可，厚赂之。辞曰："臣尝陈辞矣，心以守志，辞以行之，所以事君也。若受君赐，是堕其前言。[⑨] 君问而陈辞，未退而逆之，何以事君？"[⑩] 君知其不可得也，乃遣之。

① 怀子，盈也，出奔楚。

② 执政，正卿范宣子也。

③ 施，陈也，陈其尸。

④ 行，从盈也。

⑤ 三世为大夫家臣，事之如国君。

⑥ 大夫称主。

⑦ 敢，不敢也。言不敢忘死而叛其君，烦君司寇以刑臣。

⑧ 说其执义。

⑨ 堕，坏也。臣无二君，若受君赐，是有二心。

⑩ 逆，反也。

叔向母谓羊舌氏必灭

叔鱼生，其母视之，[①]曰："是虎目而豕喙，[②]鸢肩而牛腹，[③]溪壑可盈，是不可餍也，[④]必以贿死。"[⑤]遂不视。[⑥]杨食我生，[⑦]叔向之母闻之，往，及堂，闻其号也，乃还，曰："其声，豺狼之声，终灭羊舌氏之宗者，必是子也。"[⑧]

① 叔鱼，晋大夫，叔向母弟羊舌鲋。视，相察也。

② 虎视眈眈。豕喙长而锐。

③ 鸢肩，肩井斗出。牛腹，胁胀。

④ 水注川曰溪。壑，沟也。

⑤ 后为赞理，受雍子女而抑邢侯，邢侯杀之。

⑥ 不自养视。

⑦ 杨，叔向邑。食我，叔向子伯石也，其母夏姬之女。

⑧ 宗，同宗也。食我既长，党于祁盈，盈获罪，晋杀盈及食我，遂灭祁氏、羊舌氏，在鲁昭二十八年。

叔孙穆子论死而不朽

鲁襄公使叔孙穆子来聘，[①]范宣子问焉，[②]曰："人有言曰'死而不朽'，何谓也？"[③]穆子未对。宣子曰："昔匄之祖，自虞以上为陶唐氏，[④]在夏为御龙氏，[⑤]在商为豕韦氏，[⑥]在周为唐、杜氏。[⑦]周卑，晋继之，为范氏，其此之谓也？"[⑧]对曰："以豹所闻，此之谓世禄，非不朽也。[⑨]鲁先大夫臧文仲，其身殁矣，其言立于后世，[10]此之谓死而不朽。”

① 在襄二十四年。

② 宣子，晋正卿士匄。

③ 言身死而名不朽灭。

④ 言在舜世不改尧号。

⑤ 夏，夏后孔甲之世。《传》曰：“陶唐氏既衰，其后曰刘累，学扰龙于豢龙氏，以事孔甲，能饮食龙，夏后嘉之，赐氏曰御龙氏。”

⑥ 商谓武丁之后。为豕韦氏，初，祝融之后彭姓为大彭，大彭、豕韦二国为商伯。其后商灭豕韦，刘氏自御龙代豕韦，故《传》曰：“以更豕韦之后。”

⑦ 周，武王之世。唐、杜，二国名。豕韦自商之末，改国于唐，周成王灭唐而封弟唐叔虞，迁唐于杜，谓之杜伯。

⑧ 卑，王室微也。晋继之者，谓为盟主以总诸侯。为范氏者，杜伯为宣王大夫，宣王杀之，其子隰叔去周适晋，生子舆，为晋理官，其孙士会为晋正卿，食邑于范为范氏。

⑨ 世禄，世食官邑。

⑩ 言其立言可法者，谓若教行父之事君，告籴于齐之属。

范宣子与和大夫争田

范宣子与和大夫争田，久而无成。[1]宣子欲攻之，问于伯华。[2]伯华曰：“外有军，内有事。赤也，外事也，[3]不敢侵官。[4]且吾子之心有出焉，可征讯也。”[5]问于孙林甫，[6]孙林甫曰：“旅人，所以事子也，唯事是待。”[7]问于张老，[8]张老曰：“老也以军事承子，非戎，则非吾所知也。”[9]问于祁奚，[10]祁奚曰：“公族之不恭，公室之有回，[11]内事之邪，[12]大夫之贪，是吾罪也。[13]若以君官从子之私，惧子之应且增也。”[14]问于籍偃，[15]籍偃曰："偃也以斧钺从于张孟，[16]日听命焉，若夫子之命也，何二之有？[17]释夫子而举，[18]是反吾子也。"[19]问于叔鱼，[20]叔鱼曰："待吾为子杀之。"

叔向闻之，见宣子曰："闻子与和未宁，[21]遍问于大夫，又无决，盍访之訾祏。[22]訾祏实直而博，直能端辨之，[23]博能上下比之，且吾子之家老也。[24]吾闻国家有大事，必顺于典刑，[25]而访咨于耇老，而后行之。"司马侯见，[26]曰："闻吾子有和之怒，吾以为不信。诸侯皆有二心，是之不忧，[27]而怒和大夫，非子之任也。"祁午见，[28]曰："晋为诸侯盟主，子为正卿，若能靖端诸侯，使服听命于晋，晋国其谁不为子从，何必和？[29]盍密和，[30]和大以平小乎！"[31]

宣子问于訾祏，訾祏对曰："昔隰叔子违周难于晋国，[32]生子舆为理，[33]以正于朝，朝无奸官；为司空，以正于国，国无败绩。[34]世及武子，佐文、襄为诸侯，诸侯无二心。[35]及为卿，以辅成、景，军无败政。[36]及为成师，居太傅，[37]端刑法，缉训典，[38]国无奸民，[39]后之人可则，是以受随、范。[40]及文子成晋、荆之盟，[41]丰兄弟之国，使无有闲隙，[42]是以受郇、栎。[43]今吾子嗣位，于朝无奸行，于国无邪民，于是无四方之患，而无外内之忧，赖三子之功而飨其禄位。[44]今既无事矣，而非和，[45]于是加宠，将何治为？"[46]宣子说，乃益和田而与之和。[47]

① 成，平也。和，晋和邑之大夫也。争田之疆界，久而不平。

② 伯华，羊舌赤。鲁襄三年，代父职为中军尉之佐。

③ 言主军也。

④ 非其官而与之，为侵官。

⑤ 出，以军旅出也。征，召也。讯，问也。

⑥ 林甫，卫大夫孙文子。鲁襄十四年，逐卫献公，立公孙剽。二十六年，宁喜杀剽而纳献公，林甫遂以戚叛事晋。

⑦ 旅，客也。言寄客之人，不敢违命。

⑧ 三君云："张老，中军司马也。"昭谓：鲁襄三年，悼公以张老为司马，至襄十六年，平公即位，以其子张君臣代之，此时为上军将。

⑨ 戎，兵也。

⑩ 祁奚既老，平公元年，复为公族大夫。

⑪ 回，邪也。

⑫ 内，朝内也。

⑬ 大夫，公族大夫也，然则祁奚掌之。

⑭ 外应受我，内增其非。

⑮ 籍偃，上军司马籍游。

⑯ 孟，张老字。

⑰ 夫子，张孟。

⑱ 释，舍也。举，动也。

⑲ 吾子，宣子，宣子为上卿。本使我听命于张孟，今若背之而从子之私，是反吾子之前令。

⑳ 叔鱼，叔向之弟。

㉑ 宁，息也。

㉒ 訾祏，宣子家臣。

㉓ 端，正也。辨，别也。

㉔ 家臣室老。

㉕ 典，常也。刑，法也。

㉖ 侯，汝叔齐。

㉗ 二心，欲叛晋。

㉘ 午，中军尉。

㉙ 言皆从子之命，何但和大夫乎。

㉚ 和，平也。

㉛ 劝以大德平小怨。

㉜ 隰叔，杜伯之子。违，避也。宣王杀杜伯，隰叔避害适晋。

㉝ 子舆，士苏之字。理，士官也。

㉞ 绩，功也。

㉟ 父子为世。及，至也。谓士苏生成伯缺，成伯缺生武子士会。文公五年，士会摄右，为大夫，佐襄公以伯诸侯，诸侯无二心。

㊱ 文公生成公，成公生景公。

㊲ 唐尚书云："为成公军师，兼太傅官。"昭谓：此"成"当为"景"字误耳。鲁宣九年，晋成公卒，至十六年，晋景公请于王，以黻冕命士会将中军，且为太傅。

㊳ 缉，和也。

㊴ 士会为政，盗贼奔秦是也。

㊵ 随、范，晋二邑。

㊶ 文子，武子之子燮也。晋使士燮盟楚于宋西门之外，在鲁成十二年。

㊷ 丰，厚也。闲隙，瑕衅也。兄弟，郑、卫之属。晋、楚为好，不相加戎，所以厚兄弟之国。

㊸ 郇、栎，晋二邑。

㊹ 三子，子舆、武子、文子。

㊺ 非，恨也。

㊻ 晋加宠于子，将何为治乎。

㊼ 以所争田益之，与之平和也。

訾祏死范宣子勉范献子

訾祏死，范宣子谓献子[①]曰："鞅乎！昔者吾有訾祏也，吾朝夕顾焉，[②]以相晋国，且为吾家。今吾观女也，专则不能，谋则无与也，[③]将若之何？"对曰："鞅也，居处恭，不敢安易，[4]敬学而好仁，和于政而好其道，[5]谋于众不以贾好，[6]私志虽衷，不敢谓是也，必长者之由。”[7]宣子曰：“可以免身。”

① 献子，宣子之子范鞅。

② 顾，问也。

③ 无贤臣也。

④ 易，简也。不敢自安，而为简略。

⑤ 言己为政贵和，而好说其道。

⑥ 贾，求也。言心乐咨，不以求为好。

⑦ 衷，善也。由，从也。

师旷论乐

平公说新声，[1]师旷曰：“公室其将卑乎！[2]君之明兆于衰矣。[3]夫乐以开山川之风也，[4]以耀德于广远也。[5]风德以广之，[6]风山川以远之，[7]风物以听之，[8]修诗以咏之，修礼以节之。夫德广远而有时节，[9]是以远服而迩不迁。”

① 说，乐也。新声者，卫灵公将如晋，舍于濮水之上，闻琴声焉，甚哀，使师涓以琴写之。至晋，为平公鼓之。师旷抚其手而止之，曰：“止，此亡国之音也。昔师延为纣作靡靡之乐，后而自沉于濮水之中，闻此声者，必于濮水之上乎！”

② 师旷，晋主乐太师子野。

③ 兆，形也。

④ 开，通也。故八音以通八风。

⑤ 耀，明也。

⑥ 风，风宣其德，广之于四方也。作乐各象其德，《韶》、《夏》、《护》、

《武》是也。

⑦ 远，远其德。周礼，每乐一变，各有所致，谓鳞介毛羽之物，山林、川泽、天地之神祇也。

⑧ 言风化之动，物莫不倾耳而听。

⑨ 作之有时，动有礼节。

叔向谏杀竖襄

平公射鴳，不死，[①]使竖襄搏之，失。[②]公怒，拘将杀之。叔向闻之，夕，[③]君告之。叔向曰："君必杀之。昔吾先君唐叔射兕于徒林，殪，以为大甲，[④]以封于晋。[⑤]今君嗣吾先君唐叔，射鴳不死，搏之不得，是扬吾君之耻者也。君其必速杀之，勿令远闻。"[⑥]君忸怩，乃趣赦之。[⑦]

① 鴳，鳸，小鸟。

② 竖，内竖，襄，名也。

③ 夕至于朝。

④ 兕，似牛而青，善触人。徒林，林名。一发而死曰殪。甲，铠也。

⑤ 言有才艺以受封爵。

⑥ 杀之益闻，诡辞以谏。

⑦ 忸怩，惭貌。

叔向论比而不别

叔向见司马侯之子，抚而泣之，[①]曰："自此其父之死，吾蔑与比而事君矣！昔者此其父始之，我终之，[②]我始之，夫子终之，无不可。"[③]籍偃在侧，曰："君子有比乎？"[④]叔向曰："君子比而不别。比德以赞事，比也；[⑤]引党以封己，[⑥]利己而忘君，别也。”⑦

① 抚，拊之也。

② 谓其所建为及谏争，相为终始，以成其事。

③ 无不可，言皆从。

④ 君子周而不比，故偃问之。

⑤ 赞，佐也。

⑥ 引，取也。封，厚也。

⑦ 别，别为朋党也。

叔向与子朱不心竞而力争

秦景公使其弟鍼来求成，①叔向命召行人子员。②行人子朱曰：“朱也在此。”叔向曰：“召子员。”子朱曰：“朱也当御。”③叔向曰：“肸也欲子员之对客也。”子朱怒曰：“皆君之臣也，班爵同，④何以黜朱也？”⑤抚剑就之。叔向曰：“秦、晋不和久矣，今日之事幸而集，⑥子孙飨之。⑦不集，三军之士暴骨。⑧夫子员导宾主之言无私，子常易之。⑨奸以事君者，吾所能御也。”拂衣从之，⑩人救之。平公闻之曰：“晋其庶乎！⑪吾臣之所争者大。”师旷侍，曰：“公室惧卑，其臣不心竞而力争。”

① 景公，秦穆公之玄孙、桓公之子。鍼，后子伯车也。在鲁襄二十六年。

② 行人，掌宾客之官。员，名也。

③ 当，直也。御，进也。言次应直事。

④ 与员同也。

⑤ 黜，退也。

⑥ 集，成也。

⑦ 飨，飨其福。"飨"或为"赖"。

⑧ 必复战斗。

⑨ 易，变也。

⑩ 拂，褰也。

⑪ 庶几于兴。

叔向论忠信而本固

诸侯之大夫盟于宋，[①] 楚令尹子木欲袭晋军，[②] 曰："若尽晋师而杀赵武，则晋可弱也。"[③] 文子闻之，谓叔向曰："若之何？"叔向曰："子何患焉。忠不可暴，[④] 信不可犯，[⑤] 忠自中，[⑥] 而信自身，[⑦] 其为德也深矣，其为本也固矣，故不可捎也。[⑧] 今我以忠谋诸侯，[⑨] 而以信覆之，[⑩] 荆之逆诸侯也亦云，[⑪] 是以在此。若袭我，是自背其信而塞其忠也。[⑫] 信反必毙，[⑬] 忠塞无用，[⑭] 安能害我？且夫合诸侯以为不信，诸侯何望焉？为此行也，荆败我，诸侯必叛之，[⑮] 子何爱于死，死而可以固晋国之盟主，何惧焉？"[⑯] 是行也，以藩为军，[⑰] 攀辇即利而舍[⑱]，候遮扞卫不行，[⑲] 楚人不敢谋，畏晋之信也。[⑳] 自是没平公无楚患。

① 盟在鲁襄二十七年，晋、楚始同盟，以弭诸侯之兵。

② 子木，屈到之子屈建也。《传》曰："将盟，楚人衷甲。"袭，掩也。

③ 赵武，晋正卿文子也。

④ 不可侵暴。

⑤ 犯，陵也。

⑥ 自中出也。

⑦ 身行信也。

⑧ 抈，动也。

⑨ 谋安诸侯。

⑩ 覆验其忠。

⑪ 亦云欲弭兵为忠信。逆，迎也。

⑫ 塞，绝也。

⑬ 踠，踣也。

⑭ 无以用诸侯也。

⑮ 以弭兵召诸侯，而衷甲以袭晋，故诸侯必叛之。

⑯ 言晋有信，诸侯必归之。

⑰ 藩，篱落也。不设垒壁。

⑱ 攀，引也。辇，辇车也。即，就也。言人引车就水草便利之地而舍之。

⑲ 候，候望。遮，遮罔。昼则候遮，夜则扞卫，扞卫，谓罗阖、狗附也。张罗阖，去垒五十步而陈，周军之前后左右，彍弩注矢以谁何，谓之罗阖。又二十人为曹辈，去垒三百步，畜犬其中，或视前后左右，谓之狗附。皆昏而设，明而罢。候遮二十人居狗附处，以视听候望，明而设，昏而罢。不行者，不设之。

⑳ 畏晋守信，诸侯与之，故不敢谋。

叔向论务德无争先

宋之盟，[①]楚人固请先歃。[②]叔向谓赵文子曰："夫霸王之势，在德不在先歃，子若能以忠信赞君，[③]而裨诸侯之阙，[④]歃虽在后，诸侯将载之，何争于先？若违于德而以贿成事，[⑤]今虽先歃，诸侯将弃之，何欲于先？昔成王盟诸侯于岐阳，[⑥]楚为荆蛮，[⑦]置茆蕝，设望表，与鲜卑守燎，故不与盟。[⑧]

今将与狎主诸侯之盟，唯有德也，[9]子务德无争先，务德，所以服楚也。”乃先楚人。[10]

① 弭兵之盟。

② 楚人，子木。歃，歃血也。

③ 赞，佐也。

④ 裨，补也。阙，缺也。

⑤ 政以贿成。

⑥ 岐山之阳。

⑦ 荆州之蛮。

⑧ 置，立也。蕝，谓束茆而立之，所以缩酒。望表谓望祭山川，立木以为表，表其位也。鲜卑，东夷国。燎，庭燎也。

⑨ 狎，更也。

⑩ 让使楚先。

赵文子请免叔孙穆子

虢之会，[1]鲁人食言，[2]楚令尹围将以鲁叔孙穆子为戮，[3]乐王鲋求货焉不予。[4]赵文子谓叔孙曰：“夫楚令尹有欲于楚，[5]少懦于诸侯。[6]诸侯之故，求治之，不求致也。[7]其为人也，刚而尚宠，[8]若及，必不避也。[9]子盍逃之？不幸，必及于子。”对曰：“豹也受命于君，以从诸侯之盟，为社稷也。[10]若鲁有罪，而受盟者逃，鲁必不免，[11]是吾出而危之也。若为诸侯戮者，鲁诛尽矣，必不加师，请为戮也。夫戮出于身实难，[12]自他及之何害？[13]苟可以安君利国，美恶一心也。”[14]

文子将请之于楚，乐王鲋曰：“诸侯有盟未退，而鲁背之，安用齐盟？[15]纵不能讨，又免其受盟者，晋何以为盟主矣，[⑯]必杀叔孙豹。"文子曰："有人不难以死安利其国，可无爱乎！若皆恤国如是，则大不丧威而小不见陵矣。若是道也果，[⑰]可以教训，何败国之有！吾闻之曰：'善人在患，弗救不祥；恶人在位，不去亦不祥。'必免叔孙。"固请于楚而免之。

① 诸侯之大夫寻宋之盟，在鲁昭元年。

② 食，伪也。言鲁使叔孙穆子如会寻宋之盟，欲以修好弭兵，寻盟未退，而鲁伐莒取郓，是虚伪其言。

③ 令尹围，楚恭王之子。

④ 鲋，晋大夫乐桓子也。

⑤ 欲得楚国。

⑥ 懦，弱也。以诸侯为弱。

⑦ 故，事也。必欲治之，非但求致之而已。

⑧ 尚，好也。好自尊宠。

⑨ 以事及于罪者，必加治戮，无所避也。

⑩ 为欲卫社稷也。

⑪ 不免于讨。

⑫ 难居也。

⑬ 何害于义。

⑭ 美生恶死。

⑮ 齐，一也。

⑯ 言无以复齐一诸侯。

⑰ 果，必行也。

赵文子为室张老谓应从礼

赵文子为室，[①]斫其椽而砻之，[②]张老夕焉而见之，[③]不谒而归。[4]文子闻之，驾而往，曰："吾不善，子亦告我，何其速也？"[5]对曰："天子之室，斫其椽而砻之，加密石焉；[6]诸侯砻之；[7]大夫斫之；[8]士首之。[9]备其物，义也；[10]从其等，礼也。[11]今子贵而忘义，富而忘礼，吾惧不免，何敢以告。"文子归，令之勿砻也。匠人请皆斫之，[12]文子曰："止。为后世之见之也。[13]其斫者，仁者之为也；其砻者，不仁者之为也。"

① 室，宫也。

② 椽，榱也。砻，磨也。

③ 见匠者为之也。

④ 谒，告也。

⑤ 速，去速也。

⑥ 密，细密文理。石，谓砥也。先粗砻之，加以密砥。

⑦ 无密石也。

⑧ 不砻。

⑨ 斫其首也。

⑩ 物备得宜，谓之义。

⑪ 从尊卑之等，谓之礼。

⑫ 通更斫之。

⑬ 为，使也。

赵文子称贤随武子

赵文子与叔向游于九原，[1]曰："死者若可作也，[2]吾谁与归？"叔向曰："其阳子乎！"[3]文子曰："夫阳子行廉直于晋国，不免其身，[4]其知不足称也。"[5]叔向曰："其舅犯乎！"文子曰："夫舅犯见利而不顾其君，其仁不足称也。[6]其随武子乎![7]纳谏不忘其师,[8]言身不失其友,[9]事君不援而进,[10]不阿而退。"[11]

① "原"当作"京"也。京,晋墓地。

② 作,起也。

③ 阳子,处父。

④ 廉直,刚而无计,为狐射姑所杀。

⑤ 称,述也。

⑥ 见利,见全身之利。谓与晋文避难,至将反国,无辅佐安国之心,授璧请亡,其仁不足称也。郑后司农以为诈请亡,要君以利也。

⑦ 武子,范会。

⑧ 言闻之于师。

⑨ 身有善行,称友之道。

⑩ 进,进贤也。

⑪ 阿,随也。退,退不肖也。言不随君,必欲进贤退不肖。

秦后子谓赵孟将死

秦后子来奔,[1]赵文子见之,问曰:"秦君道乎?"[2]对曰:"不识。"[3]文子曰:"公子辱于敝邑,必避不道也。"对曰:"有焉。"[4]文子曰:"犹可以久乎?"对曰:"鍼闻之,国无道而年谷和熟,[5]鲜不五稔。"[6]文子视日曰:"朝夕不相及,谁能俟五!"[7]文子出,后子谓其徒[8]曰:"赵孟将死矣!夫君子宽惠以恤后,犹恐不济。今赵孟相晋国,以主诸侯之盟,思长世之德,历远年之数,犹惧不终其身;今忨日而潵岁,[9]怠偷甚矣,[10]非死逮之,必有大咎。"[11]冬,赵文子卒。

① 后子,景公之弟鍼。来在鲁昭元年。

② 问有道否。

③ 难即言之,故曰“不识”。

④ 有不道事。

⑤ 言国无道而年谷和熟,天不谴觉,必恃而骄也。

⑥ 鲜,少也。稔,年也。少不至五年而亡也。

⑦ 言朝恐不至夕。

⑧ 徒,从者也。

⑨ 忨,偷也。潡,迟也。

⑩ 怠,懈也。偷,苟也。

⑪ 逮,及也。大咎,非常之祸。

医和视平公疾

平公有疾,秦景公使医和视之,[①]出曰:“不可为也。[②]是谓远男而近女,[③]惑以生蛊;[④]非鬼非食,惑以丧志。[⑤]良臣不生,天命不祐。[⑥]若君不死,必失诸侯。”赵文子闻之曰:“武从二三子[⑦]以佐君为诸侯盟主,于今八年矣,内无苛慝,诸侯不二,[⑧]子胡曰:‘良臣不生,天命不祐’?”对曰:“自今之谓。[⑨]和闻之曰:‘直不辅曲,明不规暗,[⑩]拱木不生危,[⑪]松柏不生埤。’[⑫]吾子不能谏惑,使至于生疾,又不自退而宠其政,[⑬]八年之谓多矣,[⑭]何以能久!”文子曰:“医及国家乎?”对曰:“上医医国,[⑮]其次疾人,固医官也。”[⑯]文子曰:“子称蛊,何实生之?”对曰:“蛊之慝,谷之飞实生之。[⑰]物莫伏于蛊,莫嘉于谷,[⑱]谷兴蛊伏而章明者也。[⑲]故食谷者,昼选男德以象谷明,[⑳]宵静女德以伏蛊慝,[㉑]今君一之,[㉒]是不飨谷而食蛊也,[㉓]是不昭谷明而皿蛊也。[㉔]夫文,‘虫’、‘皿’为‘蛊’,吾是以云。”[25]文子曰：“君其几何？”对曰：“若诸侯服不过三年，不服不过十年，[26]过是，晋之殃也。”[27]是岁也，赵文子卒，诸侯叛晋。[28]十年，平公薨。[29]

① 和，名也。

② 为，治也。

③ 远师辅，近女色。

④ 惑于女以生蛊疾。

⑤ 疾非鬼神，亦非饮食，生于淫惑，以丧其志。

⑥ 祐，助也。良臣，谓赵孟。不生，将死。

⑦ 二三子，晋诸卿。

⑧ 苛，烦也。慝，恶也。

⑨ 从今以往。

⑩ 言文子不能以明直规辅平公之暗曲，使至淫惑。

⑪ 拱木，大木也。危，高险也。

⑫ 埤，下湿也，以言文子不久存。

⑬ 宠，荣也。

⑭ 已为多也。

⑮ 止其淫惑，是为医国。

⑯ 官，犹职也。

⑰ 慝，恶也。言蛊之为恶害于嘉谷，谷为之飞，若是类生蛊疾也。

⑱ 伏，藏也。嘉，善也。

⑲ 谷气起则蛊伏藏，谷不朽蠹而人食之，章明之道也。

⑳ 选择有德者而亲近之，以象人之食谷而有聪明。

㉑ 静，安也。伏，去也。言夜当安女之有德者以礼自节，以去己蛊害之疾。言蛊害谷犹女害男。

㉒ 一，一昼夜也。

㉓ 蛊，喻女也。

㉔ 皿，器也。为蛊作器而受也。

㉕ 文，字也。

㉖ 诸侯服，则专于色。

㉗ 过十年，荒淫之祸及国。

㉘ 叛晋从楚。

㉙ 十年，后十年，在鲁昭十年。

叔向均秦楚二公子之禄

秦后子来仕，[1]其车千乘。[2]楚公子干来仕，其车五乘。[3]叔向为太傅，实赋禄，韩宣子问二公子之禄焉，[4]对曰："大国之卿，一旅之田；[5]上大夫，一卒之田。[6]夫二公子者，上大夫也，皆一卒可也。"宣子曰："秦公子富，若之何其钧之？"[7]对曰："夫爵以建事，[8]禄以食爵，[9]德以赋之，功庸以称之，[10]若之何以富赋禄也！夫绛之富商，韦藩木楗以过于朝，[11]唯其功庸少也，[12]而能金玉其车，文错其服，[13]能行诸侯之贿，[14]而无寻尺之禄，无大绩于民故也。[15]且秦、楚匹也，若之何其回于富也。"[16]乃均其禄。

① 避景公，仕于晋。

② 从车千乘。

③ 子干，恭王之庶子公子比。鲁昭元年，楚公子围弑郏敖，子干奔晋。

④ 宣子，韩起，代赵文子为政。

⑤ 公之孤四命，五百人为旅，为田五百顷。

⑥ 上大夫一命，百人为卒，为田百顷。

⑦ 钧，同也。

⑧ 事,职事也。

⑨ 随禄尊卑。

⑩ 称,副也。

⑪ 韦藩,蔽前后。木楗,木檐也。

⑫ 言无功庸,虽富不得服尊服过于朝。

⑬ 文,文织。错,错镂。言富商之财,足以金玉其车,文错其服,以无爵位,故不得为耳,则上为韦藩木楗是也。

⑭ 言其财贿足以交于诸侯。

⑮ 绩,功也。八尺曰寻。

⑯ 回,曲也。

郑子产来聘

郑简公使公孙成子来聘,[①]平公有疾,韩宣子赞授客馆。[②]客问君疾,对曰:“寡君之疾久矣,上下神祇无不遍谕,[③]而无除。今梦黄熊入于寝门,[④]不知人杀乎,抑厉鬼邪!”[⑤]子产曰:“以君之明,子为大政,其何厉之有?[⑥]侨闻之,[⑦]昔者鲧违帝命,殛之于羽山,[⑧]化为黄熊,以入于羽渊,[⑨]实为夏郊,[⑩]三代举之。[⑪]夫鬼神之所及[⑫],非其族类,则绍其同位,[⑬]是故天子祀上帝,[⑭]公侯祀百辟,[⑮]自卿以下不过其族。[⑯]今周室少卑,[⑰]晋实继之,[⑱]其或者未举夏郊邪?”宣子以告,祀夏郊,[⑲]董伯为尸[⑳],五日,公见子产,[㉑]赐之莒鼎。[㉒]

① 简公,僖公之子嘉也。成子,子产之谥,郑穆公之孙、子国之子也。

② 赞,导也。

③ 谕,谓祭祀告谢。

④ 公梦熊似罴。

⑤ 人杀，主杀人。厉鬼，恶鬼。

⑥ 大政，美大之政。

⑦ 侨，子产名。

⑧ 帝，尧也。殛，放而杀也。

⑨ 羽山之渊，鲧既死而神化也。

⑩ 禹有天下而郊祀也。

⑪ 举，谓不废其礼。

⑫ 吉凶所及。

⑬ 绍，继也。殷、周祀之是也。

⑭ 上帝，天也。

⑮ 以死勤事，功及民者。

⑯ 族，亲族也。

⑰ 卑，微也。

⑱ 谓为盟主统诸侯也。

⑲ 为周祀也。

⑳ 董伯，晋大夫。神不歆非类，则董伯其姒姓乎！尸，主也。

㉑ 祭后五日，平公有瘳，故见之。

㉒ 莒鼎出于莒。《传》曰："赐子产莒之二方鼎。"方鼎，鼎方上也。

叔向论忧德不忧贫

叔向见韩宣子，宣子忧贫，叔向贺之，宣子曰："吾有卿之名，而无其实，[①]无以从二三子，[②]吾是以忧，子贺我何故？"对曰："昔栾武子无一卒之田，[③]其宫不备其宗器，[④]宣其德行，顺其宪则，使越于诸侯，[⑤]诸侯亲之，戎、狄怀之，[⑥]以正晋国，行刑不疚，[⑦]以免于难。[⑧]及桓子骄泰奢侈，贪欲无艺，[⑨]略则行志，[⑩]假贷居贿，[⑪]宜及于难，而赖武之德，以没其身。及怀子改桓之行，而修武之德，[⑫]可以免于难，而离桓之罪，以亡于楚。[13]夫郤昭子，[14]其富半公室，其家半三军，恃其富宠，以泰于国，[15]其身尸于朝，其宗灭于绛。不然，夫八郤，五大夫三卿，[16]其宠大矣，一朝而灭，莫之哀也，唯无德也。今吾子有栾武子之贫，吾以为能其德矣，[17]是以贺。若不忧德之不建，而患货之不足，将吊不暇，何贺之有？”宣子拜稽首焉，曰：“起也将亡，赖子存之，非起也敢专承之，[18]其自桓叔以下嘉吾子之赐。”[19]

① 实，财也。

② 从，随也，随其赙赠之属。

③ 上大夫一卒之田，栾书为晋上卿，而又不及。

④ 宫，室。宗器，祭器。

⑤ 越，发闻也。

⑥ 怀，归也。

⑦ 疚，病也。

⑧ 免弑君之难。

⑨ 艺，极也。桓子，栾书之子黡。

⑩ 略，犯也。则，法也。

⑪ 居，蓄也。

⑫ 怀子，桓子之子盈也。

⑬ 亡，奔。

⑭ 郤至也。

⑮ 奢泰于国。

⑯ 三卿，郤锜、郤犨、郤至，又有五人为大夫也。

⑰ 能行其德。

⑱ 专，独也。承，受也。

⑲ 桓叔，韩氏之祖曲沃桓叔也。桓叔生子万，受韩以为大夫，是为韩万。

卷十五

晋语九

叔向论三奸同罪

士景伯如楚，[①]叔鱼为赞理。[②]邢侯与雍子争田，[③]雍子纳其女于叔鱼以求直。[④]及断狱之日，叔鱼抑邢侯，[⑤]邢侯杀叔鱼与雍子于朝。韩宣子患之，叔向曰："三奸同罪，请杀其生者而戮其死者。"[⑥]宣子曰："若何？"对曰："鲋也鬻狱，[⑦]雍子贾之以其子，邢侯非其官也而干之。[⑧]夫以回鬻国之中，[⑨]与绝亲以买直，与非司寇而擅杀，其罪一也。"邢侯闻之，逃。遂施邢侯氏，[⑩]而尸叔鱼与雍子于市。[⑪]

① 景伯，晋理官士弥牟。如楚，聘也。

② 叔鱼，羊舌鲋。赞，佐也。景伯如楚，故叔鱼摄其官也。《传》曰："叔鱼摄理。"

③ 二子皆晋大夫。邢侯，楚申公巫臣之子，巫臣奔晋，晋与之邢。雍子，故楚大夫，奔晋，晋与之鄐。争鄐田之疆界也。

④ 不直，故纳其女。《传》曰："罪在雍子。"

⑤ 断，决也。抑，枉也。

⑥ 陈尸为戮。

⑦ 鬻，卖也。

⑧ 官，司寇。干，犯也。

⑨ 回，邪也。中，平也。

⑩ 施，劾捕也。

⑪ 死时在朝，故尸于市。在鲁昭十四年。

中行穆子帅师伐狄围鼓

中行穆子帅师伐狄，围鼓。[①]鼓人或请以城叛，穆子不受，军吏曰："可无劳师而得城，子何不为？"穆子曰："非事君之礼也。夫以城来者，必将求利于我。[②]夫守而二心，奸之大者也；赏善罚奸，国之宪法也。许而弗予，失吾信也；若其予之，赏大奸也。奸而盈禄，善将若何？[③]且夫狄之憾者以城来盈愿，[④]晋岂其无？[⑤]是我以鼓教吾边鄙贰也。[⑥]夫事君者，量力而进，[⑦]不能则退，不以安贾贰。"[⑧]令军吏呼城，儆将攻之，未傅而鼓降。[⑨]中行伯既克鼓，以鼓子苑支来。[⑩]令鼓人各复其所，非僚勿从。[⑪]

鼓子之臣曰夙沙釐以其孥行，[⑫]军吏执之，辞曰："我君是事，非事土也。名曰君臣，岂曰土臣？今君实迁，[⑬]臣何赖于鼓？"[⑭]穆子召之，曰："鼓有君矣，[⑮]尔心事君，吾定而禄爵。"[⑯]对曰："臣委质于狄之鼓，未委质于晋之鼓也。[⑰]臣闻之：委质为臣，无有二心。委质而策死，古之法也。[⑱]君有烈名，臣无叛质。[⑲]敢即私利以烦司寇而乱旧法，其若不虞何！"[⑳]穆子叹而谓其左右曰："吾何德之务而有是臣也？"[㉑]乃使行。既献，[㉒]言于公，[㉓]与鼓子田于河阴，[㉔]使夙沙釐相之。

① 穆子，晋卿，中行偃之子荀吴中行伯也。狄，鲜虞也。鼓，白狄别邑。

事在鲁昭十五年。

② 利,爵赏也。

③ 盈,满也。

④ 憾,恨也。

⑤ 岂无恨者。

⑥ 贰,二心也。

⑦ 进,进取也。

⑧ 贾,市也。安谓不劳师而得鼓。

⑨ 傅,著也。

⑩ 苑支,鼓子鸢鞮也。穆子既克鼓,以鸢鞮归,既献而反之。其后,又叛。鲁昭二十二年,荀吴袭鼓,灭之,以鸢鞮归,使涉佗守之。

⑪ 僚,官也。

⑫ 鳌将妻子从鼓子也。

⑬ 迁,徙也。

⑭ 赖,利也。

⑮ 君谓涉佗。

⑯ 定,安也。而,女也。

⑰ 质,贽也。士贽以雉,委贽而退。

⑱ 言委贽于君,书名于册,示必死也。

⑲ 烈,明也。

⑳ 即,就也。虞,度也。若就私利,是谓叛君。叛君有罪,故烦司寇。旧法,册死之法。若臣皆如是,是将有不意度而至之患者,晋其如之何也。

㉑ 吾当修务何德,而得若此之臣乎?

㉒ 既献功也。

㉓ 言鳌之贤于公。公,倾公,昭公之子去疾也。

㉔ 河阴,晋河南之田,使君而田也。

范献子戒人不可以不学

范献子聘于鲁，[①]问具山、敖山，鲁人以其乡对。[②]献子曰："不为具、敖乎？"对曰："先君献、武之讳也。"[③]献子归，遍戒其所知曰："人不可以不学。吾适鲁而名其二讳，为笑焉，唯不学也。[④]人之有学也，犹木之有枝叶也。木有枝叶，犹庇荫人，而况君子之学乎？"

① 献子，范宣子之子士鞅。聘在鲁昭二十一年。

② 言其乡之山也。

③ 献，伯禽之曾孙、微公之子献公具。武，献公之庶子武公敖。

④ 言学则必知讳，不见笑也。礼，入境而问禁，入门而问讳。

董叔欲为系援

董叔将娶于范氏，[①]叔向曰："范氏富，盍已乎！"[②]曰："欲为系援焉。"[③]他日，董祁诉于范献子[④]曰："不吾敬也。"献子执而纺于庭之槐，[⑤]叔向过之，曰："子盍为我请乎？"叔向曰："求系，既系矣；求援，既援矣。欲而得之，又何请焉？"

① 董叔，晋大夫。范氏，范宣子之女。

② 言富必骄，骄必陵人。已，止也。

③ 欲自系缀，以为援助。

④ 祁，董叔之妻、献子之妹，范姓祁名也。

⑤ 纺，悬也。

赵简子欲有斗臣

赵简子曰："鲁孟献子有斗臣五人。我无一，何也？"[①]叔向曰："子不欲也。若欲之，肸也待交捽可也。"[②]

① 简子，晋卿，赵文子之孙、景子之子赵鞅志父。孟献子，鲁大夫仲孙蔑。斗臣，捍难之士。

② 此言欲勇则勇士至。

阎没叔宽谏魏献子无受贿

梗阳人有狱，将不胜，[①]请纳赂于魏献子，献子将许之。[②]阎没谓叔宽曰："与子谏乎！[③]吾主以不贿闻于诸侯，[④]今以梗阳之贿殃之，不可。"[⑤]二人朝，而不退。献子将食，问谁于庭，曰："阎明、叔褒在。"召之，使佐食。[⑥]比已食，三叹。既饱，献子问焉，曰："人有言曰：'唯食可以忘忧。'吾子一食之间而三叹，何也？"同辞对曰："吾小人也，贪。馈之始至，惧其不足，故叹。中食而自咎也，曰：岂主之食而有不足？是以再叹。主之既已食，愿以小人之腹为君子之心，属餍而已，是以三叹。"[⑦]献子曰："善。"乃辞梗阳人。[⑧]

① 梗阳，魏氏之邑。狱，讼也。

② 献子，晋正卿，魏戊之父魏舒也。《传》曰："梗阳人有狱，魏戊不能断，以狱上其大宗，赂以女乐，献子将受之。"或云："大宗，即舒也。"昭谓：大宗，讼者之大宗也，为讼者纳赂。

③ 阎没，阎明；叔宽，女齐之子叔褒：皆晋大夫。《传》曰："魏戊使二子谏。"

④ 主，献子。不贿，不贪财。

⑤ 殃犹病也。

⑥ 佐犹劝也。

⑦ 属，适也。餍，饱也。已，止也。适小饱足，则自节止也。

⑧ 善，二子善谕而不逆，献子能觉改也。

董安于辞赵简子赏

下邑之役，董安于多。① 赵简子赏之，辞，② 固赏之，对曰："方臣之少也，进秉笔，赞为名命，称于前世，立义于诸侯，③ 而主弗志。④ 及臣之壮也，耆其股肱以从司马，⑤ 苛慝不产。及臣之长也，端委韠带以随宰人，民无二心。⑥ 今臣一旦为狂疾，而曰'必赏女，'⑦ 与余以狂疾赏也，不如亡！"趋而出，乃释之。

① 下邑，晋邑。董安于，赵简子家臣。多，多功也。《周礼》曰："战功曰多。"鲁定十三年，简子杀邯郸大夫赵午，午之子稷以邯郸叛。午，荀寅之甥也。荀寅，范吉射之姻也。二人作乱，攻赵氏之宫。简子奔晋阳，晋人围之，时安于力战有功。

② 辞，不受也。

③ 言见称誉于前世，诸侯以为义。

④ 志，识也。

⑤ 耆，致也。司马，掌兵。

⑥ 端，玄端也。委，委貌也。韠，韦蔽膝也。带，大带也。宰人，宰官也。

⑦ 言战斗为凶事，犹人有狂易之疾相杀伤也。

赵简子以晋阳为保鄣

赵简子使尹铎为晋阳。① 请曰："以为茧丝乎？抑为保鄣乎？"② 简子曰："保鄣哉！"尹铎损其户数。③ 简子诫襄子④ 曰：

"晋国有难，而无以尹铎为少，无以晋阳为远，必以为归。"[⑤]

① 尹铎，简子家臣。晋阳，赵氏邑。为，治也。

② 茧丝，赋税。保鄣，蔽捍也。小城曰保。《礼记》曰："遇入保者。"

③ 损其户，则民优而税少。

④ 襄子，简子之子无恤。

⑤ 所谓保鄣。

邮无正谏赵简子无杀尹铎

赵简子使尹铎为晋阳，曰："必堕其垒培。[①]吾将往焉，若见垒培，是见寅与吉射也。"[②]尹铎往而增之。[③]简子如晋阳，见垒，怒曰：[④]"必杀铎也，而后入。"大夫辞之，[⑤]不可，[⑥]曰："是昭余仇也。"[⑦]邮无正进，[⑧]曰："昔先主文子少衅于难，[⑨]从姬氏于公宫，[⑩]有孝德以出在公族，[⑪]有恭德以升在位，[⑫]有武德以羞为正卿，[⑬]有温德以成其名誉，失赵氏之典刑，[⑭]而去其师保，[⑮]基于其身，以克复其所。[⑯]及景子长于公宫，[⑰]未及教训而嗣立矣，亦能纂修其身以受先业，无谤于国，顺德以学子，[⑱]择言以教子，择师保以相子。今吾子嗣位，有文之典刑，有景之教训，重之以师保，加之以父兄，[⑲]子皆疏之，以及此难。[⑳]夫尹铎曰：'思乐而喜，思难而惧，人之道也。委土可以为师保，吾何为不增？'[㉑]是以修之，庶曰可以鉴而鸠赵宗乎！[㉒]若罚之，是罚善也。罚善必赏恶。臣何望矣！"简子说，曰："微子，吾几不为人矣！"[㉓]以免难之赏赏尹铎。[㉔]初，伯乐与尹铎有怨，[㉕]以其赏如伯乐氏，[㉖]曰："子免吾死，敢不归禄。"[㉗]辞曰："吾为主图，非为子也。怨若怨焉。"[㉘]

① 堕，坏也。垒，荀寅、士吉射围赵氏所作垒壁也。

② 垒墼曰培。

③ 增高其垒，因以自备。

④ 既不堕，又增之，故怒。

⑤ 辞，请也。

⑥ 可，肯也。

⑦ 昭，明也。明我怨仇以辱我。

⑧ 无正，晋大夫郵良伯乐也。

⑨ 文子，简子之祖赵武。衅，犹离也。难，谓庄姬之谗，赵氏见讨。

⑩ 姬氏，庄姬，赵朔之妻、文子之母、晋景公之女，淫于赵婴，婴之二兄赵同、赵括放之。姬谗同、括，景公杀之，文子从庄姬于公宫。

⑪ 为公族大夫。

⑫ 在卿位也。

⑬ 正卿，上卿。羞，进也。

⑭ 典，常也。刑，法也。

⑮ 在公宫，故无师保。

⑯ 基，始也。始更修之于身，以能复其先。

⑰ 景子，文子之子、简子之父赵成也。从其王母在公宫。

⑱ 学，教也。

⑲ 同宗之父兄也。

⑳ 荀、士之难。

㉑ 言见垒培可以戒惧，足当师保，何为不增。

㉒ 鉴，镜也。鸠，安也。

㉓ 微，无也。

㉔ 免难之赏，军赏也。言见戒而惧，惧则有备，是为免难。

㉕ 伯乐，无正字。

㉖ 如，之也。

㉗ 禄，所得赏。

㉘ 若，如也。怨自如故。

铁之战赵简子等三人夸功

铁之战，赵简子曰：“郑人击我，吾伏弢衉血，鼓音不衰。[①]今日之事，莫我若也。”卫庄公为右，[②]曰：“吾九上九下，击人尽殪。[③]今日之事，莫我加也。”邮无正御，[④]曰：“吾两鞁将绝，吾能止之。[⑤]今日之事，我上之次也。”[⑥]驾而乘材，两鞁皆绝。[⑦]

① 铁，卫地。弢，弓衣也。晋中行寅、范吉射以朝歌叛，齐、郑与之。鲁哀二年，齐人输范氏粟，郑罕达、驷弘送之，范吉射逆之，简子御之，遇于戚，遂战于铁。郑人击简子中肩，毙于车中，伏弢上，犹能击鼓。面污血曰衉血。

② 庄公，卫灵公太子蒯聩，图杀少君不成，奔晋，简子许纳之，时为简子车右。

③ 殪，死也。九上九下车以救简子。

④ 无正，王良。御，为简子御。

⑤ 鞁，靷也。能止马徐行，故不绝。

⑥ 言次蒯聩。

⑦ 乘，轹也。材，横木也。

卫庄公祷

卫庄公祷，[①]曰：“曾孙蒯聩以谆赵鞅之故，[②]敢昭告于皇祖文王、[③]烈祖康叔、[④]文祖襄公、[⑤]昭考灵公，[⑥]夷请无筋无骨，[⑦]无面伤，[⑧]无败用，[⑨]无陨惧，[⑩]死不敢请。”[⑪]简子曰：“志父寄也。”[⑫]

① 祷,谓将战时请福也。

② 谆,佐也。

③ 昭,明也。皇,大也。文王,康叔之父。

④ 烈,显也。

⑤ 文言有文德也。襄公,蒯聩之祖父、灵公之考。

⑥ 昭,明也。灵公,蒯聩之父。

⑦ 夷,伤也。战斗不能无伤。无筋,无绝筋。无骨,无折骨。

⑧ 伤于面也。

⑨ 用,兵用也。

⑩ 陨,陨越也。

⑪ 言不敢请,归之神也。

⑫ 志父,简子后名。《春秋》书赵鞅入晋阳以叛,后得反国,故改为志父。寄,寄请也。

史黯谏赵简子田于蝼

赵简子田于蝼,[①]史黯闻之,以犬待于门。[②]简子见之,曰:"何为?"曰:"有所得犬,欲试之兹囿。"[③]简子曰:"何为不告?"对曰:"君行臣不从,不顺。[④]主将适蝼而麓不闻,[⑤]臣敢烦当日。"[⑥]简子乃还。

① 蝼,晋君之囿。

② 史黯,晋大夫史墨,时为简子史。犬,田犬。门,君囿门。

③ 兹,此也。

④ 言君从法,臣从君。

⑤ 麓,主君苑囿之官。《传》曰:"山林之木,衡麓守之。"

⑥ 当日,直日也。言主将之君囿,不烦麓以告君,臣亦不敢烦主之直日以自白也。

少室周知贤而让

少室周为赵简子之右,[1]闻牛谈有力,[2]请与之戏,[3]弗胜,致右焉。[4]简子许之,使少室周为宰,[5]曰:“知贤而让,可以训矣。”

① 少室周,简子之臣。右,戎右。

② 牛谈,简子臣也。

③ 戏,角力也。

④ 致右于谈。

⑤ 宰,家宰也。

史黯论良臣

赵简子曰:“吾愿得范、中行之良臣。”[1]史黯侍,曰:“将焉用之?”简子曰:“良臣,人之所愿也,又何问焉?”对曰:“臣以为不良故也。夫事君者,谏过而赏善,[2]荐可而替否,[3]献能而进贤,择材而荐之,朝夕诵善败而纳之。道之以文,行之以顺,勤之以力,致之以死。[4]听则进,否则退。今范、中行氏之臣不能匡相其君,使至于难;[5]君出在外,[6]又不能定,而弃之,则何良之为?若弗弃,则主焉得之?夫二子之良,将勤营其君,复使立于外,死而后止,何日以来?[7]若来,乃非良臣也。”简子曰:“善。吾言实过矣。”

① 范吉射、中行寅。

② 谏过,匡救其恶。赏善,将顺其美。

③ 荐,进也。替,去也。《传》曰:“君所谓可而有否焉,臣献其否以成其

可。君所谓否而有可焉，臣献其可以去其否。”

④ 死其难也。

⑤ 难，谓为乱见逐，伐君而败，事在鲁定公、哀公时。

⑥ 以朝歌叛。鲁哀五年，又奔齐。

⑦ 立于外，有爵土于他国也。

赵简子问贤于壮驰兹

赵简子问于壮驰兹[①]曰：“东方之士孰为愈？”[②]壮驰兹拜曰：“敢贺！”简子曰：“未应吾问，何贺？”对曰：“臣闻之：国家之将兴也，君子自以为不足；其亡也，若有余。今主任晋国之政而问及小人，又求贤人，吾是以贺。”

① 壮驰兹，晋大夫，盖吴人也。

② 愈，贤也。

窦犨谓君子哀无人

赵简子叹曰：“雀入于海为蛤，雉入于淮为蜃。[①]鼋鼍鱼鳖，莫不能化，[②]唯人不能。哀夫！”窦犨侍，[③]曰：“臣闻之：君子哀无人，[④]不哀无贿；哀无德，不哀无宠；哀名之不令，不哀年之不登。[⑤]夫范、中行氏不恤庶难，欲擅晋国，今其子孙将耕于齐，宗庙之牺为畎亩之勤，[⑥]人之化也，何日之有！”

① 小曰蛤，大曰蜃：皆介物，蚌类。

② 化，谓蛇成鳖鼋，石首成鵖之类。

③ 窦犨，晋大夫也。

④ 人，贤人也。

⑤ 登,高也。

⑥ 纯色为牺,谕二子皆名族之后,当为祭主,在于宗庙,今反放逐畎亩之中,亦是人之化也。

赵襄子使新稚穆子伐狄

赵襄子使新稚穆子伐狄,[①]胜左人、中人,[②]遽人来告,[③]襄子将食,寻饭有恐色。侍者曰:“狗之事大矣,[④]而主之色不怡,何也?”[⑤]襄子曰:“吾闻之:德不纯[⑥]而福禄并至,谓之幸。夫幸非福,[⑦]非德不当雍,[⑧]雍不为幸,[⑨]吾是以惧。”

① 襄子,晋正卿,简子之子无恤。穆子,晋大夫新稚狗也。伐狄在春秋后。

② 左人、中人,狄二邑。

③ 遽,传也。

④ 大谓胜二邑也。

⑤ 怡,悦也。

⑥ 纯,壹也。

⑦ 德不能服,必致寇,故曰非福。

⑧ 当犹任也。雍,和也。言唯有德者任以福禄为和乐也。

⑨ 能和乐则不为幸。

智果论智瑶必灭宗

智宣子将以瑶为后,[①]智果曰:“不如宵也。”[②]宣子曰:“宵也佷。”[③]对曰:“宵之佷在面,瑶之佷在心。心佷败国,面佷不害。瑶之贤于人者五,其不逮者一也。[④]美鬓长大则贤,[⑤]射御足力则贤,伎艺毕给则贤,[⑥]巧文辩惠则贤,[⑦]强毅果敢则贤。如是而甚不仁。以其五贤陵人，而以不仁行之，其谁能待之？[8]若果立瑶也，智宗必灭。”弗听。智果别族于太史为辅氏。[9]及智氏之亡也，唯辅果在。[10]

① 智宣子，晋卿，荀跞之子甲也。瑶，宣子之子襄子智伯。

② 智果，晋大夫，智氏之族。宵，宣子之庶子也。

③ 佷，佷戾，不从人也。

④ 不仁也。

⑤ 鬓，发颖也。

⑥ 给，足也。

⑦ 巧文，巧于文辞。

⑧ 待犹假也。

⑨ 太史掌氏姓。

⑩ 善其知人。

士茁谓土木胜惧其不安人

智襄子为室美，[1]士茁夕焉。[2]智伯曰：“室美夫！”对曰：“美则美矣，抑臣亦有惧也。”智伯曰：“何惧？”对曰：“臣以秉笔事君。志有之曰：‘高山峻原，不生草木。[3]松柏之地，其土不肥。’[4]今土木胜，臣惧其不安人也。”[5]室成，三年而智氏亡。[6]

① 襄子，智伯瑶也。美，丽好也。

② 士茁，智伯家臣。夕，夕往也。

③ 志，记也。峻，峭也。原，陆也。言其高崄不安，故不生草木。

④ 言上茂盛，冬夏有荫，故土不肥。

⑤ 言不两兴。

⑥ 三年，智伯与韩、魏伐赵襄子，围晋阳而灌之，城不浸者三板。智伯行水，魏桓子御，韩康子骖乘，智伯曰："吾始知水可以亡人国也。"汾水可以灌安邑。安邑，魏也。绛水可以灌平阳。平阳，韩也。桓子肘康子，康子履桓子之跗。赵襄子夜使张孟私于韩、魏。韩、魏与之合，遂灭智伯而分其地。在春秋后。

智伯国谏智襄子

还自卫，三卿宴于蓝台，[①]智襄子戏韩康子而侮段规。[②]智伯国闻之，谏[③]曰："主不备，难必至矣。"曰："难将由我，我不为难，谁敢兴之！"对曰："异于是。[④]夫郤氏有车辕之难，[⑤]赵有孟姬之谗，[⑥]栾有叔祁之诉，[⑦]范、中行有亟治之难，[⑧]皆主之所知也。《夏书》有之曰：'一人三失，[⑨]怨岂在明？[⑩]不见是图。'[⑪]《周书》有之曰：'怨不在大，[⑫]亦不在小。'[⑬]夫君子能勤小物，故无大患。[⑭]今主一宴而耻人之君相，[⑮]又弗备，曰'不敢兴难'，无乃不可乎？夫谁不可喜，而谁不可惧？蜹蚁蜂虿皆能害人，况君相乎！"弗听。自是五年，乃有晋阳之难。[⑯]段规反，首难，而杀智伯于师，[⑰]遂灭智氏。

① 智襄子伐郑，自卫还也。三卿，智襄子、韩康子、魏桓子。蓝台，地名。

② 康子，韩宣子之曾孙、庄子之子虎。段规，魏桓子之相。

③ 伯国，晋大夫，智氏之族。

④ 言所闻与此异。

⑤ 郤犨与长鱼矫争田，执而梏之，与其父母妻子同一辕。既，矫嬖于厉公而灭三郤。在鲁成十七年。

⑥ 赵，赵同、括也。孟姬，赵文子之母庄姬也。庄姬通于赵婴，婴兄同、括放之。孟姬惭怨，谗之于景公，景公杀之。在鲁成八年。

⑦ 栾，栾盈。叔祁，范宣子之女、盈之母，与老州宾通，盈患之。祁诉之于宣子，遂灭栾氏。

⑧ 亟治，范皋夷之邑。皋夷无宠于范吉射而欲为乱于范氏。中行寅与范氏相睦，故皋夷谋逐二子，卒灭之。在鲁定十三年。

⑨ 三失，三失人也。

⑩ 明，著也。

⑪ 不见，未形也。

⑫ 或大而不为怨。

⑬ 祸难或起于小怨。

⑭ 物，事也。

⑮ 君，康子。相，段规。

⑯ 自蓝台后五年也。

⑰ 言段规首为策作难，反智伯者也。

晋阳之围

晋阳之围，[①]张谈曰："先主为重器也，为国家之难也，[②]盍姑无爱宝于诸侯乎？"[③]襄子曰："吾无使也。"张谈曰："地也可。"[④]襄子曰："吾不幸有疾，不夷于先子，[⑤]不德而贿。[⑥]夫地也求饮吾欲，[⑦]是养吾疾而干吾禄也。[⑧]吾不与皆毙。"[⑨]襄子出，曰："吾何走乎？"从者曰："长子近，且城厚完。"[⑩]襄子曰："民罢力以完之，又毙死以守之，其谁与我？"[⑪]从者曰："邯郸之仓库实。"[⑫]襄子曰："浚民之膏泽以实之，[⑬]又因而杀之，其谁与我？其晋阳乎！先主之所属也，[⑭]尹铎之所宽也，民必和矣。"乃走晋阳，晋师围而灌之，[⑮]沈灶产蛙，民无叛意。[16]

① 智襄子围赵襄子于晋阳也。鲁悼四年,智瑶伐郑,耻赵襄子,襄子怨之。智瑶骄泰,请地于赵,赵弗与。瑶帅韩、魏攻赵襄子,襄子保晋阳,三家围之。在春秋后也。

② 张谈,赵襄子之宰孟谈。重器,圭璧钟鼎之属。

③ 欲令行赂以求助也。

④ 地,襄子之臣。

⑤ 夷,平也。疾,病也。言己行有阙病,不及先子。

⑥ 言无德而以贿求助也。

⑦ 言地求饮食我以情欲,无忠谏。

⑧ 养,长也。干,求也。

⑨ 皆,俱也。毙,踣也。

⑩ 长子,晋别县也。

⑪ 毙,踣也。谁与我,谁与我同力也。

⑫ 邯郸,晋别县也。

⑬ 浚,煎也,读若醮。

⑭ 先主,简子也。谓无以尹铎为少,晋阳为远,必以为归。

⑮ 晋师,三卿之师。灌,引汾水以灌之。

⑯ 沈灶,悬釜而炊也。产蛙,蛙生于灶也。蛙,虾蟆也。

卷十六

郑　语

史伯为桓公论兴衰

桓公为司徒,[1]甚得周众与东土之人,[2]问于史伯曰:“王室多故,[3]余惧及焉,其何所可以逃死?”史伯对曰:“王室将卑,戎、狄必昌,不可偪也。[4]当成周者,[5]南有荆蛮、申、吕、应、邓、陈、蔡、随、唐;[6]北有卫、燕、狄、鲜虞、潞、洛、泉、徐、蒲;[7]西有虞、虢、晋、隗、霍、杨、魏、芮;[8]东有齐、鲁、曹、宋、滕、薛、邹、莒;[9]是非王之支子母弟甥舅也,则皆蛮、荆、戎、狄之人也。[10]非亲则顽,不可入也。[11]其济、洛、河、颍之间乎![12]是其子男之国,虢、郐为大,[13]虢叔恃势,郐仲恃险,[14]是皆有骄侈怠慢之心,而加之以贪冒。君若以周难之故,寄孥与贿焉,不敢不许。[15]周乱而弊,是骄而贪,必将背君,君若以成周之众,奉辞伐罪,无不克矣。[16]若克二邑,[17]邬、弊、补、舟、依、䍽、历、华,君之土也。[18]若前华后河,右洛左济,[19]主芣、騩而食溱、洧,[20]修典刑以守之,是可以少固。”[21]

公曰:“南方不可乎?”[22]对曰:“夫荆子熊严生子四人:伯霜、仲雪、叔熊、季紃。[23]叔熊逃难于濮而蛮,季紃是立,薳氏将起之,祸又不克。[24]是天启之心也,[25]又甚聪明和协,盖其先王。[26]臣闻之,天之所启,十世不替。[27]夫其子孙必光启土,不可偪也。[28]且重、黎之后也,[29]夫黎为高辛氏火正,[30]以淳耀敦大,天明地德,光照四海,故命之曰'祝融',其功大矣。[31]夫成天地之大功者,其子孙未尝不章,[32]虞、夏、商、周是也。[33]虞幕能听协风,以成乐物生者也。[34]夏禹能单平水土,以品处庶类者也。[35]商契能和合五教,以保于百姓者也。[36]周弃能播殖百谷蔬,以衣食民人者也。[37]其后皆为王公侯伯。[38]祝融亦能昭显天地之光明,以生柔嘉材者也,[39]其后八姓于周未有侯伯。[40]佐制物于前代者,[41]昆吾为夏伯矣,[42]大彭、豕韦为商伯矣。[43]当周未有。[44]己姓昆吾、苏、顾、温、董,[45]董姓鬷夷、豢龙,则夏灭之矣。[46]彭姓彭祖、豕韦、诸稽,则商灭之矣。[47]秃姓舟人,则周灭之矣。[48]妘姓邬、郐、路、偪阳,[49]曹姓邹、莒,[50]皆为采卫,[51]或在王室,或在夷、狄,莫之数也。[52]而又无令闻,必不兴矣。斟姓无后。[53]融之兴者,其在芈姓乎?芈姓夔越不足命也。[54]蛮芈蛮矣,[55]唯荆实有昭德,若周衰,其必兴矣。[56]姜、嬴、荆、芈,实与诸姬代相干也。[57]姜,伯夷之后也;[58]嬴,伯翳之后也。[59]伯夷能礼于神以佐尧者也,[60]伯翳能议百物以佐舜者也。[61]其后皆不失祀而未有兴者,[62]周衰其将至矣。"[63]

公曰:"谢西之九州,何如?"[64]对曰:"其民沓贪而忍,不可因也。[65]唯谢、郏之间,[66]其冢君侈骄,[67]其民怠沓其君,而未及周德;[68]若更君而周训之,是易取也,[69]且可长用也。"[70]

公曰:"周其弊乎?"[71]对曰:"殆于必弊者也。[72]《泰誓》曰:'民之所欲,天必从之。'[73]今王弃高明昭显,而好谗慝暗昧;[74]恶角犀丰盈,而近顽童穷固。[75]去和而取同。[76]夫和实生物，同则不继。[77]以他平他谓之和，[78]故能丰长而物归之；[79]若以同裨同，尽乃弃矣。[80]故先王以土与金木水火杂，以成百物。[81]是以和五味以调口，刚四支以卫体，[82]和六律以聪耳，[83]正七体以役心，[84]平八索以成人，[85]建九纪以立纯德，[86]合十数以训百体。[87]出千品，具万方，[88]计亿事，材兆物，收经入，行姟极。[89]故王者居九畡之田，收经入以食兆民，[90]周训而能用之，和乐如一。[91]夫如是，和之至也。[92]于是乎先王聘后于异姓，[93]求财于有方，[94]择臣取谏工而讲以多物，务和同也。[95]声一无听，[96]物一无文，[97]味一无果，[98]物一不讲。[99]王将弃是类也，而与剸同。[100]天夺之明，欲无弊，得乎？夫虢石父，谗谄巧从之人也，而立以为卿士，与剸同也；[101]弃聘后而立内妾，好穷固也；[102]侏儒戚施，实御在侧，近顽童也；[103]周法不昭，而妇言是行，用谗慝也；不建立卿士，而妖试幸措，行暗昧也。[104]是物也，不可以久。且宣王之时有童谣[105]曰：'檿弧箕服，实亡周国。'[106]于是宣王闻之，有夫妇鬻是器者，[107]王使执而戮之。[108]府之小妾生女而非王子也，惧而弃之。[109]此人也，收以奔褒。[110]天之命此久矣，其又何可为乎？[111]《训语》有之[112]曰：'夏之衰也，褒人之神化为二龙，以同于王庭，[113]而言曰："余，褒之二君也。"[114]夏后卜杀之与去之与止之，莫吉。[115]卜请其漦而藏之，吉。[116]乃布币焉而策告之，[117]龙亡而漦在，椟而藏之，[118]传郊之。'[119]及殷、周，莫之发也。及厉王之末，发而观之，[120]漦流于庭，不可除也。[121]王使妇人不帏而噪之，[122]化为玄鼋，以入于王府。[123]府之童妾未既龀而遭之，[124]既笄而孕，[125]当宣王时而生。[126]不夫而育，[127]故惧而弃之。为弧服者方戮在路，夫妇哀其夜号也，而取之以逸，逃于褒。[128]褒人褒姁有狱，而以为入于王，[129]王遂置之，[130]而嬖是女也，使至于为后而生伯服。[131]天之生此久矣，其为毒也大矣，将使候淫德而加之焉。[132]毒之酋腊者，其杀也滋速。[133]申、缯、西戎方强，[134]王室方骚，[135]将以纵欲，不亦难乎？王欲杀太子以成伯服，必求之申，[136]申人弗畀，必伐之。[137]若伐申，而缯与西戎会以伐周，周不守矣！[138]缯与西戎方将德申，[139]申、吕方强，[140]其隩爱太子亦必可知也，[141]王师若在，[142]其救之亦必然矣。王心怒矣，虢公从矣，[143]凡周存亡，不三稔矣！[144]君若欲避其难，其速规所矣，时至而求用，恐无及也！”[145]

公曰：“若周衰，诸姬其孰兴？”对曰：“臣闻之，武实昭文之功，[146]文之祚尽，武其嗣乎！[147]武王之子，应、韩不在，[148]其在晋乎！距险而邻于小，[149]若加之以德，可以大启。”[150]公曰：“姜、嬴其孰兴？”对曰：“夫国大而有德者近兴，秦仲、齐侯，姜、嬴之隽也，且大，其将兴乎？”[151]公说，乃东寄帑与贿，虢、郐受之，十邑皆有寄地。[152]

① 桓公，郑始封之君、周厉王之少子、宣王之弟桓公友也。宣王封之于郑。幽王八年为司徒。

② 周众，西周之民。东土，陕以东也。

③ 史伯，周太史。故，犹难也。

④ 昌，盛也。偪，迫也。

⑤ 成周，雒邑。

⑥ 荆蛮，芈姓之蛮，鬻熊之后。申、吕，姜姓也。应、蔡、随、唐，皆姬姓也。应，武王子所封。邓，曼姓也。陈，妫姓也。

⑦ 卫，康叔之封；燕，邵公之封：皆姬姓也。狄，北狄也。鲜虞，姬姓在狄者也。潞、洛、泉、徐、蒲，皆赤狄，隗姓也。

⑧ 八国，姬姓也。虞，虞仲之后。虢，虢叔之后，西虢也。

⑨ 齐，姜姓。鲁、曹、滕，皆姬姓。宋，子姓。薛，任姓。邹，曹姓。莒，己姓，东夷之国也。

⑩ 王支子母弟，姬姓是也。甥舅，异姓是也。蛮、荆，楚也。戎、狄，北狄、潞、洛、泉、徐、蒲是也。"戎"或为"夷"。

⑪ 亲，谓支子甥舅也。顽，谓蛮、夷、戎、狄也。

⑫ 言此四水之间可逃，谓左济、右洛、前颍、后河。

⑬ 是，是四水也。虢，东虢也，虢仲之后，姬姓也。郐，妘姓也。当幽王时，于子男，此二国为大。

⑭ 此虢叔，虢仲之后。叔、仲皆当时二国君之字。势，阻国也；险，厄也：皆恃之而不修德。

⑮ 妻子曰孥。贿，财也。

⑯ 桓公甚得周众，奉直辞，伐有罪，故必胜也。

⑰ 二邑，虢、郐。

⑱ 言克虢、郐，此八邑皆可得也。

⑲ 华，华国也。

⑳ 芣、騩，山名。主，为之神主。孔子曰："夫颛臾为东蒙主。"食，谓居其土，食其水。

㉑ 其后卒如史伯之言。

㉒ 南方，当成周之南，申、邓之间。

㉓ 荆，楚也。熊严，楚子鬻熊之后十世也。伯霜，楚子熊霜。季紃，楚子熊紃也。仲不立，叔在濮。

㉔ 濮，蛮邑。蒍氏，楚大夫。先熊霜之世，叔熊逃难奔濮，而从蛮俗。熊霜死，国人立季紃。蒍氏将起叔熊而立之，又有祸难，而熊不立。

㉕ 启，开也。天开季紃，故叔熊不得立。有"心"字误。

㉖ 言季紃又聪明，能和协其民臣之心，功德盖其先王也。

㉗ 替，废也。

㉘ 光，大也。

㉙ 重、黎，官名。《楚语》曰："颛顼乃命南正重司天，北正黎司地。"言楚之先为此二官。

㉚ 高辛，帝喾。黎，颛顼之后也。颛顼生老童，老童产重、黎及吴回，吴回产陆终，陆终生六子，其季曰连，为芈姓，楚之先祖也。季连之后曰鬻熊，事周文王，其曾孙熊绎，当成王时，封为楚子。黎当高辛氏为火正。

㉛ 淳，大也。耀，明也。敦，厚也。言黎为火正，能理其职，以大明厚大天明地德，故命之为"祝融"。祝，始也。融，明也。大明天明，若历象三辰也。厚大地德，若敬授民时也。光照四海，使上下有章也。

㉜ 章，显也。

㉝ 是成天地之功者。

㉞ 虞幕，舜后虞思也。协，和也。言能听知和风，因时顺气，以成育万物，使之乐生。《周语》曰"瞽告有协风至"，乃耕籍之类是也。

㉟ 单，尽也。庶，众也。品，高下之品也。禹除水灾，使万物高下各得其所。

㊱ 保，养也。五教：父义、母慈、兄友、弟恭、子孝。《鲁语》曰："契为司徒而民辑。"

㊲ 弃，后稷也。播，布也。殖，长也。百谷，黍稷稻粱麻麦荏菽雕胡之属。蔬，草菜之属可食者。

㊳ 禹身王，稷、弃在子孙。公侯伯，谓其后杞、宋及幕后陈侯也。

㊴ 柔，润也。嘉，善也。善材，五谷材木。

㊵ 八姓，祝融之后。八姓：己、董、彭、秃、妘、曹、斟、芈也。侯伯，诸侯之伯。

㊶ 佐，助也。物，事也。前代，夏、殷也。

㊷ 昆吾，祝融之孙、陆终第一子，名樊，为己姓，封于昆吾，昆吾卫是也。其后夏衰，昆吾为夏伯，迁于旧许。《传》曰："楚之皇祖伯父昆吾，旧许是宅。"

㊸ 大彭，陆终第三子，曰篯，为彭姓，封于大彭，谓之彭祖，彭城是也。豕韦，彭姓之别封于豕韦者也。殷衰，二国相继为商伯。

㊹ 未有侯伯。

㊺ 五国皆昆吾之后别封者，莒其后。

㊻ 董姓，己姓之别受氏为国者也。有飂叔安之裔子曰董父，以扰龙服事帝舜，赐姓曰董，氏曰豢龙，封之鬷川，当夏之兴，别封鬷夷，于孔甲前而灭矣。《传》曰："孔甲不能食龙而未获豢龙氏，刘累学扰龙于豢龙氏以事孔甲。"

㊼ 彭祖，大彭也。豕韦、诸稽，其后别封也。大彭、豕韦为商伯，其后世失道，殷复兴而灭之。

㊽ 秃姓，彭祖之别。舟人，国名。

㊾ 陆终第四子曰求言，为妘姓，封于郐。郐，今新郑也。邬、路、偪阳，其后别封也。

㊿ 陆终第五子曰安，为曹姓，封于邹。

51 皆，妘、曹也。采，采服，去王城二千五百里。卫，卫服，去王城三千里。

52 或，或六姓之后。在王室，苏子、温子也。在夷、狄，莒、偪阳也。

53 斟姓，曹姓之别。或云夏少康灭之，非也。《传》有斟灌、斟邿，浇所灭，非少康，又皆夏同姓，非此也。

54 蘉越，芈姓之别国，楚熊绎六世孙曰熊挚，有恶疾，楚人废之，立其弟熊延。挚自弃于蘉，其子孙有功，王命为蘉子。

55 蛮芈，谓叔熊在濮从蛮俗。

56 昭，明也。

57 姜，齐姓。嬴，秦姓。芈，楚姓。代，更也。干，犯也。言其代强更相犯间。

58 伯夷，尧秩宗，炎帝之后，四岳之族。

59 伯翳，舜虞官，少皞之后伯益也。

60 秩宗之官，于周为宗伯，汉为太常，掌国祭祀。《书》曰："典朕三礼。"

谓天神、人鬼、地祇之礼。

(61) 百物，草木鸟兽。议，使各得其宜。

(62) 兴谓为侯伯也。

(63) 至于伯也。

(64) 谢，宣王之舅申伯之国，今在南阳。谢西有九州，二千五百家曰州。何如，问可居否。

(65) 沓，黩也。忍，忍行不义。因，就也。

(66) 间，谓郑南谢北，虢、郐在焉。郏，后属郑，郑衰，楚取之。鲁昭元年《传》曰“葬王于郏，谓之郏敖”是也。

(67) 冢，大也。

(68) 怠，慢也。忠信为周。言民慢黩其君，而未及于忠信。

(69) 更，更以君道导之则易取。

(70) 长用，久处之。

(71) 弊，败也。

(72) 殆，近也。

(73)《泰誓》，《周书》。言民恶幽王犹恶纣，欲令之亡，天必从之。

(74) 王，幽王。高明昭显，谓明德之臣。暗昧，幽冥不见光明之德也。

(75) 角犀谓颜角有伏犀。丰盈谓颊辅丰满：皆贤明之相。顽童，童昏。固，陋也。谓皆昧暗穷陋，不识德义。

(76) 和，谓可否相济。同，谓同欲。君子和而不同。

(77) 阴阳和而万物生。同，同气。

(78) 谓阴阳相生，异味相和。

(79) 土气和而物生之，国家和而民附之。

(80) 裨，益也。同者，谓若以水益水，水尽乃弃之，无所成也。

(81) 杂，合也。成百物，谓若铸冶煎烹之属。

(82) 刚，强也。

(83) 听和则聪。

(84) 役，营也。七体，七窍也。谓目为心视，耳为心听，口为心谈，鼻为心芳。

(85) 平,正也。八索,八体,以应八卦,谓乾为首,坤为腹,震为足,巽为股,离为目,兑为口,坎为耳,艮为手。

(86) 建,立也。纯,纯一不驳也。九纪,九藏也:正藏五,又有胃、膀胱、肠、胆也。纪,所以经纪性命,立纯德也。《周礼》曰:“九藏之动。”贾、唐云:“九纪,九功也。”

(87) 此所谓近取诸身,远取诸物。贾、唐云:“十数,自王以下位有十等:王臣公,公臣大夫,大夫臣士,士臣皂,皂臣舆,舆臣隶,隶臣僚,僚臣仆,仆臣台。百体,百官各有体属也,合此十数之位,以训导百官之体。”

(88) 百官,官有御品,十于王位,谓之千品。五物之官,陪属万位,谓之万方。方,道也。

(89) 计,算也。材,裁也。贾、虞说,皆以万万为亿。郑后司农云:“十万曰亿,万亿曰兆,从古数也。”经,常也。姟,备也。数极于姟也,万万兆曰姟。自十等至千品万方,转相生,故有亿事兆物,王收其常入,举九姟之数。

(90) 九畡,九州之极数。《楚语》曰:“天子之田九畡,以食兆民,王取经入焉,以食万官。”

(91) 忠信为周。训,教也。言以忠信教导之,其民和乐如一室。

(92) 至,极也。

(93) 同则不继。

(94) 使各以其方贿来,方之所无,则不贡。

(95) 工,官也。讲,犹校也。多,众也。物,事也。

(96) 五声杂,然后可听。

(97) 五色杂,然后成文。

(98) 五味合,然后可食。果,美。

(99) 讲,论校也。

(100) 类,谓和也。

(101) 石父,虢君之名。巧从,巧于媚从。

(102) 聘后,申后。内妾,褒姒。

⑬ 侏儒、戚施，皆优笑之人。御，侍也。

⑭ 试，用也。措，置也。不建立有德以为卿士，而妖嬖之臣用之于位，侥幸之人置之于侧。

⑮ 宣王，幽王之父。

⑯ 山桑曰檿。弧，弓也。箕，木名。服，矢房。

⑰ 鬻，卖也。

⑱ 戮之于路。

⑲ 府，王内之府藏。

⑳ 此人，卖弧服者。收，取也。

⑪ 为，治也。

⑫《训语》，《周书》。

⑬ 褒人，褒君。共处曰同。

⑭ 二先君。

⑮ 止，留也。

⑯ 漦，龙所吐沫，龙之精气也。

⑰ 布，陈也。币，玉帛也。陈其玉帛，以简策之书告龙，而请其漦。

⑱ 椟，柜也。

⑲ 传祭之郊。

⑳ 末，末年，流彘之岁。

㉑ 言流于庭前，谓取而发之也。

㉒ 裳正幅曰帏。噪，欢呼。

㉓ "鼋"或为"蚖"。蚖，蜇蜴，象龙。

㉔ 既，尽也。遭，遇也。毁齿曰龀。未尽龀，毁未毕也。女七岁而毁齿。

㉕ 孕，任身也。女十五而笄。

㉖ 厉王流彘，共和十四年死。十五年，宣王立，立四十六年，幽王在位，十一年而灭。

㉗ 育，生也。

(128) 逃，亡也。

(129) 褒姁，褒君。

(130) 置，赦褒姁。

(131) 以邪辟取爱曰嬖。使至，有渐之言也。

(132) 加，遗也，遗以褒女。

(133) 精熟为酋。腊，极也。滋，益也。

(134) 申，姜姓，幽王前后太子宜臼之舅也。缯，姒姓，申之与国也。西戎亦党于申。周衰，故戎、狄强。

(135) 骚，扰也。

(136) 太子将奔申。

(137) 畀，予也。

(138) 言幽王无道，无以共守。

(139) 申修德于二国，二国亦欲助正，徼其后福。

(140) 吕、申同姓。

(141) 隩，隐也。

(142) 在于申。

(143) 言石父亦从王而怒。

(144) 稔，年也。

(145) 时，难也。用，备也。

(146) 武，武王。文，文王。

(147) 文王子孙，鲁、卫是也。祚尽，谓衰也。嗣，继也。武王子孙当继之而兴。

(148) 三君云："不在，时已亡也。"昭谓：若已亡，无宜说也。近宣王时，命韩侯为侯伯，其后为晋所灭，以为邑，以赐桓叔之子万，是为韩万，则其亡非平王时也。应则在焉，上史伯云"南有应、邓"是也。不在，言不在应、韩，当在晋。

(149) 距，距守之地险也。小，小国，谓虞、虢、霍、杨、韩、魏、芮之属。

(150) 国已险固，若增之以德，可以大开土宇。后鲁闵元年，晋灭魏、霍；僖五年，灭虞、虢也。

⑮ 秦仲，嬴姓，附庸秦公伯之子，为宣王大夫。《诗序》云："秦仲始大。"齐侯，齐庄公，姜姓之有德者也。此二人为姜、嬴之隽，且国大，故近兴。

⑯ 十邑，谓虢、郐、邬、蔽、补、舟、依、柔、历、华也。后桓公之子武公，竟取十邑之地而居之，今河南新郑是也。贾侍中云："寄地，寄止。"

平王之末秦晋齐楚代兴

幽王八年而桓公为司徒，[①] 九年而王室始骚，[②] 十一年而毙。[③] 及平王之末，而秦、晋、齐、楚代兴，[④] 秦景、襄于是乎取周土，[⑤] 晋文侯于是乎定天子，[⑥] 齐庄、僖于是乎小伯，[⑦] 楚蚠冒于是乎始启濮。[⑧]

① 即位八年。

② 骚谓適庶交争，乱虐滋甚。

③ 幽王伐申，申、缯召西戎以伐周，杀幽王于骊山戏下，桓公死之。

④ 代，更也。平王即位五十一年。

⑤ "景"当为"庄"。庄公，秦仲之子、襄公子父。取周土谓庄公有功于周，周赐之土。及平王东迁，襄公佐之，故得西周酆、镐之地，始命为诸侯。三君皆云："秦景公，宣王季年伐西戎，破之，遂有其地。"昭谓：幽王为西戎所杀，故史伯云"申、缯、西戎方强"。至平王时，秦襄公征伐之，故《诗叙》云襄公"备其兵甲，以讨西戎。西戎方强，而征伐不休"是也。又景公乃襄公十世之孙，而云宣王时破之，遂取其地，误矣。

⑥ 文侯，文侯仇也。定，谓迎平王，定之于洛邑。

⑦ 庄，齐太公后十二世庄公购。僖公，庄公之子禄父。小伯，小主诸侯盟会。

⑧ 蚠冒，楚季纠之孙、若敖之子熊率。濮，南蛮之国，叔熊避难处也。

卷十七

楚语上

申叔时论傅太子之道

庄王使士亹傅太子箴，[①]辞曰："臣不才，无能益焉。"王曰："赖子之善善之也。"[②]对曰："夫善在太子，太子欲善，善人将至；若不欲善，善则不用。故尧有丹朱，[③]舜有商均，[④]启有五观，[⑤]汤有太甲，[⑥]文王有管、蔡。[⑦]是五王者，皆有元德也，而有奸子。夫岂不欲其善，不能故也。若民烦，可教训。[⑧]蛮、夷、戎、狄，其不宾也久矣，[⑨]中国所不能用也。"王卒使傅之。

问于申叔时，[⑩]叔时曰："教之《春秋》，而为之耸善而抑恶焉，以戒劝其心；[⑪]教之《世》，而为之昭明德而废幽昏焉，[⑫]以休惧其动；[⑬]教之《诗》，而为之导广显德，以耀明其志；[⑭]教之《礼》，使知上下之则，教之《乐》，以疏其秽而镇其浮；[⑮]教之《令》，使访物官；[⑯]教之《语》，使明其德，而知先王之务用明德于民也；[⑰]教之《故志》，使知废兴者而戒惧焉；[⑱]教之《训典》，使知族类，行比义焉。[⑲]若是而不从，动而不悛，[⑳]则文咏物以行之，[㉑]求贤良以翼之。[㉒]悛而不摄，则身勤之，[㉓]多训典刑以纳之，[㉔]务慎惇笃以固之。摄而不彻，[㉕]则明施舍以导之忠，[㉖]明久长以导之信，[㉗]明度量以导之义，[㉘]

明等级以导之礼,[29]明恭俭以导之孝,[30]明敬戒以导之事,[31]明慈爱以导之仁,明昭利以导之文,[32]明除害以导之武,[33]明精意以导之罚,[34]明正德以导之赏,[35]明齐肃以耀之临。[36]若是而不济,不可为也。[37]且夫诵诗以辅相之,威仪以先后之,体貌以左右之,明行以宣翼之,[38]制节义以动行之,恭敬以临监之,勤勉以劝之,孝顺以纳之,忠信以发之,德音以扬之,教备而不从者,非人也。其可兴乎![39]夫子践位则退,[40]自退则敬,[41]否则赧。”[42]

① 庄王,楚成王之孙、穆王之子旅也。士亹,楚大夫。箴,恭王名也。

② 赖,恃也。

③ 朱,尧子,封于丹。

④ 均,舜子,封于商。

⑤ 启,禹子。五观,启子,太康昆弟也。观,洛汭之地。《书序》曰:“太康失国,昆弟五人,须于洛汭。”《传》曰:“夏有观、扈。”

⑥ 太甲,汤孙,太丁之子。不遵汤法,伊尹不能正,放之于桐。

⑦ 管、蔡,文王之子、周公之兄。

⑧ 烦,乱也。

⑨ 宾,服也。

⑩ 叔时,楚贤大夫申公。

⑪ 以天时纪人事,谓之春秋。耸,奖也。抑,贬也。

⑫ 世,谓先王之世系也。昭,显也。幽,暗也。昏,乱也。为之陈有明德者世显,而暗乱者世废也。

⑬ 休,嘉也。动,行也。使之嘉显而惧废也。

⑭ 导,开也。显德,谓若成汤、文、武、周邵僖公之属,诸诗所美者也。

⑮ 疏,涤也。乐者,所以移风易俗,荡涤人之邪秽也。镇,重也。浮,轻也。

⑯ 令，谓先王之官法、时令也。访，议也。物，事也。使议知百官之事业。

⑰ 语，治国之善语。

⑱ 故志，谓所记前世成败之书。

⑲ 训典，五帝之书。族类，谓若惇序九族。比义，义之与比也。

⑳ 悛，改也。

㉑ 文，文辞也。咏，风也。谓以文辞风托事物以动行也。

㉒ 翼，辅也。

㉓ 摄，固也。勤，勤身以勖勉也。

㉔ 刑，法也。

㉕ 彻，通也。

㉖ 施己所欲，原心舍过，谓之忠恕。

㉗ 有信然后可以长久。

㉘ 义，宜也。言度量所宜。

㉙ 等级，贵贱之品。

㉚ 恭俭，所以事亲。

㉛ 敬戒于事则无败功。

㉜ 昭，明也。明利，言利人及物。

㉝ 除害，去暴乱也。

㉞ 明尽精意，断之以情。

㉟ 正德，谓不私于所爱。

㊱ 齐，一也。肃，敬也。耀，明也。临，临事也。

㊲ 济，成也。为，为师傅也。

㊳ 宣，遍也。

㊴ 兴，犹成也。

㊵ 夫子，太子也。退，谦退也。

㊶ 自退则见敬。

㊷ 赧，惧也。不自退则常忧惧。

子囊议恭王之谥

恭王有疾，[①]召大夫曰："不谷不德，失先君之业，[②]覆楚国之师，不谷之罪也。[③]若得保其首领以殁，[④]唯是春秋所以从先君者，请为'灵'若'厉'。"[⑤]大夫许诺。

王卒，及葬，子囊议谥。[⑥]大夫曰："王有命矣。"子囊曰："不可。夫事君者，先其善不从其过。[⑦]赫赫楚国，而君临之，[⑧]抚征南海，训及诸夏，其宠大矣。[⑨]有是宠也，而知其过，可不谓'恭'乎？[⑩]若先君善，[⑪]则请为'恭'。"大夫从之。

① 恭王，太子审也。疾在鲁襄十三年。

② 业，伯业也。

③ 覆，败也。谓鄢陵之战为晋所败。

④ 保首领，免刑诛也。

⑤ 乱而不损曰"灵"，杀戮不辜曰"厉"。言春秋禘、祫，当以立谥，序昭穆，从先君于庙堂也。

⑥ 子囊，恭王弟令尹公子贞也。

⑦ 先其善，先举君之善事以为其称，不从其过行。

⑧ 赫赫，显盛也。

⑨ 抚，安也。征，正也。南海，群蛮也。训，教也。宠，荣也。教及诸夏，谓主盟会、班号令也。

⑩《谥法》，既过能改曰"恭"。

⑪ 先其善事。

屈建祭父不荐芰

屈到嗜芰。[①]有疾，召其宗老而属之，[②]曰："祭我必以芰。"及祥，[③]宗老将荐芰，屈建命去之。[④]宗老曰："夫子属之。”[5]子木曰：“不然。夫子承楚国之政，[6]其法刑在民心而藏在王府，上之可以比先王，下之可以训后世，虽微楚国，诸侯莫不誉。[7]其祭典有之曰：国君有牛享，[8]大夫有羊馈，[9]士有豚犬之奠，[10]庶人有鱼炙之荐，[11]笾豆、脯醢则上下共之。[12]不羞珍异，不陈庶侈。[13]夫子不以其私欲干国之典。”遂不用。[14]

① 屈到，楚卿，屈荡之子子夕。芰，蓤也。

② 家臣曰老。宗老，谓宗人也。

③ 祥，祭也。

④ 建，屈到之子子木也。

⑤ 夫子，屈到也。

⑥ 承，奉也。

⑦ 微，无也。虽使无楚国之称，诸侯犹皆誉之以为善。

⑧ 诸侯以太牢。

⑨ 羊馈，少牢也。

⑩ 士以特牲。

⑪ 庶人祀以鱼。

⑫ 共之，以多少为差也。

⑬ 羞，进也。庶，众也。侈，犹多也。

⑭ 干，犯也。

蔡声子论楚材晋用

椒举娶于申公子牟，[1]子牟有罪而亡，[2]康王以为椒举遣之，[3]椒举奔郑，将遂奔晋。[4]蔡声子将如晋，[5]遇之于郑，飨之以璧侑，[6]曰：“子尚良食，[7]二先子其皆相子，[8]尚能事晋君以为诸侯主。”[9]辞曰：“非所愿也。若得归骨于楚，死且不朽。”[10]声子曰：“子尚良食，吾归子。”[11]椒举降三拜，[12]纳其乘马，声子受之。[13]

还见令尹子木，[14]子木与之语，曰：“子虽兄弟于晋，然蔡吾甥也，[15]二国孰贤？”对曰：“晋卿不若楚，[16]其大夫则贤，[17]其大夫皆卿材也。若杞梓、皮革焉，楚实遗之，[18]虽楚有材，不能用也。”子木曰：“彼有公族甥、舅，若之何其遗之材也？”

对曰：“昔令尹子元之难，[19]或谮王孙启于成王，[20]王弗是，[21]王孙启奔晋，晋人用之。及城濮之役，晋将遁矣，[22]王孙启与于军事，谓先轸[23]曰：‘是师也，唯子玉欲之，[24]与王心违，[25]故唯东宫与西广实来。[26]诸侯之从者，叛者半矣，[27]若敖氏离矣，[28]楚师必败，何故去之！’先轸从之，大败楚师，则王孙启之为也。昔庄王方弱，[29]申公子仪父为师，[30]王子燮为傅，[31]使师崇、子孔帅师以伐舒。[32]燮及仪父施二帅而分其室。[33]师还至，则以王如庐，[34]庐戢黎杀二子而复王。[35]或谮析公臣于王，[36]王弗是，析公奔晋，晋人用之。实谗败楚，使不规东夏，则析公之为也。[37]昔雍子之父兄谮雍子于恭王，[38]王弗是，雍子奔晋，晋人用之。及鄢之役，晋将遁矣，[39]雍子与于军事，谓栾书曰：‘楚师可料也，[40]在中军王族而已。[41]若易中下，楚必歆之。[42]若合而函吾中，[43]吾上下必败其左右，[44]则三萃以攻其王族，必大败之。’[45]栾书从之，大败楚师，王亲面伤，则雍子之为也。[46]昔陈公子夏为御叔娶于郑穆公，[47]生子南。子南之母乱陈而亡之，[48]使子南戮于诸侯。[49]庄王既以夏氏之室赐申公巫臣，则又畀之子反，卒于襄老。[50]襄老死于邲，二子争之，未有成。[51]恭王使巫臣聘于齐，以夏姬行，[52]遂奔晋。晋人用之，实通吴、晋。使其子狐庸为行人于吴，[53]而教之射御，导之伐楚。至于今为患，则申公巫臣之为也。今椒举娶于子牟，子牟得罪而亡，执政弗是，[54]谓椒举曰：'女实遣之。'彼惧而奔郑，缅然引领南望，[55]曰：'庶几赦吾罪。'又不图也，乃遂奔晋，晋人又用之矣。彼若谋楚，其亦必有丰败也哉！"[56]

子木愀然，[57]曰："夫子何如，召之其来乎？"对曰："亡人得生，又何不来为？"子木曰："不来，则若之何？"对曰："夫子不居矣，[58]春秋相事，以还轸于诸侯。[59]若资东阳之盗使杀之，其可乎？[60]不然，不来矣。"子木曰："不可。我为楚卿，而赂盗以贼一夫于晋，非义也。子为我召之，吾倍其室。"[61]乃使椒鸣召其父而复之。

① 椒举，楚大夫，伍参之子、伍奢之父伍举也。子牟，楚申公王子牟也。

② 亡，奔也。

③ 康王，恭王之子康王昭也。

④ 郑小而近，故欲奔晋。

⑤ 蔡声子，蔡公孙归生子家也。唐云："楚灭蔡，蔡声子为楚大夫。"昭谓：蔡时尚存，声子通使于晋、楚耳。在鲁襄二十六年。

⑥ 飨，食也。璧侑，以璧侑食也。

⑦ 尚，犹强也。良，善也。

⑧ 相，助也。二先子，谓椒举之父伍参、声子之父子朝也。《传》曰："楚伍参与蔡太师子朝友，其子伍举与声子相善也。"

⑨ 主，盟主也。

⑩ 自谓不朽。

⑪ 使子得归也。

⑫ 拜善言也。

⑬ 四马曰乘，受而不辞，定其心也。

⑭ 子木，屈建也。《传》曰“声子通使于晋，还如楚”也。

⑮ 蔡、晋同姓。谓吾舅者，吾谓之甥也。

⑯ 顺说之辞。言时赵武为晋正卿，不及子木之忠，然而有德。

⑰ 贤于楚大夫。

⑱ 杞梓，良材也。皮革，犀兕也。

⑲ 子元，楚武王子、文王弟王子善也，欲蛊文夫人，遂处王宫，鬭班杀之。在鲁庄二十八年及三十年。

⑳ 启，子元子也。成王，文王子也。或谮启与父同罪。

㉑ 是，理也。

㉒ 晋、楚战于城濮，在鲁僖二十八年。遁，逃退也。

㉓ 先轸，晋中军帅。

㉔ 子玉，楚令尹得臣也。

㉕ 王不欲战，子玉固请，王怒，少与之师。

㉖ 东宫、西广，楚军营名。

㉗ 叛，舍子玉。

㉘ 若敖氏，子玉同族。离，谓不欲战也。

㉙ 方弱，未二十。

㉚ 仪父，申公鬭班之子，大司马鬭克也。

㉛ 燮，楚公子。

㉜ 师崇，楚太师潘崇也。子孔，楚令尹成嘉也。舒，群舒也。

㉝ 施罪于二帅。二帅，子孔、潘崇也。室，家资也。

㉞ 师，子孔、潘崇之师。二子惧，故以王如庐。庐，楚邑也。《传》曰：“初，鬭克囚于秦，秦有殽之败，而使归求成，成而不得志，公子燮求令尹不得，故作乱。城郢，而使贼杀子孔，弗克而还。”

㉟ 戢黎，庐大夫也。二子，燮及仪父。

㊱ 析公臣，楚大夫。若谮之，言与知二子之乱。

㊲ 规，犹有也。东夏，蔡、沈也。《传》曰：“绕角之役，晋将遁矣，析公曰：‘楚师轻窕，易震荡也。若多鼓钧声，以夜军之，楚师必遁。’晋人从之，楚师宵溃。晋人遂侵蔡，袭沈，获其君。郑于是不敢南面，楚失诸华。”绕角之役，在鲁成六年。

㊳ 雍子，楚大夫。父兄，同宗之父兄。

㊴ 鄢，鄢陵。役在鲁成十六年。

㊵ 栾书，晋正卿。料，数也。

㊶ 唐云：“族，亲族，同姓也。”昭谓：族，部属也。《传》曰：“栾、范以其族夹公行。”时二子将中军，中军非二子之亲也。

㊷ 中下，中军之下也。歆，犹贪也。易，易栾、范之行，示之弱，以诱楚也。《传》曰：“栾、范易行以诱之。”郑司农以为易行，中军与上下军易卒伍也。中军之卒良，故易也。

㊸ 合，合战也。函，入也。中，中军也。

㊹ 晋上下军必败楚之左右军也。

㊺ 萃，集也。时晋有四军，言三集者，中军先入，而上下及新军乃三集以攻也。

㊻ 王，楚恭王也。面伤，谓吕锜射其目。

㊼ 公子夏，陈宣公之子、御叔之父也，为御叔娶郑穆公少妃姚子之女夏姬也。

㊽ 子南，夏征舒之字。御叔早死，陈灵公与孔宁、仪行父淫夏姬，征舒弑灵公。楚庄王以诸侯讨之而灭陈。

㊾ 言为诸侯所戮。在鲁宣十一年。

㊿ 畀，与也。巫臣，楚申公屈巫子灵也。子反，司马公子侧也。襄老，楚连尹也。初，庄王欲纳夏姬，巫臣谏曰：“不可。君召诸侯，以讨罪也。今纳夏姬，贪其色也。贪色为淫，淫为大罚。”王乃止，将以赐巫臣，则又与子反。子反欲取，巫臣又难之，卒与襄老。

51 晋、楚战于邲，在鲁宣十二年。晋智庄子射襄老，获之，以其尸归。

二子，子反、巫臣也。争，争夏姬。成，犹定也。

㊾ 巫臣导夏姬使归，托以求襄老之尸，恭王遣焉。巫臣聘诸郑伯，郑伯许之。及使适齐，至郑，遂以夏姬行焉。

㊿ 子反杀巫臣之族，巫臣在晋，请使于吴，吴子寿梦说之，乃通吴于晋，使其子为吴行人。

(54) 执政，卿也。

(55) 缅，犹邈也。领，颈也。

(56) 丰，犹大也。

(57) 愀，愁貌。

(58) 不居，言当奉命于他国。

(59) 轸，车后横木。言四时相聘问之事，回车于诸侯。

(60) 资，赂也。东阳，楚北邑。

(61) 倍其室，益其家也。

伍举论台美而楚殆

灵王为章华之台，[①]与伍举升焉，曰："台美夫！"[②]对曰："臣闻国君服宠以为美，[③]安民以为乐，[④]听德以为聪，[⑤]致远以为明。[⑥]不闻其以土木之崇高、彤镂为美，[⑦]而以金石匏竹之昌大、嚣庶为乐；[⑧]不闻其以观大、视侈、淫色以为明，而以察清浊为聪。[⑨]先君庄王为匏居之台，[⑩]高不过望国氛，[⑪]大不过容宴豆，[⑫]木不妨守备，[⑬]用不烦官府，[⑭]民不废时务，官不易朝常。问谁宴焉，则宋公、郑伯；[⑮]问谁相礼，则华元、驷骈；[⑯]问谁赞事，则陈侯、蔡侯、许男、顿子，[⑰]其大夫侍之。[⑱]先君以是除乱克敌，而无恶于诸侯。今君为此台也，国民罢焉，财用尽焉，年谷败焉，[⑲]百官烦焉，[⑳]举国留之，[㉑]数年乃成。愿得诸侯与始升焉，诸侯皆距无有至者。而后使太宰启疆请于鲁侯,[22]惧之以蜀之役,[23]而仅得以来。[24]使富都那竖赞焉,[25]而使长鬣之士相焉,[26]臣不知其美也。夫美也者,上下、内外、小大、远近皆无害焉,故曰美。若于目观则美,[27]缩于财用则匮,[28]是聚民利以自封而瘠民也,胡美之为?[29]夫君国者,将民之与处;民实瘠矣,君安得肥?[30]且夫私欲弘侈,则德义鲜少;德义不行,则迩者骚离而远者距违。[31]天子之贵也,唯其以公侯为官正,[32]而以伯子男为师旅。[33]其有美名也,唯其施令德于远近,而小大安之也。若敛民利以成其私欲,使民蒿焉忘其安乐,而有远心,[34]其为恶也甚矣,安用目观?故先王之为台榭也,[35]榭不过讲军实,[36]台不过望氛祥。[37]故榭度于大卒之居,[38]台度于临观之高。[39]其所不夺穑地,[40]其为不匮财用,[41]其事不烦官业,[42]其日不废时务。[43]瘠硗之地,于是乎为之;[44]城守之木,于是乎用之;[45]官僚之暇,于是乎临之;[46]四时之隙,[47]于是乎成之。故《周诗》曰:'经始灵台,[48]经之营之。庶民攻之,不日成之。[49]经始勿亟,庶民子来。[50]王在灵囿,麀鹿攸伏。'[51]夫为台榭,将以教民利也,[52]不知其以匮之也。[53]若君谓此台美而为之正,[54]楚其殆矣!"[55]

① 灵王,楚恭王之庶子、灵王熊虔也。章华,地名。《吴语》曰:"乃筑台于章华之上。"

② 伍举,椒举也。椒,邑也。

③ 服宠,谓以贤受宠服,以是为美。

④ 以能安民为乐。

⑤ 听用有德也。

⑥ 能致远人也。

⑦ 彤，谓丹楹。镂，谓刻桷。

⑧ 金，钟也。石，磬也。匏，笙也。竹，箫管也。昌，盛也。嚣，哗也。庶，众也。

⑨ 察，审也。清浊，宫羽也。

⑩ 匏居，台名。

⑪ 氛，祲气也。

⑫ 言宴有折俎笾豆之陈。

⑬ 不妨城郭守备之材。

⑭ 材用不出府藏。

⑮ 言二国朝事楚。

⑯ 相，相导也。华元，宋卿，华御事之子、右师元也。騑，郑穆公之子子驷也。

⑰ 赞，佐也。

⑱ 各侍其君。

⑲ 败，废民之时务。

⑳ 为之征发。

㉑ 留，治之也。

㉒ 启疆，楚卿薳子也。鲁侯，昭公也。事在昭七年。

㉓ 蜀，鲁地。鲁宣公使求好于楚，楚庄王卒，宣公薨，不克作好。成公即位，受盟于晋，楚子怒，使公子婴齐帅师侵鲁，至蜀，鲁人惧之，使孟孙赂楚以请盟。在鲁成二年。

㉔ 仅，犹劣也。

㉕ 富，富于容貌。都，闲也。那，美也。竖，未冠者也。言取美好不尚德。

㉖ 长鬣，美须髯也。

㉗ 于目则美，于德则不美。

㉘ 缩，言取也。

㉙ 封，厚也。胡，何也，何以为美。

㉚ 安得独肥，言将有患。

㉛ 骚，愁也。离，叛也。迩，境内。远，邻国。

㉜ 正，长也。

㉝ 帅师旅也。

㉞ 蒿，耗也。远心，叛离。

㉟ 积土为台，无室曰榭。

㊱ 讲，习也。军实，戎事也。

㊲ 凶气为氛，吉气为祥。

㊳ 大卒，王士卒也。度，谓足以临见也。

㊴ 足以临下观上，使屋榭不蔽目明而已。

㊵ 稼穑之地。

㊶ 为，作也。

㊷ 业，事也。

㊸ 以农隙也。

㊹ 不害谷土也。硗，确也。

㊺ 城守之余，然后用之。

㊻ 暇，闲也。

㊼ 隙，空闲时也。

㊽ 经，谓经度之，立其基址也。天子曰灵台。

㊾ 攻，治也。不日，不程课以期日。

㊿ 亟，疾也。子来，如子为父母。

51 囿，域也。麀，牝鹿。攸，所也。视牝鹿所伏，息爱牸任之类。

52 台，所以望氛祥而备灾害；榭，所以讲军实而御寇乱：皆所以利民者。

53 知，闻也。

54 以为得事之正。

55 殆，危也。

范无宇论国为大城未有利者

灵王城陈、蔡、不羹，[①]使仆夫子皙问于范无宇，[②]曰："吾不服诸夏而独事晋，何也？[③]唯晋近我远也。今吾城三国，赋皆千乘，亦当晋矣。[④]又加之以楚，诸侯其来乎？"对曰："其在志也，国为大城，未有利者。[⑤]昔郑有京、栎，[⑥]卫有蒲、戚，[⑦]宋有萧、蒙，[⑧]鲁有弁、费，[⑨]齐有渠丘，[⑩]晋有曲沃，[⑪]秦有征、衙。[⑫]叔段以京患庄公，郑几不克，[⑬]栎人实使郑子不得其位。[⑭]卫蒲、戚实出献公，[⑮]宋萧、蒙实弑昭公，[⑯]鲁弁、费实弱襄公，[⑰]齐渠丘实杀无知，[⑱]晋曲沃实纳齐师，[⑲]秦征、衙实难桓、景，[⑳]皆志于诸侯，此其不利者也。[㉑]且夫制城邑若体性焉，有首领股肱，至于手拇毛脉，[㉒]大能掉小，故变而不勤。[㉓]地有高下，天有晦明，民有君臣，国有都鄙，古之制也。先王惧其不帅，[㉔]故制之以义，旌之以服，行之以礼，[㉕]辩之以名，[㉖]书之以文，[㉗]道之以言。既其失也，易物之由。[㉘]夫边境者，国之尾也，譬之如牛马，处暑之既至，[㉙]虻蠚之既多，而不能掉其尾，臣亦惧之。[㉚]不然，是三城也，岂不使诸侯之心惕惕焉。"[㉛]

子皙复命，王曰："是知天咫，安知民则？[㉜]是言诞也。"[㉝]右尹子革侍，[㉞]曰："民，天之生也。知天，必知民矣。是其言可以惧哉！"三年，陈、蔡及不羹人纳弃疾而弑灵王。[㉟]

① 三国，楚别都也。鲁昭八年，楚灭陈，使穿封戌为陈公。十一年，灭蔡，使公子弃疾为蔡公。今颍川定陵西北有不羹亭，襄城西北有不羹城。

② 子皙，楚大夫仆皙父也。范无宇，楚大夫芋尹申无宇也。

③ 不服，心不服也。

④《礼》“地方十里为成”，出长毂一乘，马四匹，牛十二头，步卒七十二人，甲士三人。三国各千乘，其地三千成。

⑤ 志，记也。言在书籍所记，国作大城，未有利也。

⑥ 京，庄公弟叔段之邑。栎，郑子元之邑。鲁桓十五年，郑厉公因栎人杀檀伯，遂居栎。檀伯，子元也。

⑦ 蒲，宁殖之邑。戚，孙林父之邑。

⑧ 萧、蒙，宋公子鲍之邑。

⑨ 弁、费，季氏之邑。

⑩ 渠丘，齐大夫雍廪之邑。

⑪ 曲沃，栾盈之邑。

⑫ 征、衙，桓公之子、景公之弟公子鍼之邑。

⑬ 叔段图篡庄公，不克，出奔。在鲁隐元年。

⑭ 鲁庄十四年，厉公自栎侵郑，获大夫傅瑕，与之盟而赦之，使杀郑子而纳厉公。郑子，庄公子子仪也。

⑮ 宁殖、孙林父逐卫献公，献公奔齐。在鲁襄十四年。

⑯ 昭公兄鲍弑昭公而立。在鲁文十六年。

⑰ 襄公十一年，季武子卑公室，作三军，而自征之。二十九年，又取弁以自予。

⑱ 鲁庄八年，无知弑襄公而立。九年，雍廪杀之。

⑲ 栾盈奔齐，齐庄公纳之，盈以曲沃之甲，昼入为贼于绛。在鲁襄二十三年。

⑳ 公子鍼有宠于桓，如二君于景。难，谓侵逼也。鲁昭元年，鍼奔晋，其车千乘。

㉑ 皆见记录于诸侯。

㉒ 拇，大指也。毛，须发也。

㉓ 掉，作也。变，动也。勤，劳也。

㉔ 帅，循也。

㉕ 谓名位不同，礼亦异数。

㉖ 名,号也。

㉗ 书其名位,及所掌主。

㉘ 易物,易其尊卑服物之宜。

㉙ 处暑,在七月节。处,止也。

㉚ 大曰虻,小曰蟁。不能掉尾,益重也,以言三国亦将然也。

㉛ 愓愓,惧也。

㉜ 偲,言少也。此言少知天道耳,何知治民之法。

㉝ 诞,虚也。

㉞ 子革,楚大夫,故郑国大夫子然之子然丹也。

㉟ 城后三年也,在鲁昭十三年。弃疾,恭王之子、灵王之弟平王也。灵王无道,弃疾入国为乱,三军叛之于乾溪,王自杀。言弑者,王之死由三国也。

左史倚相儆申公子亹

左史倚相廷见申公子亹,[①]子亹不出,左史谤之,举伯以告。[②]子亹怒而出,曰:“女无亦谓我老耄而舍我,而又谤我!”[③]

左史倚相曰:“唯子老耄,故欲见以交儆子。[④]若子方壮,能经营百事,倚相将奔走承序,[⑤]于是不给,而何暇得见?[⑥]昔卫武公年数九十有五矣,[⑦]犹箴儆于国,[⑧]曰:‘自卿以下至于师长士,[⑨]苟在朝者,无谓我老耄而舍我,[⑩]必恭恪于朝,朝夕以交戒我;闻一二之言,必诵志而纳之,以训导我。’[⑪]在舆有旅贲之规,[⑫]位宁有官师之典,[⑬]倚几有诵训之谏,[⑭]居寝有亵御之箴,[⑮]临事有瞽史之导,[⑯]宴居有师工之诵。[⑰]史不失书,矇不失诵,以训御之,[⑱]于是乎作《懿》戒以自儆也。[⑲]及其没也,谓之睿圣武公。[⑳]子实不睿圣,于倚相何害。[21]《周书》曰:‘文王至于日中昃,不皇暇食。[22]惠于小民,唯政之恭。’文王犹不敢骄。今子老楚国而欲自安也,[23]以御数者,王将何为?[24]若常如此,楚其难哉!”[25]子亹惧,曰:“老之过也。”[26]乃骤见左史。

① 倚相,楚左史也。子亹,楚申公史老也。廷见,见于廷也。

② 举伯,楚大夫也。

③ 八十曰耄。舍,弃也。

④ 交,夹也。

⑤ 承受事业次序。

⑥ 给,供也。

⑦ 武公,卫僖公之子、共伯之弟武公和也。

⑧ 箴,刺也。儆,戒也。

⑨ 师长,大夫。士,众士。

⑩ 舍,谓不谏诫。

⑪ 言,谤誉之言也。志,记也。

⑫ 规,规谏也。旅贲,勇力之士,掌执戈盾,夹车而趋,车止则持轮。

⑬ 中庭之左右谓之位,门屏之间谓之宁。师,长也。典,常也。

⑭ 诵训,工师所诵之谏,书之于几也。

⑮ 亵,近也。

⑯ 事,戎祀也。瞽,乐太师,掌诏吉凶。史,太史也,掌诏礼事。

⑰ 师,乐师也。工,瞽矇也。诵,谓箴谏时世也。

⑱ 御,进也。

⑲ 三君云:“《懿》,戒书也。”昭谓:《懿》,《诗·大雅·抑》之篇也。“懿”读之曰“抑”,《毛诗序》曰:“《抑》,卫武公刺厉王,亦以自儆也。”

⑳ 睿,明也。《书》曰:“睿作圣。”《谥法》曰:“威强睿德曰‘武’。”

㉑ 害,伤也。

㉒ 日昳曰昃。《易》曰:“日中则昃。”

㉓ 老,老恃楚国。

㉔ 御,止也。数者,谓箴戒诽谤也。为人臣而尚如此,王将复何为也。

㉕ 难以为治。

㉖ 老,子亹名。

白公子张讽灵王宜纳谏

灵王虐,白公子张骤谏。[①]王患之,谓史老曰:“吾欲已子张之谏,若何?”[②]对曰:“用之实难,已之易矣。若谏,君则曰:‘余左执鬼中,右执殇宫,[③]凡百箴谏,吾尽闻之矣,宁闻他言?’”[④]

白公又谏,王如史老之言。对曰:“昔殷武丁能耸其德,至于神明,[⑤]以入于河,[⑥]自河徂亳,[⑦]于是乎三年,默以思道。[⑧]卿士患之,[⑨]曰:‘王言以出令也,若不言,是无所禀令也。’[⑩]武丁于是作书,[⑪]曰:‘以余正四方,余恐德之不类,兹故不言。’[⑫]如是而又使以象梦旁求四方之贤,[⑬]得傅说以来,升以为公,[⑭]而使朝夕规谏,曰:‘若金,用女作砺。[⑮]若津水,用女作舟。[⑯]若天旱,用女作霖雨。[⑰]启乃心,沃朕心。[⑱]若药不瞑眩,厥疾不瘳。[⑲]若跣不视地,厥足用伤。’[⑳]若武丁之神明也,[㉑]其圣之睿广也,其智之不疚也,犹自谓未乂,[㉒]故三年默以思道。既得道,犹不敢专制,使以象旁求圣人。既得以为辅,又恐其荒失遗忘,故使朝夕规诲箴谏,曰:‘必交修余,无余弃也。’今君或者未及武丁,而恶规谏者,不亦难乎![㉓]齐桓、晋文,皆非嗣也,[㉔]还轸诸侯,不敢淫逸,[㉕]心类德音,以德有国。[㉖]近臣谏,远臣谤,舆人诵,以自诰也。[㉗]是以其入也，四封不备一同，[28]而至于有畿田，[29]以属诸侯，[30]至于今为令君。桓、文皆然，君不度忧于二令君，而欲自逸也，无乃不可乎？《周诗》有之曰：'弗躬弗亲，庶民弗信。'[31]臣惧民之不信君也，故不敢不言。不然，何急其以言取罪也？"

王病之，曰："子复语。[32]不谷虽不能用，吾慭置之于耳。"[33]对曰："赖君用之也，故言。[34]不然，巴浦之犀、犛、兕、象，其可尽乎？其又以规为瑱也。"[35]遂趋而退，归，杜门不出。七月，乃有乾溪之乱，灵王死之。[36]

① 子张，楚大夫白公也。

② 史老，子亹。已，止也。

③ 中，身也。《礼》曰："其中退然。"夭死曰殇；殇宫，殇之居也。执，谓把其录籍，制服其身，知其居处，若今世云"能使殇矣"。

④ 不欲闻谏也。

⑤ 武丁，高宗也。耸，敬也。至，通也。通于神明，谓梦见傅说。

⑥ 迁于河内。

⑦ 从河内往都亳。

⑧ 默，谅暗也。思道，思君人之道也。《书》曰："高宗谅暗，三年不言，言乃雍。"

⑨ 患其不言。

⑩ 禀，受也。

⑪ 作书，解卿士也。贾、唐云："书，《说命》也。"昭曰：非也，其时未得傅说。

⑫ 类，善也。兹，此也。

⑬ 思贤而梦见之，识其容状，故作其象，而使求之。

⑭ 公，上公也。《书序》曰："高宗梦得说，使百工营求诸野，得之傅岩，作《说命》。"

⑮ 使磨砺也。

⑯ 喻遭津水。

⑰ 天旱,自比苗稼也。雨三日已上为霖。

⑱ 启,开也。以贤者之心比霖雨也。

⑲ 以药喻忠言也。瞑眩顿瞀,攻已之急也。瘳,愈也。

⑳ 以失道比徒跣而不视地,必伤也。

㉑ 通于神明。

㉒ 乂,治也。

㉓ 难以保国。

㉔ 言非嫡嗣。

㉕ 还轸,谓出奔也。

㉖ 类,善也。

㉗ 舆,众也。诵,诵善败也。诰,告也。

㉘ 备,满也。地方百里曰同。方欲美之,故尤小焉。

㉙ 方千里曰畿。

㉚ 属,会也。

㉛ 言为政不躬亲之,则众民不信。

㉜ 病不能然,故复使语。

㉝ 慭,犹愿也。

㉞ 赖,恃也。

㉟ 犛,犛牛也。规,谏也。瑱,所以塞耳。言四兽之牙角可以为瑱难尽,而又以规谏为之乎?今象出徼外,其三兽则荆、交有焉。巴浦,地名。或曰:"巴,巴郡。浦,合浦。"

㊱ 乾溪,楚之东地。

左史倚相儆司马子期唯道是从

司马子期欲以妾为内子,[①] 访之左史倚相,曰:"吾有妾而愿,欲笄之,其可乎?”② 对曰:“昔先大夫子囊违王之命谥;③子夕嗜芰,子木有羊馈而无芰荐。④ 君子曰:‘违而道。’⑤谷阳竖爱子反之劳也,而献饮焉,以毙于鄢;⑥芋尹申亥从灵王之欲,以陨于乾溪。⑦君子曰:‘从而逆。’⑧君子之行,欲其道也,⑨故进退周旋,唯道是从。夫子木能违若敖之欲,⑩以之道而去芰荐,吾子经营楚国,⑪而欲荐芰以干之,⑫其可乎?”子期乃止。

① 子期,楚平王之子、子西之弟公子结也,为大司马。卿之嫡妻曰内子。

② 愿,悫也。笄,内子首饰衡笄也。

③ 违“厉”以为“恭”。

④ 子木违父命,以羊馈易芰荐。

⑤ 违命合道。

⑥ 谷阳竖,子反之内竖也。毙,踣也。鲁成十六年,晋、楚战于鄢,楚恭王伤目。明日,将复战,王召子反,谷阳竖献饮于子反,醉不能见。王曰:“天败楚也。”乃宵遁。子反自杀。

⑦ 芋尹申亥,申无宇之子。乾溪之役,申亥曰:“吾父再干王命,王不诛,惠孰大焉。”乃求王,遇诸棘闱以归。王缢,申亥以二女殉葬之。

⑧ 从,从其欲。

⑨ 欲得其道。

⑩ 若敖,子夕。

⑪ 经,经纬也。

⑫ 干,犯也。言以妾为妻,犹以芰当祭。

卷十八

楚语下

观射父论绝地天通

昭王问于观射父，[1]曰："《周书》所谓重、黎实使天地不通者，何也？[2]若无然，民将能登天乎？"[3]

对曰："非此之谓也。古者民神不杂。[4]民之精爽不携贰者，而又能齐肃衷正，[5]其智能上下比义，[6]其圣能光远宣朗，[7]其明能光照之，其聪能听彻之，[8]如是则明神降之，[9]在男曰觋，在女曰巫。[10]是使制神之处位次主，[11]而为之牲器时服，[12]而后使先圣之后之有光烈[13]，而能知山川之号、[14]高祖之主、[15]宗庙之事、昭穆之世、[16]齐敬之勤、[17]礼节之宜、威仪之则、容貌之崇、[18]忠信之质、[19]禋洁之服，[20]而敬恭明神者，以为之祝。[21]使名姓之后，能知四时之生、[22]牺牲之物、玉帛之类、采服之仪、彝器之量、[23]次主之度、[24]屏摄之位、[25]坛场之所、[26]上下之神、氏姓之出，[27]而心率旧典者为之宗。[28]于是乎有天地神民类物之官，是谓五官，[29]各司其序，不相乱也。民是以能有忠信，神是以能有明德，[30]民神异业，[31]敬而不渎，故神降之嘉生，[32]民以物享，祸灾不至，求用不匮。及少皞之衰也，九黎乱德，[33]民神杂糅，不可方物。[34]夫人作享，家为巫史，[35]无有要质。[36]民匮于祀，而不知其福。[37]烝享无度，民神同位。民渎齐盟，无有严威。[38]神狎民则，不蠲其为。[39]嘉生不降，无物以享。祸灾荐臻，莫尽其气。[40]颛顼受之，[41]乃命南正重司天以属神，[42]命火正黎司地以属民，[43]使复旧常，无相侵渎，[44]是谓绝地天通。[45]其后，三苗复九黎之德，[46]尧复育重、黎之后，不忘旧者，使复典之。[47]以至于夏、商，故重、黎氏世叙天地，而别其分主者也。[48]其在周，程伯休父其后也，当宣王时，失其官守，而为司马氏。[49]宠神其祖，以取威于民，曰：'重实上天，黎实下地。'[50]遭世之乱，而莫之能御也。[51]不然，夫天地成而不变，[52]何比之有？"[53]

① 昭王，楚平王之子昭王熊轸。观射父，楚大夫。

②《周书》，周穆王之相甫侯所作《吕刑》也。重、黎，颛顼掌天地之臣。《吕刑》曰："乃命重、黎，绝地天通。"谓少皞之末，民神杂糅，不可方物，颛顼受之，乃命南正重司天以属神，火正黎司地以属民，是谓绝地与天相通之道也。

③ 若重、黎不绝天地，民岂能上天乎？

④ 杂，会也。谓司民、司神之官各异。

⑤ 爽，明也。携，离也。贰，二也。齐，一也。肃，敬也。衷，中也。

⑥ 义，宜也。

⑦ 圣，通也。朗，明也。

⑧ 彻，达也。

⑨ 降，下也。

⑩ 巫、觋，见鬼者。《周礼》男亦曰巫。

⑪ 处，居也。位，祭位也。次主，次其尊卑先后。

⑫ 牲，牲之毛色、小大也。器，所当用也。时服，四时服色所宜。

⑬ 烈，明也。

⑭ 号,名位也。

⑮ 高祖,庙之先也。

⑯ 父昭,子穆,先后之次也。《春秋》跻僖公,谓之逆祀。

⑰ 齐,庄也。

⑱ 崇,饰也。

⑲ 质,诚也。

⑳ 洁祀曰禋。

㉑ 祝,太祝,掌祈福祥。

㉒ 名姓,谓旧族,若伯夷,炎帝之后,为尧秩宗。生,嘉谷韭卵之属。

㉓ 彝,六彝。器,俎豆。量大小也。

㉔ 疏数之度。

㉕ 周氏云:"屏,并也。摄,主人之位。"昭谓:屏,屏风也。摄,形如今要扇。皆所以明尊卑,为祭祀之位。近汉亦然。

㉖ 除地曰场。

㉗ 所自出也。

㉘ 宗,宗伯,掌祭祀之礼。

㉙ 类物谓别善恶、利器用之官。

㉚ 明德谓降福祥,不为灾孽。

㉛ 业,事也。

㉜ 嘉生,善物。

㉝ 少皞,黄帝之子金天氏也。九黎,黎氏九人,蚩尤之徒也。

㉞ 同位故杂糅。方犹别也。物,名也。

㉟ 夫人,人人也。享,祀也。巫,主接神。史,次位序。言人人自为之。

㊱ 质,诚也。

㊲ 言民困匮于祭祀,而不获其福。

㊳ 齐,同也。严,敬也。威,畏也。

㊴ 狎,习也。则,法也。蠲,洁也。其为,所为也。

㊵ 荐,重也。臻,至也。气,受命之气也。

㊶ 少皞氏殁，颛顼氏作。受，承服也。

㊷ 南，阳位。正，长也。司，主也。属，会也。所以会群神，使各有分序，不相干乱也。《周礼》则宗伯掌祭祀。

㊸ 唐尚书云："'火'当为'北'。"北，阴位也。《周礼》则司徒掌土地民人者也。

㊹ 侵，犯也。

㊺ 绝地民与天神相通之道。

㊻ 其后，高辛氏之季年。三苗，九黎之后。高辛氏衰，三苗为乱，行其凶德，如九黎之为也。尧兴而诛之。

㊼ 育，长也。尧继高辛氏，平三苗之乱，绍育重、黎之后，使复典天地之官，羲氏、和氏是也。

㊽ 叙，次也。分，位也。

㊾ 程，国。伯，爵。休父，名也。失官守谓失天地之官，而以诸侯为大司马。《诗》曰"王谓尹氏，命程伯休父"是也。

㊿ 宠，尊也。言休父之后世，尊神其祖，以威耀其民，言重能举上天，黎能抑下地，令相远，故不复通也。

(51) 乱，谓幽、平以下。御，止也。

(52) 天地体成，不复变改。

(53) 言不相比近也。

观射父论祀牲

子期祀平王，[①]祭以牛俎于王，[②]王问于观射父，曰："祀牲何及？"[③]对曰："祀加于举。[④]天子举以大牢，祀以会；[⑤]诸侯举以特牛，祀以太牢；[⑥]卿举以少牢，祀以特牛；[⑦]大夫举以特牲，祀以少牢；[⑧]士食鱼炙，祀以特牲；庶人食菜，祀以鱼。上下有序，民则不慢。"

王曰："其小大何如？"对曰："郊禘不过茧栗，[⑨]烝尝不过把握。”[10]王曰:“何其小也?”对曰:“夫神以精明临民者也,故求备物,不求丰大。[11]是以先王之祀也,以一纯、二精、[12]三牲、四时、五色、六律、七事、八种、[13]九祭、十日、十二辰以致之,[14]百姓、千品、万官、亿丑、兆民经入畡数以奉之,[15]明德以昭之,[16]和声以听之,[17]以告遍至,则无不受休。[18]毛以示物,[19]血以告杀,[20]接诚拔取以献具,为齐敬也。[21]敬不可久,民力不堪,故齐肃以承之。”[22]

王曰:“刍豢几何?”[23]对曰:“远不过三月,近不过浃日。”[24]王曰:“祀不可以已乎?”[25]对曰:“祀所以昭孝息民、[26]抚国家、定百姓也,不可以已。夫民气纵则底,[27]底则滞,滞久而不振,[28]生乃不殖。[29]其用不从,[30]其生不殖,不可以封。[31]是以古者先王日祭、月享、时类、岁祀。[32]诸侯舍日,[33]卿、大夫舍月,[34]士、庶人舍时。[35]天子遍祀群神品物,[36]诸侯祀天地、三辰及其土之山川,[37]卿、大夫祀其礼,[38]士、庶人不过其祖。[39]日月会于龙豜,[40]土气含收,[41]天明昌作,[42]百嘉备舍,[43]群神频行。[44]国于是乎蒸尝,家于是乎尝祀。[45]百姓夫妇择其令辰,[46]奉其牺牲,敬其粢盛,洁其粪除,慎其采服,禋其酒醴,帅其子姓,[47]从其时享,虔其宗祝,[48]道其顺辞,以昭祀其先祖,肃肃济济,如或临之。于是乎合其州乡朋友婚姻,比尔兄弟亲戚。[49]于是乎弭其百苛,殄其谗慝,[50]合其嘉好,结其亲昵,[51]亿其上下,[52]以申固其姓。上所以教民虔也,下所以昭事上也。天子禘郊之事,必自射其牲,[53]王后必自舂其粢;[54]诸侯宗庙之事,必自射牛、刲羊、击豕,[55]夫人必自舂其盛。[56]况其下之人,其谁敢不战战兢兢,以事百神!天子亲舂禘郊之盛,[57]王后亲缲其服,[58]自公以下至于庶人,其谁敢不齐肃恭敬致力于神!民所以摄固者也,若之何其舍之也!”[59]

王曰:“所谓一纯、二精、七事者,何也?”对曰:“圣王正端冕,以其不违心,帅其群臣精物以临监享祀,无有苛慝于神者,谓之一纯。[60]玉、帛为二精。[61]天、地、民及四时之务为七事。”王曰:“三事者,何也?”对曰:“天事武,[62]地事文,[63]民事忠信。”[64]王曰:“所谓百姓、千品、万官、亿丑、兆民经入垓数者,何也?”对曰:“民之彻官百。[65]王公之子弟之质能言能听彻其官者,[66]而物赐之姓,以监其官,是为百姓。[67]姓有彻品,十于王谓之千品。[68]五物之官,陪属万为万官。[69]官有十丑,为亿丑。[70]天子之田九垓,以食兆民,[71]王取经入焉,以食万官。”[72]

① 子期,楚平王之子结。平王,恭王之子、昭王之父。

② 致牛俎于昭王。

③ 王惑俎肉,而问牲用所及。

④ 加,增也。举,人君朔望之盛馔。

⑤ 大牢,牛羊豕也。会,会三大牢。举,四方之贡。

⑥ 特,一也。

⑦ 少牢,羊豕。

⑧ 特牲,豕也。

⑨ 角如茧栗。郊禘,祭天也。

⑩ 把握,长不出把。

⑪ 备物,体具而精洁者。

⑫ 一纯,心纯一而洁也。二精,玉帛也。

⑬ 七事,天、地、民、四时之务。八种,八音也。

⑭ 九祭，九州助祭。十日，甲至癸。十二辰，子至亥。择其吉日令辰，以致神。

⑮ 百姓，百官受氏姓也。千品，姓有彻品，十为千品。五物之官，陪属万为万官。官有十丑，为亿丑。天子之田九垓，以养兆民，王取经入，以食万官。

⑯ 昭，昭孝敬也。

⑰ 中和之声，使神听之。

⑱ 至，神至也。休，庆也。

⑲ 物，色也。

⑳ 明不因故也。

㉑ 接诚于神也。拔毛取血，献其备物也。齐，洁也。《诗》云："执其鸾刀，以启其毛，取其血膋。"

㉒ 肃，疾也。承，奉也。

㉓ 草养曰刍，谷养曰豢。

㉔ 远，谓三牲。近，谓鸡鹜之属。浃日，十日也。

㉕ 已，止也。

㉖ 昭孝养，使民蕃息也。

㉗ 气，志气也。纵，放也。底，著也。

㉘ 滞，废也。振，惧也。言无祭祀，则民无所畏忌；无所畏忌，则志放纵；志放纵，则遂废滞难复恐惧也。

㉙ 生，生(人)物也。殖，长也。生物不长，神不降以福也。

㉚ 不从上令也。

㉛ 封，封国也。

㉜ 告以事类曰类。日祭于祖、考，月荐于曾、高，时类及二祧，岁祀于坛墠。

㉝ 有月享也。

㉞ 有时祭也。

㉟ 岁乃祭也。

㊱ 品物，谓若八蜡所祭猫、虎、昆虫之类。

㊲ 三辰，日、月、星。祀天地，谓二王之后；非二王之后，祭分野星、山川而已。

㊳ 礼，谓五祀及祖所自出。

㊴ 祖，王父也。

㊵ 豨，龙尾也。谓周十二月、夏十月，日月合辰于尾上。《月令》："孟冬，日在尾。"

㊶ 含收，收缩。万物含藏。

㊷ 昌，盛也。作，起也。谓天气上也。是月，纯坤用事。

㊸ 嘉，善也。时物毕成，舍入室也。

㊹ 频，并也。言并行欲求食也。

㊺ 蒸，冬祭也。尝，尝百物也。《月令》："孟冬，大饮烝。"《传》曰："闭蛰而蒸。"

㊻ 辰，十二辰。

㊼ 禋，洁也。子，众子。姓，同姓也。

㊽ 宗，主祭祀。祝，主祝祈。

㊾ 合，会也。比，亲也。

㊿ 弭，止也。苛，虐也。殄，覆也。止、覆，谓解怨除恨。

51 合、结，谓于此更申固之。

52 亿，安也。

53 牲，牛也。

54 粢，器实也。

55 刲，刺也。击，杀也。

56 在器曰盛。上言粢，此言盛，互其文也。

57 帅后舂之。

58 服，祭服。《祭义》云："夫人缫，三盆，则王后一盆与。"《周语》曰："王耕一坺，班三之。"

59 摄，持也。舍，废也。

⑥⑩ 端，玄端之服。冕，大冠也。监，视也。不违心，谓心思端正、服则端正也。

⑥① 明洁为精。

⑥② 乾称刚健，故武。

⑥③ 地质柔顺，故文。《易》曰："坤为文。"

⑥④ 以忠信为行。

⑥⑤ 彻，达也。自以名达于上者，有百官也。

⑥⑥ 质，有贤质。能言，能言其官职也。

⑥⑦ 物，事也，以功事赐之姓。官有世功则有官族，若太史、司马之属。

⑥⑧ 谓一官之职，其僚属彻于王者有十品，百官，故有千品。

⑥⑨ 五物，谓天、地、神、民、类物之官也。臣之臣为陪属。谓有僚属转陪贰相佐助，复有十等千品，故万官也。

⑦⑩ 丑，类也。以十丑承万为十万，十万曰亿，古数也。今以万万为亿。

⑦① 九垓，九州之内有垓数也。食兆民，民称耕而食其中也。天子曰兆民。

⑦② 经，常也。常入，征税也。

子常问蓄货聚马鬬且论其必亡

鬬且廷见令尹子常，[①]子常与之语，问蓄货聚马。归以语其弟曰："楚其亡乎！不然，令尹其不免乎。吾见令尹，令尹问蓄聚积实，如饿豺狼焉，[②]殆必亡者也。夫古者聚货不妨民衣食之利，聚马不害民之财用，[③]国马足以行军，[④]公马足以称赋，[⑤]不是过也。公货足以宾献，[⑥]家货足以共用，[⑦]不是过也。夫货、马邮则阙于民，[⑧]民多阙则有离叛之心，将何以封矣[⑨]。昔鬬子文三舍令尹，[⑩]无一日之积，恤民之故也。[⑪]成王闻子文之朝不及夕也，[⑫]于是乎每朝设脯一束、糗一筐，以羞子文。[13]至于今秩之。[14]成王每出子文之禄，必逃，王止而后复。[15]人谓子文曰：'人生求富，而子逃之，何也？'对曰：'夫从政者，以庇民也。[16]民多旷者，而我取富焉，[17]是勤民以自封也，[18]死无日矣。我逃死，非逃富也。'故庄王之世，灭若敖氏，唯子文之后在，至于今处郧，为楚良臣。[19]是不先恤民而后己之富乎？

今子常，先大夫之后也，[20]而相楚君无令名于四方。民之羸馁，日已甚矣。[21]四境盈垒，[22]道殣相望，[23]盗贼司目，民无所放。[24]是之不恤，而蓄聚不厌，其速怨于民多矣。[25]积货滋多，蓄怨滋厚，不亡何待。夫民心之愠也，[26]若防大川焉，溃而所犯必大矣。[27]子常其能贤于成、灵乎？成不礼于穆，愿食熊蹯，不获而死。[28]灵不顾于民，一国弃之，如遗迹焉。[29]子常为政，而无礼不顾甚于成、灵，其独何力以待之！"[30]

期年，乃有柏举之战，子常奔郑，昭王奔随。[31]

① 鬬且，楚大夫。子常，子囊之孙囊瓦也。

② 实，财也。

③ 货，珠玉之属，自然物也。货、马多，则养求者众，妨财力也。

④ 国马，民马也。十六井为丘，有戎马一匹、牛三头，足以行军。

⑤ 公马，公之戎马。称，举也。赋，兵赋也。

⑥ 宾，飨赠也。献，贡也。

⑦ 家，大夫也。

⑧ 邮，过也。阙，缺也。

⑨ 封，封国也。

⑩ 子文，鬬伯比之子於菟也。舍，去也。

⑪ 积，储也。

⑫ 成王，楚文王之子頵也。

⑬ 粮，寒粥也。筐，器名也。羞，进也。

⑭ 秩，常也。

⑮ 禄，俸也。复，反也。

⑯ 庇，覆也。

⑰ 旷，犹空也。

⑱ 勤，劳也。封，厚也。

⑲ 庄王，成王孙也。若敖氏，子文之族也。鲁宣四年，子文之弟子鬬椒为乱，庄王灭若敖氏之族，子文之孙箴尹克黄使齐而还，自拘于司败。王思子文之治楚也，曰："子文无后，何以劝善。"使复其所。其子孙当昭王时为郧公。

⑳ 先大夫，子囊也。

㉑ 羸，瘠也。言日日又甚。

㉒ 盈，满也。垒，壁也。言垒壁满于四境之内。

㉓ 道冢曰殣。《诗》云："行有死人，尚或殣之。"

㉔ 放，依也。

㉕ 速，召也。

㉖ 愠，怒也。

㉗ 犯，败也。

㉘ 成，成王，穆王商臣之父，欲黜商臣而立其弟职。商臣围成王，王请食熊蹯而死，不听，遂自杀。蹯，掌也。

㉙ 灵王不君，罢弊楚国，三军叛之，如行人之遗弃其迹。

㉚ 待，御也。

㉛ 柏举，楚地。随，汉东之国。初，蔡昭侯朝于楚，子常欲其珮。唐成公亦朝焉，子常欲其骕骦马。二君不与，而留之三年。后与之，乃得归。归与吴伐楚，大败之。在鲁定四年。奔随，自郧之随也。

蓝尹亹避昭王而不载

吴人入楚，昭王出奔，济于成臼，[①] 见蓝尹亹载其孥。[②]

王曰："载予。"对曰："自先王莫坠其国，[3]当君而亡之，君之过也！"遂去王。

王归，又求见，王欲执之，子西曰："请听其辞，夫其有故。"[4]王使谓之曰："成臼之役，而弃不穀，今而敢来，何也？"[5]对曰："昔瓦唯长旧怨，以败于柏举，故君及此。[6]今又效之，无乃不可乎？臣避于成臼，以儆君也，庶悛而更乎？[7]今之敢见，观君之德也，曰：庶忆惧而鉴前恶乎？[8]君若不鉴而长之，君实有国而不爱，臣何有于死，死在司败矣，[9]惟君图之！"子西曰："使复其位，以无忘前败。"[10]王乃见之。

① 吴人，阖闾也。出奔随也。济，渡也。成臼，津名。

② 蓝尹亹，楚大夫。妻子曰孥。

③ 坠，失也。

④ 子西，平王之子、昭王之庶兄、令尹公子申也。故犹意也。

⑤ 而，女也。

⑥ 瓦，子常名。长犹积也。

⑦ 悛，改也。

⑧ 鉴，镜也。

⑨ 楚谓司寇为司败。

⑩ 言见亹则念前败。

郧公辛与弟怀或礼于君或礼于父

吴人入楚，昭王奔郧，[1]郧公之弟怀将弑王，[2]郧公辛止之。怀曰："平王杀吾父，[3]在国则君，在外则仇也。见仇弗杀，非人也。"郧公曰："夫事君者，不为外内行，[4]不为丰约举，[5]苟君之，尊卑一也。且夫自敌以下则有仇，[6]非是不仇。下虐上为弑，上虐下为讨，而况君乎！君而讨臣，何仇之为？若皆仇君，则何上下之有乎？吾先人以善事君，成名于诸侯，自鬭伯比以来，未之失也。今尔以是殃之，不可。”[7]怀弗听，曰：“吾思父，不能顾矣。”郧公以王奔随。[8]

王归而赏及郧、怀，子西谏曰：“君有二臣，或可赏也，或可戮也。君王均之，群臣惧矣。”[9]王曰：“夫子期之二子耶？吾知之矣。[10]或礼于君，或礼于父，均之，不亦可乎？”

① 郧，楚邑。

② 郧公，令尹子文玄孙之孙蔓成然之子鬭辛也。

③ 平王，昭王考也。父，蔓成然也。成然立平王，贪求无厌，平王杀之。

④ 不为外内易行。

⑤ 丰，盛也。约，衰也。举，动也。

⑥ 敌，敌体也。

⑦ 殃，病害也。

⑧ 避怀也。

⑨ 均，同也。言赏罚无别，故惧。

⑩ 子期，成然字。

蓝尹亹论吴将毙

子西叹于朝，蓝尹亹曰：“吾闻君子唯独居思念前世之崇替，[1]与哀殡丧，[2]于是有叹，其余则否。君子临政思义，[3]饮食思礼，同宴思乐，在乐思善，无有叹焉。今吾子临政而叹，何也？”子西曰：“阖庐能败吾师。[4]阖庐即世，吾闻其嗣又甚焉。[5]吾是以叹。”

对曰：“子患政德之不修，无患吴矣。夫阖庐口不贪嘉味，耳不乐逸声，[⑥]目不淫于色，身不怀于安，朝夕勤志，恤民之羸，[⑦]闻一善若惊，得一士若赏，[⑧]有过必悛，[⑨]有不善必惧，是故得民以济其志。[⑩]今吾闻夫差好罢民力以成私好，纵过而翳谏，[⑪]一夕之宿，台榭陂池必成，六畜玩好必从。夫差先自败也已，焉能败人。子修德以待吴，吴将毙矣。"

① 崇，终也。替，废也。《诗》云："曾不崇朝。"

② 涂木曰殡。

③ 思公义也。

④ 柏举之战。

⑤ 嗣，嗣子夫差也。甚，谓政德过于父。

⑥ 逸，淫也。

⑦ 羸，病也。

⑧ 若受赏也。

⑨ 悛，改也。

⑩ 济，成也。志，战克。

⑪ 翳，鄣也。

王孙圉论国之宝

王孙圉聘于晋，[①]定公飨之，赵简子鸣玉以相，[②]问于王孙圉曰："楚之白珩犹在乎？"[③]对曰："然。"简子曰："其为宝也，几何矣。"[④]

曰："未尝为宝。楚之所宝者，曰观射父，[⑤]能作训辞，以行事于诸侯，[⑥]使无以寡君为口实。[⑦]又有左史倚相，能道训典，以叙百物，[⑧]以朝夕献善败于寡君，使寡君无忘先王之业；又能上下说于鬼神，顺道其欲恶，[⑨]使神无有怨痛于楚国。[10]又有薮曰云连徒洲，金木竹箭之所生也。[11]龟、珠、角、齿、皮、革、羽、毛，所以备赋，以戒不虞者也。[12]所以共币帛，以宾享于诸侯者也。[13]若诸侯之好币具，而导之以训辞，[14]有不虞之备，而皇神相之，[15]寡君其可以免罪于诸侯，而国民保焉。[16]此楚国之宝也。若夫白珩，先王之玩也，何宝之焉？[17]圉闻国之宝六而已。明王圣人能制议百物，以辅相国家，则宝之；玉足以庇荫嘉谷，使无水旱之灾，则宝之；[18]龟足以宪臧否，则宝之；[19]珠足以御火灾，则宝之；[20]金足以御兵乱，则宝之；[21]山林薮泽足以备财用，则宝之。若夫哗嚣之美，[22]楚虽蛮夷，不能宝也。”[23]

① 王孙圉，楚大夫。

② 定公，晋顷公之子午也。简子，赵鞅也。鸣玉，鸣其佩玉以相礼也。

③ 珩，佩上之横者。

④ 几何世也。

⑤ 言以贤为宝。不以宝为宝。

⑥ 言以训辞交结诸侯。

⑦ 口实，毁弄。

⑧ 叙，次也。物，事也。

⑨ 说，媚也。

⑩ 痛，疾也。

⑪ 楚有云梦薮，泽名也。连，属也。水中可居者曰洲，徒其名也。

⑫ 龟，所以备吉凶。珠，所以御火灾。角，所以为弓弩。齿，象齿，所以为珥。皮，虎豹皮也，所以为茵鞬。革，犀兕也，所以为甲胄。羽，鸟羽，所以为旍。毛，旄牛尾，所以注竿首。赋，兵赋。虞，度也。

⑬ 享，献也。

⑭ 导，行也。

⑮ 能媚于神，故皇神相之。皇，大也。相，助也。

⑯ 保，安也。

⑰ 玩，玩弄之物。

⑱ 玉，祭祀之玉。

⑲ 宪，法也，取善恶之法。

⑳ 珠，水精，故以御火灾。

㉑ 金，所以为兵也。

㉒ 哗嚣犹欢哗，谓若鸣玉以相。

㉓ 微刺简子。

鲁阳文子辞惠王所与梁

惠王以梁与鲁阳文子，[①]文子辞曰："梁险而在境，惧子孙之有贰者也。[②]夫事君无憾，憾则惧逼，[③]逼则惧贰。[④]夫盈而不逼，[⑤]憾而不贰者，臣能自寿，[⑥]不知其他。[⑦]纵臣而得全其首领以没，惧子孙之以梁之险，而乏臣之祀也。"[⑧]王曰："子之仁，不忘子孙，施及楚国，敢不从子。"与之鲁阳。

① 惠王，昭王子，越女之子章。梁，楚北境也。文子，平王之孙、司马子期子鲁阳公也。

② 贰，二心也。

③ 憾，恨也。无恨，谓得志也。逼，逼上也。

④ 逼则惧诛，故贰也。

⑤ 盈，志满也。

⑥ 寿，保也。

⑦ 他，子孙也。

⑧ 恃险而贰，将见诛绝。

叶公子高论白公胜必乱楚国

子西使人召王孙胜,[1]沈诸梁闻之,[2]见子西曰:“闻子召王孙胜,信乎?”曰:“然。”子高曰:“将焉用之?”曰:“吾闻之,胜直而刚,欲寘之境。”[3]

子高曰:“不可。其为人也,展而不信,[4]爱而不仁,[5]诈而不智,[6]毅而不勇,[7]直而不衷,[8]周而不淑。[9]复言而不谋身,展也;[10]爱而不谋长,不仁也;[11]以谋盖人,诈也;[12]强忍犯义,毅也;[13]直而不顾,不衷也;[14]周言弃德,不淑也。[15]是六德者,皆有其华而不实者也,将焉用之。彼其父为戮于楚,其心又狷而不洁。[16]若其狷也,不忘旧怨,而不以洁悛德,[17]思报怨而已。则其爱也足以得人,其展也足以复之,[18]其诈也足以谋之,其直也足以帅之,[19]其周也足以盖之,[20]其不洁也足以行之,而加之以不仁,奉之以不义,蔑不克矣。夫造胜之怨者,皆不在矣。[21]若来而无宠,速其怒也。[22]若其宠之,毅贪无厌,既能得人,而耀之以大利,[23]不仁以长之,[24]思旧怨以修其心,[25]苟国有衅,必不居矣。[26]非子职之,其谁乎?[27]彼将思旧怨而欲大宠,[28]动而得人,[29]怨而有术,[30]若果用之,害可待也。余爱子与司马,故不敢不言。”[31]

子西曰:“德其忘怨乎。[32]余善之,夫乃其宁。”[33]子高曰:“不然。吾闻之,唯仁者可好也,可恶也,可高也,可下也。好之不逼,恶之不怨,高之不骄,下之不惧。不仁者则不然。人好之则逼,恶之则怨,高之则骄,下之则惧。骄有欲焉,[34]惧有恶焉,[35]欲恶怨逼,所以生诈谋也。子将若何?若召而下之,将戚而惧;为之上者,将怒而怨。诈谋之心,无所靖矣。[36]有一不义，犹败国家，今壹五六，而必欲用之，不亦难乎？吾闻国家将败，必用奸人，而嗜其疾味，其子之谓乎？[37]夫谁无疾眚！[38]能者早除之。旧怨灭宗，国之疾眚也，为之关龠蕃篱而远备闲之，犹恐其至也，[39]是之为日惕。[40]若召而近之，死无日矣！人有言曰：‘狼子野心，怨贼之人也。’其又何善乎？若子不我信，盍求若敖氏与子干、子晳之族而近之？[41]安用胜也，其能几何？[42]昔齐驺马繻以胡公入于具水，[43]邴歜、阎职戕懿公于囿竹，[44]晋长鱼矫杀三郤于榭，[45]鲁圉人荦杀子般于次，[46]夫是谁之故也，非唯旧怨乎？[47]是皆子之所闻也。人求多闻善败，以监戒也。今子闻而弃之，犹蒙耳也。[48]吾语子何益，吾知逃也已。”[49]

子西笑曰：“子之尚胜也。”[50]不从，遂使为白公。子高以疾闲居于蔡。[51]及白公之乱，子西、子期死。[52]叶公闻之，曰：“吾怨其弃吾言，而德其治楚国，楚国之能平均以复先王之业者，夫子也。[53]以小怨寘大德，吾不义也，将入杀之。”[54]帅方城之外以入，杀白公而定王室[55]，葬二子之族。[56]

① 王孙胜，故平王太子建之子白公胜也。初，费无极为太子少师，无宠，太子娶于秦而美，劝王纳之，遂谮太子曰：“建将叛。”太子奔郑。又与晋谋郑，郑人杀之，胜奔吴。在鲁哀十六年。

② 沈诸梁，楚左司马沈尹戌之子叶公子高。

③ 寘，置也。《传》曰：“召之，使处吴境，为白公。”

④ 展，诚也。诚，谓复言而非忠信之道。

⑤ 外爱人，内无仁心也。

⑥ 以诈行谋，而非智道也。智人不诈。

⑦ 毅，果也。

⑧ 衷，中也。君子恶讦以为直。

⑨ 周，审也。淑，善也。

⑩ 复言，言可复，不欺人也。不谋身，不计身害也。

⑪ 外爱人，不计终身也。

⑫ 盖，掩也。

⑬ 强，强力。忍，忍犯义也。

⑭ 不顾隐讳。

⑮ 取周其言，而不以德。

⑯ 狷者，直己之志，不从人也。不洁，非洁行。

⑰ 悛，改也。

⑱ 复，复其前言。

⑲ 帅，帅众也。

⑳ 言其周密足以覆盖其恶。

㉑ 怨谓谮太子者费无极之徒。

㉒ 速，疾也。

㉓ 耀，示也。

㉔ 长其利欲。

㉕ 修其报仇之心。

㉖ 衅，隙也。

㉗ 职，主也，言子西将主此祸。

㉘ 大宠，令尹、司马也。

㉙ 爱，故得人。

㉚ 父死而怨，故有术也。

㉛ 司马，子西之弟子期。

㉜ 言绥之以德，必忘怨也。

㉝ 宁，安也。

㉞ 欲专宠也。

㉟ 恶其上也。

㊱ 靖，安也。

㊲ 嗜，贪也。疾味，味为己生疾害，喻好不善也。

㊳ 眚犹灾也。

㊴ 藩篱，壁落也。闲，阑也。

㊵ 惕，惧也。

㊶ 若敖氏，庄王所灭鬬椒也。子干、子皙，恭王庶子公子比、公子黑肱也。平王所杀而代之，何独不召而近也。

㊷ 言危不久。

㊸ 驺马繻，齐大夫也。胡公，齐太公玄孙之子胡公靖也。具，水名。胡公虐马繻，马繻弑胡公，内之具水。

㊹ 戕，残也。歜、职皆齐臣。懿公，齐桓公之子商人也。为公子时，与邴歜之父争田，弗胜。及即位，乃掘而刖之，而使歜仆纳阎职之妻，而使职骖乘。鲁文十八年，懿公游于申池，二子弑公，而纳诸竹中。

㊺ 长鱼矫，晋大夫。三郤，锜、至、犨也。犨与矫争田，执而梏之，与其父母妻子同一辕。既矫嬖于厉公，谮而杀三郤于榭。

㊻ 圉人，养马者。子般，鲁庄公太子。次，舍也。雩，讲于梁氏，女公子观之，荦自墙外与之戏，子般鞭之。庄公薨，子般即位，次于党氏，公子庆父通于夫人，夫人欲立之，庆父使荦贼子般于党氏。在鲁庄三十二年。

㊼ 故，事也。

㊽ 蒙，覆也。

㊾ 逃，逃胜之难。

㊿ 言子论议好尚胜也。

51 蔡，故蔡国，楚灭之，叶公兼而治焉。

52 白公请伐郑以报父仇，子西既许之，未起师，晋伐郑，楚又救之，与之盟。白公怒，遂作乱，杀二子于朝。在鲁哀十六年。

53 夫子，子西。

54 杀白公也。

㊺ 定王室，谓兼令尹、司马以平楚国。既定，乃使子西之子宁为令尹，子期之子宽为司马，而老于叶。

㊻ 子西、子期之族多见害，故皆为葬之。

卷十九

吴 语

越王勾践命诸稽郢行成于吴

吴王夫差起师伐越，越王勾践起师逆之。① 大夫种乃献谋曰：②“夫吴之与越，唯天所授，王其无庸战。③ 夫申胥、华登简服吴国之士于甲兵，而未尝有所挫也。④ 夫一人善射，百夫决拾，⑤ 胜未可成也。⑥ 夫谋必素见成事焉，而后履之，⑦ 不可以授命。⑧ 王不如设戎，约辞行成，以喜其民，⑨ 以广侈吴王之心。⑩ 吾以卜之于天，天若弃吴，必许吾成而不吾足也，⑪ 将必宽然有伯诸侯之心焉。⑫ 既罢弊其民，而天夺之食，安受其烬，⑬ 乃无有命矣。”⑭

越王许诺，乃命诸稽郢行成于吴，⑮ 曰：“寡君勾践使下臣郢不敢显然布币行礼，⑯ 敢私告于下执事曰：昔者越国见祸，得罪于天王。⑰ 天王亲趋玉趾，以心孤勾践，⑱ 而又宥赦之。君王之于越也，繄起死人而肉白骨也。⑲ 孤不敢忘天灾，其敢忘君王之大赐乎！今勾践申祸无良，⑳ 草鄙之人，敢忘天王之大德，而思边垂之小怨，㉑ 以重得罪于下执事？㉒ 勾践用帅二三之老，㉓ 亲委重罪，顿颡于边。㉔ 今君王不察，盛怒属兵，将残伐越国。㉕ 越国固贡献之邑也，君王不以鞭棰使之，而辱军士使寇令焉。㉖ 勾践请盟：一介嫡女，执箕帚以晐姓于王宫；[27]一介嫡男，奉槃匜以随诸御；[28]春秋贡献，不解于王府。天王岂辱裁之？[29]亦征诸侯之礼也。[30]夫谚曰：'狐埋之而狐搰之，是以无成功。'[31]今天王既封植越国，以明闻于天下，[32]而又刈亡之，是天王之无成劳也。[33]虽四方之诸侯，则何实以事吴？[34]敢使下臣尽辞，唯天王秉利度义焉！"[35]

① 夫差，太伯之后、阖庐之子，姬姓也。勾践，祝融之后、允常之子，芈姓也。《郑语》曰："芈姓夔越。"《世本》亦云："越，芈姓也。"鲁定十四年，吴伐越，越败之于槜李，阖庐伤而死。后三年，夫差伐越，报槜李也。越逆之，自江至于五湖，吴人大败之于夫椒，遂入越。越子以甲盾五千保于会稽。在鲁哀元年。

② 种，越大夫。献，进也。

③ 庸，用也。

④ 申胥，楚大夫伍奢之子子胥也，名员。鲁昭二十年，奢诛于楚，员奔吴，吴与之申地，故曰申胥。华登，宋司马华费遂之子。华氏作乱于宋而败，登奔吴，为大夫。简，习也。挫，毁折也。

⑤ 决，钩弦。拾，捍。言申胥、华登善用兵，众必化之，犹一人善射，百夫竞著决拾而效之。

⑥ 成，犹必也。

⑦ 素，犹豫也。履，行也。

⑧ 授命，犹斗命。

⑨ 戎，兵也。约，卑也。成，平也。言不如设兵自守，卑约其辞以求平于吴，吴民必喜。

⑩ 侈，大也。

⑪ 言越不足畏。

⑫ 宽，缓也。

⑬ 夺之食，稻蟹之属。烬，馀也。

⑭ 吴无复有天命矣。

⑮ 诸稽郢,越大夫。

⑯ 布,陈也。币,玉帛也。显,犹公露也。

⑰ 见祸于天也。得罪,谓伤阖庐。言天王,尊之以名。

⑱ 趾,足也。孤,弃也。

⑲ 緊,是也。是使白骨生肉,德至厚也。

⑳ 申,重也。良,善也。

㉑ 远邑称鄙。言吴侵越之边垂,心怀怨恨。

㉒ 重得罪,谓其见侵也。

㉓ 家臣称老,言此谦也。

㉔ 委,犹归也。边,边境。

㉕ 察,理也。属,会也。残伐,谓隳会稽。

㉖ 若御寇之号令。

㉗ 一介,一人。晐,备也。姓,庶姓。《曲礼》曰:"纳女于天子,曰备百姓。"

㉘ 椠,盛盥器。《晋语》曰:"奉匜沃盥。"御,近臣宦竖之属。

㉙ 岂能辱意裁制之。

㉚ 征,税也。此亦天子征税诸侯之礼。

㉛ 埋,藏也。搰,发也。

㉜ 封植,以草木自喻。壅本曰封。植,立也。明,显也。

㉝ 芟草曰刈。劳,功也。

㉞ 实,实事也。

㉟ 秉,执也。义,宜也。

吴王夫差与越荒成不盟

吴王夫差乃告诸大夫曰:"孤将有大志于齐,[①]吾将许越成,而无拂吾虑。[②]若越既改,吾又何求?若其不改,反行,吾振旅焉。”[3]

申胥谏曰："不可许也。夫越非实忠心好吴也，又非慑畏吾兵甲之强也。大夫种勇而善谋，将还玩吾国于股掌之上，以得其志。[4]夫固知君王之盖威以好胜也，[5]故婉约其辞，以从逸王志，[6]使淫乐于诸夏之国，以自伤也。使吾甲兵钝獘，民人离落，而日以憔悴，[7]然后安受吾烬。夫越王好信以爱民，四方归之，年谷时熟，日长炎炎。[8]及吾犹可以战也，为虺弗摧，为蛇将若何？”[9]

吴王曰："大夫奚隆于越，[10]越曾足以为大虞乎？[11]若无越，则吾何以春秋曜吾军士？”乃许之成。

将盟，越王又使诸稽郢辞曰："以盟为有益乎？前盟口血未干，[12]足以结信矣。以盟为无益乎？君王舍甲兵之威以临使之，而胡重于鬼神而自轻也？”吴王乃许之，荒成不盟。[13]

① 言欲伐齐。

② 拂，绝也。

③ 伐齐反，振旅而讨之。

④ 还，转也。玩，弄也。胫本曰股。

⑤ 盖，犹尚也。

⑥ 婉，顺也。约，卑也。从，顺随也。

⑦ 离，叛也。落，殒也。憔悴，瘦病也。

⑧ 炎炎，进貌。

⑨ 虺，小蛇。《大传》曰："封豕长蛇。"

⑩ 奚，何也。隆，盛也。

⑪ 虞，度也。

⑫ 未干，喻近。

⑬ 荒，空也。

夫差伐齐不听申胥之谏

吴王夫差既许越成，乃大戒师徒，将以伐齐。

申胥进谏曰："昔天以越赐吴，而王弗受。夫天命有反，[1]今越王勾践恐惧而改其谋，舍其愆令，[2]轻其征赋，施民所善，去民所恶，身自约也，裕其众庶，[3]其民殷众，[4]以多甲兵。越之在吴，犹人之有腹心之疾也。夫越王之不忘败吴，于其心也侙然，服士以伺吾间。[5]今王非越是图，而齐、鲁以为忧。夫齐、鲁譬诸疾，疥癣也，[6]岂能涉江、淮而与我争此地哉？将必越实有吴土。[7]王其盍亦鉴于人，无鉴于水。[8]昔楚灵王不君，[9]其臣箴谏以不入。[10]乃筑台于章华之上，[11]阙为石郭，陂汉，以象帝舜。[12]罢弊楚国，以间陈、蔡。[13]不修方城之内，[14]逾诸夏而图东国，[15]三岁于沮、汾以服吴、越。[16]其民不忍饥劳之殃，三军叛王于乾谿。[17]王亲独行，屏营彷徨于山林之中，三日乃见其涓人畴。[18]王呼之曰：'余不食三日矣。'畴趋而进，王枕其股以寝于地。王寐，畴枕王以墣而去之。[19]王觉而无见也，乃匍匐将入于棘闱，棘闱不纳，[20]乃入芋尹申亥氏焉。[21]王缢，申亥负王以归，而土埋之其室。[22]此志也，岂遽忘于诸侯之耳乎？[23]今王既变鲧、禹之功，[24]而高高下下，以罢民于姑苏。[25]天夺吾食，都鄙荐饥。[26]今王将很天而伐齐。[27]夫吴民离矣，[28]体有所倾，譬如群兽然，一个负矢，将百群皆奔，[29]王其无方收也。[30]越人必来袭我，王虽悔之，其犹有及乎？"

王弗听。十二年，遂伐齐。[31]齐人与战于艾陵，[32]齐师败

绩，吴人有功。㉝

① 反谓盛者更衰，祸者有福。

② 舍，废也。愆，过也。

③ 裕，饶也。

④ 殷，盛也。

⑤ 佽，犹惕也。间，隙也。

⑥ 疥癣在外，为疾微也。

⑦ 壤地接而越修德也。

⑧ 鉴，镜也。以人为镜，见成败，以水为镜，见形而已。《书》曰："人无于水鉴，当于民鉴。"

⑨ 不得君道。

⑩ 入，受也。

⑪ 章华，地名。

⑫ 阙，穿也。陂，壅也。舜葬九疑，其山体水旋其丘，故壅汉水使旋石郭，以象之也。

⑬ 间，候也，候其隙而取之。鲁昭八年，楚灭陈。十一年灭蔡。

⑭ 方城，楚北山。

⑮ 诸夏，陈、蔡。东国，徐、夷、吴、越。

⑯ 沮、汾，水名，楚东鄙沮、汾之间乾谿也。鲁昭六年，楚令尹子荡帅师伐吴，师于豫章，次于乾谿。

⑰ 殃，害也。民罢国乱，中外叛溃。事在鲁昭十三年。

⑱ 涓人，今中涓也。畴，名也。

⑲ 墣，块也。

⑳ 棘，楚邑。闱，门也。

㉑ 申亥，楚大夫，芋尹无宇之子。《传》曰："王沿夏将入鄢，芋尹无宇之子申亥曰：'吾父再奸王命，王弗诛，惠孰大焉。'乃求王，遇诸棘闱。"

㉒《传》曰："王缢，申亥以其二女殉而葬之。"

㉓ 志，记也。言此事皆见记于诸侯之耳而未忘也。

㉔ 王，夫差。变，易也。《鲁语》曰："禹能以德修鲧之功。"

㉕ 高高，起台榭。下下，深污池。姑苏，台名，在吴西，近湖。

㉖ 天夺吾食，稻蟹也。都，国也。鄙，边邑也。荐，重也。

㉗ 很，违也。

㉘ 有离叛也。

㉙ 倾，伤也。言众兽群聚其中，一个被矢，则百群皆走。以言吴民临陈就战，或小有倾伤，亦复然也。

㉚ 方，道也。收，还也。

㉛ 夫差十二年，鲁哀十一年。

㉜ 艾陵，齐地。

㉝《传》曰："获齐国书，革车八百乘，甲盾三千。"

夫差胜于艾陵使奚斯释言于齐

吴王夫差既胜齐人于艾陵，乃使行人奚斯释言于齐，[①]曰："寡人帅不腆吴国之役，遵汶之上，[②]不敢左右，唯好之故。[③]今大夫国子兴其众庶，以犯猎吴国之师徒，[④]天若不知有罪，则何以使下国胜！"[⑤]

① 奚斯，吴大夫。释，解也，以言辞自解，归非于齐。

② 役，兵也。汶，齐水名。

③ 不敢左右暴掠齐民，惟有恩好之故。

④ 国子，齐卿国书也。犯，陵也。猎，震也。

⑤ 下国，吴自谓。言天若不知有罪，何以使吴胜齐。

申胥自杀

吴王还自伐齐，乃讯申胥[①]曰："昔吾先王体德明圣，达于上帝,[2]譬如农夫作耦,以刈杀四方之蓬蒿,[3]以立名于荆,此则大夫之力也。[4]今大夫老,而又不自安恬逸,[5]而处以念恶,[6]出则罪吾众,[7]挠乱百度,[8]以妖孽吴国。[9]今天降衷于吴,[10]齐师受服。孤岂敢自多,先王之钟鼓,实式灵之。[11]敢告于大夫。"

申胥释剑而对曰:"昔吾先王世有辅弼之臣,[12]以能遂疑计恶,[13]以不陷于大难。今王播弃黎老,[14]而近孩童焉比谋,[15]曰'余令而不违'。[16]夫不违,乃违也。[17]夫不违,亡之阶也。夫天之所弃,必骤近其小喜,[18]而远其大忧。[19]王若不得志于齐,而以觉寤王心,而吴国犹世。[20]吾先君得之也,必有以取之;[21]其亡之也,亦有以弃之。[22]用能援持盈以没,[23]而骤救倾以时。[24]今王无以取之,[25]而天禄亟至,[26]是吴命之短也。员不忍称疾辟易,以见王之亲为越之擒也。员请先死。"遂自杀。[27]将死,曰:"以悬吾目于东门,以见越之入,吴国之亡也。"王愠曰:"孤不使大夫得有见也。"乃使取申胥之尸,盛以鸱鹈,而投之于江。[28]

① 讯,告让也。

② 先王,阖庐。上帝,天也。

③ 二耜为耦。言子胥佐先王,犹耜者之有耦,以成其事。

④ 立名于荆,谓败楚于柏举,昭王奔随时。

⑤ 恬,犹静也。逸,乐也。

⑥ 处,居也。居则念为恶于吴国。

⑦ 罪吾众谓"吴民离矣,体有所倾"之属。

⑧ 挠,扰也。度,法度。

⑨ 妄为妖言:“越当袭吴。”

⑩ 衷,善也。

⑪ 式,用也。灵,神也。

⑫ 言阖庐以前。

⑬ 遂,决也。计,虑也。

⑭ 鲐背之耇称黎老,播,放也。

⑮ 孩,幼也。比,合也。

⑯ 不违,言莫违也。

⑰ 乃违道也。

⑱ 小喜,胜敌之喜,“纣之百克”是也。

⑲ 大忧在后,故远也。

⑳ 世,继世。

㉑ 得,谓克楚。《传》曰:“阖庐食不二味,勤恤其民。”取之谓此也。

㉒ 亡之,谓不正其师,以班处宫,复为楚所败。

㉓ 盈,满也。没,终也。

㉔ 言不失时。

㉕ 言无政德。

㉖ 亟,数也。

㉗ 辟易,狂疾。

㉘ 鸱鹈,革囊。

吴晋争长未成勾践袭吴

吴王夫差既杀申胥,不稔于岁,[①]乃起师北征。阙为深沟,通于商、鲁之间,[②]北属之沂,[③]西属之济,[④]以会晋公午于黄池。[⑤]

于是越王勾践乃命范蠡、舌庸,[⑥]率师沿海溯淮以绝吴路。[⑦]败王子友于姑熊夷。[⑧]越王勾践乃率中军溯江[⑨]以袭吴，入其郛，[10]焚其姑苏，徙其大舟。[11]

吴、晋争长未成，[12]边遽乃至，以越乱告。[13]吴王惧，乃合大夫而谋曰："越为不道，背其齐盟。[14]今吾道路修远，无会而归，与会而先晋，孰利？"[15]王孙雒曰："夫危事不齿，[16]雒敢先对。二者莫利。无会而归，越闻章矣，民惧而走，远无正就。[17]齐、宋、徐、夷曰：'吴既败矣！'[18]将夹沟而㢦我，[19]我无生命矣。会而先晋，晋既执诸侯之柄以临我，将成其志以见天子。[20]吾须之不能，[21]去之不忍。若越闻愈章，[22]吾民恐叛。必会而先之。"[23]

王乃步就王孙雒曰："先之，图之将若之何？"王孙雒曰："王其无疑，吾道路悠远，必无有二命，焉可以济事。"[24]王孙雒进，顾揖诸大夫曰："危事不可以为安，死事不可以为生，则无为贵智矣。[25]民以恶死而欲贵富以长没也，与我同。[26]虽然，彼近其国，有迁；我绝虑，无迁。[27]彼岂能与我行此危事也哉？[28]事君勇谋，于此用之。[29]今夕必挑战，以广民心。[30]请王励士，以奋其朋势。[31]劝之以高位重畜，[32]备刑戮以辱其不励者，[33]令各轻其死。彼将不战而先我，[34]我既执诸侯之柄，[35]以岁之不获也，无有诛焉，[36]而先罢之，[37]诸侯必说。[38]既而皆入其地，[39]王安挺志，[40]一日惕，一日留[41]，以安步王志。[42]必设以此民也，封于江、淮之间，乃能至于吴。"[43]吴王许诺。

① 稔，熟也。谓后年不至于熟而北征也。夫差以哀十一年杀子胥，十二年会鲁于橐皋。

② 阙，穿也。商，宋也。

③ 沂，水名，出泰山，盖南至下邳入泗。

④ 济，宋水。

⑤ 黄池，地名。晋公午，晋定公也。黄池会在鲁哀十三年。

⑥ 二子，越大夫。

⑦ 沿，顺也。逆流而上曰溯。循海而逆入于淮，以绝吴王之归路。

⑧ 姑熊夷，吴郊也。王子友，夫差太子也。夫差未及反，越伐吴，吴拒之，获太子友。

⑨ 江，吴江。或有"淮"字者，误。

⑩ 郛，郭也。

⑪ 大舟，王舟。徙，取也。

⑫ 长，先也。成，定也。

⑬ 遽，传也。

⑭ 齐，同也。

⑮ 先晋，令晋先歃。

⑯ 王孙雒，吴大夫。齿，年也，不以年次对也。

⑰ 正，适也。

⑱ 宋，今睢阳。徐，今大徐。夷，淮夷。

⑲ 旁击曰㢋。

⑳ 以侯伯之礼见天子。

㉑ 不能待见天子。

㉒ 愈，益也。

㉓ 先，吴先歃。

㉔ 欲决一计，求先晋。济，成也。

㉕ 言人之不能以危易安，以死易生，则何贵于智。

㉖ 长，老也。没，终也。

㉗ 迁，转退也。绝虑，道远。

㉘ 言晋不能以死与我争。

㉙ 勇而有谋，正谓今时。

㉚ 挑晋求战，以广大民心，示不惧也。

㉛ 朋,群也。勉励士卒,以奋激其群党之势,使有斗心。

㉜ 重畜,宝财。

㉝ 备,具也。

㉞ 推先我也。

㉟ 为盟主,故执柄。

㊱ 获,收也。诛,责也。不责诸侯之贡赋。

㊲ 罢遣诸侯,令先归。

㊳ 说,喜也。

㊴ 入其国境。

㊵ 挺,宽也。

㊶ 惕,疾也。留,徐也。

㊷ 步,行也。

㊸ 设,许其劝勉者。以此民封之于江、淮之间以恐之,必速至也。

吴欲与晋战得为盟主

吴王昏乃戒,令秣马食士。[①]夜中,乃令服兵擐甲,[②]系马舌,出火灶,[③]陈士卒百人,以为彻行百行。[④]行头皆官师,拥铎拱稽,[⑤]建肥胡,奉文犀之渠。[⑥]十行一嬖大夫,[⑦]建旌提鼓,[⑧]挟经秉枹。[⑨]十旌一将军,[⑩]载常建鼓,挟经秉枹。[⑪]万人以为方阵,[⑫]皆白裳、白旂、素甲、白羽之矰,望之如荼。[⑬]王亲秉钺,载白旗以中陈而立。[⑭]左军亦如之,[⑮]皆赤裳、赤旟、丹甲、朱羽之矰,望之如火。[⑯]右军亦如之,皆玄裳、玄旗、黑甲、乌羽之矰,望之如墨。[⑰]为带甲三万,[⑱]以势攻,鸡鸣乃定。既陈,去晋军一里。昧明,王乃秉枹,亲就鸣钟鼓、丁宁、錞于振铎,[⑲]勇怯尽应,三军皆哗釦以振旅,[⑳]其声动天地。

晋师大骇不出，周军饰垒，[21]乃令董褐请事，[22]曰："两君偃兵接好，日中为期。[23]今大国越录，[24]而造于弊邑之军垒，敢请乱故。"[25]吴王亲对之曰："天子有命，周室卑约，贡献莫入，上帝鬼神而不可以告。[26]无姬姓之振也，[27]徒遽来告。孤日夜相继，[28]匍匐就君。君今非王室不平安是忧，亿负晋众庶，不式诸戎、狄、楚、秦；[29]将不长弟，以力征一二兄弟之国。[30]孤欲守吾先君之班爵，[31]进则不敢，[32]退则不可。[33]今会日薄矣，[34]恐事之不集，以为诸侯笑。[35]孤之事君在今日，不得事君亦在今日。[36]为使者之无远也，孤用亲听命于藩篱之外。"[37]

董褐将还，王称左畸曰："摄少司马兹与王士五人，坐于王前。"[38]乃皆进，自刭于客前以酬客。[39]

董褐既致命，[40]乃告赵鞅[41]曰："臣观吴王之色，类有大忧，[42]小则嬖妾、嫡子死，不则国有大难；[43]大则越入吴。将毒，不可与战。[44]主其许之先，无以待危，[45]然而不可徒许也。"[46]赵鞅许诺。

晋乃令董褐复命曰："寡君未敢观兵身见，[47]使褐复命曰：'曩君之言，[48]周室既卑，诸侯失礼于天子，[49]请贞于阳卜，收文、武之诸侯。[50]孤以下密迩于天子，无所逃罪，[51]讯让日至，[52]曰：昔吴伯父不失，春秋必率诸侯以顾在余一人。[53]今伯父有蛮、荆之虞，礼世不续，[54]用命孤礼佐周公，以见我一二兄弟之国，以休君忧。[55]今君掩王东海，以淫名闻于天子，[56]君有短垣，而自逾之，[57]况蛮、荆则何有于周室？[58]夫命圭有命，固曰吴伯，不曰吴王。[59]诸侯是以敢辞。[60]夫诸侯无二君，而周无二王，君若无卑天子，以干其不祥，[61]而曰吴公，孤敢不顺从君命长弟！'许诺。"[62]

吴王许诺，乃退就幕而会。[63]吴公先歃，晋侯亚之。吴王既会，越闻愈章，恐齐、宋之为己害也，乃命王孙雒先与勇获帅徒师，以为过宾于宋，以焚其北郛焉而过之。[64]

① 秣，粟也。

② 夜中，夜半也。服，执也。擐，贯也。甲，铠也。

③ 系，缚也，缚马舌恐有声也。出火于灶外，以自烛之。

④ 彻，通也。以百人通为一行，百行为万人，谓之方阵。

⑤ 三君皆云："官师，大夫也。"昭谓：下言"十行一嬖大夫"，此一行宜为士。《周礼》："百人为卒，卒长皆上士。"拥，犹抱也。拱，执也。抱铎者亦恐有声也。唐尚书云："稽，棨戟也。"郑司农以为："稽，计兵名籍也。"《周礼》："听师田以简稽。"

⑥ 肥胡，幡也。文犀之渠，谓楯也。文犀，犀之有文理者。

⑦ 十行，千人。嬖，下大夫也。子产谓子南曰："子皙，上大夫。汝，嬖大夫。"

⑧ 析羽为旌。提，挈也。

⑨ 在掖曰挟。经，兵书也。秉，执也。

⑩ 十旌，万人。将军，命卿。

⑪ 日月为常。鼓，晋鼓也。《周礼》："将军执晋鼓。"建，谓为楹而树之。

⑫ 百行，故万人，正四方也。

⑬ 交龙为旂。素甲，白甲。矰，矢名，以白羽为卫。荼，茅秀也。

⑭ 熊虎为旗。此王所帅中军。

⑮ 亦如中军"载常建鼓，挟经秉枹"之属。

⑯ 鸟隼为旟，尚赤。左为阳也。丹，彤也。朱羽，染为朱也。

⑰ 墨，漆甲，尚黑。右，阴也。

⑱ 带甲，衿铠。

⑲ 丁宁，钲也。唐尚书云："錞于，镯。"非也。錞于与镯各异物，军行鸣之，与鼓相应。

⑳ 哗釦，欢呼。

㉑ 周，绕也。饰，治也。

㉒ 董褐，晋大夫司马演。请，问也。

㉓ 偃，匿也。接，合也。

㉔ 录，第也。

㉕ 敢问失期乱次之故。

㉖ 无以告祭于天神人鬼。

㉗ 振，救也。

㉘ 徒，步也。遽，传车也。

㉙ 亿，安也。负，恃也。安恃其众而不用征伐戎、狄、楚、秦，卑周故也。

㉚ 弟，犹幼也。言晋不帅长幼之节，而征伐同姓兄弟之国，谓鲁、卫之属。或云："谓晋灭虞、虢、韩、魏。"然灭虞、虢、韩、魏皆在春秋之始，非所以责定公。

㉛ 爵次当为盟主。

㉜ 不敢过先君。

㉝ 亦不可不及也。

㉞ 薄，迫也。

㉟ 集，成也。

㊱ 言欲战以决之也。不胜则服事君，若胜之则为盟主。

㊲ 藩篱，壁落。

㊳ 贾、唐二君云："称，呼也。左畸，军左部也。摄，执也。少司马兹与王士五人，皆罪人死士也。"

㊴ 贾、唐二君云："刭，刭也。酬，报也。将报客，使死士自刭，以示王威行，军士用命也。"昭谓：鲁定十四年，吴伐越，越王使罪人自刭以误吴。故夫差效之。

㊵ 致命于晋君。

㊶ 赵鞅，晋正卿赵简子也。

㊷ 类，似也。《传》曰："肉食者无墨，今吴王有墨。"墨，暴气也。

㊸ 大难，反叛。

㊹ 毒，犹暴也。言若猛兽被毒悖暴。

㊺ 主，赵鞅。

㊻ 徒，空也。言不可空许，宜有辞义。

㊼ 观，示也。

㊽ 曩，向也。

㊾ 谓不朝贡。

㊿ 贞，正也。龟曰卜，以火发兆，故曰阳。言吴欲正阳卜，收复文王、武王之诸侯，以奉天子。

51 孤以下，晋辞也。密，比也。迩，近也。

52 讯，告也。

53 此晋述天子告让之辞。同姓元侯曰伯父；吴伯父，吴先君。不失，四时必率诸侯备朝聘之礼。

54 今，谓夫差。虞，度也。言夫差有蛮、荆之备，废朝聘之礼，不得继世续前人之职。

55 休，息也。周公，周之太宰，诸侯之师。言君有蛮、荆之虞，故命晋侯以礼佐助周公，与兄弟之国相见，命朝聘天子。息君忧，周之忧也。

56 掩，盖也。淫，僭也。名，号也。

57 垣者，喻礼防虽短，不可逾也。言王室虽卑，不可僭也。

58 言吴姬姓，而自僭号，况于蛮、荆，有何义于周室而不为乎？

59 命圭，受锡圭之策命。《周礼》："伯执躬圭。"吴本称伯，故曰吴伯。

60 辞不事吴。

61 干，犯也。

62 长，先也。弟，后也。

63 幕，帐也。

㊴ 勇获,吴大夫。徒师,步卒也。邪,郭也。托为过宾而焚其郭,去其守备,使不敢出。

夫差退于黄池使王孙苟告于周

吴王夫差既退于黄池,乃使王孙苟告劳于周,① 曰:"昔者楚人为不道,不承共王事,以远我一二兄弟之国。② 吾先君阖庐不贯不忍,③ 被甲带剑,挺铍搢铎,④ 以与楚昭王毒逐于中原柏举。⑤ 天舍其衷,⑥ 楚师败绩,王去其国,⑦ 遂至于郢。⑧ 王总其百执事,⑨ 以奉其社稷之祭。⑩ 其父子、昆弟不相能,夫概王作乱,是以复归于吴。⑪ 今齐侯壬不鉴于楚。⑫ 又不承共王命,以远我一二兄弟之国。⑬ 夫差不贯不忍,被甲带剑,挺铍搢铎,遵汶伐博,⑭ 簦笠相望于艾陵。⑮ 天舍其衷,齐师还。⑯ 夫差岂敢自多,文、武实舍其衷。⑰ 归不稔于岁,⑱ 余沿江溯淮,阙沟深水,出于商、鲁之间,以彻于兄弟之国。⑲ 夫差克有成事,敢使苟告于下执事。"⑳

周王答曰:"苟,伯父令女来,明绍享余一人,若余嘉之。㉑ 昔周室逢天之降祸,遭民之不祥,㉒ 余心岂忘忧恤,不唯下土之不康靖。㉓ 今伯父曰:'戮力同德。'㉔ 伯父若能然,余一人兼受而介福。㉕ 伯父多历年以没元身,㉖ 伯父秉德已侈大哉!"㉗

① 王孙苟,吴大夫。劳,功也。

② 远,疏也。

③ 贯,赦也。

④ 挺,拔也。搢,振也。

⑤ 柏举之战,在鲁定四年。毒,暴也。中原,原中也。

⑥ 衷,善也,言天舍善于吴。

⑦ 昭王奔随。

⑧ 郢,楚都。

⑨ 贾侍中云:“王,往也。百执事,百官。”昭谓:王,阖庐也。贾君以为告天子,不宜称王,故云往也。下言夫概称王,不避天子,故知上王为阖庐。

⑩ 言修楚祭祀。

⑪ 昆,兄也。夫概王,阖庐之弟。《传》曰:“夫概王先归,自立。”故不能定楚而归。

⑫ 壬,齐景公孙、悼公之子简公也。不鉴楚,不以楚败为鉴戒。

⑬ 说云:“谓齐纳栾盈以伐晋。”昭谓:兄弟,鲁也。哀十一年春,齐伐鲁,故其年吴会鲁以伐齐。

⑭ 博,齐别都。

⑮ 唐尚书云:“簦笠,夫须也。”昭谓:簦笠,备雨器。相望,言不避暑雨。艾陵之战在上。《传》曰:“五月克博,至于嬴。”

⑯ 言败师还。

⑰ 文、武二后。

⑱ 言伐齐之明年,不至于谷熟而复出师。

⑲ 兄弟,诸姬。

⑳ 克,能也。成事,成功也。

㉑ 周王,周景王子敬王丐。绍,继也。享,献也。继先王之礼,献我一人,我心诚嘉之。

㉒ 说云:“谓民流厉王于彘。”昭谓:祸谓子朝篡立,敬王出奔。民,成周之民,助子朝者也。

㉓ 不但忧四方,乃忧王室。

㉔ 戮,并也。

㉕ 而,汝也。介,大也。

㉖ 元,善也。

㉗ 侈犹广也。

勾践灭吴夫差自杀

吴王夫差还自黄池，息民不戒。[①]越大夫种乃唱谋[②]曰："吾谓吴王将遂涉吾地，今罢师而不戒以忘我，我不可以怠。日臣尝卜于天，[③]今吴民既罢，[④]而大荒荐饥，市无赤米，[⑤]而囷鹿空虚，[⑥]其民必移就蒲蠃于东海之滨。[⑦]天占既兆，[⑧]人事又见，[⑨]我蔑卜筮矣。王若今起师以会，夺之利，无使夫悛。[⑩]夫吴之边鄙远者，罢而未至，[⑪]吴王将耻不战，必不须至之会也，[⑫]而以中国之师与我战。[⑬]若事幸而从我，[⑭]我遂践其地，其至者亦将不能之会也已，[⑮]吾用御儿临之。[⑯]吴王若愠而又战，[⑰]奔遂可出。[⑱]若不战而结成，[⑲]王安厚取名而去之。"越王曰："善哉！"乃大戒师，将伐吴。

楚申包胥使于越，[⑳]越王勾践问焉，曰："吴国为不道，求残我社稷宗庙，以为平原，弗使血食。吾欲与之徼天之衷，[㉑]唯是车马、兵甲、卒伍既具，无以行之。[㉒]请问战奚以而可？"[㉓]包胥辞曰："不知。"[㉔]王固问焉，乃对曰："夫吴，良国也，[㉕]能博取于诸侯。[㉖]敢问君王之所以与之战者？"[㉗]王曰："在孤之侧者，觞酒、豆肉、箪食，未尝敢不分也。[㉘]饮食不致味，[㉙]听乐不尽声，[㉚]求以报吴。愿以此战。"包胥曰："善则善矣，未可以战也。"王曰："越国之中，疾者吾问之，死者吾葬之，老其老，[㉛]慈其幼，长其孤，问其病，求以报吴。愿以此战。"包胥曰："善则善矣，未可以战也。"[㉜]王曰："越国之中，吾宽民以子之，忠惠以善之。吾修令宽刑，施民所欲，去民所恶，称其善，掩其恶，求以报吴。愿以此战。"包胥曰："善则善矣，未可以战也。”王曰：“越国之中，富者吾安之，[33]贫者吾与之，救其不足，裁其有余，[34]使贫富皆利之，求以报吴。愿以此战。”包胥曰：“善则善矣，未可以战也。”王曰：“越国南则楚，西则晋，北则齐，[35]春秋皮币、玉帛、子女以宾服焉，未尝敢绝，求以报吴。愿以此战。”包胥曰：“善哉，蔑以加焉，然犹未可以战也。夫战，智为始，仁次之，勇次之。不智，则不知民之极，[36]无以铨度天下之众寡；[37]不仁，则不能与三军共饥劳之殃；不勇，则不能断疑以发大计。”越王曰：“诺。”

越王勾践乃召五大夫，[38]曰：“吴为不道，求残吾社稷宗庙，以为平原，不使血食。吾欲与之徼天之衷，唯是车马、兵甲、卒伍既具，无以行之。吾问于王孙包胥，既命孤矣；[39]敢访诸大夫，问战奚以而可？勾践愿诸大夫言之，皆以情告，无阿孤，孤将以举大事。”[40]大夫舌庸乃进对曰：“审赏则可以战乎？”王曰：“圣。”[41]大夫苦成进对曰：“审罚则可以战乎？”王曰：“猛。”[42]大夫种进对曰：“审物则可以战乎？”王曰：“辩。”[43]大夫蠡进对曰：“审备则可以战乎？”王曰：“巧。”[44]大夫皋如进对曰：“审声则可以战乎？”王曰：“可矣。”[45]王乃命有司大令于国曰：“苟任戎者，皆造于国门之外。”[46]王乃命于国曰：“国人欲告者来告，[47]告孤不审，将为戮不利，[48]及五日必审之，[49]过五日，道将不行。”[50]

王乃入命夫人。王背屏而立，夫人向屏。[51]王曰：“自今日以后，内政无出，外政无入。[52]内有辱，是子也；外有辱，是我也。吾见子于此止矣。”王遂出，夫人送王，不出屏，[53]乃阖左阖，填之以土，[54]去笄侧席而坐，不扫。[55]王背檐而立，大夫向檐。[56]王命大夫曰："食土不均，地之不修，内有辱于国，是子也；[57]军士不死，外有辱，是我也。自今日以后，内政无出，外政无入，[58]吾见子于此止矣。"王遂出，大夫送王不出檐[59]，乃阖左阖，填之以土，侧席而坐，不扫。[60]

王乃之坛列，[61]鼓而行之，至于军，[62]斩有罪者以徇，曰："莫如此以环瑱通相问也。"[63]明日徙舍，斩有罪者以徇，曰："莫如此不从其伍之令。"明日徙舍，斩有罪者以徇，曰："莫如此不用王命。"明日徙舍，至于御儿，斩有罪者以徇，曰："莫如此淫逸不可禁也。"

王乃命有司大徇于军，曰："有父母耆老而无昆弟者，以告。"[64]王亲命之曰："我有大事，子有父母耆老，而子为我死，子之父母将转于沟壑，[65]子为我礼已重矣。[66]子归，殁而父母之世。[67]后若有事，吾与子图之。"明日徇于军，曰："有兄弟四五人皆在此者，以告。"王亲命之曰："我有大事，子有昆弟四五人皆在此，事若不捷，则是尽也。[68]择子之所欲归者一人。"明日徇于军，曰："有眩瞀之疾者，以告。"王亲命之曰："我有大事，子有眩瞀之疾，其归若已。[69]后若有事，吾与子图之。"明日徇于军，曰："筋力不足以胜甲兵，志行不足以听命者归，莫告。"明日，迁军接和，[70]斩有罪者以徇，曰："莫如此志行不果。"[71]于是人有致死之心。王乃命有司大徇于军，曰："谓二三子归而不归，处而不处，[72]进而不进，退而不退，左而不左，右而不右，身斩，妻子鬻。"[73]

于是吴王起师，军于江北，[74]越王军于江南。越王乃中分其师以为左右军,[75]以其私卒君子六千人为中军。[76]明日将舟战于江,及昏,乃令左军衔枚溯江五里以须,[77]亦令右军衔枚逾江五里以须。[78]夜中,乃命左军、右军涉江鸣鼓中水以须。[79]吴师闻之,大骇,曰:“越人分为二师,将以夹攻我师。”乃不待旦,亦中分其师,将以御越。[80]越王乃令其中军衔枚潜涉,[81]不鼓不噪以袭攻之,吴师大北。[82]越之左军、右军乃遂涉而从之,又大败之于没,[83]又郊败之,[84]三战三北,[85]乃至于吴。越师遂入吴国,围王台。[86]

吴王惧,使人行成,曰:“昔不穀先委制于越君,[87]君告孤请成,男女服从。孤无奈越之先君何,[88]畏天之不祥,不敢绝祀,许君成,以至于今。今孤不道,得罪于君王,君王以亲辱于弊邑。孤敢请成,男女服为臣御。”越王曰:“昔天以越赐吴,而吴不受。今天以吴赐越,孤敢不听天之命,而听君之令乎?”乃不许成。因使人告于吴王曰:“天以吴赐越,孤不敢不受。以民生之不长,[89]王其无死!民生于地上,寓也,[90]其与几何?[91]寡人其达王于甬句东,[92]夫妇三百,唯王所安,以没王年。”[93]夫差辞曰:“天既降祸于吴国,不在前后,当孤之身,实失宗庙社稷。凡吴土地人民,越既有之矣,孤何以视于天下!”夫差将死,使人说于子胥[94]曰:“使死者无知,则已矣;若其有知,吾何面目以见员也!”遂自杀。

越灭吴,[95]上征上国,[96]宋、郑、鲁、卫、陈、蔡执玉之君皆入朝。[97]夫唯能下其群臣,以集其谋故也。[98]

① 戒,儆也。

② 发始为唱。

③ 日，昔日。卜于天，“天若弃吴，必许吾成，既罢弊其民，天夺之食，安受其烬”之言。

④ 罢，劳也。

⑤ 赤米，米之奸者，今尚无有。

⑥ 员曰囷，方曰鹿。

⑦ 蒲，深蒲也。蠃，蚌蛤之属。滨，涯也。

⑧ 兆，见也。

⑨ 谓怨诽。

⑩ 悛，改也。

⑪ 罢，归也。

⑫ 不待远兵。

⑬ 中国，国都。

⑭ 言从我而战。

⑮ 言吴边鄙虽来，将不能会战。

⑯ 御儿，越北鄙，在今嘉兴。言吴边兵若至，吾以御儿之民临敌。

⑰ 愠，怒也。

⑱ 使出奔也。

⑲ 成，平也。

⑳ 申包胥，楚大夫王孙包胥也。

㉑ 徼，要也。

㉒ 行，用也。

㉓ 以，用也。

㉔ 谦也。

㉕ 良，善也。

㉖ 取贡赋也。

㉗ 问政惠所行。

㉘ 觞，爵名。豆，肉器。箪，饭器。

㉙ 致，极也，不极五味之调。

㉚ 不尽五声之变。

㉛ 敬长老。

㉜ 此小惠，未遍，故未可用。

㉝ 不专取也。

㉞ 裁，谓有余则税之。

㉟ 西、南、北，皆以中国言之。

㊱ 极，中也。

㊲ 铨，称也。

㊳ 五大夫，舌庸、苦成、大夫种、范蠡、皋如之属。

㊴ 命，告也。

㊵ 阿，曲从。

㊶ 审赏，赏不失劳。圣，通也。

㊷ 能罚则严，猛也。

㊸ 说云："别物善恶。"昭谓：物，旌旗，物色徽帜之属。辩，别也。

㊹ 备，守御之备。巧，巧审，故不可攻入也。

㊺ 声，谓钲鼓进退之声，不审则众惑。

㊻ 国门，城门。

㊼ 三君云："告不任兵事也。"昭谓：告者谓有善计策，及职事所当陈白者也。不任兵事，则下所谓眩瞀之疾、筋力不足以胜甲兵者是也。

㊽ 不审，谓欺诈非实也。

㊾ 使熟思计之也。

㊿ 道，术也。过五日则晚矣，军当出也，故术将不行。

(51) 屏，寝门内屏。王北向，夫人南向。

(52) 内政，妇职。外政，国事。

(53) 礼，妇人送迎不出门。

(54) 闭阳开阴，示幽也。

(55) 笄，簪也。去笄，去饰也。侧犹特也。礼，忧者侧席而坐。

(56) 说云："檐，屋外边坛也。"唐尚书云："屋梠也。"昭谓：檐，谓之樀。

樀,门户掩阳也。

57 均,平也。修,垦也。

58 内,国政。外,军政。

59 示当守备。

60 示忧戚无饰也。

61 坛在野,所以讲列士众誓告之处。

62 军,所军之地也。

63 环,金玉之环。瑱,塞耳也。问,遗也。通,行赂以乱军。

64 六十曰耆,七十曰老。

65 转,入也。

66 重矣,去父母而来也。

67 殁,终也。

68 捷,胜也。

69 若,汝也。已,止也。

70 上下皆和。

71 果,勇决也。

72 处,止也。

73 鬻,卖也。

74 江,松江,去吴五十里。

75《传》曰:"越子伐吴,吴子御之笠泽,夹水而陈。"在鲁哀十七年。

76 私卒君子,王所亲近有志行者,犹吴所谓贤良,齐所谓士。

77 须,须后命。

78 逾,度也。

79 夜中,夜半也。中水,水中央也。

80 不知越复有中军,故中分其师以御之。

81 潜,默也。涉,度也。

82 军败奔走曰北。北,古之背字。

83 没,地名。

(84) 郊，郭外。

(85) 三战，笠泽、没、郊。

(86) 王台，姑苏。

(87) 不言越委制于吴，谦而反之。

(88) 言越先君与吴有好。

(89) 长，久也。

(90) 寓，寄也。

(91) 言几何时。

(92) 达，致也。甬句东，今句章东海口外洲也。

(93) 夫妇各三百人以奉之，在所安可与俱者。

(94) 说，告也。

(95) 在鲁哀二十二年冬十二月。

(96) 上国，中国也。

(97) 玉，圭璧也。

(98) 集，成也。言下其臣，以明吴不用子胥也。

卷二十

越语上

勾践灭吴

越王勾践栖于会稽之上，[①]乃号令于三军[②]曰："凡我父兄昆弟及国子姓，[③]有能助寡人谋而退吴者，吾与之共知越国之政。"[④]大夫种进对曰："臣闻之贾人，[⑤]夏则资皮，[⑥]冬则资絺，[⑦]旱则资舟，水则资车，以待乏也。夫虽无四方之忧，然谋臣与爪牙之士不可不养而择也。譬如蓑笠，时雨既至必求之。今君王既栖于会稽之上，然后乃求谋臣，无乃后乎？"[⑧]勾践曰："苟得闻子大夫之言，何后之有？"执其手而与之谋。

遂使之行成于吴，[⑨]曰："寡君勾践乏无所使，使其下臣种，不敢彻声闻于天王，[⑩]私于下执事曰：寡君之师徒不足以辱君矣，[⑪]愿以金玉、子女赂君之辱，请勾践女女于王，[⑫]大夫女女于大夫，士女女于士。越国之宝器毕从，寡君帅越国之众，以从君之师徒，唯君左右之。[⑬]若以越国之罪为不可赦也，将焚宗庙，[⑭]系妻孥，[⑮]沈金玉于江，[⑯]有带甲五千人将以致死，乃必有偶。[⑰]是以带甲万人事君也，[⑱]无乃即伤君王之所爱乎？与其杀是人也，宁其得此国也，其孰利乎？"[⑲]

夫差将欲听与之成，子胥谏曰："不可。夫吴之与越也，仇雠敌战之国也。三江环之，民无所移，[20]有吴则无越，有越则无吴，[21]将不可改于是矣！[22]员闻之，陆人居陆，水人居水。夫上党之国，[23]我攻而胜之，吾不能居其地，不能乘其车。[24]夫越国，吾攻而胜之，吾能居其地，吾能乘其舟。此其利也，不可失也已，君必灭之。失此利也，虽悔之，必无及已。"

越人饰美女八人纳之太宰嚭，[25]曰："子苟赦越国之罪，又有美于此者将进之。"太宰嚭谏曰："嚭闻古之伐国者，服之而已。今已服矣，又何求焉？"夫差与之成而去之。[26]

勾践说于国人[27]曰："寡人不知其力之不足也，而又与大国执仇，[28]以暴露百姓之骨于中原，此则寡人之罪也。寡人请更。"[29]于是葬死者，问伤者，养生者，吊有忧，贺有喜，送往者，迎来者，去民之所恶，补民之不足。然后卑事夫差，宦士三百人于吴，[30]其身亲为夫差前马。[31]

勾践之地，南至于句无，[32]北至于御儿，[33]东至于鄞，[34]西至于姑蔑，[35]广运百里。[36]乃致其父母昆弟而誓之曰："寡人闻，古之贤君，四方之民归之，若水之归下也。今寡人不能，将帅二三子夫妇以蕃。"[37]令壮者无取老妇，令老者无取壮妻。女子十七不嫁，其父母有罪；丈夫二十不娶，其父母有罪。[38]将免者以告，[39]公令医守之。[40]生丈夫，二壶酒，一犬；生女子，二壶酒，一豚。[41]生三人，公与之母；[42]生二人，公与之饩。[43]当室者死，三年释其政；[44]支子死，三月释其政。[45]必哭泣葬埋之，如其子。令孤子、寡妇、疾疹、贫病者，纳宦其子。[46]其达士，絜其居，[47]美其服，[48]饱其食，[49]而摩厉之于义。四方之士来者，必庙礼之。[50]勾践载稻与脂于舟以行，[51]国之孺子之游者，无不餔也，无不歠也，必问其名。[52]非其身之所种则不食，非其夫人之所织则不衣，十年不收于国，民俱有三年之食。[53]

国之父兄请曰：“昔者，夫差耻吾君于诸侯之国，今越国亦节矣，[54]请报之。”勾践辞曰：“昔者之战也，非二三子之罪也，寡人之罪也。如寡人者，安与知耻？请姑无庸战。”[55]父兄又请曰：“越四封之内，亲吾君也，犹父母也。子而思报父母之仇，臣而思报君之仇，其有敢不尽力者乎？请复战。”勾践既许之，乃致其众而誓之曰：“寡人闻，古之贤君，不患其众之不足也，而患其志行之少耻也。[56]今夫差衣水犀之甲者亿有三千，[57]不患其志行之少耻也，而患其众之不足也。今寡人将助天灭之。[58]吾不欲匹夫之勇也，[59]欲其旅进旅退。[60]进则思赏，退则思刑，如此则有常赏。进不用命，[61]退则无耻，[62]如此则有常刑。”果行，国人皆劝，父勉其子，兄勉其弟，妇勉其夫，[63]曰：“孰是君也，而可无死乎？”[64]是故败吴于囿，[65]又败之于没，[66]又郊败之。[67]

夫差行成，曰：“寡人之师徒，不足以辱君矣。请以金玉、子女赂君之辱。”勾践对曰：“昔天以越予吴，而吴不受命；今天以吴予越，越可以无听天之命，而听君之令乎！吾请达王甬句东，[68]吾与君为二君乎。”[69]夫差对曰：“寡人礼先壹饭矣，[70]君若不忘周室，而为弊邑宸宇，[71]亦寡人之愿也。君若曰：‘吾将残汝社稷，灭汝宗庙。’寡人请死，余何面目以视于天下乎！”越君其次也，[72]遂灭吴。

① 山处曰栖。会稽，山名，在今山阴南七里。吴败越于夫椒，遂入越，越子保于会稽。在鲁哀元年。

② 号，呼也。

③ 号令三军而言父兄昆弟者，方在危厄，亲而呼之。国子姓，言在众子同姓之列者。

④ 知政，谓为卿。

⑤ 贾人，买贱卖贵者。

⑥ 资，取也。

⑦ 絺，葛也。精曰絺，粗曰绤。

⑧ 后，晚也。

⑨《传》曰："使种因吴太宰嚭以行成也。"

⑩ 彻，达也。

⑪ 不足以屈辱君亲来讨也。

⑫ 进女为女。

⑬ 左右，在君所用之。

⑭ 为将不血食也。

⑮ 系，繫也。死生同命，不为吴所擒虏。

⑯ 不欲吴得之。

⑰ 偶，对也。

⑱ 言赦越罪，是得带甲万人事君。

⑲ 宁，安也。言战而杀是万人，与安而得越国，二者谁为利乎？

⑳ 环，绕也。三江，吴江、钱唐江、浦阳江。此言二国之民，三江绕之，迁徙非吴则越也。

㉑ 言势不两立。

㉒ 言灭吴之计不可改易。

㉓ 党，所也。上所之国谓中国。

㉔ 言习俗之异。说云："吴是时未知以车战，申公巫臣使其子狐庸教之。"昭谓：狐庸教吴，鲁成公时也，至此哀元年，历五公矣。非未知也，吴地

势自习水耳。

㉕ 上言“请大夫女女于大夫”，故因此而纳美女于太宰嚭，以求免也。嚭，吴正卿，故楚大夫伯州黎之子。鲁昭元年，州黎为楚灵王所杀，嚭奔吴。唐尚书云“平王杀之”，非也。

㉖ 成，平也。

㉗ 说，解也。

㉘ 执犹结也。

㉙ 更，改也。

㉚ 将三百人以入事吴，若宦竖然。

㉛ 前马，前驱在马前也。

㉜ 今诸暨有句无亭是也。

㉝ 今嘉兴御儿乡是也。

㉞ 今鄞县是也。

㉟ 姑蔑，今太湖是也。

㊱ 言取境内近者百里之中。东西为广，南北为运。

㊲ 蕃，息也。

㊳ 礼，三十而娶，二十而嫁。今不待礼者，务育民也。

㊴ 免，免乳也。

㊵ 医，乳医也。

㊶ 犬，阳畜，知择人。豚，主内，阴类也。

㊷ 母，乳母也。人生三者亦希耳。

㊸ 饩，食也。

㊹ 当室，适子也。礼，父为适子丧三年。

㊺ 支子，庶子。

㊻ 宦，仕也，仕其子而教，以廪食之也。

㊼ 絜其馆舍。

㊽ 赐衣服也。

㊾ 廪饩多也。

㊿ 礼之于庙，告先君也。

(51) 稻，糜。脂，膏。

(52) 为后将用也。

(53) 古者三年耕，必余一年之食。

(54) 有节度也。

(55) 姑，且也。庸，用也。

(56) 少耻谓进不念功，临难苟免。

(57) 言多也。犀形似豕而大，今徼外所送，有山犀、水犀。水犀之皮有珠甲，山犀则无。亿有三千，所谓贤良也，若今备卫士矣。

(58) 言夫差天所不与，故曰助天。

(59) 匹夫，轻儳要功徼利者。

(60) 旅，俱也。

(61) 离伍独进也。

(62) 不畏戮辱。

(63) 言得一国之欢心。

(64) 孰，谁也。谁有恩惠如是君者，可不为之死乎？

(65) 囿，笠泽也。在鲁哀十七年。

(66) 没，地名。

(67) 在哀二十年十一月，越围吴。

(68) 甬，甬江。句，句章。达王出之东境也。

(69) 待之若二君。

(70) 言己年长于越王，觉差一饭之间，欲以少长求免也。

(71) 宸，屋霤。宇，边也。言越君若以周室之故，以屋宇之余庇覆吴。

(72) 次，舍也。

卷二十一

越语下

范蠡进谏勾践持盈定倾节事

越王勾践即位三年而欲伐吴，[①]范蠡进谏曰："夫国家之事，有持盈，[②]有定倾，[③]有节事。"[④]王曰："为三者，奈何？"对曰："持盈者与天，[⑤]定倾者与人，[⑥]节事者与地。[⑦]王不问，蠡不敢言。天道盈而不溢，[⑧]盛而不骄，[⑨]劳而不矜其功。[⑩]夫圣人随时以行，是谓守时。[⑪]天时不作，弗为人客；[⑫]人事不起，弗为之始。[⑬]今君王未盈而溢，[⑭]未盛而骄，[⑮]不劳而矜其功，[⑯]天时不作而先为人客，[⑰]人事不起而创为之始，此逆于天而不和于人。[⑱]王若行之，将妨于国家，靡王躬身。"[⑲]王弗听。

范蠡进谏曰："夫勇者，逆德也；[⑳]兵者，凶器也；[㉑]争者，事之末也。[㉒]阴谋逆德，好用凶器，[㉓]始于人者，人之所卒也；[㉔]淫佚之事，上帝之禁也，[㉕]先行此者，不利。"王曰："无是贰言也，吾已断之矣！"[㉖]果兴师而伐吴，战于五湖，[㉗]不胜，栖于会稽。

王召范蠡而问焉，曰："吾不用子之言，以至于此，为之奈何？"范蠡对曰："君王其忘之乎？持盈者与天，定倾者与人，节事者与地。"王曰："与人奈何？"[㉘]对曰："卑辞尊礼，[㉙]

玩好女乐,[30]尊之以名。[31]如此不已,[32]又身与之市。”[33]王曰:“诺。”乃令大夫种行成于吴,曰:“请士女女于士,大夫女女于大夫,随之以国家之重器。”[34]吴人不许。大夫种来而复往,曰:“请委管籥属国家,以身随之,君王制之。”[35]吴人许诺。王曰:“蠡为我守于国。”对曰:“四封之内,百姓之事,蠡不如种也。四封之外,敌国之制,立断之事,种亦不如蠡也。”王曰:“诺。”令大夫种守于国,与范蠡入宦于吴。[36]

三年,而吴人遣之。[37]归及至于国,王问于范蠡曰:“节事奈何?”[38]对曰:“节事者与地。唯地能包万物以为一,其事不失。[39]生万物,容畜禽兽,然后受其名而兼其利。[40]美恶皆成,以养其生。[41]时不至,不可强生;[42]事不究,不可强成。[43]自若以处,[44]以度天下,待其来者而正之,[45]因时之所宜而定之。同男女之功,[46]除民之害,以避天殃。田野开辟,府仓实,[47]民众殷。[48]无旷其众,以为乱梯。[49]时将有反,事将有间,[50]必有以知天地之恒制,乃可以有天下之成利。[51]事无间,时无反,[52]则抚民保教以须之。”[53]

王曰:“不穀之国家,蠡之国家也,蠡其图之!”对曰:“四封之内,百姓之事,时节三乐,[54]不乱民功,不逆天时,[55]五谷睦熟,民乃蕃滋,[56]君臣上下交得其志,蠡不如种也。[57]四封之外,敌国之制,立断之事,因阴阳之恒,顺天地之常,[58]柔而不屈,[59]强而不刚,[60]德虐之行,因以为常;[61]死生因天地之刑,[62]天因人,[63]圣人因天;[64]人自生之,天地形之,[65]圣人因而成之。[66]是故战胜而不报,[67]取地而不反,[68]兵胜于外,福生于内,用力甚少而名声章明,种亦不如蠡也。”王曰:“诺。”令大夫种为之。[69]

① 勾践三年,鲁哀元年也。

② 持,守也。盈,满也。

③ 定,安也。倾,危也。

④ 节,制也。

⑤ 与天,法天也。天道盈而不溢,盛而不骄。

⑥ 与人,取人之心也。人道好谦,倾危之中,当卑辞尊礼,玩好女乐,尊之以名。

⑦ 与地,法地也。时不至不可强生,事不究不可强成之属。

⑧ 阳盛则损,日满则亏。

⑨ 盛,元气广大时。不骄,不自纵弛。

⑩ 劳,动而不已也。矜,大也。不自大其功,施而不德也。

⑪ 随时,时行则行,时止则止。

⑫ 作,起也。攻者为客。起谓天时、利害、灾变之应。

⑬ 人事,谓怨叛、逆乱之萌也。先动为始。

⑭ 未盈,国未富实而君意溢。

⑮ 道化未盛而自骄泰。

⑯ 未有勤劳而自大其功。

⑰ 吴未有天灾而欲伐之。

⑱ 天应未至,人事不起,故逆于天而失人和也。

⑲ 妨,害也。靡,损也。

⑳ 德尚礼让,勇则攻夺。

㉑ 言害人也。

㉒ 言贤者修其政德,而远方附事之德不行,然后用武,故曰“争者,事之末也”。

㉓ 阴谋,兵谋也。勇为逆德。

㉔ 始以伐人,人终害之。

㉕ 淫佚，放荡。

㉖ 貳言，阴谋、淫佚也。

㉗ 五湖，今太湖。

㉘ 已在倾危，故先问与人。

㉙ 言当卑约其辞、尊重其礼以求平。

㉚ 玩好，珍宝也。女乐谓士女女于士，大夫女女于大夫。

㉛ 谓之天王。

㉜ 不已谓吴不释也。

㉝ 市，利也，谓委管籥属国家，以身随之。

㉞ 重器，宝器也。

㉟ 委，归也。属，付也。管籥，取键器也。《月令》曰："修键闭，慎管籥。"

㊱ 宦，为臣隶也。

㊲ 勾践以鲁哀元年栖会稽，吴与之平而去之。勾践改修国政，然后卑事夫差，在吴三年，而吴人遣之，此则鲁哀五年也。

㊳ 欲更修政，故问节事。

㊴ 为一，不偏也。不失，不失时也。

㊵ 受其名，受其功名也。利，谓万物终归于地。

㊶ 物之美恶，各有所宜，皆成之以养人也。

㊷ 物生各有时。

㊸ 究，穷也。穷则变，生可因而成之。

㊹ 若，如也。自如，无妄动也。

㊺ 不先唱，待其来而就正之。

㊻ 功，农穑、丝枲之功。

㊼ 货财曰府，米粟曰仓。

㊽ 殷，盛也。

㊾ 旷，空也。梯，阶也。无令空田废业，使人困乏，以生怨乱，为祸阶也。

㊿ 时，天时。事，人事。反，还也。间，隙也。时还则祚在越，而吴事有衅隙之过也。

(51) 恒，常也。制，度也。

(52) 吴事无衅隙，天时未在越。

(53) 保，守也。

(54) 三乐，三时之务，使人劝事乐业。

(55) 从事有业，故功不乱。因时顺气，故不逆。

(56) 睦，和也。蕃，息也。滋，益也。

(57) 交，俱也。

(58) 阴阳谓刚柔、晦明、三光盈缩、用兵利钝之常数。

(59) 外虽柔顺，内不可屈。

(60) 内虽强盛，行不以刚。

(61) 唐尚书云："言无德行虐习以为常。"昭谓：德，有所怀柔及爵赏也。虐，有所斩伐及黜夺也。以为常，以为常法也。

(62) 死，杀也。刑，法也。杀生必因天地四时之法，推亡固存亦是也。

(63) 因人善恶而福祸之。

(64) 天垂象，圣人则之。

(65) 形，见也，见其吉凶之象。

(66) 因吉凶以诛赏也。

(67) 敌家不能报也。

(68) 不复反敌家也。

(69) 为，治国也。

范蠡劝勾践无蚤图吴

四年，王召范蠡而问焉，[1]曰："先人就世，不穀即位。[2]吾年既少，未有恒常，出则禽荒，入则酒荒。吾百姓之不图，唯舟与车。[3]上天降祸于越，委制于吴。[4]吴人之那不穀，亦又甚焉。[⑤]吾欲与子谋之,其可乎?”对曰:“未可也。蠡闻之,上帝不考,时反是守,[⑥]强索者不祥。[⑦]得时不成,反受其殃。[⑧]失德灭名,流走死亡。有夺,有予,有不予,[⑨]王无蚤图。夫吴,君王之吴也,王若蚤图之,其事又将未可知也。”[⑩]王曰:“诺。”

① 说云:“鲁哀三年。”昭谓:四年,反国四年,鲁哀九年。

② 先人,允常。就世,终世也。

③ 好游田,故唯舟与车。

④ 委,归也。

⑤ 那,于也。甚焉,言见困苦。

⑥ 考,成也。言天未成越,当守天时,天时反,乃可以动。

⑦ 索,求也。

⑧ 言得天时而人弗能成,则反受其殃。夫差克越,可取而不取,后反见灭也。

⑨ 有夺,予而复夺也。有予,天所授也。不予,天所去也。

⑩ 未可知,或时不得也。

范蠡谓人事至而天应未至

又一年,[①]王召范蠡而问焉,曰:“吾与子谋吴,子曰‘未可也’。今吴王淫于乐而忘其百姓,[②]乱民功,逆天时;信谗喜优,[③]憎辅远弼,[④]圣人不出,[⑤]忠臣解骨;[⑥]皆曲相御,莫适相非,上下相偷。其可乎?”[⑦]对曰:“人事至矣,天应未也,王姑待之。”王曰:“诺。”

① 反国五年,鲁哀十年。

② 乐，声色也。

③ 优，谓俳优。

④ 相导为辅，矫过为弼。

⑤ 圣，通也。通智之人隐遁也。

⑥ 贾、唐二君云："解骨，子胥伏属镂也。"昭谓：是时子胥未死。解骨，谓忠良之臣见其如此，皆骨体解倦，不复念忠。

⑦ 御犹将也，言皆曲意取容，转相将望，无复相非以不忠正者也。偷，苟且也。

范蠡谓先为之征其事不成

又一年，[①]王召范蠡而问焉，曰："吾与子谋吴，子曰'未可也'。今申胥骤谏其王，王怒而杀之，其可乎？"[②]对曰："逆节萌生。[③]天地未形，而先为之征，[④]其事是以不成，杂受其刑。[⑤]王姑待之。"王曰："诺。"

① 反国六年，鲁哀十一年。

② 子胥数谏，王不听，知吴必亡，使于齐，属其子于鲍氏。王闻之，赐之属镂以死。在鲁哀十一年。

③ 害杀忠正，故为逆节。萌，兆也。

④ 形，见也，天地之占未见。征，征伐也。

⑤ 杂，犹俱也。刑，害也。

范蠡谓人事与天地相参乃可以成功

又一年，[①]王召范蠡而问焉，曰："吾与子谋吴，子曰'未可也'。今其稻蟹不遗种，其可乎？"[②]对曰："天应至矣，人事未尽也，[③]王姑待之。"王怒曰："道固然乎，[④]妄其欺不穀邪？

吾与子言人事，子应我以天时；今天应至矣，子应我以人事。何也？”范蠡对曰：“王姑勿怪。夫人事必将与天地相参，然后乃可以成功。[5]今其祸新民恐，[6]其君臣上下，皆知其资财之不足以支长久也，[7]彼将同其力，致其死，犹尚殆。[8]王其且驰骋弋猎，无至禽荒；[9]宫中之乐，无至酒荒；肆与大夫觞饮，无忘国常。[10]彼其上将薄其德，民将尽其力，[11]又使之望而不得食，[12]乃可以致天地之殛。[13]王姑待之。”[14]

① 反国七年，鲁哀十二年。

② 蟹食稻。

③ 谓饥困、愁怨之事，未尽极也。

④ 固，故也。

⑤ 参，三也。天、地、人事三合，乃可以成大功。

⑥ 稻蟹，新也。

⑦ 支犹堪也。

⑧ 殆，危也。言伐吴，于事尚危。

⑨ 使越王为此者，示不以吴为念。

⑩ 肆，放也。常，旧法。

⑪ 言吴王见越修驰骋射猎，不以为意，必不修德而纵私好，以尽民力。

⑫ 怨望于上，而天又夺之食。

⑬ 殛，诛也。

⑭ 且待时也。自此后四年，乃遂伐吴。

越兴师伐吴而弗与战

至于玄月，[1]王召范蠡而问焉，曰：“谚有之[2]曰：‘觥饭不及壶飧。’[3]今岁晚矣，子将奈何？”对曰：“微君王之言，[4]

臣故将谒之。[5]臣闻从时者，犹救火、追亡人也，蹶而趋之，唯恐弗及。”[6]王曰：“诺。”遂兴师伐吴，至于五湖。

吴人闻之，出而挑战，一日五反。王弗忍，欲许之。[7]范蠡进谏曰：“夫谋之廊庙，失之中原，其可乎？王姑勿许也。臣闻之，得时无怠，时不再来，天予不取，反为之灾。赢缩转化，后将悔之。[8]天节固然，[9]唯谋不迁。”[10]王曰：“诺。”弗许。

范蠡曰：“臣闻古之善用兵者，[11]赢缩以为常，四时以为纪，[12]无过天极，究数而止。[13]天道皇皇，日月以为常，[14]明者以为法，微者则是行。[15]阳至而阴，阴至而阳；[16]日困而还，月盈而匡。[17]古之善用兵者，因天地之常，与之俱行。[18]后则用阴，先则用阳；[19]近则用柔，远则用刚。[20]后无阴蔽，先无阳察，[21]用人无艺，往从其所。[22]刚强以御，阳节不尽，不死其野。[23]彼来从我，固守勿与。[24]若将与之，必因天地之灾，[25]又观其民之饥饱劳逸以参之。[26]尽其阳节、盈吾阴节而夺之。[27]宜为人客，刚强而力疾；阳节不尽，轻而不可取。[28]宜为人主，安徐而重固；阴节不尽，柔而不可迫。[29]凡陈之道，设右以为牝，益左以为牡，[30]蚤晏无失，必顺天道，[31]周旋无究。[32]今其来也，刚强而力疾，[33]王姑待之。”王曰：“诺。”弗与战。

①《尔雅》曰：“九月为玄。”谓鲁哀十六年九月也，至十七年三月，越伐吴。

② 谚，俗之善语。

③ 觥，大也。大饭谓盛馔。盛馔未具，不能以虚待之，不及壶飧之救饥疾。言己欲灭吴，取快意得之而已，不能待有余力。

④ 微，无也。

⑤ 谒，请也，请伐吴也。

⑥ 蹶，走也。

⑦ 不忍其忿。

⑧ 赢缩，进退也。转化，变易也。

⑨ 然有转化。

⑩ 谋必素定，不可迁易。

⑪ 谓若黄帝、汤、武。

⑫ 以为常，随其赢缩也。纪犹法也。四时有转运，用兵有利钝也。《周语》曰“王欲合是五位三所而用之”是也。

⑬ 极，至也。究，穷也。无过天道之所至，穷其数而止也。

⑭ 皇皇，著明也。常，象也。

⑮ 明谓日月盛满时。微谓亏损薄蚀时。法，其明者以进取。行，其微时以隐遁。

⑯ 至谓极也。

⑰ 困，穷也。匡，亏也。

⑱ 随其转运、亏盈、晦明之常。

⑲ 后，后动。先，先动。用阴，谓沉重固密。用阳，谓轻疾猛厉。

⑳ 敌近则用柔顺，示之以弱；远则抗威厉，辞以亢御。

㉑ 后动者太舒静，为阴蔽也。先动者太显露，为阳察也。

㉒ 艺，射的也。无艺，无常所也。行军用人之道，因敌为制，不豫设也，故曰从其所也。

㉓ 言敌以刚强来御己，其阳节未尽，尚未可克，故曰不死其野。

㉔ 勿与战也。

㉕ 彼有灾变，则可。

㉖ 言虽有灾，民尚逸，饱则未也。

㉗ 彼阳势已尽，而吾阴节盛满，则能夺之。

㉘ 先动为客。于时宜为人客，刚强力疾，阳数不尽，虽轻易人犹不可得

取也。

㉙ 时宜为主人,安徐重固,阴数未尽,虽柔不可困迫之。

㉚ 陈其牝牡,使相受之。在阴为牝,在阳为牡。

㉛ 晏,晚也。

㉜ 究,穷也;无穷,若日月然也。

㉝ 言吴阳势未尽,未可击也。

范蠡谏勾践勿许吴成卒灭吴

居军三年,吴师自溃。[①]吴王帅其贤良,与其重禄,以上姑苏。[②]使王孙雒行成于越,[③]曰:“昔者上天降祸于吴,得罪于会稽。[④]今君王其图不穀,不穀请复会稽之和。”王弗忍,欲许之。范蠡进谏曰:“臣闻之,圣人之功,时为之庸。[⑤]得时不成,天有还形。[⑥]天节不远,五年复反,[⑦]小凶则近,大凶则远。[⑧]先人有言曰:‘伐柯者其则不远。’[⑨]今君王不断,其忘会稽之事乎?”王曰:“诺。”不许。

使者往而复来,辞愈卑,礼愈尊,[⑩]王又欲许之。范蠡谏曰:“孰使我蚤朝而晏罢者,非吴乎?与我争三江、五湖之利者,非吴耶?夫十年谋之,一朝而弃之,其可乎?[⑪]王姑勿许,其事将易冀已。”[⑫]王曰:“吾欲勿许,而难对其使者,子其对之。”范蠡乃左提鼓、右援枹以应使者,[⑬]曰:“昔者上天降祸于越,委制于吴,而吴不受。今将反此义以报此祸,吾王敢无听天之命,而听君王之命乎?”王孙雒曰:“子范子,先人有言曰:‘无助天为虐,助天为虐者不祥。’今吴稻蟹不遗种,子将助天为虐,不忌其不祥乎?”[⑭]范蠡曰:“王孙子,昔吾先君固周室之不成子也,[⑮]故滨于东海之陂,[⑯]鼋龟鱼鳖之与处,而鼋黾之与同渚。[17]余虽靦然而人面哉，吾犹禽兽也，又安知是谖谖者乎？”[18]王孙雒曰：“子范子将助天为虐，助天为虐不祥。雒请反辞于王。”[19]范蠡曰：“君王已委制于执事之人矣。[20]子往矣，无使执事之人得罪于子。”[21]

使者辞反。[22]范蠡不报于王，击鼓兴师以随使者，至于姑苏之宫，不伤越民，遂灭吴。[23]

① 鲁哀二十年冬十一月，越围吴。二十二年冬十一月丁卯，灭吴。

② 姑苏，宫之台也，在吴阊门外，近湖。或云：“贤，贤妃。良，良货。”唐尚书云：“重禄，宝璧也。”昭谓：贤良，亲近之士，犹越言君子，齐言士。《吴语》曰：“越王以其私卒君子六千人为中军。”贾侍中云：“重禄，大臣也。”

③ 雒，吴大夫；王孙，姓也。

④ 使越栖于会稽时也。

⑤ 庸，用也，因天时以功用也。

⑥ 还，反也。形，体也。

⑦ 节，期也。五年再闰，天数一终，故复反也。

⑧ 小凶谓危败。大凶谓死灭。近，五年。远，十年或二十年。

⑨ 先人，诗人也。“执柯伐柯，其则不远”，以言吴昔不灭越，故有此败，此戒亦不远也。

⑩ 愈，益也。

⑪ 十年不收于国，勤身以谋吴也。

⑫ 冀，望也。易望已，谓不勤难也。

⑬ 提，挈也。

⑭ 忌，恶也。

⑮ 子，爵也，言越本蛮夷小国，于周室爵列不能成子也。《周礼》：“诸子之国，封疆方二百里。”

⑯ 滨，近也。陂，涯也。

⑰ 鼃黾，虾蟆也。水边亦曰渚。

⑱ 靦，面目之貌。諓諓，巧辩之言。方欲距吴之请，故自卑薄以不知礼义。

⑲ 请以辞告越王。

⑳ 执事，蠡自谓也。

㉑ 无使我为子得罪。

㉒ 反报吴也。

㉓ “事将易冀”是也。

范蠡乘轻舟以浮于五湖

反至五湖，范蠡辞于王曰：“君王勉之，臣不复入越国矣。”[①]王曰：“不穀疑子之所谓者何也？”对曰：“臣闻之，为人臣者，君忧臣劳，君辱臣死。昔者君王辱于会稽，臣所以不死者，为此事也。今事已济矣，蠡请从会稽之罚。”王曰：“所不掩子之恶，扬子之美者，使其身无终没于越国。子听吾言，与子分国。不听吾言，身死，妻子为戮。”范蠡对曰：“臣闻命矣。君行制，臣行意。”[②]遂乘轻舟以浮于五湖，莫知其所终极。

王命金工以良金写范蠡之状而朝礼之，[③]浃日而令大夫朝之，[④]环会稽三百里者以为范蠡地，[⑤]曰：“后世子孙，有敢侵蠡之地者，使无终没于越国，[⑥]皇天后土、四乡地主正之。”[⑦]

① 勉王以德，欲隐遁也。

② 制，法也。意，志也。

③ 以善金铸其形状，而自朝礼也。

④ 从甲至甲曰浃。浃,匝也。

⑤ 环,周也。

⑥ 此誓告也。

⑦ 乡,方也。天神地祇、四方神主当征讨之,正其封疆也。

《国语》解叙

［吴］韦　昭

昔孔子发愤于旧史，垂法于素王，左丘明因圣言以摅意，托王义以流藻，其渊原深大，沉懿雅丽，可谓命世之才，博物善作者也。其明识高远，雅思未尽，故复采录前世穆王以来，下讫鲁悼、智伯之诛，邦国成败，嘉言善语，阴阳律吕，天时人事，逆顺之数，以为《国语》。其文不主于经，故号曰"外传"，所以包罗天地，探测祸福，发起幽微，章表善恶者，昭然甚明，实与经艺并陈，非特诸子之伦也。遭秦之乱，幽而复光，贾生、史迁颇综述焉。及刘光禄于汉成世始更考校，是正疑谬。至于章帝，郑大司农为之训注，解疑释滞，昭晰可观，至于细碎，有所阙略。侍中贾君敷而衍之，其所发明，大义略举，为已憭矣，然于文间时有遗忘。建安、黄武之间，故侍御史会稽虞君、尚书仆射丹阳唐君皆英才硕儒，洽闻之士也，采摭所见，因贾为主而损益之。观其辞义，信多善者，然所理释，犹有异同。昭以末学，浅暗寡闻，阶数君之成训，思事义之是非，愚心颇有所觉。今诸家并行，是非相贸，虽聪明疏达识机之士知所去就，然浅闻初学犹或未能祛过。切不自料，复为之解，因贾君之精实，采虞、唐之信善，亦以所觉，增润补缀。参之以"五经"，检之以"内传"，以《世本》考其流，以《尔雅》齐其训，去非要，存事实，凡所发正，三百七事。又诸家纷错,载述为烦,是以时有所见,庶几颇近事情,裁有补益,犹恐人之多言,未详其故,欲世览者必察之也。